U0710513

本书出版得到法国外交部的资助
Ouvrage réalisé avec le concours du
Ministère des Affaires Etrangères

法国汉学　第十七辑

权力与占卜

《法国汉学》丛书编辑委员会 编
陆　康　张　巍 主编

中 华 书 局

《法国汉学》第十七辑
编辑委员会名单

编委：

顾亭儒（法国远东学院）

张柏春（中国科学院自然科学史研究所）

李学勤（清华大学国际汉学研究所）

陈星灿（中国社会科学院考古研究所）

韩　琦（中国科学院自然科学史研究所）

陆　康（法国远东学院）

吕　敏（巴黎高等研究实践学院）

杜德兰（巴黎高等研究实践学院）

李　零（北京大学）

柴剑虹（中华书局）

张　巍（复旦大学）

康蕾欧（巴黎高等社会科学研究院）

邓文宽（中国文化遗产研究院）

许明龙（中国社会科学院世界历史研究所）

端木美（中国社会科学院世界历史研究所）

刘国忠（清华大学）

李　静（中华书局）

孙文颖（中华书局）

SINOLOGIE FRANÇAISE XVII

Pouvoir / Divination

Luca GABBIANI, ZHANG Wei

Zhonghua shuju
Ecole Française d'Extrême-Orient

Pékin 2016

Comité de rédaction de *Sinologie Française* no.17

Yves GOUDINEAU (Ecole française d'Extrême-Orient)

ZHANG Baichun (Institut d'histoire des sciences de l'Académie des sciences de Chine)

LI Xueqin (Université de Tsinghua)

CHEN Xingcan (Institut d'Archéologie de l'Académie des Sciences Sociales de Chine)

HAN Qi (Institut d'histoire des sciences de l'Académie des Sciences de Chine)

Luca GABBIANI (Ecole française d'Extrême-Orient)

Marianne BUJARD (Ecole Pratique de Hautes Etudes)

Alain THOTE (Ecole Pratique de Hautes Etudes)

LI Ling (Université de Pékin)

CHAI Jianhong (Zhonghua shuju)

ZHANG Wei (Université Fudan)

Cléo CARASTRO (Ecole des Hautes Etudes en Sciences Sociales)

DENG Wenkuan (Institut national du patrimoine)

XU Minglong (Institut d'histoire du monde de l'Académie des sciences sociales de Chine)

DUANMU Mei (Institut d'histoire du monde de l'Académie des sciences sociales de Chine)

LIU Guozhong (Université de Tsinghua)

LI Jing (Zhonghua shuju)

SUN Wenying (Zhonghua shuju)

图一 巴黎西岱王宫一瞥：根据《杜贝里公爵特雷斯描金日课经》收录的一幅六月细密画之细部。（林堡兄弟，约1410—1411年，尚蒂伊城堡）

彩版1（皮埃尔·莫奈）

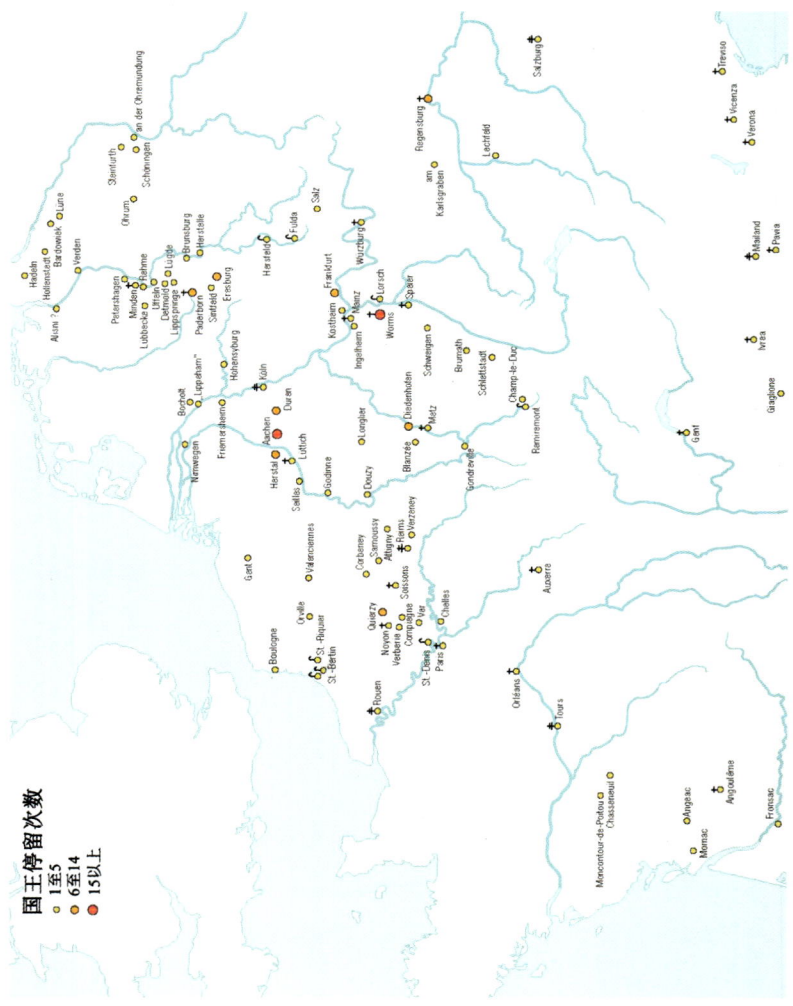

图二　查理曼（卒于814年）的出巡（地图中标注了他曾逗留的城市及造访每座城市的次数）

彩版 11（皮埃尔·莫奈）

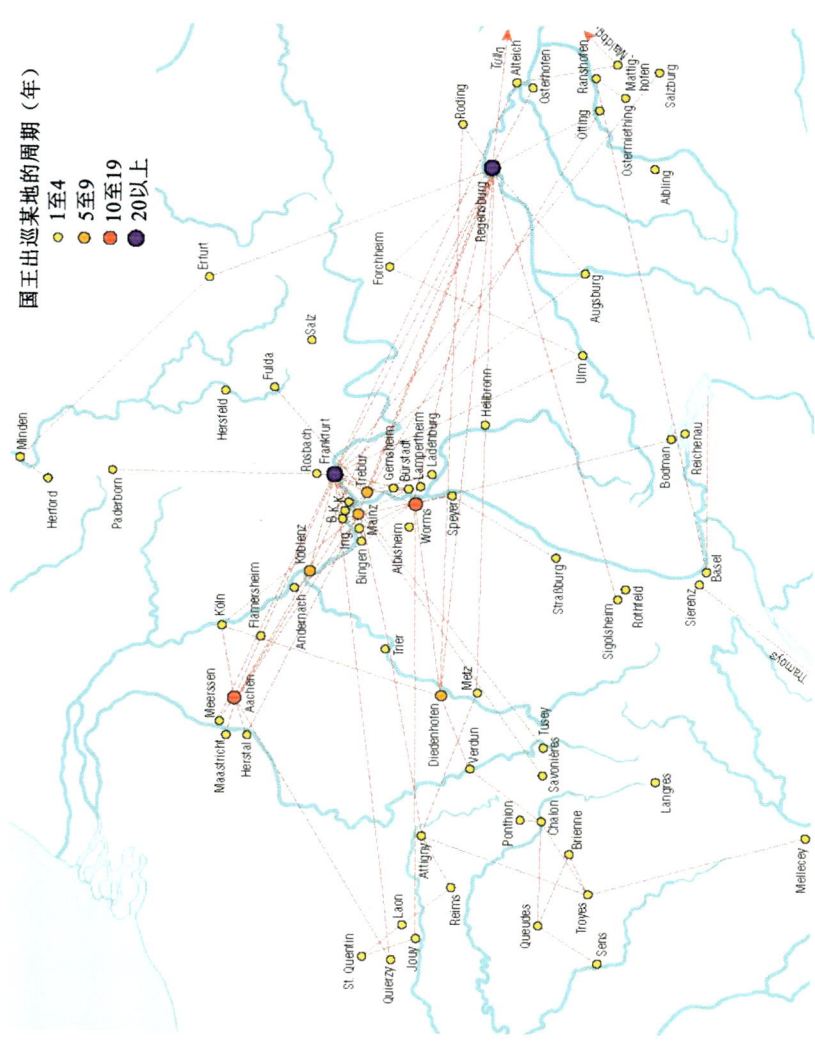

图例：国王出巡某地的周期（年）
- 1至4
- 5至9
- 10至19
- 20以上

图三 东法兰克王国皇帝日耳曼路易二世（卒于876年）的出巡

彩版Ⅲ（皮埃尔·莫奈）

图四　法兰克国王的出行：奥托王朝，10—11世纪。

彩版Ⅳ（皮埃尔·莫奈）

图五 查理曼，教师团教堂的创始人、法兰克福的"准主保圣人"，其身旁是圣巴托勒米。

图六 逗留于法兰克福的国王，该城的景色首见于1492年出版于美因茨的印刷版《撒克逊编年史》。
注：国王实际上处在城市之外，因为帝国盾牌几乎将城门关闭起来。

彩版Ⅴ（皮埃尔·莫奈）

图七　亨利二世肖像（约1547年，帆布油
画，弗朗索瓦·克鲁埃）

图八　卡特琳娜·德·美第奇王后肖像（帆布油
画，弗朗索瓦·克鲁埃）

图九 宫廷出游前往阿奈特堡（"瓦卢瓦王朝的节庆"系列挂毯，16世纪）

图十 亨利三世治下的宫廷节庆（法兰西画派，帆布油画，16世纪）

彩版Ⅶ（芬尼·科桑代）

图十一　亨利三世治下的宫廷节庆（法兰西画派，帆布油画，16世纪）

图十二　De Joyeuse公爵的婚礼（1581年，法兰西画派，帆布油画，16世纪）

图十三　纪昀（1724—1805）画像　　　图十四　戴震（1724—1777）画像

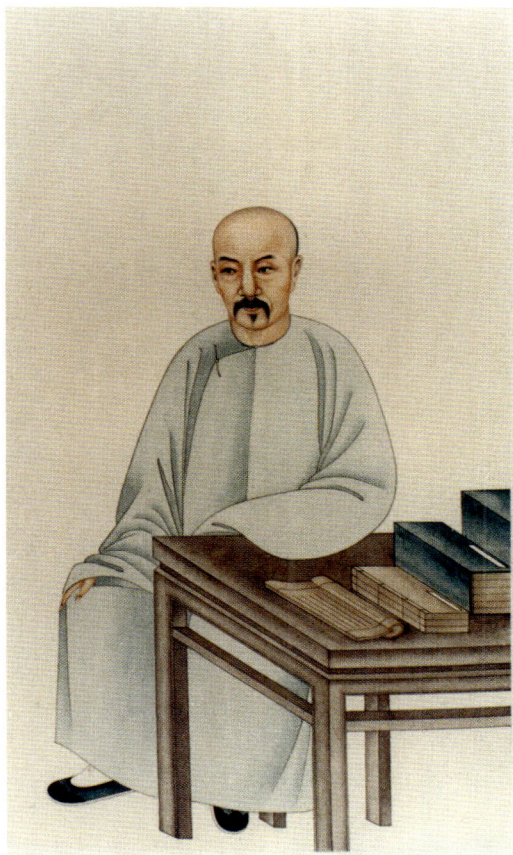

图十五 铜鎏金嵌玻璃彩绘经盒（故宫博物院藏）

图十六 铜镀金花丝镶嵌经盒（故宫博物院藏）

图十七　彩漆描金阁楼式自开门群仙祝寿钟，清宫做钟处，清乾隆，高185厘米，宽102厘米，厚72厘米，故宫博物院藏。此钟在1743—1749年间由皇家作坊所制，正与席澄源供职于宫廷的时间段吻合，实物现收藏于故宫博物院。参见郭福祥：《时间的历史映像：中国钟表史论集》，北京：故宫出版社，2013年，第238页。

图十八 此件嵌有钟表的自动机械为18世纪时内务府所制，与席澄源在书信中所描述制作于北京的部分自动机械钟表相类似，现收藏于故宫博物院。参见《日升月恒：故宫珍藏钟表文物/澳门艺术博物馆》，澳门：澳门艺术博物馆，2004年，第263页。

彩版XII（梅欧金）

图十九　《雍亲王题书堂深居图屏》之"捻珠观猫"

钟表细部图（转引自郭福祥：《时间的历史映像：中国钟表史论集》，北京：故宫出版社，2013年，第119页）

图二十 天主教堂西堂的建筑，位于北京西直门附近，在接下来的几十年内不断扩建。参见Archivio Storico Congregazione per l' Evangelizzazione dei Popoli, o 'de Propaganda Fide'，罗马，*Scritture Originali della Congregazione Particolare per l' Indie Orientali e Cina* (SOCP), vol. 54 (1764), f. 270r，"Facciata della porta di mezzo della Chiesa della S. Congregazione in Pekino." 版权所有©Archivio Storico di Propaganda Fide.

彩版 XIV（梅欧金）

图二十一　18世纪50年代皇子弘曕（1733—1765）带有欧式风格建筑背景的肖像画。照片由Arthur M. Sackler画廊提供，Smithsonian Institution，Washington, D.C，Purchase Smithsonian Collections Acquisition Program and partial gift of Richard G. Pritzlaff，S 1991.47.

图二十二　大学士一等忠勇公傅恒肖像画，此画像由乾隆皇帝敕建，为安供于中南海紫光阁内所作。画师为金廷标与艾启蒙（Ignaz Sichelbarth SJ），此二人均来自制作珐琅器的宫廷作坊。肖像画由美国纽约的黄惠英(Dora Wong)收藏。此图片是转引自Valerie Steele and John S. Major，*China Chic: East meets West*，New Haven and London、耶鲁大学出版社，1999年，第27页，插图13。在此，诚挚感谢Annette Bügener提供图片的复制件。

图二十三 麦卡托（Mercator）地图上的鞑靼。转载自Jodocus Hondius le Jeune, L' Atlas ou méditations cosmographiques de la fabrique du monde, planche 139, Royal Geographical Society, Londres, no d' inventaire：S0011785（约公元1613年），©伦敦皇家地理学会。

彩版XVI（葛乐耐）

图二十四 撒马尔罕，使节图（约660年）南壁细节：谒陵队伍带上的一匹马以及一群鹅；骑在骆驼上的达官贵人，手持仪仗。法兰西—乌兹别克索格底亚那考古队，1999年。

图二十五 旁吉肯特，鲁斯坦英雄事迹细节（约740年）：与一只雌龙战斗。马尔沙克，1980年。

图二十六 旁吉肯特，宴饮场景上的桃子与甜瓜（约740年）。马尔沙克，1980年。

彩版XVIII（葛乐耐）

目　录

Pouvoir / Divination
Sinologie française n° 17 (2016)

Zhang Wei et Luca Gabbiani, *Préface*

Villes et sociétés de Cour en Chine et en Europe du Moyen Âge aux Temps modernes

Divination et formes de savoir en Grèce et en Chine ancienne

Combattants conservé à la bibliothèque de Shanghai »

Yu Xin, « Les discours de l'école du Yin et du Yang sous les dynasties Sui et Tang et la pratique divinatoire »

Jean-Louis Durand et François Lissarrague, « Les entrailles de la cité. Lectures de signes : Propositions sur la hiéroscopie »

Frantz Grenet, « Recentrer l'Asie centrale »
(Leçon inaugurale au Collège de France, Chaire d'histoire et cultures de l'Asie centrale préislamique)

导　言

张　巍　陆　康　著
李国强　译

　　本辑《法国汉学》（第十七辑）的专辑名是"权力与占卜"。乍一看来，这一名称似乎有些令人费解。如果说，在社会科学和人文科学领域，"权力"与"占卜"一直是人类历史上一对如影随形、密不可分的概念的话，那么，这两个词汇在这里的出现则是因为本专辑收录的两个主题正好与此不谋而合。在本辑的两组论文中，一组是研究中国和西欧城市中皇宫、王室乃至诸侯宫廷一类的权力机构与城市中不同市民群体之间的关系问题，一组是研究占卜活动在知识构建过程中的作用问题。具体而言，第一组论文属于《法国汉学》的常设专题，是2013年秋季至2015年春季举办的"历史、考古与社会"系列讲座中部分论文的结集。本期系列讲座的主题是"12—18世纪中国和欧洲的王室城市与王室文化"，由法国远东学院北京中心主办，并得到了北京大学历史系和法国高等社会科学研究院的大力协助。第二组论文是由复旦大学历史系张巍教授与法国高等社会科学研究院康蕾欧（Cléo Carastro）副教授共同主持的中法合作项目"古希腊与古代中国的占卜和知识的生成"的研究成果。可以说，本辑《法国汉学》展现给读者的，不仅是该专辑的两组专题论文，同时也是对中法学者在社会与人文科学领域多样化、富有成效的合作的见证。

权力的形式：12—18 世纪西欧王国与中华帝国的城市与宫廷

历史上，特别是公元一千纪以后的历史上，欧洲城市在政治、制度及法律等方面的史学研究中都占有极为重要的地位。自 11、12 世纪开始，由于商业交换的扩张及社会关系的商品化过程，西欧各国重新开启了各自的城市化进程。这一主题也成为数代历史学家和社会科学学者的研究重心，而马克斯·韦伯则是其中名震遐迩的大师。这些学者大都认为，旧大陆在 12 至 16 世纪历史演进过程中发生的重大现象之一，就是城市中的不同社会群体都经历了渐进的独立化进程，而这些群体能够提出并获得政治独立的形式本身，也就表明，他们业已从一直束缚于其中的封建单元中解放了出来，这正是预示政治现代化的第一种形式。

在上述研究者看来，该时期欧洲城市的独立化进程几乎都会因城市、国家的不同而形式各异。至于这一进程的特征，在几乎所有的情况下，都被视为城市中两大势力之间的对立或冲突的结果，一是主要由商人或其他"新生力量"之间的大规模合作所构成的新兴的有产阶级，一是代表诸侯、王室及皇室封建利益的原有的权贵阶层。需要指出的是，这一历史阐释学的学说主要产生于欧洲 19 世纪中叶至 20 世纪中期，亦即欧洲各国强化国家史观伟大传统的时期。在这一理论框架中，城市和近代城市社会均被视为"城邦从封建制、王侯统治与宫廷支配剥离过程的一种产物"[1]。

近几十年来，在 6 至 18 世纪的欧洲中世纪与现代城市史的研究方面，新生代的西方学者开始部分地重新界定自己的研究方向。其所强调的，是利用新材料来阐释宫廷社会及其他重要社会群体与其生活于其中的城市之间的关系。而对权力问题的研究，则主要是从政治文化史这一角度切入的。与前辈学者的研究范式不同，当代研究者所强调的是不同市民阶层与宫廷诸阶层之间的相互渗透关系以及宫廷及其成员对城市化进程及城市发展的影响，同时也强调对城市中多种社会及其文化的交错特征的研究，当然也包括对权力问题的研究。所有这些因素，在都市这样的政治、制度与经济活动的舞台，都起到了举足轻重的作用。可以说，正是基于上述对相关历史问题的重新审视和研究，使我们今天能够对都城—宫廷这对相互依存的复杂体系进行更为精准的界定。

在中国，由于城市的形成有着极为深厚的历史渊源，因而对城市的历

---

① 见皮埃尔·莫奈（Pierre Monnet），"Ville et Cour dans l'Occident médiéval : une dynamique entre concurrence et intégration"（西欧中世纪城市与宫廷之间的竞争与渗透）。本文为作者于 2013 年 10 月 15 日在北京大学历史系的演讲稿。

史学研究也更多地是通过其他途径展开的。比如，对于早期城市的研究，就主要是通过考古发掘提供的资料，对城市的定居功能、城市形态及城市化进程等问题进行研究。就我们所说的中国帝制史的现代阶段——即大致从宋代到清代公元 11 世纪至 19 世纪——而言，日本、中国的相关学者业已从经济、贸易的角度对当时的中国城市史进行了广泛的研究，并通过对人口增长、社会的商品化进程以及对由纺织业带动的早期工业化过程等的研究，阐明了城市在该时期经济高速发展中的重要作用。另外，"现代帝制时期"城市高速发展中的社会维度问题同样是研究者关注的对象，而近期的研究又把视野扩展到了城市文化要素的构造方面。不过，由于帝国体制的特殊性，也由于历史学家拥有资料的局限，城市现象的政治维度及其在现代阶段的发展还没有成为详尽的研究课题[①]。

　　本辑收录的第一组论文旨在展示当代学者对中国与欧洲城市的历史学研究的最新进展，内容主要是对最能代表行使权力之地的宫廷及其与城市社会之间的关系进行分析。需要说明的是，这里收录的中、欧学者的论文是并列编排的。在编者看来，通过这种并列式的比照研究，中、欧新生代历史学家或许可以从中获得某些新的、有益的启发与思考。同时，编者也希望这里出现的不同观点及不同的研究方法能够使我们在以下两方面有所认识，一是在中、欧城市史的领域内揭示造成两者不同城市化进程的本质区别，二是揭示二者的相近性，以使我们能够把二者特有的历史经验联系起来进行研究，而不是简单的对比研究。

　　前三篇论文主要是研究发生在欧洲中世纪末期几个世纪至现代早期这一时段内的城市与宫廷的关系。在《中世纪西欧社会中的宫廷》一文中，作者皮埃尔·莫奈勾勒出西欧中世纪早期至文艺复兴早期的城市与宫廷关系的大致轮廓。作者首先介绍了该领域近期取得的研究成果，而后对法兰克福市进行了个案研究。作者指出，法兰克福曾是神圣罗马帝国时期的主要城市之一，但其主要特征却是不接受在城里设立宫廷。该文之后，艾尔诺在其《巴黎与法国历代国王：首都以及君主政体的建立（11—15 世纪）》一文中对王城巴黎进行了详尽的研究。作者指出，巴黎地区在地形上具有向中心汇聚的特征，地理位置极为重要，人们很早就认识并利用这一特征，把巴黎地区发展成一个城市聚落，而历代的王室又采取措施，确保了巴黎城的经济发展，同时也为后世把巴黎发展成政治、文化中心奠定了基础。最后，芬尼·科桑代在其《十六世纪瓦卢瓦王朝治下的法国宫廷》一文中，把对巴黎的研究拓展到了宗教战争时代。作者指出，当时特定的社会背景促使王室开始更多地

---

　　① 有关中国帝制晚期城市史最新研究的概要介绍，参见 Luca Gabbiani (ed.), *Urban Life in China, 14th-20th centuries. Communities, Institutions, Representations*, Paris, Editions de l'Ecole française d'Extrême-Orient, 2016.

关注君主公众形象的塑造，而后，从下一个世纪开始，逐步确立并完成了向绝对君主制的转变。

　　接下来的四篇论文都与清代（1644—1911）的宫廷活动有关。韩琦在其《科学、艺术与宗教之间——康熙时代宫廷画家焦秉贞史事考释》一文中，首先介绍了活跃于 17 世纪末至 18 世纪前几十年的著名宫廷画师焦秉贞的主要活动与影响。焦氏是当时已皈依天主教，能熟练运用西洋油画技法，特别是透视技法。在罗马教廷和在华耶稣会士之间发生的"中国礼仪之争"中，焦氏的作用亦不容小觑，而这场争论也导致了清廷与罗马教廷关系的进一步恶化。正是通过焦氏这一人物，作者带我们走进了当时处于冲突中心的北京城与皇宫之中，使我们有身临其境之感。朱赛虹在其《全面依赖与掌控——清宫书籍事业视域内朝廷与地方的互动》一文中，从文化的视域出发，对十八世纪清代宫廷与北京的文人阶层乃至与江南主要城市的文人阶层的关系进行了饶有兴味的考察。作者指出，该时期的清代帝王特别是乾隆皇帝曾首开风气之先，支持这些文化重镇的书籍事业。不过，帝王们的这一清趣，与其说是与文人们同享文墨之趣，毋宁说是藉此掌控宇内的文化事业。作者同时指出，随着时间的推移，在皇室与文人之间，也逐渐建立起一种相互依存的关系。

　　最后两篇论文的内容也与十八世纪的京师有关。梅欧金的论文题为《"谁在利用谁？"——清代北京的欧洲人、追求逸乐和政治性馈赠》。作者利用现藏梵蒂冈的未发表档案，对跣足奥思定会传教士席澄源（Sigismondo Meinardi）在北京的生活与活动进行仔细的梳理。席澄元身怀"奇技"，被延召入宫，为清宫制造了自鸣钟、自行人等自动娱乐器物，深受乾隆皇帝器重。作者以引人入胜的笔触，把读者带进了生活在京城及皇宫里的欧洲传教士的隐秘世界，同时也展示了宫廷与城市社会生活的交叉及融汇。另一篇论文是关笑晶对清代北京旗人宗教生活的研究，名为《清代北京旗人寺庙碑刻考述》。作者借助于大量碑刻文献，以令人信服的方式揭示了生活在帝都的旗人表达自己宗教情愫的不同方式，同时还揭示了旗人与其他社会阶层、特别是与宫廷的关系，进而探讨了这些关系随时代变迁而发生的变化。

古希腊与古代中国的占卜和知识的生成 [①]

　　第二组的六篇论文是 2012 年 9 月复旦大学与法国社会科学高研院（EHESS）合作举办的工作坊的论文结集。该工作坊由复旦大学历史学系

---

　　① 本部分由复旦大学历史学系张巍教授撰写。

的张巍教授与法国社会科学高研院"古代世界的历史学与人类学研究中心"
（ANHIMA）的康蕾欧（Cléo Carastro）副教授组织，论题为"古希腊与古
代中国的占卜和知识的生成"，参与者从经典文本、思想观念、社会制度等
多种角度考察占卜对古希腊或古代中国的思维方式与知识系统的形成所产
生的作用。

　　工作坊的出发点是，在古代中国与古希腊这两大文明当中，宗教传统实
为后起的其他各类思想的根基，而占卜在这两种文明的宗教传统里占据了显
著的位置。那么，"占卜"如何塑造了古希腊与古代中国思想的某些根本特
征？具体而言，占卜作为一种知识模式对其他的知识模式在形成过程中产生
了何种影响，并如何与之交互影响？这样的提问，从古代占卜的研究史来看，
属于对"占卜的知识论"研究。近年来，西方古典学界多从两个层面来研究
古代占卜，即"占卜的社会史"与"占卜的知识论"。这种"双重进路"的
研究框架系法国古典学家让－比埃尔·韦尔南（Jean-Pierre Vernant，1914—
2007）在 1974 年主编出版的论文集《占卜与理性》（巴黎：色伊出版社）
所确立。占卜被当作是一整套思维方式与社会制度构成的知识模式。就前者
而言，在占卜的象征性操作背后有一套自成体系的知识与信仰在支撑，从中
可以窥见一种文明的本源性思想的运作。

　　工作坊的主旨设定以后，参与者被给予最大的自由度，在各自所从事
的领域里以擅长的方法进行研究。组织者为了避免比较研究中用一种文化迁
就另一种文化会出现的均质化现象，没有预先设定一套统一的比较框架。这
样，中法学者在研究取径、方法、学术传统与当下关怀之间的差异得到尊重
和凸显。如此呈现出来的研究成果，或仍可归为广义而言的主题对应研究，
但又不囿于预设的一一对应。有判断力的读者自会以这里的几篇论文为比较
的材料，以对方为参照，对自己研究的主题进行更深入的思考。以下是编者
就这六篇论文的内容给出的一些提示。

　　在古风希腊，最初是诗人对占卜的认知方式予以回应。由于古风希腊
尚属口传文化，"话语"在其中占据了支配性的地位。各种占卜方式中，尤
以"话语"来操作的方式，即预言（神谕）最为突出，而预言极早便与另一
种"话语"——诗发生关联。从形式上看，两者皆以诗体创作，预言甚至使
用了最庄严的诗歌格律即六音步长短短格的史诗体，不可避免地挪用了部分
史诗的语汇和表达方式。预言在此种意义上便是诗，预言者在对语言的使用
上与诗人相类。故而，同样作为"话语"的掌握者，诗人首先从语言的层面
来回应预言的知识模式。

　　第一组的两篇论文便分别以古希腊最早的诗歌作品荷马史诗《伊利亚
特》与赫西奥德的《神谱》为主题，探考占卜与诗的交互影响。皮埃尔·朱代·

德·拉·孔波教授的论文逐一检视《伊利亚特》里与占卜相关的方方面面，包括不依赖占卜的神与人的直接交流、占卜师的各种操作方式、作为神谕问询处的多多那神庙和德尔菲神庙、两位主要的占卜师（希腊一方的卡尔卡斯和特洛伊一方的赫勒诺斯）、经过占卜师或者相关专业人士诠释的神的征兆以及非占卜人士给出的自发性占卜。基于对《伊利亚特》相关篇章的细致释析，作者提出，在这部史诗当中，占卜的有效性并非确定无疑。史诗叙事给出了自身对占卜以及占卜技艺的理解与构想，使占卜具有一定的知识形式，但也说明了占卜的局限性。占卜的征兆形成一幅浓缩的图像，将过去、现在与将来的时间维度混合起来，凝结成一个可感知的事件，而诗的语言则是在吟诵之流当中渐次展开的话语，诗人在叙述铺展开的线性时间之内来展现其所知。两种有效性因此被提出讨论，史诗的叙事理性与占卜技艺特有的实践理性互相交锋。

荷马史诗作为包罗万象的叙事诗，将占卜纳入其宏阔的视域，促使诗的语言与占卜的征兆在对真理的认知上形成张力。这种张力如何化解，如何作用于诗的语言，我们需要转向早期希腊的另一个传统。从赫西奥德到品达，希腊古风诗人呈现自我的主要方式，乃是以"神灵感应的预言"为原型，来凸显诗的语言与预言、诗的真理与预言的真理之间诸多的重叠之处。张巍教授的论文便以古希腊现存最早的神话诗论，即赫西奥德《神谱》的序诗诗论为线索，对诗的真理与预言的真理之交涉浑融这一古希腊文化的根本特征进行推源溯始的考察。作者认为，赫西奥德一类的诗人成为继先知而起的神灵附体、参通神人的特殊群体，他们以先知的转世之身出现，力图在相同的语言领域内超越并取代之。诗的真理从预言的真理转化而来，被提升到了更高的思想层次，成为通达宇宙大全的终极真理。

古风希腊的占卜强调神与人之间的沟通，特别是施之"话语"的直接沟通。与此相较，早期中国的占卜更依赖对征兆的释读，从最早的龟甲或兽骨上的兆纹以及蓍草的排列变换产生的卦象开始便是如此。于是，占卜对知识形成的影响循着另一条路径，走向天人感应的宇宙论。这一特点深刻地体现于卜筮思想的哲理化过程，尤其是卜筮之书如《周易》的经典化过程。如所周知，在汉代不同学派共同承认通行本《周易》以前，直到战国时代，《周易》文本仍然处于纷繁复杂的局面之中。《周易》如何从一部卜筮著作转化为对生命宇宙最深层次的思考？对此，邓秉元教授的论文提出一种基于经学进路的探讨。作者认为，以往历史学家多从政治与学术传播等外在原因叙述《周易》的经典化过程，缺乏的是发自于经学内部问题意识的"经学维度"的观照。针对这种"经学的缺位"，邓教授的论文基于对《周易》文本的系统化、《周易》经传一体性等经学问题的重新探讨，重新诠释了易学史上"世历三古，人更三圣"这一表述的经学义蕴，还原了伏羲、文王、孔子与巫史易、经学易的对应关系。文中提出，这一道统谱系的设定，在义理上与《周易》所谓两仪、四象、八卦的衍生关系相呼应，代表了大《易》之道的自我理解，同时也成为通行本《周易》最终取代其他《周易》文本，从而被经典化的根本原因。

林志鹏教授的论文则以新出土的文献《卜书》为基础，探究战国时代龟卜方法的变化。《卜书》发表于《上海博物馆藏战国楚竹书》第九册（上海古籍出版社，2012 年），存简十枚。据整理者李零先生所言：这篇卜书是目前中国发现最早的卜书，可与褚少孙为《史记》所补的《龟策列传》相比较，对于研究早期的卜法是不可多得的史料。林教授的论文即在李零先生的整理基础上，参酌时贤意见，对全篇竹书重新校释，分析《卜书》的结构及性质，考辩该书占卜术语的涵义，并据此尝试将此篇文献放在先秦数术史的脉络中考察。作者指出，战国中期龟卜及筮占同样经历了向日者之术靠拢、转化的过程，而此一占卜格局的变化，适与《易传》的出现同步。把握住这条演变线索，对于我们了解《周易》哲理化的过程当有所助益。

占卜与其他知识模式的交互影响，尤其作用于占卜的实践当中，体现在日常生活里对占卜的具体运用。因此，除却诗人与哲人对占卜的知识模式的反思与转化，此一日用的维度亦不容忽视，最后一组的两篇论文便分别使用敦煌民间文书和古希腊陶器上的图像材料对此加以稽考。余欣教授的论文从知识社会史的进路，将阴阳五行观念与占卜实践置入中古中国的知识—信仰—制度结构的"生态过程"来考察。文章以隋萧吉所著《五行大义》里的《论七政》篇为基盘史料，对其内容做出较为详尽的解读，同时利用敦煌所出 P.2675bis《七星人命属法》、P.3398《推十二时人命相属法》等禄命文书，论析中古时代干支、星占与禄命的理论在相关占验技艺中的实际运用，揭示阴阳五行学说与见诸敦煌民间文献的"术"之间的关系。作者认为，自汉至唐，中古时代的星占学虽在传统本土的星占中融合了外来星命术，但阴阳五行学说仍为其底色与根柢。余教授多年来"致力于重绘阴阳五行学说在中古时代的学术发展脉络及其技艺进化与场域扩张的生成方式"，此篇论文当可视为他"深入把握阴阳观念与占卜实践如何交织成力量纽带这一核心命题"的力作。

同样，由让-路易·迪朗与弗朗索瓦·利萨拉格两位教授合著的论文堪称结构主义图像学研究的典范之作。他们以一组公元前 530 年到前 490 年绘制的双耳瓮为材料，其中包含十个黑像陶与两个红像陶，全都描绘了相似的场景：重装步兵在出征前进行脏卜，一位少年手持供占卜之用的牺牲的内脏，呈现给重装步兵和其他在场人物。在这组陶器画上，相同的元素不断出现，并总是根据同样的关系构成图像意群。两位作者通过对不同元素间所维系的空间关联以及人物的位置及其类型进行结构上的分析，得出如下的结论：图像元素虽然多种多样但却精确，从来没有两个图像是相同的，也从来没有无缘无故的偶然增补；并非某一元素的出现或缺失，而是图像上元素之间的相互关联性生成了涵义。由此我们领悟到，图像绝非在客观地呈现占卜的仪式实践，而是对之进行了一种操作，图像上的臟卜场面确切而言并不是一种指向未来的预言性占卜活动，而是对某一行动所蕴含之机运的提问。

编者对上述三组论文所做的提示，希望有助于读者自己去形成比较性的对话。我们相信，来自于其他文明——尤其是古希腊与古代中国这两个相互之间全无影响的文明——的比较材料，虽不能用作证明存在于一种文明里的某种现象的证据，但能够促成比较性的对话，激发我们从新的视角看待本土材料，进而针对各自研究的文明提出新的问题、找寻新的答案。

在本辑的最后，我们荣幸地收录了法兰西学院"前穆斯林时期的中亚历史与文化"讲席教授葛乐耐（Franz Grenet）先生的就职演讲论文《重新瞩目中亚》[①]。文中首先概要介绍了近代以来的中亚研究史。作者指出，中亚地区位于欧亚大陆中部这一接壤地带，其古代文明也受到中国、印度、蒙古、波斯及俄罗斯等文化圈的交互影响。因此，自 19 世纪中期至第二次世界大战以后，对中亚文明的研究，无论是语言学、文化学或是历史学的研究，多是从周边的外部文明的视域展开的。在就职演讲中，葛教授肯定了中亚研究中俄国、法国和中国学派的贡献，但同时指出，在自己对中亚古文明的思考和研究中，更侧重于把中亚地区本身，即包括土库曼斯坦、乌兹别克斯坦、塔吉克斯坦、哈萨克斯坦及吉尔吉斯斯坦等五个国家构成的中心地区，作为最基本、最重要的地理单元进行考察。作者通过中亚地区新近出土的大量考古资料，揭示了本地区文化所具有的重大价值与贡献，从而至少部分地把中亚文化从其周边邻国的强势文化中抽离出来，并回归到对中亚文化自身特质的定位上。

*****

长期以来，《法国汉学》成为发表中法社会科学与人文科学合作研究成果的重要窗口，同时也得到了中国学界的肯定和欢迎。作为该刊的主办单位，法国远东学院北京中心为此感到欣慰。

---

① 法文原文见 Franz Grenet, *Recentrer l'Asie centrale*, Paris, Collège de France/Fayard (collection Leçons inaugurales du Collège de France), 2014。

　　在本辑《法国汉学》付梓之际，我们谨向长期支持本刊的人士和机构表示衷心的感谢。我们首先感谢法国外交部和法国驻华大使馆文化教育合作处，正是得益于他们近二十年来对法国远东学院北京中心的不懈支持，我们才得以在中国展开各项有效的研究和科学活动。我们也要向中华书局表示真诚的感谢，感谢他们多年来对本刊不遗余力的支持，一直把本刊纳入他们的出版计划，使本刊得以跻身于中华书局出版的厚重的学术之林。另外，本专辑的出版，也得到了众多个人或机构的帮助，我们在这里要特别感谢复旦大学历史系、北京大学历史系及高毅教授与彭小瑜教授，以及法国高等社会科学研究院及康蕾欧（Cléo Carastro）教授和蓝克利（Christian Lamouroux）教授。同时，我们也真诚地感谢关笑晶、李国强、庆昭蓉、王名南、吴旻、徐小薇、周之桓等本期论文的翻译者，正是得益于他们的迻译之力，本刊才能够把这些专业性强、难度很高的研究论文呈现给中文读者。我们还要特别感谢匿名审阅者对本期论文的专业评审，以及远东学院北京中心的秘书杜蕊女士仔细入微的工作。最后，我们谨向本专辑的各位作者表示真切的感谢。

2016 年 1 月，北京

西欧王国与中华帝国的城市与宫廷社会
12—18世纪

中世纪西欧社会中的宫廷

[法] 皮埃尔·莫奈* 著

徐小薇 译

　　本文主要以 2013 年 10 月在一个中法学术交流项目中对北京大学学生所做的两场讲座为基础。参与项目的中世纪史研究者从两个角度论述了项目的主题——宫廷。法兰克福大学教授 Bernhard Jussen 首先提出了他的思考。作为墨洛温和加洛林时期的专家，他感兴趣的是亲属关系系统、社会与政治词汇的词汇分析、当时的各种政治机构以及现代时期的中世纪想象[1]。从这些角度出发，他关注的是中世纪早期——按照学术上的西欧编年，5 到 10 世纪——的宫廷。在他看来，宫廷是一些"权力之地"，它们的形成利用了地理控制、象征控制和行政控制的三重结合。

　　本文的标题来自另外一场讲座，它围绕着一个范式般的例子，即法兰克福的例子，一座没有固定宫廷的"首都"城市，权力之地。主讲人是中世纪末期法国与神圣罗马帝国城市与政治文化的专家皮埃尔·莫奈教授[2]。他采用西方研究者惯用的年代分隔，提出了一些关于中世纪中期（11—12 世纪）和晚期（13—15 世纪）宫廷和城市之间建立的联系的论点。从 1200 年起，城市成为权力行使和财富创造的主要场所，产生了"驻地城市"这种在欧洲

---

　　*　Pierre Monnet，巴黎高等社会科学研究院。

　　①　http://www.geschichte.uni-frankfurt.de/43010469/jussenb（参考的所有链接均于 2014 年 8 月 30 日经过验证）。他的研究和作品包括：*Spiritual Kinship as Social Practice. Godparenthood and Adoption in the Early Middle Ages*，London/Newark，University of Delaware Press，2000（*Patenschaft und Adoption im frühen Mittelalter. Künstliche Verwandtschaft als soziale Praxis*，Göttingen，V & R，1991 的英文修订版）。还有 *Der Name der Witwe. Erkundungen zur Semantik der mittelalterlichen Bußkultur*，Göttingen，V & R，2000。

　　②　http://gahom.ehess.fr/index.php?1014。此外，与本主题有关的书籍：*Les Rohrbach de Francfort. Pouvoirs, affaires et parenté à l'aube de la Renaissance*，Genève，Droz，1997；*Villes d'Allemagne au Moyen Age*，Paris，Picard，2004。

现代化的历史中非常重要的类型[①]。

欧洲漫长的中世纪期间宫廷的定义、贡献和表现

　　两场讲座当然并不一样，却因为研究的年代前后相继和地理上的对比（主要是法国和德国）而互相补充[②]，它们以共同的基本公设作为思考的出发点。

　　简而言之，除了所有地点和时间上的差异和细微区别，在西欧中世纪这整整一千年中，可以从四个方面来看待宫廷。它是：1）一个权力行使与制造的关键场所，2）一个由人、团体和机构组成的复杂社会，3）一个产生视觉形象、树碑立传和制造政治理论的象征与思想体系，4）一个重要的文化中心[③]，正如 Baldassare Castiglione 1528 年编纂的《廷臣论》[④] 所象征的宫廷文化、廷臣和骑士风度（*curialitas*）[⑤] 这些概念所证明。不可否认，从这个观点来看，一方面，宫廷是以宫殿[⑥]为体现的某种特定政治文化和某种特定权力形式的诞生中的核心因素，另一方面，宫廷是 15 世纪之后欧洲现代国家赖以建立的要素之一。从这个角度和长期来看，从公元 500 年到 1500 年，

---

　　① Peter Moraw，" Was war eine Residenz im deutschen Spätmittelalter？"，*Zeitschrift für historische Forschung*，18，1991，p. 461-468。Peter Johanek（主编），*Vorträgeund Forschungen zur Residenzfrage*，Sigmaringen，Thorbecke，1990。Jean-Luc Pinol（主编），*Histoire de l'Europe urbaine* 第一卷："De l'antiquité au XVIIIᵉ siècle"，Paris，Seuil，2003。Jan Hirschbiegel，Werner Paravicini，Jörg Wettlaufer（主编），*Höfe und Residenzen im spätmittelalterlichen Reich*，Stuttgart/Ostfildern，Thorbecke，4 vol.，2005-2012。

　　② 章节 "Palais royaux, cours, résidences"，出自：Otto Gerhard Oexle，Jean-Claude Schmitt（主编），*Les tendances actuelles de la recherche en histoire médiévale en France et en Allemagne*，Paris，Publications de la Sorbonne，2002，p. 307-361。

　　③ 我们显然会想到 Norbert Elias 的论文 *La Civilisation des mœurs*，Paris，Calmann-Levy，1973（法语第一版译自 1939 年以德语出版的原版），它新近以 *La Société de cour*（全文）和 *Sociologie et histoire*（从未以法语出版），Paris，Flammarion，1985（Roger Chartier 作序）的标题出版。还可以参考：Werner Paravicini，Jörg Wettlaufer，*Erziehung und Bildung bei Hofe*，Stuttgart，Thorbecke，2002。关于艺术：Martin Warnke，*Hofkünstler. Zur Vorgeschichte des modernen Künstlers*，Köln/Weimar/Wien，Böhlau，1985。

　　④ Josef Fleckenstein（主编），*Curialitas. Studien zu Grundfragen der höfisch-ritterlichen Kultur*，Göttingen，V & R，1990。

　　⑤ Bernard Guenée，"Cour"，收录于 *Dictionnaire raisonné de l'Occident médiéval*（Jacques Le Goff 和 Jean-Claude Schmitt 主编），Paris，Presses Universitaires de France，1999，p. 246-259。

　　⑥ Caspar Ehlers（主编），*Places of Power—Orte der Herrschaft—Lieux de pouvoir*，Göttingen，V & R，2007。

不同的帝国、王国和公国之间没有根本区别。我们至多可以注意到附属宫廷及其宫殿的服务、功能和人员向着更加制度化和专业化演变[1]。最初的拉丁术语 curia 逐渐多样化是这种演变的体现。这些与 curia 相近、类似并因此是竞争关系的词语包括 palatium，aula，domus，还有宫殿、宫廷（court，cort，corte，hof）、房屋（house，haus……）在各地土语中的对应词语。这些词语并非仅限国王或者皇帝使用，教皇、伯爵、公爵、修道院院长和主教等人也在使用。所有这些词语直到很晚仍继续同时指代一个地方和一群人（包括世俗之人和教士）。这些词语的共同含义是接近、熟悉、直接见到做决定并握有权力之人（指代宫廷的还有"家庭"和"随从人员"这些词）。必须强调的是，在这个词的使用方面不存在忌讳或专有权。无论如何，在中世纪这一千年中，同时作为人员所在场所与人员网络的宫殿和宫廷，代表了一种显赫地位，一个权力的顶点与象征场所。如果考虑到亚琛（Aachen）与查理曼［图 1-1，1-2，2-1，2-2］或者巴黎的西岱王宫和圣路易（路易九世 1214—1270）［彩版 I，图一］，它还成为了这种权力的记忆。因此，在宫廷的概念上，加入了一些对欧洲政治文化而言根本而关键的过程与概念：例如融合、参与、竞争、委派、代表、权威和主权等概念[2]。见微而知著，局部，也就是说宫廷，最终在有些时候意味着整体：王权，国家，地方，国王，预算，行政机构……这解释了在目前的中世纪西欧宫廷研究中，为什么各个学科（艺术、文学、历史、考古）相互交叉来从多个角度研究这些复杂的对象：概念史、王权的物质与空间基础，地貌和各种结构，政治实践和行动。

---

[1] Franz Staab（主编），*Die Pfalz - Probleme einer Begriffsgeschichte vom Kaiserpalast auf dem Palatin bis zum heutigen Regierungsbezirk*，Speyer，Veröffentlichung der Pfälzischen Gesellschaft zur Förderung der Wissenschaften in Speyer，1990；Annie Renoux（主编），*Palais royaux et princiers au Moyen Age*，Le Mans，LHAM，1996；Günther Binding，*Deutsche Königspfalzen. Von Karl dem Grossen bis Friedrich II. (765-1240)*，Darmstadt，WBG，1996。

[2] 在这里我们使用的是 Jean-Philippe Genet 领导的多年项目所定义的、作为现代国家诞生的特征的那些概念："La genèse de l'État moderne. Les enjeux d'un programme de recherche"，收录于 *Actes de la recherche en sciences sociales*，no. 118，1997，p. 3-18。可查阅如下链接：http://www.persee.fr/web/revues/home/prescript/article/arss_0335-5322_1997_num_118_1_3219。

图 1-1 亚琛的查理曼宫廷，约 800 年，模型。

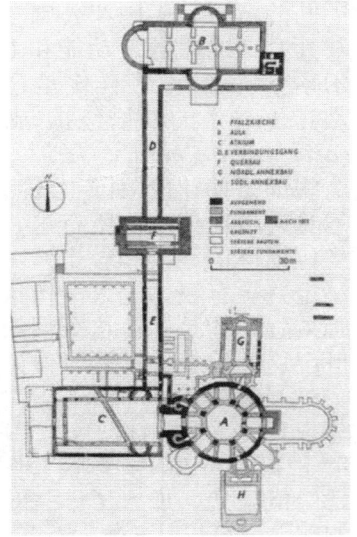

图 1-2 平面图

图 2-1 今日之建筑

图 2-2 内部

正如 Bernhard Jussen 的讲座中提到的，加洛林时期的显著特征不仅包括在帝国的整个领土上建立了一个等级分明、功能性的宫殿网络［彩版 II，图二；彩版 III，图三］，还包括对于宫廷运行和组织的典范的理论思考的书面化。尤其是 Hincmar de Reims 在 882 年以《内务论》（*De ordine palatii*）[1] 这一标题编纂的专著。一些原则在当时得以系统化，而它们之后很长时间仍然具有指导性 [2]，也许在德国比在法国更甚 [3]。在中世纪末期呈现显著的中央集权趋势的大多数君主国和公国之中（法国、英国、勃艮第、西班牙和葡萄牙……），国王与王侯的宫廷仍然是产生与传播既是国家的也是政府的标准、仪式与规矩的场所。这个场所可以归纳为围绕行政总理府改组的王邸（*hospitium regis*，国王的宅邸，从 13 世纪末以来分为六个房间，后来成了行政总理府、账目、军队等大型机关。王邸仍然经常与国王的宫廷，*curia regis*，混淆在一起；这个现象类似英语中的 *household*）。还应该强调的是，伴随这种变化，顾问、官员、法学家、大学教师和将领们在宫廷中的地位从 12 世纪开始有增长的趋势。实践、理论、法律和财政在宫廷体系内部的这种提升，极大促进了城市与宫廷之间的亲近。首先，在中世纪早期和中期的一部分时间内，宫廷开始时与罗马和之后君士坦丁堡的古老模式不同，不管是从社会还是从经济角度来看都很少城市化。在相当长的时间里，宫廷在结构上也不是按照必然坐落在城市中、中央而固定的权力之地这种形式来组织和设计的 [4]。宫廷曾长期在继承自加洛林王朝并被奥托王朝的君主们重新启用的诸多宫殿之间巡回（例如亚琛）［彩版 IV, 图四] [5]。具备固定

①　Thomas Gross，Rudolf Schieffer（主编），*Hincmar de Reims, De Ordine Palatii,* dans *Monumenta Germaniae Historica*，Leges 8，Fontes iuris Germanici antiqui in usum scholarum separatim editi，3，Hannover，Hahn，1980。

②　关于加洛林王朝，可参考：Pierre Riché，*Les Carolingiens*，Paris，Pluriel，1997；Rudolf Schieffer，*Die Karolinger*，Stuttgart，Kohlhammer，2000；Geneviève Bührer-Thierry，Charles Mériaux，*La France avant la France (481-888)*，Paris，Colin，2010。参考亚琛展览的图录：*Charlemagne/Karl der Grosse. Macht, Kunst, Schätze*（2014 年 6 月 20 日—9 月 21 日，Sandstein Verlag 出版图录，Dresden，2014）。还可参考：*Kunst und Kultur der Karolinger-zeit*，Mainz，Philipp von Zabern，1999。

③　Jean-Marie Moeglin，*L'Empire et le royaume. Entre indifférence et fascination 1214-1500*，Lille，Septentrion [11 卷的法德历史之卷 2]，2011（德语版为 *Kaisertum und allerchrist-lichster König 1214 bis 1500*，Darmstadt，WBG，2010）。

④　Carlrichard Brühl，*Palatium und Civitas. Studien zur Profantopographie spätantiker Civitates vom 3. bis zum 13. Jahrhundert*，Köln/Wien，Böhlau，1975-1990，2 vol.；Werner Paravicini，Jörg Wettlaufer（主编），*Der Hof und die Stadt - La Cour et la Ville*，Stuttgart，Thorbecke，2006。

⑤　Bernd Schneidmüller，Stefan Weinfurter（主编），*Ottonische Neuanfänge*，Mainz，Philipp von Zabern，2001。

宫廷的首都城市、权力的中心场所（特别是伦敦和巴黎，罗马之于罗马教廷，布拉格之于 14 到 15 世纪卢森堡王朝统治下的波西米亚王国）^① 很晚才出现［图 3］。

图 3　卢森堡王朝（1300—1450）统治时期的欧洲简图

---

　　① *Les villes capitales au Moyen Âge*（2005 年伊斯坦布尔第 36 届 SHMESP 大会），Paris，Publications de la Sorbonne，2006。

一种建立在土地和村庄之上并因封建统治而稳定的农村经济的运行也是这些首都城市、权力的中心场所出现的条件之一。最后，在神圣罗马帝国日耳曼领土上，教皇和神圣罗马帝国皇帝这两个西欧普世权力之间的竞争具体体现为叙任权之争。这种与罗马教廷的对抗部分阻止了在意大利建立持久而集中的王权[①]。同一个现象解释了德意志国王的宫廷为什么较晚固定在神圣罗马帝国的一个首都场所[②]。与此相反，在较早成功从不管是皇帝还是教皇的监管下脱离的那些政治实体中，例如卡佩王朝统治下的法兰西王国和英格兰王国，宫廷可以更早固定在一座城市，而该城市的繁荣和社会及经济功能并不单单依赖国王及其宫廷的存在[③]。因此，必须重视西欧王国、领土和政治构建模式的多样性，而城市与宫廷之间各种关系形式从 14 世纪初前十年起成了这种多样性的证据之一[④]。

下面这个具体例子正是用于对这些不同模式其中之一进行研究的，通过它可窥一斑而知全豹。

中世纪末期城市与宫廷关系模式的一个重要例子

刚刚的论述确实证明，宫廷这个具有多种形式的社会和文化场所，不管是国王的宫廷还是大公的宫廷（在欧洲领土权力与政治权力的构建传统中

---

① 关于意大利的首都城市和驻地城市：Patrick Boucheron，Jacques Chiffoleau（主编），*Les palais dans la ville. Espaces urbains et lieux de la puissance publique dans la Méditerranée médiévale*，Lyon，Presses Universitaires de Lyon，2004。

② Edith Ennen，Manfred van Rey，"Probleme der frühneuzeitlichen Stadt, vorzüglich der Haupt- und Residenzstädte"，*Westphälische Forschungen*，25，1973，p. 168-212；研讨会：*Residenz - Hauptstadt - Metropole: Zur politischen, ökonomischen und kulturellen Mittelpunktbildung im Mittelalter und der frühen Neuzeit, Wissenschaftliche Mitteilungen der Historiker-Gesellschaft*，1988，2/3，p. 7-94；Emil Meynen，*Zentralität als Problem der mittelalterlichen Stadtgeschichtsforschung*，Köln/Weimar，Böhlau，1998。

③ 关于哥廷根科学院 *Residenzenkommission* 进行的关于 1300 年到 1600 年神圣罗马帝国各地城市与宫廷之间关系的多年研究项目，查看如下网址：http://resikom.adw-goettingen. gwdg.de/index.php。

④ Ulf Dirlmeier，Gerhard Fouquet，Bernd Fuhrmann，*Europa im Spätmittelalter 1215-1378*，München，Oldenbourg，2003；Rainer Christoph Schwinges，Christian Hesse，Peter Moraw（主编），*Europa im Spätmittelalter. Politik – Gesellschaft – Kultur*，München，Oldenbourg，2006；Bernd Schneidmüller，*Grenzerfahrung und monarchische Ordnung. Europa 1200-1500*，München，Beck，2011。

两者是密不可分的），在欧洲城市网络的建立和发展过程中 ①，是一个决定
性的因素。这种现象始于中世纪中期，并从 13 世纪以后更加明显。宫廷对
城市的影响当宫廷至少是定期驻留在一座城市时最为显著，并因此帮助塑造
这座城市。但是，即使在结构最完备的君主国中，有些宫廷按照传统直至
15 世纪仍然保持着流动，这种影响同样在起作用。因此，这些巡回的宫廷
造访城市，即使只有极短的时间，仍决定了被临时占据的城市的一部分社会
和空间结构。不管是在英格兰还是在法兰西，都可以提供很多例子。从 13
世纪到 15 世纪，这个过程在神圣罗马帝国德意志的土地上，表现得比任何
其他地方更甚。当时有三个王朝（南方的维特尔斯巴赫王朝，中部的卢森堡
王朝，西南的哈布斯堡王朝）② 在争夺这片通过在皇帝和七位选帝侯之间分
配行政、税务、司法和王室任务来运转的领土。自从 1356 年《金玺诏书》
之后，七位选帝侯选举罗马人的国王，而这算是成为神圣罗马帝国皇帝的第
一阶段，相应的是，皇帝给予这七位选帝侯在各自公国之内的自治权［图 4

① Edith Ennen，*Die europäische Stadt des Mittelalters*，Göttingen，V & R，1987；
Simone Roux，*Le monde des villes au Moyen Age XIe-XVe siècle*，Paris，Hachette，1994。

② Peter Moraw，*Von offener Verfassung zu gestalteter Verdichtung. Das Reich im späten
Mittelalter 1250-1490*，Berlin，Propyläen，1985；Hartmut Boockmann，*Stauferzeit und
spätes Mittelalter. Deutschland 1125-1517*，Berlin，Siedler，1987；Francis Rapp，*Les origines
médiévales de l'Allemagne moderne. De Charles IV à Charles Quint (1378-1519)*，Paris，Au-
bier，1989；Ernst Schubert，*Einführung in die deutsche Geschichte im Spätmittelalter*，Darm-
stadt，WBG，1998；Michel Parisse，*Allemagne et Empire au Moyen Âge*，Paris，Hachette，
2002；Malte Prietzel，*Das Heilige Römische Reich im Spätmittelalter*，Darmstadt，WBG，
2004；Karl-Friedrich Krieger，*König, Reich und Reichsreform im Spätmittelalter*，München，
Oldenbourg，2005；Stefan Weinfurter（主编），*Heilig – Römisch – Deutsch. Das Reich im spät-
mittelalterlichen Europa*，Dresden，Sandstein，2006；Pierre Monnet，"L'Empire et ses royau-
mes voisins du Nord et de l'Est de l'Europe"，收录于 Patrick Boucheron（主编），*Histoire du
monde au XVe siècle*，Paris，Fayard，2009，p. 155-175。关于哈布斯堡王朝，Karl-Friedrich
Kriege，*Die Habsburger im Mittelalter*，Stuttgart，Kohlhammer，1994。关于卢森堡王朝，
Jörg K. Hoensch，*Histoire de la Bohême*，Paris，Payot，1995 和 *Die Luxemburger. Eine spät-
mittelalterliche Dynastie gesamteuropäischer Bedeutung 1308-1437*，Stuttgart，Kohlhammer，
2000。关于维特尔斯巴赫王朝，展览 "Die Zeit der frühen Herzöge. Von Otto I. zu Ludwig dem
Bayern"，München，Hirmer，1980；Jean-Marie Moeglin，*Les ancêtres du prince. Propagande
politique et naissance d'une histoire nationale en Bavière au Moyen Age (1180-1500)*，Genève，
Droz，1985。

图 4　法兰克福档案馆藏 1356 年《金玺诏书》

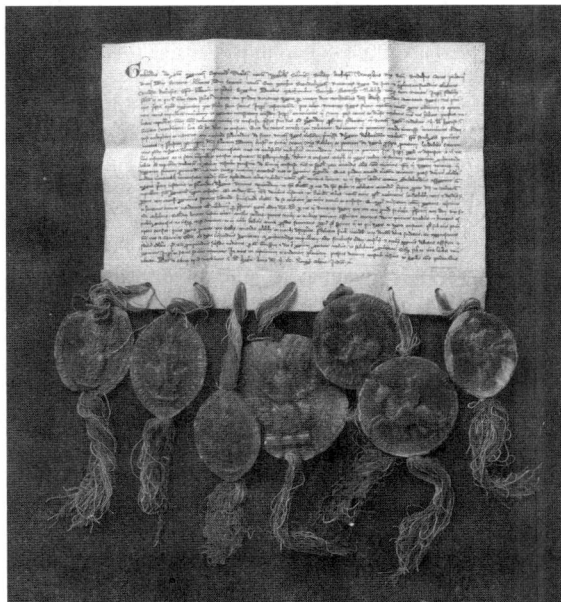

图 5　见证 1298 年选帝侯选举罗马人国王（奥地利的阿尔伯特）的最早文件

和图 5][1]。

从这种二元性中，产生了德意志国王——如果得到教皇的批准，并有时间和机会在罗马加冕的话才会成为皇帝——的三项义务。他要巩固自己的封地，而这个过程一般来讲通过巩固其驻地城市来进行（14 世纪上半叶维特尔斯巴赫王朝的慕尼黑，从 1350 年到 1450 年卢森堡王朝的布拉格，从 15 世纪中期开始哈布斯堡王朝的维也纳）[1]。他还要巡视其他公国的驻地城市（例如教会选帝侯的科隆、特里尔和美因兹）。最后他要维持仍然属于王室产业的其他城市与土地（纽伦堡、奥格斯堡等，以及帝国的中部与南部边界）[2]。

巡回与多样性，也就是说流动性与多决策中心制，无论如何这确实是中世纪西欧宫廷的特征，不管是在神圣罗马帝国还是在其他公国与王国之中（按照这个意义，宫廷在空间中移动时完全没有失去它的本质与多功能性）。这意味着，不管城市是否为驻地城市，即使时间与空间不同，它总与宫廷有密切关系；只要国王与宫廷待在一座城市，它在这一段时间就成为"首都"[3]。

① Bernd-Ulrich Hergemöller, *Fürsten, Herren und Städte zu Nürnberg 1355/56. Die Entstehung der Goldenen Bulle Karls IV*, Köln/Wien, Böhlau, 1983; Evelyn Brockhoff, Michael Matthäus（主编）, *Die Kaisermacher. Frankfurt am Main und die Goldene Bulle 1356-1806*, Frankfurt-am-Main, Societätsverlag, 2006; Ulrike Hohensee（主编）, *Die goldene Bulle. Politik – Wahrnehmung – Rezeption*, Berlin, Akademie Verlag, 2009; Pierre Monnet, "De l'honneur de l'Empire à l'honneur urbain : la Bulle d'Or de 1356 et les villes dans l'Empire médiéval et moderne", 收录于 Julie Claustre, Olivier Mattéoni, Nicolas Offenstadt（主编）, *Un Moyen Âge pour aujourd'hui. Mélanges offerts à Claude Gauvard*, Paris, Presses Universitaires de France, 2010, p. 152-160.

① Richard Bauer, *Geschichte Münchens, Vom Mittelalter bis zur Gegenwart*, München, Beck, 2008; Hans F. Nöhbauer, *München. Eine Geschichte der Stadt und ihrer Bürger. Band 1: von 1158 bis 1854*, München, Süddeutscher Verlag, 1989; Peter Csendes, Ferdinand Opll（主编）, *Wien. Geschichte einer Stadt*, Wien/Köln/Weimar, Böhlau, 2001-2006; Jiri Fajt, Markus Hörsch & Andreas Langer（主编）, *Karl IV., Kaiser von Gottes Gnaden. Kunst und Repräsentation des Hauses Luxemburg 1310-1437*, München/Berlin, Deutscher Kunstverlag, 2006（尤其是关于布拉格）。

② Evamaria Engel, *Die deutsche Stadt des Mittelalters*, München, Beck, 1993。Felicitas Schmieder, *Die mittelalterliche Stadt*, Darmstadt, WBG, 2005。

③ Alfred Wendehorst, Jürgen Schneider（主编）, *Hauptstädte. Entstehung, Struktur und Funktion*, Neustadt an der Aisch, Degener, 1979; Evamaria Engel, Winfried Eberhard, "Metropolen – Hauptstädte – Zentralstädte: Ihre Entwicklung als Faktoren und Orte staatlicher Repräsentation sowie kultureller und gesellschaftlicher Integration im östlichen Mitteleuropa vom 14. bis zum frühen 17. Jahrhundert", *Mitteilungen der Residenzen-Kommission 4/1*, 1994, p. 14-17; Andreas Sohn, Hermann Weber（主编）, *Hauptstädte und Global Cities an der Schwelle zum 21. Jahrhundert*, Bochum, Winkler, 2000。

被看作是表现 ①、行动与决策场所的宫廷正如城市一样 ②，在中世纪末期也变成了一个沟通与交流不断增长的场所。当时的宫廷可以说是一种二元性的场所，既保持着古老国王权力的传统，又体现着中世纪末期新式王朝权力的特征，同时它仍然是国王的家，君主尊严的符号，国王通过积累人员与财富来表示其权威的手段，也是君主交流网络的中枢。从刚刚列出的各个因素的角度来看，宫廷以多种名义与城市接触。另外，正如可以提出一个人从自己对宫廷的参与中能得到什么好处这个问题，同样可以思考，城市与宫廷，在它们互相交流以及相互影响的关系中，双方能够得到什么好处，或者什么坏处。

在这里，我打算根据一个在某种程度上更加极端的例子来观察这些现象，也就是说美因河畔的法兰克福。这座城市在公元 10 世纪之后不是一座宫廷城市，但其功能、职责、空间与象征体系与国王和王侯的宫廷经验与实践密不可分。法兰克福坐落在德意志的中心，美因河畔 ③，其面积与人口（接近 1450 年时还不到 8500 名居民）会让同时期首都的大小是无与伦比的中华帝国的臣民们耻笑！

事实上，这座城市乍看上去没有任何能让它成为宫廷所在地或者国王乃至王侯驻地的迹象［图 6 和图 7］。

在这里也找不到首都的那些直接"标记"。这里既没有御苑也没有城堡，没有公侯府邸的街区，没有主教座堂，没有受国王控制的教士团教堂或者修道院，也没有宫殿集合，没有大学，没有王后或其子女的住所，没有任何靠

---

① Hedda Ragotzky, Horst Wenzel（主编），*Höfische Repräsentation. Das Zeremoniell und die Zeichen*，Tübingen，Niemeyer，1990。

② Hedwig Röckelein，"Kommunikation. Chancen und Grenzen eines mediävistischen Forschungszweiges"，*Das Mittelalter*，6 (2001)，p. 5-13；Gerd Althoff（主编），*Formen und Funktionen öffentlicher Kommunikation im Mittelalter*，Stuttgart，Thorbecke，2001；Karl-Heinz Spiess（主编），*Medien der Kommunikation im Mittelalter*，Wiesbaden，Steiner，2003；Romy Günthart，Michael Jucker（主编），*Kommunikation im Spätmittelalter*，Zürich，Chronos，2005；Jan Oberste（主编），*Kommunikation in mittelalterlichen Städten*，Regensburg，Schnell und Steiner，2007；Neithard Bulst（主编），*Politik und Kommunikation. Zur Geschichte des Politischen in der Vormoderne*，Frankfurt/New York，Campus，2009；Irmgard Ch. Becker（主编），*Die Stadt als Kommunikationsraum*，Ostfildern，Thorbecke，2011；Klaus Schreiner，*Rituale, Zeichen, Bilder. Formen und Funktionen symbolischer Kommunikation im Mittelalter*，Köln/Weimar/Wien，Böhlau，2011。

③ Pierre Monnet，*Les Rohrbach de Francfort. Pouvoirs, affaires et parenté à l'aube de la Renaissance*，Genève，Droz，1997；*Villes d'Allemagne au Moyen Age*，Paris，Picard，2004；Frankfurter Historische Kommission（编纂），*Frankfurt am Main. Die Geschichte der Stadt in neun Beiträgen*，Sigmaringen，Thorbecke，1991。

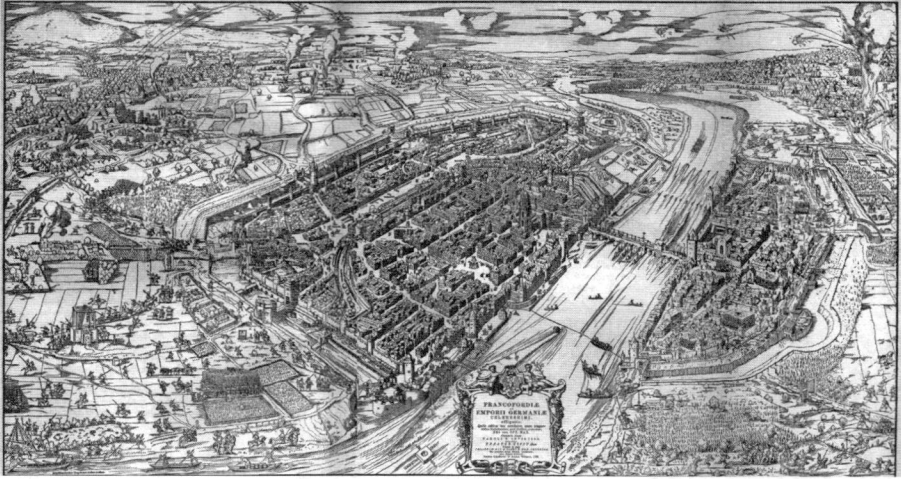

图 6　法兰克福城首张等角投影全景图，Faber 绘于 1552 年

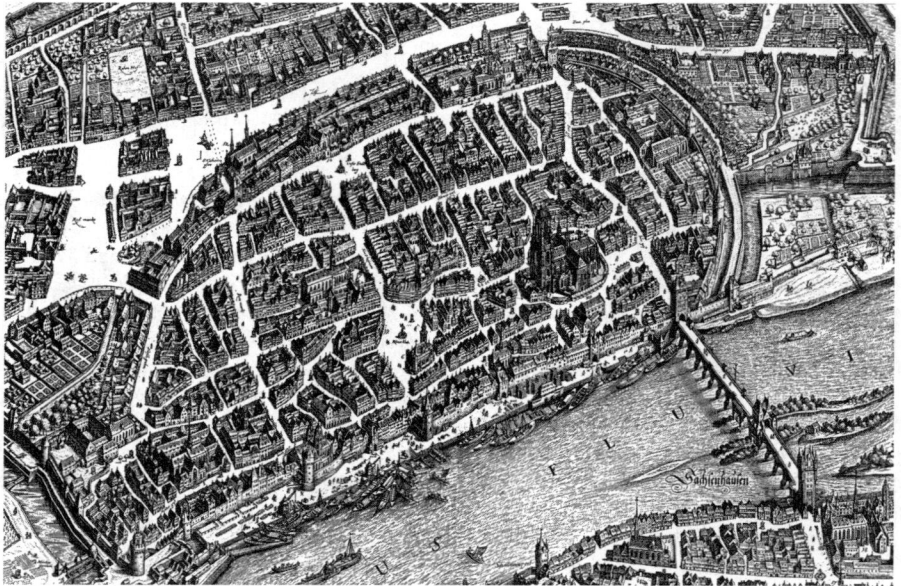

图 7　1628 年法兰克福全景图，Matthäus Merian l'Ancien 绘图，铜板雕刻

宫廷订货来做生意的艺术家作坊，没有行政总理府，没有国库、国王法庭和议会之类的机关，并且除了 Günther de Schwarzbourg 的墓，没有国王的陵墓。1349 年，Günther de Schwarzbourg 在法兰克福躲避自己的竞争对手卢森堡家族的查理四世时死于黑死病，被埋葬在圣巴托勒米教师团教堂。

尽管如此，不可否认的是，这座美因河畔的城市，位于神圣罗马帝国德意志地区的中心，自古以来与在这里驻留过许多次的国王及其宫廷——即王权——维持着密切的关系[①]。它是法兰克人的浅滩，德语是 Franken-Furt，是查理曼（768—814）的"城市"。公元 794 年，查理曼在这里召集了一次著名的主教会议[②]来谈论圣像崇拜。更加重要的是，主教会议确定了里弗尔这种货币的计算范围，之后，这个货币体系几乎横跨了整个中世纪[③]。虔诚者路易（814—840）把法兰克福作为驻地，在这里建造了一座教堂和一座宫殿。876 年 8 月 28 日，东法兰克王国皇帝日耳曼路易（843—876）就在这座宫殿中去世。Réginon de Prüm（接近 840—915）在他撰写的通史中对此事亦有提及，他称法兰克福这座城市是 "principalis sedes orientalis regni"[④]，"东方王国的最主要地点"（这里指的是后来成为日耳曼尼亚然后是神圣罗马帝国的东法兰克王国）。

除了加洛林王朝引人入胜的回忆[⑤][彩版 V，图五；图 5]，在此也需要提到一些具体的实践。首先，罗马人的国王通常在法兰克福进行选举：直至 1147 年，20 次选举中只有 6 次不是在这里进行的。然后，所有的重要选举（或

---

①　Pierre Monnet, "Eine Reichs-'Haupt'stadt ohne Hof im Spätmittelalter. Das Beispiel der Stadt Frankfurt"，收录于 Werner Paravicini, Jörg Wettlaufer（主编），*Der Hof und die Stadt. Konfrontation, Koexistenz und Integration in Spätmittelalter und Früher Neuzeit*，Ostfildern，Thorbecke，2006，p. 111-128。

②　*794 – Karl der Grosse in Frankfurt am Main*，Sigmaringen，Thorbecke，1994。

③　794 年按照 240 但尼尔等于 1 里弗尔（英镑）确定的十二进制体系在英国一直使用到 1971 年的货币改革。在法国，它一直延续到法国大革命。今天，法兰克福成为捍卫欧元的欧洲中央银行的所在地可以说是其来有自。

④　Pierre Monnet, " 'Principalis sedes orientalis regni'. Francfort un pôle central de l'Empire à la fin du Moyen Âge ? "，收录于 Christine Lebeau（主编），*L'espace du Saint-Empire du Moyen Age à l'époque moderne*，Strasbourg，Presses Universitaires de Strasbourg，2004，p. 97-113；"Particularismes urbains et patriotisme local dans une ville allemande de la fin du Moyen Âge : Francfort et ses chroniques"，收录于 Rainer Babel, Jean-Marie Moeglin（主编），*Identité régionale et conscience nationale en France et en Allemagne du Moyen Âge à l'époque moderne*，Sigmaringen，Thorbecke，1997，p. 389-400。

⑤　Pierre Monnet, "Charlemagne à Francfort : VIIIe - XVe siècles. Mémoire et espace urbain"，收录于 Franz J. Felten, Pierre Monnet, Alain Saint-Denis（主编），*Robert Folz (1910-1996). Ein Mittler zwischen Frankreichund Deutschland. Idée d'Empire et royauté au Moyen Age : un regard franco-allemand sur l'œuvre de Robert Folz*，Stuttgart，Steiner，2007，p. 117-130。

者"反选举",也就是说,在最初当选者在世时选出跟他常常处于竞争关系的第二个国王的实践)都在这里进行,例如 1147,1152,1196,1208,1212 和 1220 年的选举 [图 5 和图 8]。

Einritt der Begleiter der
Kurfürsten in Frankfurt,
Miniatur der Wenzelhandschrift
der Goldenen Bulle

Ankunft der sieben Kurfürsten
zu Wasser und zu Lande,
Holzschnitt im Straßburger
Druck der Goldenen Bulle, 1485

图 8 前往国王选举和 / 或帝国国会的选帝侯(1400 年彩绘手稿,1485 年木刻板画)

在所谓的"空位期"(1250—1273)发生的选举和反选举过程中,产生了一种想法,借用美因茨大主教在 1257 年选举召集通知中提出的表述,这种想法将法兰克福看作是任命罗马人国王惯例上最合适的地点(*locus debitus et consuetus*)。值得注意的是,德语中的 Kur,即国王选举最具决定性的第一个阶段,仅限七位选帝侯参加的惯例也在同时确立。七位选帝侯中的四位,特里尔、科隆和美因茨的大主教与巴拉丁伯爵的驻地都在离法兰克福很近的地方①。

Locus debitus(最合适的地点),这也是 1356 年的《金玺诏书》所引用的表述。在其各种条款中,这个诏书首先将选举定在法兰克福,之后将加

---

① Armin Wolf, *Die Entstehung des Kurfürstenkollegs 1198–1298. Zur 700 jährigen Wiederkehr der ersten Vereinigung der sieben Kurfürsten*, Idstein, Schulz Kirchner, 2000; Franz-Rainer Erkens, *Kurfürsten und Königswahl. Zu neuen Theorien über den Königswahlparagraphen im Sachsenspiegel und die Entstehung des Kurfürstenkollegiums*, Hannover, Hahn, 2002; Martin Lenz, *Konsens und Dissens. Deutsche Königswahl (1273–1349) und zeitgenössische Geschichtsschreibung*, Göttingen, V & R, 2002; Armin Wolf(主编), *Königliche Tochterstämme, Königswähler und Kurfürsten*, Frankfurt am Main, Klostermann, 2002; Alexander Begert, *Die Entstehung und Entwicklung des Kurkollegs. Von den Anfängen bis zum frühen 15. Jahrhundert*, Berlin, Oldenbourg, 2010。

冕定在亚琛而新皇帝在位后第一次帝国国会定在纽伦堡进行［图 5］[①]。

　　国会，也就是说神圣罗马帝国各大领地君主讨论共同利益的代表大会[②]：国王习惯在法兰克福召集类似大会以及 Hoftage，旨在做出司法、战争、税收和行政决策的"御前会议"［图 8］。如果只考虑较长时间在位的国王统治期的话，在腓特烈一世（1152—1190）和腓特烈二世（1196—1250）统治下，在法兰克福举行了 25 次会议，而在腓特烈三世（1440—1493）统治下是 11 次。从 1388 年到 1437 年，可以数出总共有 56 次御前会议或者国会在这座城市召开。这里要强调的是：国王及其宫廷在一次会议期间驻留在一座城市中象征这座城市与这位领主之间延续结盟与信任，也是延续这种结盟与信任的好机会，更是城市网络与宫廷网络之间各种交流与互相服务的最佳时间。国王瓦茨拉夫统治期间（1376—1400），1397、1398 和 1400 年在法兰克福举行的国会可以从正面证明这一点。而在西吉斯蒙德统治下（1410—1437），导致国王与法兰克福疏远的不信任与没兴趣从反面进行了证明。在西吉斯蒙德统治期间，在 16 次有国王莅临的国会中，只有一次是在法兰克福进行的。腓特烈三世时，至少是其统治初期，变化显著而值得注意，证据是 1442 年在法兰克福组织了一次大型的御前会议，再加上国王的进城典礼[③]。神圣罗马帝国的许多君主也在法兰克福举行过盛大的进城典礼：例如腓特烈三世1442 年（901 匹马陪同国王，城市中的 58 座私人宅邸接待国王的随从！），1474 年（62 座私人宅邸接待 681 匹马），1486 年（262 座房子接待 3141 匹马）和 1489 年的典礼铭记在当时人们的记忆中和史书中[④]。

　　最后，国王驻留在这座美因河畔的城市中：加洛林王朝（800—911）的国王们在此驻留过 75 次，奥托王朝（919—1024）的国王们 41 次，其中，奥托一世（936—976）七次在圣诞节期间驻留在法兰克福，将城市的宫殿变成了一座"Weihnachstpfalz"，也就是说一座"圣诞之宫殿"。与此例子相反，萨利克法兰克人的国王们（1027—1125）只在这里驻留过 6 次，而且他们也没有重建不久之前被一次火灾摧毁的宫殿。然后，在霍亨斯陶芬王朝统治下（1138—1250），可以数出 60 次国王与皇帝的驻留，其中包括 1184 年那次著名的御前会议，那次盛大的宫廷庆典。一位维特尔斯巴赫王朝的国王

---

　　①　Andreas Büttner, *Der Weg zur Krone. Rituale der Herrschererhebung im spätmittelalterlichen Reich*, Ostfildern, Thorbecke, 2012, 2 vol.

　　②　Gabriele Annas, *Hoftag – Gemeiner Tag – Reichstag. Studien zur strukturellen Entwicklung deutscher Reichsversammlungen des späten Mittelalters (1349-1471)*, Göttingen, V & R, 2004.

　　③　Gerrit Jasper Schenk, *Zeremoniell und Politik. Herrschereinzüge im spätmittelalterlichen Reich*, Köln, Böhlau, 2002.

　　④　Gustav Beckmann, "Das mittelalterliche Frankfurt als Schauplatz von Reichs- und Wahltagen", 收录于 *Archiv für Frankfurts Geschichte und Kunst*, (III, 2), 1889, p. 1-140.

和皇帝，巴伐利亚的路易（1314—1347）曾 57 次在法兰克福驻留。1318 年这位国王给予这座城市"国王专属之地"（*oppidum regale*）的称号。只有纽伦堡接待这位国王的次数比法兰克福多，总共 74 次。然后，卢森堡王朝的查理四世（1346—1378）在这里驻留过 14 次。他的儿子瓦茨拉夫（1378—1400 年任国王）在布拉格之外所有驻留的一半都在这里。在这里有必要重新提到国王的驻留和来临在一些关键区域的形成中的重要性。从这种观点出发（中世纪时怎么可能不是这样呢？），中世纪的神圣罗马帝国与法兰西王国、英格兰王国或者西班牙王国并无不同：君主及其宫廷显著而不可忽视的存在，根据其路线从歇脚地到宿营地，将国王的主要政治区域组织起来，分为中心地区与周边地区。显然，通过移动进行的统治和通过驻留进行的统治更多地互相补充而非互相抵触。

但这并非全部，因为国王及其宫廷在法兰克福还通过借款与税金的方式获得金钱。在这里可以做简单的回顾。1240 年腓特烈二世授予法兰克福集市特权。一年之后，1241 年编订并清点帝国 111 座征税的城市与犹太共同体的帝国税收登记册（Reichsmatrikel）将法兰克福列出为其中纳税最多（因此在行政总理府和国库眼中是最富裕）的城市，其一年的税额为 250 纯银马克（大约 60 公斤贵金属），而排在它之后的是盖尔恩豪森、巴塞尔、阿格诺和斯特拉斯堡的犹太人。有必要指出的是，对比 1241 年这份通过税收反映了帝国经济与捐税的坚固支柱的文件，两个世纪之后，只有法兰克福、斯特拉斯堡以及在较小范围内的巴塞尔继续通过其职能占据着地区中心的角色，并且从整个帝国领土的角度来讲，只有法兰克福还是全国性的中心。可以认为，从 1241 年这个时间开始，印玺上自 1219 年以来就带着"帝国特殊驻地"（*specialis domus imperii*）字样的法兰克福通过集市与国王选举与驻留这两项实践，在之后的几个世纪中获得了足够维持其中心性与吸引性的两项职能。1356 年的《金玺诏书》对选举地点所作的决定确认了这种双重职能，按照《金玺诏书》的规定，法兰克福必须冒着失去自治权与各种特权的风险确保国王选举的安全运行①。

最后，国王在法兰克福收集整个神圣罗马帝国的消息。这些消息的聚集与集中在很大程度上来自于前两项职能（选举与集市），而它们的传播主

---

① Armin Wolf, *Die Goldene Bulle*, Darmstadt, WBG, 2002.

要靠枢密院的积极政策并借助于众多的信使 ①。在中世纪的神圣罗马帝国，几乎所有城市在其档案中都有前往法兰克福的安全通行证（Geleit），法兰克福的名字因此不仅回荡在道路上，也回荡在每个城市自治会当中。每年两次，在春季和秋季集市期间，法兰克福的人口达到其平时的两倍，并接待很多情报人员 ②。这种人口的膨胀也发生在前面已经提到过的另外一些场合：在国王或者大公甚至是城市大会举行期间，在国王驻留期间，当然还有当选帝侯们集合在一起来选出一位新国王的时候 ③。应该强调的是，这些场合需要的是一种将整座城市都调动起来的真正后勤，导致自治会内部成立了一些负责给养和住宿的特殊委员会。在国王、王侯和宫廷的华丽进城典礼与奢华驻留期间被征用的是整个城市社群。在国王选举期间，类似的豪华又以更大规模的方式重复，确实会在人们的头脑中铭刻这种印象：法兰克福是帝国政治事务的常规和仪式化舞台 ④。

确实，美因河畔的这座城市本身就具有一座重要的宫廷城市应该提供的所有条件：一条河流与众多公路，一座市场，金融服务，一种行政服务的能力，防御工事（不要忘记一座接待宫廷的城市务必具有保卫宫廷的合适设施），一段引人入胜的记忆，即对查理曼的回忆［彩版 V，图五］，还有一种集合了国王与神圣罗马帝国的历史，并保留了从 1400 年以来就在自治会记录中编纂的处理帝国事务的一大堆档案，这些记录的第一册意味深长地以

———————

①　Pierre Monnet, "De la rue à la route : messages et ambassades dans les villes allemandes à la fin du Moyen Âge"，收录于 Gerhard Jaritz（主编），*Die Straße im Mittelalter*，Wien，Verlag der Österreichischen Akademie，2001，p. 71-89；"Courriers et messages : un réseau urbain de communication dans les pays d'Empire à la fin du Moyen Âge"，收录于 Claire Boudreau，Claude Gauvard，Michel Hébert，Kouky Fianu（主编），*Information et société en Occident à la fin du Moyen Age*，Paris，Publications de la Sorbonne，2004，p. 281-306；"Die Stadt, ein Ort der politischen Öffentlichkeit im Spätmittelalter?"，收录于 Martin Kintzinger，Bernd Schneidmüller（主编），*Politische Öffentlichkeit im Spätmittelalter*，Ostfildern，Thorbecke，2011，p. 329-359。

②　Michael Rothmann，*Die Frankfurter Messen im Mittelalter*，Stuttgart，Steiner，1998。

③　Peter Moraw，*Deutscher Königshof, Hoftag und Reichstag im späteren Mittelalter*，Stuttgart，Thorbecke，2002。

④　Johannes Kunisch，"Formen symbolischen Handelns in der Goldenen Bulle von 1356"，收录于 Barbara Stollberg-Rillinger（主编），*Vormoderne politische Verfahren*，Berlin，Duncker & Humblot，2001，p. 263-280；Gerhard Schwedler，"Dienen muss man dürfen oder: Die Zeremonialvorschriften der Goldenen Bulle zum Krönungsmahl des römisch-deutschen Herrschers"，收录于 Claus Ambos et al.（主编），*Die Welt der Rituale. Von der Antike bis heute*，Darmstadt，WBG，2005，p. 156-166；Bernd Schneidmüller，"Das spätmittelalterliche Imperium als lebendes Bild: Ritualentwürfe der Goldenen Bulle von 1356"，收录于 Claus Ambos，Petra Rösch，Bernd Schneidmüller，Stefan Weinfurter（主编），*Bild und Ritual. Visuelle Kulturen in historischer Perspektive*，Darmstadt，WBG，2010，p. 210-230。

《国王之书》（*Liber Regum*）为标题。如果我们希望借用德国（而且是纳粹！）地理学家瓦尔特·克里斯塔勒（Walter Christaller）[①]1933 年提出的中心地理论中的一个类别，特别是其财产与中心服务的概念，可以说法兰克福不仅对国王也对宫廷拥有一种"额外的意义"，虽然这座城市没有国王与宫廷长期而固定的驻留，它充满着一贯吸引的力量。

　　但是，国会、集会、国王的进城典礼、选举、集市等主要职能与场合在国王及其宫廷的驻留之外还附着在城市上。一切都经过法兰克福，并且再从这里出发。由于宫廷并非定居在这座城市［图 9］，选择一座没有固定宫廷的城市作为城市与宫廷关系与互动的研究对象显然令人困惑。

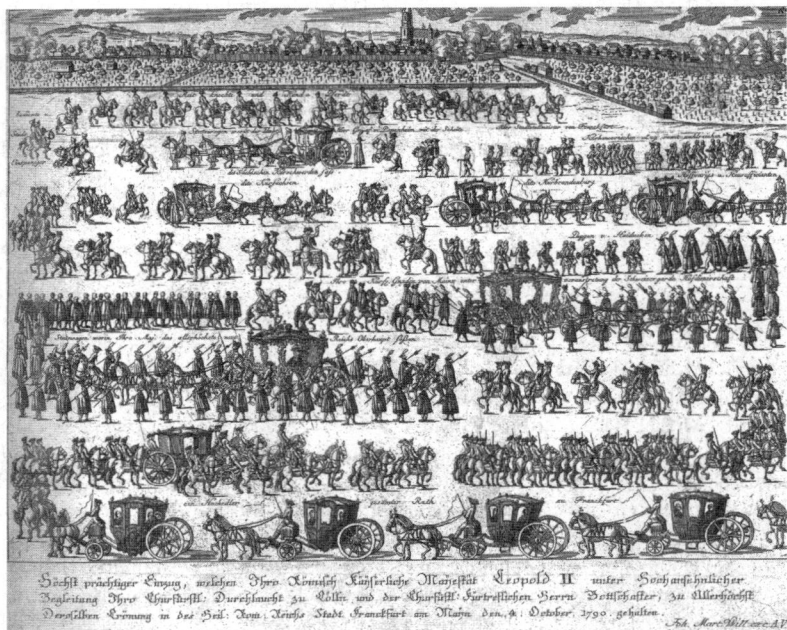

图 9　1492 年之后 300 年，城市与宫廷始终分离：1790 年莱奥波德二世在法兰克福参加选举和加冕的盛大入场式。

---

①　Walter Christaller, *Die zentralen Orte in Süddeutschland. Eine ökonomisch-geographische Untersuchung über die Gesetzmäßigkeit der Verbreitung und Entwicklung der Siedlungen mit städtischer Funktion*, Iena, Fischer, 1933.

事实上，当试图将整个西欧在中世纪末期城市与宫廷关系模式作为研究对象，在同一个分析方法中集合不同概念，例如城市、宫廷、驻地、中心地、首都、甚至作为日耳曼特点的帝国城市[1]，是有好处的。上面已经陈述的要点说明，法兰克福这个例子应该能够更好以及更广泛地阐述帝国城市、宫廷和重要地点之间的关联[2]。

经过仔细考虑，神圣罗马帝国的特色，并不是宫廷与国王首先从一个修道院到一个宫殿又到一个城堡，而后越来越多地从某一座城市到另一座城市巡回这个特征。可以看出，巡回这种实践到处都在持续，包括在具有巴黎作为首都的法兰西王国（尽管在 15 世纪 20 年代法国国王查理七世统治的一段时期，布尔日这座城市曾经是王室的"首都"）。在中世纪晚期的西欧，政治空间仍然被国王和宫廷的迁移所构成和界定。但是，应该引起注意的是这种帝国构建的整体政治演变。在德意志比任何西欧其他地方更甚，通过巡回进行的统治和通过驻留建立的权威对于国王是互相补充的。对于神圣罗马帝国中的中世纪城市的历史，强调这一点很关键。实际上，一位选出的国王（区别于一位因为长子身份和王朝原则而被任命的国王，例如法兰西王国的情况）要更多地露面，并且在其几乎是"契约般的"选定过程遇到艰难或者质疑时，国王不得不更加注意自己的巡行方式与顺序。1314 年路德维希四世在与腓特烈三世的竞争中被选为国王的例子，能够证明这一点。路德维希四世在他整个在位期间内与其宫廷驻留过 150 个不同地点，以在某种程度上强调其合法性，抹去因为选帝侯们意见不同而选出了两位国王的那段时期令他与腓特烈三世对立的竞争。值得注意的是，对于法兰克福这个特例，正好是在路德维希四世的统治下，城市及其自治会获得了大多数特权的确认[3]。城市，特别是王家城市，与宫廷永远相辅相成，但这种互补性并非一成不变，而是变化多端的。造成这种状况的是城市、城市的领主们甚至是国王本人，因为它使得城市及其领主们可以时而从国王身上获益，时而避开他。显然，这是一种将巡回的国王宫廷、软弱的王权与缺乏首都结合在一起的政治构建模式。

① Peter Moraw，"Reichsstadt, Reich und Königtum im späten Mittelalter"，*Zeitschrift für historische Forschung*，6，1979，p. 385-424；Eberhard Isenmann，"Reichsstadt und Reich an der Wende vom späten Mittelalter zur frühen Neuzeit"，收录于 Josef Engel（主编），*Mittel und Wege früher Verfassungspolitik*，Stuttgart，Thorbecke，1979，p. 9-224。

② Pierre Monnet，"Cours et résidences dans l'Empire et en Europe : une commission, des colloques, des publications"，收录于 *Bulletin de la Mission Historique Française en Allemagne*，41，2005，p. 168-174。

③ Hubertus Seibert，*Ludwig der Bayer (1314 - 1347): Reich und Herrschaft im Wandel*，Regensburg，Schnell und Steiner，2014.

　　在中世纪末期的神圣罗马帝国，国王、宫廷以及为其服役的各个部门不只依靠一座城市，他们并非以对立、共居或者融合的形式在一座城市集中，而是求助于多座城市。一方面是根据国王与宫廷的需要，另一方面是根据王侯们的利益或者反对，最后也是根据各个城市的地位、它们所可以提供的服务与它们的愿望或者忧虑。因此，在什么是城市和什么是宫廷这两个基本问题之外，至少还有另外两个问题：城市想要什么，国王和宫廷想要什么。当然，查理四世（1316—1378）统治下的布拉格，还有哈布斯堡王朝统治下的维也纳，它们自称是容纳国王宫廷的政治"首都"[①]。但是这两座驻留城市远离帝国的中心，相对于帝国的大陆核心等同于其边缘。在它们当中，布拉格，在 15 世纪面临着胡斯信徒的混乱（从 1415 年开始在波西米亚的捷克地区受到无情镇压的异教）[②]；维也纳则面临着土耳其的危险，因为奥斯曼帝国的势力在 1453 年君士坦丁堡陷落之前已经在欧洲东部增长。而且，无论如何，布拉格跟维也纳一样，从来没有能够同时终结三个联系在一起的现象：宫廷的流动性，重要职能的流动性与帝国的多领导中心性。这个多中心性同时也是王侯们与城市所具有的特征。

　　因此，在国王、宫廷与接待他们的那些城市之间，关系更多地建立在非经常的并因此是契约性的基础之上。通过其帝国城市的地位，法兰克福能够很好地体现出 14 到 15 世纪之间在国王及其宫廷与在德意志国王直接管辖之下的帝国城市之间建立的关系类型。简而言之，这是一种偶然而且建立在以物易物基础上的相互补充的关系。这是一种复杂而危险的交流方式。首先因为，当宫廷驻留在某座城市中时，它直接影响后者的基础设施与其成本，甚至会导致城市的自治特权受到暂时的限制。即使国王和宫廷人员可以为接待他们的城市精英[③] 提供服务，从而让这些精英能够更容易地获得跟这个宫

---

　　① 　Patrick Boucheron，Denis Menjot，Pierre Monnet，"Formes d'émergence, d'affirmation et de déclin des capitales. Rapport introductif"，收录于 Les capitales au Moyen Age，2006，p. 1-43。

　　② 　František Šmahel，La révolution hussite, une anomalie historique，Paris，Presses Universitaires de France，1985；Ernst Werner，Jan Hus. Welt und Umwelt eines Prager Frühreformators，Weimar/Wien，Böhlau，1991；František Šmahel，Die Hussitische Revolution (Schriften der Monumenta Germaniae Historica, 43)，Hannover，Hahn，2002.

　　③ 　关于腓特烈三世的统治：Paul-Joachim Heinig，Kaiser Friedrich III. (1440-1493). Hof, Regierung und Politik，Köln/Weimar/Wien，Böhlau，1997，3 vol。

廷接触的机会 ①，这种危险仍然存在。同样的，宫廷和国王利用在某座城市驻留的时间来确认其特权 ②、为某些市民授以爵位、委托地方工匠与商人特殊工作，或者达成借款的机会，简而言之，它们对于城市是一个政治与经济机会 ③。但是，不得不注意到的是，如果说国王及其宫廷从一个城市到另一个城市，那不是为了满足后者的要求，而是为了在这个领地化与贵族化的帝国满足王侯们与贵族群体的需求和期待。当国王必须在他统治的这两个政治、税收和领土支柱中做出选择的时候，被牺牲的总是城市。1350 年以来以城市的失败而告终的城市联盟的历史为其证明之一 ④。另外也可以提到国王们，尤其是在 15 世纪，将帝国城市加快抵押的取向 ⑤。对于国王和他的宫廷而言，更换城市不仅是占据场地的机会，也是去有钱的地方寻找金钱的机会，是在接待、住宿、铸币工坊、仓储、马厩方面利用城市的服务，并且从各个城市与个别地区的竞争中获益。

通过法兰克福这个例子，让我们回到将宫廷与城市特别是帝国城市的

---

① Wilfried Ehbrecht（主编），*Städtische Führungsgruppen und Gemeinde in der werdenden Neuzeit*，Köln-Wien，Böhlau，1980；Andreas Ranft，*Adelsgesellschaften. Gruppenbildung und Genossenschaft im spätmittelalterlichen Reich*，Sigmaringen，Thorbecke，1994；Giovanni Petti Balbi（主编），*Strutture del potere ed elites economiche nelle città europee dei secoli XII-XVI*，Napoli，Liguori，1996；*Les élites urbaines au Moyen Age*，Paris，Publications de la Sorbonne，Rome，Ecole française de Rome，1997；Claude Petitfrère（主编），*Construction, reproduction et représentation des patriciats urbains de l'Antiquité au XXe siècle*，Tours，1999；Günther Schulz，*Sozialer Aufstieg: Funktionseliten im Spätmittelalter und in der frühen Neuzeit*，München，Beck，2002；Gerhard Fouquet，Matthias Steinbrink，Gabriel Zeilinger（主编），*Geschlechtergesellschaften, Zunft-Trinkstuben und Bruderschaften in spätmittelalterlichen frühneuzeitlichen Städten*，Ostfildern，Thorbecke，2003。

② Friedrich Bernward Fahlbusch，*Städte und Königtum im frühen 15. Jahrhundert. Ein Beitrag zur Geschichte Sigmunds von Luxemburg*，Köln/Wien，Böhlau，1983.

③ Paul-Joachim Heinig，*Reichsstädte, Freie Städte und Königtum 1389-1450. Ein Beitrag zur deutschen Verfassungsgeschichte*，Wiesbaden，Franz Steiner Verlag，1983.

④ Reinhart Koselleck，"Bund. Bündnis, Föderalismus, Bundesstaat"，收录于 Otto Brunner，Werner Conze，Reinhart Koselleck（主编），*Geschichtliche Grundbegriffe*，Stuttgart，Klett-Cotta，1973，vol. 1，p. 582-600（中世纪时期）；Helmut Maurer（主编），*Kommunale Bündnisse Oberitaliens und Oberdeutschlands im Vergleich*，Sigmaringen，Thorbecke，1987；Bernhard Kirchgässner，Hans-Peter Becht（主编），*Vom Städtebund zum Zweckverband*，Sigmaringen，Thorbecke，1994；Holger T. Gräf，Katrin Keller（主编），*Städtelandschaft, réseau urbain, urban network. Städte im regionalen Kontext in Spätmittelalter und früher Neuzeit*，Köln/Weimar/Wien，Böhlau，2004；Eva-Marie Distler，*Städtebünde im Spätmittelalter. Eine rechtshistorische Untersuchung zu Begriff, Verfassung und Funktion*，Frankfurt am Main，Klostermann，2006；Laurence Buchholzer，Olivier Richard（主编），*Ligues urbaines et espace à la fin du Moyen Age*，Strasbourg，Presses Universitaires de Strasbourg，2012.

⑤ Götz Landwehr，*Die Verpfändung der deutschen Reichsstädte im Mittelalter*，*Forschungen zur deutschen Rechtsgeschichte*，Köln/Wien，Böhlau，1967.

关系描述为互相补充、实用、甚至是基于功利主义、不经常而契约性的关系类型上。法兰克福先于 1356 年《金玺诏书》引入的规则建立的这种关系类型，首先源自它从特别的地理位置得到的优势。它是一个与各个选举国王的大公国距离相等的交叉路口。它是一个交叉与汇聚的场所，由于各公国的竞争以及整个帝国领土的不连续性，更加有必要为组织选举和加强讯息交流来指定一个合适的共同地点。两极分化的罗马帝国（在国王／皇帝与选举他的王侯之间）的这个场所是必要的，但它没有成为其首都的使命，一幅 1492 年展示了一位相对城市处于外部的皇帝的插图［彩版 V，图六］，可以作为例证。最后，正是自从 1219 年以来法兰克福印玺上所刻的文字为之给出了最好的定义：*specialis domus imperii*，"帝国特殊驻地"。这个地位被 1356 年的《金玺诏书》确认。我们饶有兴味地注意到，从 1356 年将选举固定在法兰克福开始，在帝国国会的会议记录（Reichstagsakten）和城市自治会的文件中，帝国城市（Richs stad）这个指代法兰克福的术语大量出现。在帝国诸多城市中法兰克福是最经常使用这个专用术语的城市之一。

　　帝国城市需要宫廷和国王，不管他们是在这里驻留还是人们来求见他们，但是宫廷本身从来没有造就帝国城市。法兰克福所接受的部分中心职能，国王的选举、国际贸易、金融和交流功能，并不依赖于宫廷在或者不在城市中。这正是尼古拉·勒·库萨（Nicolas de Cues, 1401—1464）在他 1433 年所著的《天主教的整合》（Concordance catholique）中指出的。在这部著作里他设想把法兰克福当成帝国的改革场所。他建议在法兰克福设立一个每年一度的帝国大会（*ordinetur autem conventus annuus circa festum Pentecostes in Franckfordia*）而不是固定的宫廷。按照这个建议，法兰克福因其特殊状况和地理位置，被指定为举办帝国法官和选帝侯们参加的大会的最适合场所（*locus ex situ et circumstantiis optissimus ad quem concurrant judices omnes et electores imperii*）①。在日耳曼化和二元化的帝国中（在国王／皇帝和选举他的王侯之间）②，选择一个共同的主要和中心性场所，不是国王权力强大或者衰弱的符号，而是一种对改革的要求。同样，对由这座城市的精英们监督和编纂的地方历史，国王及其宫廷在城市里的实质存在不再不可或缺。这

---

　　① 　*La Concordance catholique*，Jacques Doyon 和 Joseph Tchao 序言，Roland Galibois 和 Maurice de Gandillac 翻译，Sherbrooke，Université de Sherbrooke，Paris，Vrin，1977；*De concordantia catholica libri tres*，Gerhard Kallen 编辑，Hamburg，Meiner，1963-1968（海德堡科学院 *Nicolai de Cusa opera omnia* 卷 14）；Erich Meuthen，*Nikolaus von Kues 1401–1464. Skizze einer Biographie*，Münster，Aschendorff，1992；Kurt Flasch，*Nikolaus von Kues. Geschichte einer Entwicklung*，Frankfurt am Main，Klostermann，2008。

　　② 　Stefan Weinfurter，*Das Reich im Mittelalter. Kleine deutsche Geschichte von 500 bis 1500*，München，Beck，2008。

种历史的书写在同一个记忆与认同的约定中混合了对加洛林王朝的回忆、之后的皇帝们对法兰克福的集市所授予的恩惠和国王选举的关键作用。后者，通过造就皇帝，将一个身体、一个首脑给予帝国①。

因此，一开始提出的问题，也就是说宫廷对于城市的利益所在以及城市对于宫廷的利益所在，可以用另一种方式来表述，给出一种假设性的回答：中世纪末的大型帝国城市希望按照这种没有首都的帝国形式，保持它们所享有的没有固定宫廷的城市形式②，而法兰克福就是这些城市之一。换言之，国王的宫廷，王家城市或者帝国城市与首都这种特殊类型的城市并不重叠③。这些帝国城市，这些临时接受国会、宫廷与国王进城与驻留的城市，有效地强调帝国这个概念权威上和原则上的流动特性。这个二元化和开放的帝国，在这个发展阶段，为了在一个流动的国王宫廷与固定的王侯宫廷④之间运行，需要一些讯息交流和力量平衡的场所。从这种观点来看，国王和宫廷拥有跟他们的特征相对应的帝国城市。而后者的多元性对于寻求占据土地、征集税收并利用王侯们与城市之间的竞争的国王和宫廷而言也是一张王牌⑤。

---

① Heinrich Schmidt，*Die deutschen Städtechroniken als Spiegel des bürgerlichen Selbstverständnisses im Spätmittelalter*，Göttingen，V & R，1958；Peter Johanek（主编），*Städtische Geschichtsschreibung im Spätmittelalter und in der Frühen Neuzeit*，Köln/Weimar/Wien，Böhlau，2000；Hanno Brand，Pierre Monnet，Martial Staub（主编），*Memoria, communitas, civitas. Mémoire et conscience urbaines en Occident à la fin du Moyen Âge*，Stuttgart，Thorbecke，2003，特别是，Pierre Monnet，"La mémoire des élites urbaines dans l'Empire à la fin du Moyen Âge entre écriture de soi et histoire de la cité"，p. 49-70；Giorgio Chittolini，Peter Johanek（主编），*Aspekte und Komponenten der städtischen Identität in Italien und Deutschland (14.-16. Jahrhundert)*，Berlin/Bologna，Duncker & Humblot，2003。

② Wilhelm Berges，"Das Reich ohne Hauptstadt"，收录于 *Das Hauptstadtproblem in der Geschichte. Festgabe zum 90. Geburtstag Fr. Meinecke*，Tübingen，Nahr，1952，p. 1-29；Carlrichard Brühl，"Remarques sur les notions de "capitale" et de "résidence" pendant le haut Moyen Age"，*Journal des Savants*，1967，p. 193-215；G. Brunn，Th. Schieder（主编），*Hauptstädte*，1983；Kurt Andermann（主编），*Residenzen. Aspekte hauptstädtischer Zentralität von der frühen Neuzeit bis zum Ende der Monarchie*，Sigmaringen，Thorbecke，1992；Uwe Schultz（主编），*Die Hauptstädte der Deutschen. Von der Kaiserpfalz in Aachen bis zum Regierungssitz Berlin*，München，Beck，1993。

③ Peter Moraw，"Herrscher und Hof"，收录于 Kurt Jeserich，Hans Pohl，Georg-Christoph von Unruh（主编），*Deutsche Verwaltungsgeschichte. Band 1 : Vom Spätmittelalter bis zum Ende des Reiches*，Stuttgart，Klett，1983，p. 32-57。

④ Ernst Schubert，*Fürstliche Herrschaft und Territorium im späten Mittelalter*，München，Oldenbourg，1996。

⑤ Reinhardt Butz，Jan Hirschbiegel，Dietmar Willoweit（主编），*Hof und Theorie. Annäherungen an ein historisches Phänomen*，Weimar/Wien，Böhlau，2004。

　　除了不少缺陷，相对于正在中央化因而已经更加僵硬和等级化的法兰西和英格兰等王国，从都市网络和风景的角度来讲，德国保留了更丰富的多样性。今天依然如此，在德国，柏林远非是适合领导一切的城市：汉堡、法兰克福、斯图加特或者慕尼黑都比它更富裕，它们构成了一些抗衡势力，而德意志共和国的联邦制就以此作为基础。不论如何，多种中心同时存在这个特征从中世纪开始让交流和信息（和传递并鼓动它们的交通网络）更加重要和必要。德国的例子展示出，宫廷越来越多地可以被看作是一个交流的场所，而这个场所同时集中并联合了三种要素：人员、财产和服务。只是在德国，这种联合是同时在几个中心地进行的，而这些中心地就是帝国城市 [①]。

参考文献

1. 一般介绍

A. 对宫廷的研究：

"Cour" 条目，见 *Dictionnaire encyclopédique du Moyen Age*（André Vauchez 主编），Paris，Le Cerf，1997，t. 1，p. 405，见 *Dictionnaire du Moyen Age*（Claude Gauvard，Alain deLibera，Michel Zink 主编），Paris，Presses Universitaires de France，2002，p. 355-357，见 *Dictionnaire raisonné de l'Occident médiéval*（Jacques Le Goff 和 Jean-Claude Schmitt 主编），Paris，Presses Universitaires de France，1999，p. 246-259。

"Hof" 条目，见 *Lexikon des Mittelalters*，Stuttgart/Weimar，Metzler，1999，t. 5，colonnes 66-74。

"Höfischer Raum" 条目，见 *Enzyklopädie des Mittelalters*（Gert Melville，Martial Staub 主编），Darmstadt，WBG，2008，t. 2，p. 285-292。

"王宫、宫廷、驻地" 章节，见 Otto Gerhard Oexle，Jean-Claude Schmitt（主编），*Les tendances récentes de la recherche en histoire médiévale en France et en Allemagne*，Paris，Publications de la Sorbonne，2002，p. 307-361。

---

　　① Pierre Monnet，"L'histoire des villes médiévales en Allemagne : un état de la recherche"，*Histoire urbaine*，11，2004，p. 131-171。

B. 背景，空间：

Gabriele Annas, *Hoftag – Gemeiner Tag – Reichstag. Studien zur strukturellen Entwicklung deutscher Reichsversammlungen des späten Mittelalters (1349-1471)*, Göttingen, V & R, 2004.

Alexander Begert, *Die Entstehung und Entwicklung des Kurkollegs. Von den Anfängen bis zum frühen 15. Jahrhundert*, Berlin, Oldenbourg, 2010.

Hartmut Boockmann, *Stauferzeit und spätes Mittelalter. Deutschland 1125-1517*, Berlin, Siedler, 1987.

Ulf Dirlmeier, Gerhard Fouquet, Bernd Fuhrmann, *Europa im Spätmittelalter 1215-1378*, München, Oldenbourg, 2003.

Andreas Büttner, *Der Weg zur Krone. Rituale der Herrschererhebung im spätmittelalterlichen Reich,* Ostfildern, Thorbecke, 2012, 2 vol.

Walter Christaller, *Die zentralen Orte in Süddeutschland. Eine ökonomisch-geographische Untersuchung über die Gesetzmäßigkeit der Verbreitung und Entwicklung der Siedlungen mit städtischer Funktion,* Iena, Fischer, 1933.

Caspar Ehlers（主编）, *Places of Power—Orte der Herrschaft—Lieux de pouvoir,* Göttingen, V & R, 2007.

Franz-Rainer Erkens, *Kurfürsten und Königswahl. Zu neuen Theorien über den Königswahlparagraphen im Sachsenspiegel und die Entstehung des Kurfürstenkollegiums,* Hannover, Hahn, 2002.

Jean-Philippe Genet，"La genèse de l'État moderne. Les enjeux d'un programme de recherche"，收录于《*Actes de la recherche en sciences sociales*》，no. 118, 1997, p. 3-18.

Paul-Joachim Heinig, *Kaiser Freidrich III. (1440-1493). Hof, Regierung und Politik,* Köln/Weimar/Wien, Böhlau, 1997, 3 vol.

Bernhard Jussen, *Die Franken*, München, Beck, 2014.

Karl-Friedrich Krieger, *König, Reich und Reichsreform im Spätmittelalter,* München, Oldenbourg, 2005.

Martin Lenz, *Konsens und Dissens. Deutsche Königswahl (1273–1349) und zeitgenössische Geschichtsschreibung,* Göttingen, V & R, 2002.

Erich Meuthen, *Nikolaus von Kues 1401–1464. Skizze einer Biographie,* Münster, Aschendorff, 1992.

Jean-Marie Moeglin, *L'Empire et le royaume. Entre indifférence et fascination 1214-1500,* Lille, Septentrion [Histoire franco-allemande en 11 volumes, 2], 2011.

Pierre Monnet, "L'Empire et ses royaumes voisins du Nord et de l'Est de l'Europe", 收录于 Patrick Boucheron（主编）, *Histoire du monde au XVe siècle,* Paris, Fayard, 2009, p. 155-175.

Peter Moraw, "Reichsstadt, Reich und Königtum im späten Mittelalter", *Zeitschrift für historische Forschung,* 6, 1979.

Peter Moraw, *Von offener Verfassung zu gestalteter Verdichtung. Das Reich im späten Mittelalter 1250-1490,* Berlin, Propyläen, 1985.

Peter Moraw, *Deutscher Königshof, Hoftag und Reichstag im späteren Mittelalter,* Stuttgart, Thorbecke, 2002.

Michel Parisse, *Allemagne et Empire au Moyen Âge,* Paris, Hachette, 2002.

Malte Prietzel, *Das Heilige Römische Reich im Spätmittelalter,* Darmstadt, WBG, 2004.

Francis Rapp, *Les origines médiévales de l'Allemagne moderne. De Charles IV à Charles Quint (1378-1519),* Paris, Aubier, 1989.

Gerrit Jasper Schenk, *Zeremoniell und Politik. Herrschereinzüge im spätmittelalterlichen Reich,* Köln, Böhlau, 2002.

Hubertus Seibert, *Ludwig der Bayer (1314 - 1347): Reich und Herrschaft im Wandel,* Regensburg, Schnell und Steiner, 2014.

Bernd Schneidmüller, *Grenzerfahrung und monarchische Ordnung. Europa 1200-1500,* München, Beck, 2011.

Ernst Schubert, *Fürstliche Herrschaft und Territorium im späten Mittelalter,* München, Oldenbourg, 1996.

Ernst Schubert, *Einführung in die deutsche Geschichte im Spätmittelalter,* Darmstadt, WBG, 1998.

František Šmahel, *Die Hussitische Revolution* (Schriften der Monumenta Germaniae Historica, 43), Hannover, Hahn, 2002.

Rainer Christoph Schwinges, Christian Hesse, Peter Moraw（主编）, *Europa im Spätmittelalter. Politik – Gesellschaft – Kultur,* München, Oldenbourg, 2006.

Barbara Stollberg-Rillinger（主编）, *Vormoderne politische Verfahren,* Berlin, Duncker & Humblot, 2001.

Stefan Weinfurter（主编）, *Heilig – Römisch – Deutsch. Das Reich im spätmittelalterlichen Europa,* Dresden, Sandstein, 2006.

Stefan Weinfurter, *Das Reich im Mittelalter. Kleine deutsche Geschichte von 500 bis 1500,* München, Beck, 2008.

Armin Wolf, *Die Entstehung des Kurfürstenkollegs 1198–1298. Zur 700jährigen Wiederkehr der ersten Vereinigung der sieben Kurfürsten,* Idstein, Schulz Kirchner, 2000.

Armin Wolf（主编）, *Königliche Tochterstämme, Königswähler und Kurfürsten,* Frankfurt am Main, Klostermann, 2002.

C. 文化：

Claus Ambos *et al.* （主编）, *Die Welt der Rituale. Von der Antike bis heute,* Darmstadt, WBG, 2005.

Claus Ambos, Petra Rösch, Bernd Schneidmüller, Stefan Weinfurter（主编）, *Bild und Ritual. Visuelle Kulturen in historischer Perspektive,* Darmstadt, WBG, 2010.

Gerd Althoff（主编）, *Formen und Funktionen öffentlicher Kommunikation im Mittelalter,* Stuttgart, Thorbecke, 2001.

Neithard Bulst（主编）, *Politik und Kommunikation. Zur Geschichte des Politischen in der Vormoderne,* Frankfurt/New York, Campus, 2009.

Romy Günthart, Michael Jucker（主编）, *Kommunikation im Spätmittelal-*

ter, Zürich, Chronos, 2005.

Jan Oberste（主编），*Kommunikation in mittelalterlichen Städten,* Regensburg, Schnell und Steiner, 2007.

Hedwig Röckelein, "Kommunikation. Chancen und Grenzen eines mediävistischen Forschungszweiges", *Das Mittelalter,* 6 (2001), p. 5-13.

Klaus Schreiner, *Rituale, Zeichen, Bilder. Formen und Funktionen symbolischer Kommunikation im Mittelalter,* Köln/Weimar/Wien, Böhlau, 2011.

Karl-Heinz Spiess（主编），*Medien der Kommunikation im Mittelalter,* Wiesbaden, Steiner, 2003.

2. 专项研究

A. 宫殿、宫廷、宫廷性：

Maurice Aymard, Mazzio Romani（主编），*La cour comme institution économique. 12ème Congrès International d'Histoire économique Séville-Madrid, 24-28 août 1998,* Paris, Maison des Sciences de l'Homme, 1998.

Kurt Andermann（主编），*Residenzen. Aspekte hauptstädtischer Zentralität von der frühen Neuzeit bis zum Ende der Monarchie,* Sigmaringen, Thorbecke, 1992.

Kurt Andermann, "Cours et résidences allemandes de l'époque moderne. Bilan et perspectives", *Francia,* 22/2, 1995, p. 159-175.

Ronald G. Asch, Adolf M. Birke（主编），*Princes, Patronage and the Nobility. The Court at the Beginning of the Middle Ages ca. 1450-1650,* London/Oxford, Oxford University Press, 1991.

Günther Binding, *Deutsche Königspfalzen.Von Karl dem Grossen bis Friedrich II. (765-1240),* Darmstadt, WBG, 1996.

Patrick Boucheron, Jacques Chiffoleau（主编），*Les palais dans la ville. Espaces urbains et lieux de la puissance publique dans la Méditerranée médiévale,* Lyon, Presses Universitaires de Lyon, 2004.

Carlrichard Brühl, *Palatium und Civitas. Studien zur Profantopographie spätantiker*

Civitates vom 3. bis zum 13. Jahrhundert, Köln/Wien, Böhlau, 1975-1990, 2 vol.

Reinhardt Butz, Jan Hirschbiegel, Dietmar Willoweit（主编）, *Hof und Theorie. Annäherungen an ein historisches Phänomen*, Weimar/Wien, Böhlau, 2004.

Thomas Dacosta Kaufmann, *Höfe, Klöster und Städte. Kunst und Kultur im Mitteleuropa 1450-1800*, Köln, Dumont, 1998.

Arthur G. Dickens（主编）, *Europas Fürstenhöfe. Herrscher, Politiker und Mäzene 1400-1800*, Graz/Wien, Böhlau, 1978.

Josef Fleckenstein（主编）, *Curialitas. Studien zu Grundfragen der höfisch-ritterlichen Kultur*, Göttingen, V & R, 1990.

Jan Hirschbiegel, Werner Paravicini, Jörg Wettlaufer（主编）, *Höfe und Residenzen im spätmittelalterlichen Reich*, Stuttgart/Ostfildern, Thorbecke, 4 vol., 2005-2012.

Peter Johanek（主编）, *Vorträge und Forschungen zur Residenzfrage*, Sigmaringen, Thorbecke, 1990.

Holger Kruse, Werner Paravicini, *Höfe und Hofordnungen 1200-1600*, Sigmaringen, Thorbecke, 1999.

Peter Moraw, "Herrscher und Hof", 收录于 Kurt Jeserich, Hans Pohl, Georg-Christoph von Unruh（主编）, *Deutsche Verwaltungsgeschichte. Band 1: Vom Spätmittelalter bis zum Ende des Reiches*, Stuttgart, Klett, 1983, p. 32-57.

Peter Moraw, "Was war eine Residenz im deutschen Spätmittelalter？", *Zeitschrift für historische Forschung*, 18, 1991, p. 461-468.

Werner Paravicini, *Die ritterlich-höfische Kultur des Mittelalters*, München, Oldenbourg, 2011.

Werner Paravicini, Jörg Wettlaufer, *Erziehung und Bildung bei Hofe*, Stuttgart, Thorbecke, 2002.

Werner Paravicini, Jörg Wettlaufer（主编）, *Der Hof und die Stadt. Konfrontation, Koexistenz und Integration in Spätmittelalter und Früher Neuzeit*, Ostfildern, Thorbecke, 2006.

Hedda Ragotzky, Horst Wenzel（主编），*Höfische Repräsentation. Das Zeremoniell und die Zeichen*, Tübingen, Niemeyer, 1990.

Annie Renoux（主编），*Palais royaux et princiers au Moyen Age*, Le Mans, LHAM, 1996.

Franz Staab（主编），*Die Pfalz - Probleme einer Begriffsgeschichte vom Kaiserpalast auf dem Palatin bis zum heutigen Regierungsbezirk*, Speyer, Veröffentlichung der Pfälzischen Gesellschaft zur Förderung der Wissenschaften in Speyer, 1990.

Martin Warnke, *Hofkünstler. Zur Vorgeschichte des modernen Künstlers*, Köln/Weimar/Wien, Böhlau, 1985.

Horst Wenzel（主编），*Höfische Repräsentation. Symbolische Kommunikation und Literatur im Mittelalter*, Darmstadt, WBG, 2005.

B. 城市

Giovanni Petti Balbi（主编），*Strutture del potere ed elites economiche nelle città europee dei secoli XII-XVI*, Napoli, Liguori, 1996.

Richard Bauer, *Geschichte Münchens, Vom Mittelalter bis zur Gegenwart*, München, Beck, 2008.

Irmgard Ch. Becker（主编），*Die Stadt als Kommunikationsraum*, Ostfildern, Thorbecke, 2011.

Wilhelm Berges, "Das Reich ohne Hauptstadt"，收录于 *Das Hauptstadtproblem in der Geschichte. Festgabe zum 90. Geburtstag Fr. Meinecke*, Tübingen, Nahr, 1952, p. 1-29.

Patrick Boucheron, Denis Menjot, Pierre Monnet, "Formes d'émergence, d'affirmation et de déclin des capitales. Rapport introductif"，收录于 *Les capitales au Moyen Age*, 2006, p. 1-43.

Hanno Brand, Pierre Monnet, Martial Staub（主编），*Memoria, communitas, civitas. Mémoire et conscience urbaines en Occident à la fin du Moyen Âge*, Stuttgart, Thorbecke, 2003.

Carlrichard Brühl, "Remarques sur les notions de "capitale" et de "résidence" pendant le haut Moyen Age"，*Journal des Savants*, 1967, p. 193-215.

Gerhard Brunn, Theodor Schieder（主编），*Hauptstädte in europäischen Nationalstaaten*, München, Oldenbourg, 1983.

Laurence Buchholzer, Olivier Richard（主编），*Ligues urbaines et espace à la fin du Moyen Age*, Strasbourg, Presses Universitaires de Strasbourg, 2012.

Giorgio Chittolini, Peter Johanek（主编），*Aspekte und Komponenten der städtischen Identität in Italien und Deutschland (14.-16. Jahrhundert)*, Berlin/Bologna, Duncker & Humblot, 2003.

Peter Csendes, Ferdinand Opll（主编），*Wien. Geschichte einer Stadt,* Wien/Köln/Weimar, Böhlau, 2001-2006.

Eva-Marie Distler, *Städtebünde im Spätmittelalter. Eine rechtshistorische Untersuchung zu Begriff, Verfassung und Funktion*, Frankfurt am Main, Klostermann, 2006.

Wilfried Ehbrecht（主编），*Städtische Führungsgruppen und Gemeinde in der werdenden Neuzeit*, Köln-Wien, Böhlau, 1980.

Les élites urbaines au Moyen Age, Paris, Publications de la Sorbonne, Rome, Ecole française de Rome, 1997.

Edith Ennen, Manfred van Rey, "Probleme der frühneuzeitlichen Stadt, vorzüglich der Haupt- und Residenzstädte", *Westphälische Forschungen*, 25, 1973, p. 168-212.

Edith Ennen, *Die europäische Stadt des Mittelalters,* Göttingen, V & R, 1987.

Evamaria Engel, Winfried Eberhard, "Metropolen – Hauptstädte – Zentralstädte: Ihre Entwicklung als Faktoren und Orte staatlicher Repräsentation sowie kultureller und gesellschaftlicher Integration im östlichen Mitteleuropa vom 14. bis zum frühen 17. Jahrhundert", *Mitteilungen der Residenzen-Kommission* 4/1, 1994, p. 14-17.

Evamaria Engel, *Die deutsche Stadt des Mittelalters*, München, Beck, 1993.

Friedrich Bernward Fahlbusch, *Städte und Königtum im frühen 15. Jahrhundert. Ein Beitrag zur Geschichte Sigmunds von Luxemburg,* Köln/Wien, Böhlau, 1983.

Gerhard Fouquet, Matthias Steinbrink, Gabriel Zeilinger（主编），*Geschlechtergesellschaften, Zunft-Trinkstuben und Bruderschaften in spätmittelalterli-*

chen frühneuzeitlichen Städten, Ostfildern, Thorbecke, 2003.

Holger T. Gräf, Katrin Keller（主编），*Städtelandschaft, réseau urbain, urban network. Städte im regionalen Kontext in Spätmittelalter und früher Neuzeit,* Köln/Weimar/Wien, Böhlau, 2004.

Paul-Joachim Heinig, *Reichsstädte, Freie Städte und Königtum 1389-1450. Ein Beitrag zurdeutschen Verfassungsgeschichte*, Wiesbaden, Franz Steiner Verlag, 1983.

Eberhard Isenmann, "Reichsstadt und Reich an der Wende vom späten Mittelalter zur frühen Neuzeit"，收录于 Josef Engel（主编），*Mittel und Wege früher Verfassungspolitik,* Stuttgart, Thorbecke, 1979, p. 9-224.

Eberhard Isenmann, *Die deutsche Stadt im Mittelalter 1150-1550,* Wien/Köln/Weimar, Böhlau, 2012.

Peter Johanek（主编），*Städtische Geschichtsschreibung im Spätmittelalter und in der Frühen Neuzeit,* Köln/Weimar/Wien, Böhlau, 2000.

Bernhard Kirchgässner, Hans-Peter Becht（主编），*Vom Städtebund zum Zweckverband,* Sigmaringen, Thorbecke, 1994.

Götz Landwehr, *Die Verpfändung der deutschen Reichsstädte im Mittelalter, Forschungen zur deutschen Rechtsgeschichte,* Köln/Wien, Böhlau, 1967.

Helmut Maurer（主编），*Kommunale Bündnisse Oberitaliens und Oberdeutschlands im Vergleich,* Sigmaringen, Thorbecke, 1987.

Emil Meynen, *Zentralität als Problem der mittelalterlichen Stadtgeschichtsforschung,* Köln/Weimar, Böhlau, 1998.

Pierre Monnet, "L'histoire des villes médiévales en Allemagne : un état de la recherche"，*Histoire urbaine,* 11, 2004, p. 131-171.

Pierre Monnet, *Villes d'Allemagne au Moyen Age,* Paris, Picard, 2004.

David Nicholas, *The Growth of the Medieval City. From the Late Antiquity to the Early Fourteenth Century,* London/New York, Addisson/Wesley/Longman, 2000.

Hans F. Nöhbauer, *München. Eine Geschichte der Stadt und ihrer Bürger. Band 1: von 1158 bis 1854,* München, Süddeutscher Verlag, 1989.

Claude Petitfrère（主编）, *Construction, reproduction et représentation des patriciats urbains de l'Antiquité au XXᵉ siècle*, Tours, 1999.

Jean-Luc Pinol（主编）, *Histoire de l'Europe urbaine. Vol. 1 : De l'antiquité au XVIIIe siècle*, Paris, Seuil, 2003.

Andreas Ranft, *Adelsgesellschaften. Gruppenbildung und Genossenschaft im spätmittelalterlichen Reich*, Sigmaringen, Thorbecke, 1994.

Simone Roux, *Le monde des villes au Moyen Age XIᵉ-XVᵉ siècle*, Paris, Hachette, 1994.

Heinrich Schmidt, *Die deutschen Städtechroniken als Spiegel des bürgerlichen Selbstverständnisses im Spätmittelalter*, Göttingen, V & R, 1958.

Felicitas Schmieder, *Die mittelalterliche Stadt*, Darmstadt, WBG, 2005.

Uwe Schultz（主编）, *Die Hauptstädte der Deutschen. Von der Kaiserpfalz in Aachen bis zum Regierungssitz Berlin*, München, Beck, 1993.

Günther Schulz, *Sozialer Aufstieg: Funktionseliten im Spätmittelalter und in der frühen Neuzeit*, München, Beck, 2002.

Andreas Sohn, Hermann Weber（主编）, *Hauptstädte und Global Cities an der Schwelle zum 21. Jahrhundert*, Bochum, Winkler, 2000.

Les villes capitales au Moyen Age (XXXVIᵉ congrès de la SHMESP, Istanbul 2005), Paris, Publications de la Sorbonne, 2006.

Alfred Wendehorst, Jürgen Schneider（主编）, *Hauptstädte. Entstehung, Struktur und Funktion*, Neustadt an der Aisch, Degener, 1979.

C. 法兰克福：

794 – Karl der Grosse in Frankfurt am Main, Sigmaringen, Thorbecke, 1994.

Gustav Beckmann, "Das mittelalterliche Frankfurt als Schauplatz von Reichs- und Wahltagen", 收录于 *Archiv für Frankfurts Geschichte und Kunst*, (III, 2), 1889, p. 1-140.

Evelyn Brockhoff, Michael Matthäus（主编）, *Die Kaisermacher. Frankfurt am Main und die Goldene Bulle 1356-1806*, Frankfurt-am-Main, Societätsverlag, 2006.

Frankfurter Historische Kommission（编辑）, *Frankfurt am Main. Die Geschichte der Stadt in neun Beiträgen*, Sigmaringen, Thorbecke, 1991.

Bernd-Ulrich Hergemöller, *Fürsten, Herren und Städte zu Nürnberg 1355/56. Die Entstehung der Goldenen Bulle Karls IV*, Köln/Wien, Böhlau, 1983.

Ulrike Hohensee（主编）, *Die goldene Bulle. Politik – Wahrnehmung – Rezeption*, Berlin, Akademie Verlag, 2009.

Pierre Monnet, *Les Rohrbach de Francfort. Pouvoirs, affaires et parenté à l'aube de la Renaissance*, Genève, Droz, 1997.

Pierre Monnet, "Particularismes urbains et patriotisme local dans une ville allemande de la fin du Moyen Âge : Francfort et ses chroniques", 收录于 Rainer Babel, Jean-Marie Moeglin（主编）, *Identité régionale et conscience nationale en France et en Allemagne du Moyen Âge à l'époque moderne*, Sigmaringen, Thorbecke, 1997, p. 389-400.

Pierre Monnet, "*Principalis sedes orientalis regni*'. Francfort un pôle central de l'Empire à la fin du Moyen Âge ?", 收录于 Christine Lebeau（主编）, *L'espace du Saint-Empire du Moyen Age à l'époque moderne*, Strasbourg, Presses Universitaires de Strasbourg, 2004, p. 97-113.

Pierre Monnet, "Eine Reichs-'Haupt'stadt ohne Hof im Spätmittelalter. Das Beispiel der Stadt Frankfurt", 收录于 Werner Paravicini, Jörg Wettlaufer（主编）, *Der Hof und die Stadt. Konfrontation, Koexistenz und Integration in Spätmittelalter und Früher Neuzeit*, Ostfildern, Thorbecke, 2006, p. 111-128.

Pierre Monnet, "Charlemagne à Francfort : VIIIe - XVe siècles. Mémoire et espace urbain", 收录于 Franz J. Felten, Pierre Monnet, Alain Saint-Denis（主编）, *Robert Folz (1910-1996). Ein Mittler zwischen Frankreich und Deutschland. Idée d'Empire et royauté au Moyen Age : un regard franco-allemand sur l'œuvre de Robert Folz*, Stuttgart, Steiner, 2007, p. 117-130.

Pierre Monnet, "De l'honneur de l'Empire à l'honneur urbain : la Bulle d'Or de 1356 et les villes dans l'Empire médiéval et moderne", 收录于 Julie Claustre, Olivier Mattéoni, Nicolas Offenstadt（主编）, *Un Moyen Âge pour aujourd'hui. Mélanges offerts à Claude Gauvard*, Paris, Presses Universitaires de France, 2010, p. 152-160.

Michael Rothmann, *Die Frankfurter Messen im Mittelalter,* Stuttgart, Steiner, 1998.

巴黎与法国历代国王：
首都以及君主政体的建立（11—15 世纪）

[法]艾尔诺[*]　著

吴　旻　译

　　在法国封建王国的历史上，君主政体的建立与国家首都的发展根本密不可分。直到欧洲近代晚期，法国一直是各国中领土最大、人口最多的国家，而巴黎则一直是欧陆最大的城市——直到 18 世纪其城市规模才被伦敦赶超。作为都市的巴黎与王室权力相结合可谓历史悠久，可以追溯到罗马帝国末年的法兰克王国时期。如果查看从罗马帝国的分崩离析中诞生的所有国家及其复杂历史，像这样具有延续性的城市并不多见：只有君士坦丁堡即之后的伊斯坦布尔、罗马和伦敦，与巴黎一样历史悠久。这种跨越各个历史时期的城市与王权的相关性似乎看上去从未有过威胁也从未被质疑，历史学家可能会因此将之视为构成欧洲历史不变的因素。但是如果仔细查阅这段历史中曾经存在过的不确定性和危机，却可以察觉在这种看似牢不可破的关系下有着不同的历史解读，而作为王国的首都和法国领土上最重要的城市，巴黎的诞生是制度上与地理上缓慢建设过程的结果，其中最主要的活动是在 12—15 世纪。本文将分两部分阐述卡佩王朝（Capétiens）与瓦卢瓦王朝（Valois）君主的活动是建立在怎样的遗产之上，而上述两代王朝君主的活动又怎样改变了巴黎的面貌与功用[①]。

---

　　[*] Mathieu Arnoux，巴黎高等社会科学研究院。

　　[①] 关于中世纪的巴黎历史，我们在下列书中可以找到完整的参考书目，之后就不一一列举了：Jacques Boussard, *Nouvelle Histoire de Paris. De la fin du siège de 885-886 à la mort de Philippe-Auguste*, Paris, Hachette, 1976 ; Raymond Cazelles, *Nouvelle Histoire de Paris. De la fin du règne de Philippe-Auguste à la mort de Charles V*, Paris, Hachette, 1972 ; Jean Favier, *Nouvelle Histoire de Paris. Paris au XVe siècle*, Paris, Hachette, 1974 ; Simone Roux, *Paris au Moyen Âge*, Paris, Hachette, 2003 ; John W. Baldwin, *Paris, 1200*, Paris, Aubier, 2006 ; Andreas Sohn, *Von der Residenz zur Hauptstadt: Paris im hohen Mittelalter*, Ostfildern, Jan Thorbecke Verlag, 2012.

中世纪早期的遗产

　　正如大多数法国大城市一样，巴黎的雏形要追溯到罗马帝国占领之前的高卢时代。即便有人可以强调从其占据的战略地位或是其高超的铸币技术来看，古代巴黎士部族（Parisii）所居住的狭小领土可以算作是高卢人的某种“联邦首都”①，但是巴黎当时无论如何都算不上是“一线城市”。直到罗马帝国末期，与那些重要城市相比，巴黎都只能是“二线城市”：重要的城市则有克尔特地区的首都里昂，还有直到 5 世纪都可算是地中海最重要的港口之一的阿尔勒。巴黎逐渐显露出重要性是由于在日耳曼人入侵的危机当口，它所具有的军事战略地位。公元 4 世纪后期它甚至成为罗马皇帝朱利安与瓦伦提尼安的皇宫驻地。

　　法兰克王国的首任君主克洛维在公元 500 年左右所做出的定都巴黎的决定对于未来有着决定性的意义。这个决定本身却有着军事、政治与宗教错综复杂的背景。巴黎的当选有着军事上的原因：它是塞纳河出海口之前最后一个可靠的津渡点；同时也是控制着通往法兰克人最早定居的北部（今天的比利时）、中部及东部地区道路的要塞。但是这种选择更多是出于宗教与政治上的考虑。从天主教的品级制度来看，巴黎不过是个小小的主教驻地，无法与高卢第一基督教化城市里昂相提并论，那里是“高卢第一”宗主教驻跸之地；巴黎也比不上其他那些外省数一数二的宗主教辖区的城市，例如图尔，那是高卢的福音传道者圣马丁瘗葬之城；或是兰斯，那是圣雷米为克洛维国王施洗的城市，甚至比不上桑斯，因为桑斯宗主教正是巴黎主教的顶头上司。但是在巴黎，有两位圣人的名字给君主选择都城的天平上增加了砝码：一位是圣德尼，大神学家②，巴黎的第一任主教与殉道者；另一位更为重要，她是圣热娜维耶芙，在公元 451 年匈奴大军进攻巴黎的时候是她保全了这个城市。实际上克洛维刚刚登上王位的时候曾经邂逅当时已经年迈的圣热娜维耶芙，就在这位圣女在圣德尼墓地上盖起的修道院里。很可能是仿效拜占庭的做法，克洛维修建了一座使徒彼得与保罗的大教堂，并将之作为王室的墓地，而圣热娜维耶芙也在旁边安息：这是一整个关联政治与宗教的计划。从公元 6 世纪末起，在巴黎北边的圣德尼修道院本身成为君主及其眷属的埋骨之处。从公元 500 年开始巴黎作为法兰克王国首都，其优越的地位一

---

①　Anne Lombard-Jourdan, *Aux origines de Paris : la genèse de la rive droite jusqu'en 1223*, Paris, CNRS Editions, 1985, et « *Montjoie et Saint-Denis* » ! *Le centre de la Gaule aux origines de Paris et de Saint-Denis*, Paris, CNRS Editions, 1989.

②　巴黎主教曾经与另一位圣德尼混淆过，后者是听了使徒保罗的讲道而皈依，被称为“亚略巴古的德尼”（Denys l'Aréopagite），曾被伪托为大量神学著作的作者。

直没有改变过，即便王国数次被克洛维的儿子们四分五裂，而他们各自有着自己王国的首都。

　　然而法兰克王国在欧洲的扩张以及公元 800 年查理曼大帝重建罗马帝国使得情况有所改变：法兰克王国的首都巴黎不再作为帝国的首都。根据重建的帝国皇室传统，皇帝将在古老帝国的首都罗马，从教皇手中接过皇冠。而皇宫则被建在原本就是加洛林王朝腹地，更加靠近刚被查理曼征服的东部欧洲的亚琛，那里既是宗教中心，也是政治决策与司法的中心。而之后皇庭则更常驻跸于洛泰尔尼亚的中心梅斯。在虔诚者路易在位期间（814—840）帝国逐渐分裂，从中产生出的西法兰克王国使得巴黎重新获得政治上的重要性，并且在抵抗维京人侵略的战斗中这个城市也成为中流砥柱。

　　公元 886 年厄德伯爵（约 852 年—898 年）成功保卫被维京人围攻的巴黎是法兰克王国重要的政治事件。正当西罗马帝国的皇帝查理因无力抵抗侵略者而饱受抨击之际，年轻的巴黎伯爵获到当地贵族的支持并得到巴黎主教及各大修道院长的帮助，成功击退维京人，解救了自己的城市。厄德伯爵因赫赫战功受到贵族首领的拥戴，于公元 888 年被推举成为西法兰克王国的国王。西罗马帝国暂时失势，而加洛林皇族成员更渐渐失去了他们的政治影响力。厄德在位仅只十余年，尽管还未在王国内强化君主权威，但却再一次昭示了巴黎这座城市与王家威望密切相关。公元 922 年，厄德的一个弟弟，罗贝尔侯爵（约 860—923）登上了王位。罗贝尔的儿子"大于格"（约 898—956）从 936 年直至 956 年他去世，作为巴黎伯爵与法兰克公爵，在暂时重新归属加洛林王朝的王国内实际行使大部分的权力。罗贝尔的孙子于格卡佩（约 939/941—996）继任法兰克公爵，而在 987 年被推举为王，开创了卡佩王朝，其统治一直延续到 1328 年。

　　在这些众所周知的历史事件中，重点其实在于其中每一位历史人物与巴黎以及巴黎地区的联系：无论是巴黎伯爵也好，还是讷斯特里侯爵也好，也无论是法兰克公爵，又或者是西法兰克王国的国王，他们都将巴黎作为自己权力的中心，而他们统治的区域都是当时已经被称为"法兰西"或是"小法兰西"的地区。法兰克人的王国首都周围有一片不大的地区，直至今日仍被叫做"法兰西"，引起人们不少疑问。尽管历史学者对此众说纷纭、意见不一，但似乎可以肯定的是在巴黎北部圣德尼一带的粮食产区曾经被称为"liddel France"，而在日耳曼语系中，liddel 是"小"的意思，由此在当地的拉丁语系中产生了"小法兰西"（Île-de-France）一词。这一地区尽管面积有限，但却覆满了丰产肥沃的淤泥质土，因此对它的控制使得巴黎的领主们非常富有，可以在巴黎城里接纳众多的人口。无需采取极端的决定论的推理方式，我们仍能注意到 12 世纪成为"王室属地"的区域是一片丰饶异常的土地。巴黎的发展与君主政权的加强均得益于得天独厚的地理条件。

一座都城的发展史

那么究竟是什么时候巴黎才成为了都城，拥有了一切与这个地位相应的职能呢？最近的研究表明，其实这种变化来得还是相当晚的。尽管历史悠久，宗教设施以及领主们都赫赫有名，但在 11 世纪上半叶巴黎还仅是一个人口数千的城市，其居民多集中在古老的中心地区，如西岱岛以及塞纳河左岸的圣日耳曼德普莱、圣热娜维耶芙等修道院村落。而在塞纳河右岸的大片沼泽之中，仅有在能够抵御洪水侵袭的高地上有零星的居民点如卢浮、圣马丁德尚与圣杰尔维。根据 Andreas Sohn 的研究，一直要到 11 世纪末亨利一世时代，才能看到巴黎在卡佩王朝的领土中赶超了其他王室驻地，如奥尔良、桑丽斯或是贡皮涅。在这一变化中，亨利一世与诺曼底公爵、之后的英国国王征服者威廉，在巴黎西部维克散乡间的对峙起到了决定性的作用。在 1204 年法王腓力二世将诺曼底公爵领地收归囊中之前，这个地区一直让法国国王与盎格鲁—诺曼底的统治者针锋相对，因此它的重要性毋庸置疑。如果再做一个更长时间段上的分析，算上和平时期与战争时期，那么就要追溯到公元 900 年，到维京人首次占据鲁昂之时，巴黎城的发展与诺曼底问题其实大有关联。

事实上从今人的角度来看，塞纳河的两岸修建的斯堪的纳维亚王国不再是一种侵略的结果，而是一种复杂政治活动的结果：这种政治活动将斯堪的纳维亚民族融入法兰克基督教民族与法国西部地区性权力重组结合到了一起，其领导者是来自巴黎以未来卡佩王朝君主为首的贵族团体 [1]。这一政治活动最重要的方面，然而很少有人提及，就是安定了塞纳河谷，欧洲最大的商道之一。在长达三个世纪的时间里，对这条河流的控制掌握在鲁昂与巴黎的主要宗教机构手中。这样的安排保证了谷物与葡萄酒在周边富庶地区运输通畅，无疑也是巴黎和鲁昂繁荣发展的条件之一，从此它们成为王国最大的两个城市；但同时这种安排也使它们之间产生了竞争，甚至敌对。12 世纪卡佩王朝与金雀花王朝君主之间的紧张对峙愈演愈烈，这其中政治方面的原因当然是最主要的，但是卡佩王朝的首都与日俱增的经济强势也是其中关键的一点。这使得两个城市间的长久以来的妥协被质疑，而且威胁到了在诺曼

---

[1]　Pierre Bauduin, *La première Normandie (X^e-XIe siècles). Sur les frontières de la haute Normandie : identité et construction d'une principauté,* Caen, Presses universitaires de Caen, 2004 ; *Le monde franc et les Vikings, VIIIe-Xe siècle,* Paris, Albin Michel, 2009.

底公爵领地当中的盎格鲁诺曼底君主权威。英国人反应之强烈，甚而至于在塞纳河谷开辟出了一道军事前线，都可以用这个地域政治的原因来得到部分解释：如果说在公元 1000 年鲁昂还是一个比巴黎更富庶、人口更稠密的城市，那么从 11 世纪末开始，这种情形将以不可逆转的方式被彻底颠覆①。

巴黎人口的数量一直是未能研究清楚的课题。对于 13 世纪而言，我们只能从一些间接的迹象做出合理的推断，巴黎当时人口约为 150000。我们目前仅有的关于中世纪早期巴黎人口的统计数据来自 1368 年王国政府的税收文件，在那上面记载巴黎这个城市需要缴纳赋税的"灶火"有 61000 户。历史学家一致认定这个数字应该相当于 200000 至 250000 居民，那么巴黎就已是当时欧洲第一大城，而我们可以认定很可能在公元 1200 年巴黎业已取得这一地位。那么使得这个都市闪耀出独特光芒的发展是如何取得的，正是我们下一步所要探究的。

在工业革命前的欧洲，城市人口学的特征表现为居高不下的婴儿死亡率，而人口的增长主要是依靠移民实现的，巴黎也不例外。而在巴黎当地更有将婴儿托付给乳母的这一至少自 13 世纪便很普遍的习俗，更是大大威胁到了他们的生存。我们目前所能看到最早的是 1290 年前后有姓名的居民名单，通过姓名让我们能够猜测出他们的原籍。我们看到确有很多移民来自巴黎附近的农村和小城镇。然而与很多接纳移民的大城市不同，巴黎的移民来源并不基本局限在附近地区，而是吸引了很多来自非常遥远地区的移民。这种影响力覆盖的范围从卢瓦尔直到佛兰德尔，从诺曼底直到香槟省的各个地区，亦可以此反观巴黎就业市场的重要性。作为法兰西王国的政治中心，巴黎也是全欧最大的工业生产中心，集中生产高品质产品，或者说是奢侈品。自 13 世纪中期开始，巴黎在各种消费奢侈品的生产中都占据绝对主导的地位，如麻纺业、毛纺业、丝织业、织染业、皮革业、象牙制作业、金银制作业、

---

①   Mathieu Arnoux, « L'événement et la conjoncture. Hypothèses sur les conditions économiques de la conquête de 1204 », dans Anne-Marie Flambard-Héricher et Véronique Gazeau, *1204. La Normandie entre Plantagenêts et Capétiens*, Caen, Publications du CRAHM, 2007, p. 227-238 ; « Border, Trade Route or Market ? The Channel and the Medieval European Economy from the Twelfth to the Fifteenth Century », *Anglo-Norman Studies*, 36, 2014, p. 39-52.

抄写及书籍装饰业等[①]。如此集中的行业技能与资本使得全国甚至是全欧各地的匠人都趋之若鹜，他们希望有机会在巴黎大展宏图。

最近对于巴黎及其周边地区的羊毛呢绒业所做的研究表明，12 至 13 世纪间这种工业的稳步发展拉动了一整个工业带的建立，分布在诺曼底、小法兰西、皮卡迪及香槟省各地区当中的新兴城市都有着各自专门化工业的发展。14 世纪中期，纺织业渐渐从巴黎城中消失，转移到邻近的小城镇，而在城里则大力发展起了面料的染色及其他精加工工业。这样的作业，一方面因其更加复杂而收益更高，另一方面也要求有技术更高的工人。公元 1500 年左右，巴黎已经被视为欧洲的染色业之都，而巴黎的染工也声名卓著，因为他们能够染出最有魅力而需求量又最大的全黑布料。

巴黎的奢侈品供应量独占鳌头的原因，首先是因为还没有哪一个城市像巴黎这样有着胃口巨大而口味挑剔的需求。王国政权各个机构集中在巴黎标志着一个数量庞大的消费者群体。从公元 1200 年开始，国王参事会要员及宫廷法官，还有显赫的王公贵族及其扈从和教会的高级教士都云集巴黎。此外，从 14 世纪开始，常驻或是临时出使巴黎的各国使节也为数众多。这些人群，为了维持自己的社会地位或是保证自己的政治特权，都对服装、首饰、珠宝、家具等有着巨大的需求量。其次存在这样一个无与伦比的奢侈品市场的另一个主要因素，则是巴黎金融地位的重要性[②]。12 至 13 世纪之间作为欧洲商业中心的香槟交易会，在某种意义上也是巴黎交易会：每年 1 月举办交易会的拉尼就在巴黎附近；而每年 5 月与 10 月在蒲罗万举办的非常

---

① Mathieu Arnoux, Jacques Bottin, « Autour de Rouen et Paris : modalités d'intégration d'un espace drapier (XIIIᵉ-XVIᵉ siècles) », *Revue d'histoire moderne et contemporaine*, t. 48, 2001, p. 162-191 ; Mathieu Arnoux, Jacques Bottin, « Les acteurs d'un processus industriel : drapiers et ouvriers de la draperie entre Rouen et Paris (XIVᵉ-XVIᵉ siècles) », dans Mathieu Arnoux et Pierre Monnet （éd.）, *Le technicien dans la cité en Europe occidentale, 1250-1650*, Rome (Collection de l'Ecole française de Rome, 325), 2004, p. 347-386 ; Sharon Farmer, « Biffes, Tiretaines, and Aumonieres: The Role of Paris in the International Textile Markets of the 13th and 14th c. », *Medieval Clothing and Textiles*, 2, 2006, p. 73-89 ; « Medieval Paris and the Mediterranean: The Evidence from the Silk Industry », *French Historical Studies*, 37, 2014, p. 383-419 ; Richard H. Rouse et Mary A. Rouse, *Manuscripts and their Makers. Commercial Book Producers in Medieval Paris*, 2 vol., Turnhout, Harvey Miller Publishers, 2000 ; Marie-Thérèse Gousset, « Libraires d'origine normande à Paris au XIVᵉ siècle », dans Pierre Bouet et Monique Dosdat （dir.）, *Manuscrits et enluminures dans le monde normand, XIᵉ-XVᵉ siècles*, Caen, Presses universitaires de Caen, 1999, p. 169-180.

② Mathieu Arnoux, Caroline Bourlet, Jérôme Hayez, « Lettres parisiennes du Carteggio Datini. Première approche du dossier », *Mélanges de l'École française de Rome (Moyen Âge)*, t. 117-1, 2005, p. 193-222.

重要的交易会则完全被巴黎商人主导 ①。从 13 世纪末开始香槟交易会的逐渐衰落，在很大程度上也是由于巴黎在金融服务方面的迅速崛起，当时那里活跃着欧洲，尤其是意大利的重要金融网络。从 14 世纪开始，在巴黎近郊圣德尼的朗迪交易会决定着欧洲大部分地区的羊毛织品的定价。

尽管外国商人对于法国君主政权的专制倾向抱有怀疑态度，但由于巴黎居民的地位崇高、身家富有以及具有很强的偿还能力，巴黎在金融方面的重要性仍不可否认。巴黎居民极高的生活水平在商人们的眼中就是生意有利可图的保证。

喂养首都

在所有的中世纪城市中，食品供应都是最重要的行业，既是由于其资本流通量的巨大、雇佣工人的人数众多，也是因为其企业主的政治地位很高：肉铺业主与酒类商人都隶属于巴黎政治生活中最有影响力的集团。巴黎众多教会与贵族豪宅的厨房里烹饪出的佳肴之精美闻名于世，连城中居民都为此感到自豪，因为多余的菜肴常常会分发给他们。巴黎不仅食物精美绝伦，而且城中食品供应的持续稳定也成为了王国君主的荣光，他被当做自己臣民的喂养者来颂扬：巴黎是极少，可以说根本没有遭遇饥荒的城市。从中世纪早期开始，君主采取的一贯政策就是在附近的乡村给予宗教机构大片封地及封建领主的权利，其目的是为了防止对于土地进行投机炒作以及贵族或是商人手中囤积过多的资源。最好的土地很快都被短期租赁给了专业种植谷物的农户，以保证城中优质小麦持续不断的供应，从而也保证了巴黎人自诩为"世界上最好的"白面包按时出现在每一位居民的餐桌上。王室行政机构颁布的法令和章程给予市场运作和产品质量以长期与具体的强制性控制 ②。

最近的一份研究资料揭示了巴黎最独特的食品市场运作之一：海鱼市场。尽管距离海岸有 200 公里以上，但是这个城市从周一到周五的每一天都能吃到夜间从王国北部港口运来的新鲜鱼类 ③。明确而且数量众多的条例规范着这一市场的各个环节。它们规定海鱼必须装在铺满新鲜海藻的大筐里进行运输。它们还将运鱼的车队经过的道路置于王室绝对权威之下，禁止中途

---

① Véronique Terrasse, *Provins. Une commune du comté de Champagne et de Brie (1152-1355)*, Paris, L'Harmattan, 2005.

② Jean-Marc Moriceau, Gilles Postel-Vinay, *Ferme, entreprise, famille. Grande exploitation et changements agricoles, XVIIe-XIXe siècles*, Paris, Editions de l'EHESS, 1992.

③ Caoline Bourlet, « L'approvisionnement de Paris en poisson de mer au XIVe et XVe siècle, d'après les sources normatives », dans *Franco-British Studies*, 20, 1995, p. 5-22.

停车或是拖延迟滞。并且规定海鱼的交易地点必须是在特殊的市场，与淡水鱼市场完全分开。上述这些规章制度展示的是一个组织良好的行业，其经济运作由强有力的商业集团掌握，他们有能力在一周内的几个晚上调动起快速运送货物所需的上百匹马。这并不是唯一一个组织良好的行业。13 世纪的一些文献让我们看到那些专门生产销售熟肉制品的猪肉商户，他们不遗余力经营着巴黎北部的王室森林，有时那些林子甚至远在 100 公里以外，在那里有着以橡子为饲料喂养的成千上万的生猪。在巴黎以西 200 公里，布列塔尼与诺曼底的交界处则有几个"国王的商人"集团，他们负责首都的部分牛只供应。他们的牛只被运送到蓬图瓦兹，待养肥后再被屠宰。在这里也同样牵涉成千甚至上万只的牲畜，它们不仅是城市肉类供应的必需品，而且也提供巴黎生产所必需的皮革[1]。

我们还可以列举出更多用于支持巴黎居民消费与工业劳作的供应网络。维持这些网络长达几个世纪的稳定性，涉及的是对于巴黎及巴黎地区以外更大面积国土的有效控制。实际上在一个地区割据十分严重的王国里，实施巴黎人的特定法律、执行巴黎法院裁定的区域是相当有限的：它主要限制在巴黎主教的辖区当中而已。与多数欧洲大城市一样，巴黎有一部分封闭在城墙之内，而另一部分则在城墙之外：这部分被称为"市郊"，但却直接在城市的管辖之下。城市对于市郊的直接管辖又被划分为众多享有不同程度自治权利的领地。今天的历史学家为了绘制出这个土地被彻底割据的地区地图大费周章，而这一地区里的大领主和大教士为了取得更重要的地位而你争我夺。然而体系中的整体性、协调性以及稳定性却都由王国政府来保证，它在首都及其地区里的权力是很大的。

国王在城市里的权力

与欧洲及法国其他大城市所不同的是，巴黎没有自治权，由两位官员在这里行使权力。一位是由国王直接任命的巴黎市长（prévôt de Paris），他掌握着像警察那样的权力，意即他既要保证维持正常秩序，也要对城市日常供应负责。而另一位则是巴黎民选市长（prévôt des marchands），是由城中的商人与自由民推举出来的，他要与巴黎市长合作，并且代表的是首都的经济活动者，即商人和生产者。这两位行政官员及其所带领的法庭不仅在巴黎

---

[1]　Ghislain Brunel, « Bêtes sauvages et bêtes d'élevage : l'exemple de la forêt de Retz (XIIe-XIVe siècle) », dans Élizabeth Mornet (dir.), *Campagnes médiévales : l'homme et son espace (900-1350). Études offertes à Robert Fossier*, Paris, Publications de la Sorbonne, 1995, p. 157-162.

城内及其市郊有着绝对权威，而且他们的权力还远远超出了这个范围。巴黎市长下属的夏特勒法庭（tribunal du Châtelet）有权审判全国范围内有关商业问题。而巴黎民选市长，首先代表的是"水域商人"（marchands de l'eau），即从事河道运输的商人，他的权力范围到达塞纳河及其支流的大部分流域，他有权任命桥梁管理者，并且其特权扩大到了食品、燃料以及城市总体供应所需原料的各种交易。

　　在全欧洲范围内维持一个巨大而复杂的系统无疑需要背后有稳定的政治体系和对国土持续强有力的控制作为保证。14、15 两个世纪，经济危机以及英法之间的长期战争对以巴黎为枢纽的都市系统带来了沉重的打击。1356 至 1358 年之间，由于发生了严重的税收危机，继而巴黎北部农民的反抗使得情况雪上加霜，加之军事上的失利，法国国王又被英国人俘获，王国上层统治第一次被深深动摇了。当时的巴黎民选市长马塞尔（Étienne Marcel）为首，试图将王权置于巴黎资产阶级控制之下，但却遭到暴力镇压，一部分市政机构被撤销。将近一个世纪之后，1420 年法国北部及巴黎被英国占领而查理七世与英国统治者之间的长期战争，造成巴黎在三十余年间真正地衰落，甚至没有一位王位的觊觎者将之作为首都。直到 1450 年之后，王室再次将法国的整个领土置于自己的权威之下，巴黎才重新找回至上的地位。在此之后，尽管国王与他的宫廷经常居住在巴黎城外，如卢瓦尔河谷的城堡，稍晚时候则是在圣日耳曼昂莱与凡尔赛的宫殿里，但是王国行政最基本的机构都常驻巴黎，特别是王国议会与审计法庭。经过一次罕见的暴力危机之后，巴黎的首都优势再度被确认这一事件本身，就是都市与王权之间深刻关系的最好证明。

城市的景致

　　在巴黎的美景当中也随处可见到国王的权威加诸他的首都。巴黎被高高的城墙所围绕，城墙的名字得自于它们的建设者，腓力二世与查理五世。城市还被一系列巨大的堡垒所保护所控制。在城市的中央，西岱岛上建有王国的司法宫——它很可能建筑在加洛林王宫旧址上，里面有国王的参事会以及最高法院。在司法宫的对面，塞纳河右岸，坐落着夏特莱，那里一方面是巴黎市长和他手下的办公场所，也是他的法庭和监狱，控制着城中最重要的道路以及中央市场（les Halles）。由于大部分巴黎的人口和财富都集中在塞纳河右岸，查理五世很想更好地保护这一地区。他修建了一条宽阔的城墙，沿着塞纳河岸连接了两座堡垒：一座是圣安托万门边的巴士底，另一座则是王宫卢浮宫。离城市不远，在通往香槟省的道路上，则有着另一座堡垒：万森纳宫。

　　巴黎不仅固若金汤，这座法国国王的首都同样也是一个美丽绝伦的珍宝箱。12 世纪中期，在法国国王的亲随中发展出了一种今天被称为"哥特式艺术"，而在中世纪人们的口中所说的"法国艺术"。第一座哥特式教堂是为了保护历代君主的陵墓的圣德尼大教堂，由路易六世的大臣、修道院长苏杰从 1130 年开始修建。1160 年开始修建的巴黎圣母院是当时全国最大的主教堂。1250 年之前稍早，巴黎的王宫圣礼拜堂因为采用的创新技术而成为独一无二的典范。哥特式艺术并非仅仅是宗教艺术：那些世俗建筑如司法宫、卢浮宫与万森纳宫也是整个欧洲建筑的典范。

　　不仅是艺术之都，巴黎也是欧洲的知识之都。如果在早期中世纪巴黎的学校还不如欧塞尔与弗勒里那么享有盛名的话，那么从 12 世纪初，第一所研修院圣维克多修道院创建之后，情况就大不一样了。巴黎大学是继意大利北部的博洛尼亚大学之后欧洲的第二所大学，作为"科学之母"（*Parens scientiarum*），以教师的高水准而著名，尤其是在神学与哲学领域。组成巴黎大学的众多学院使它能够接纳来自全欧的学子及教师。国王也对它予以特殊关注，在其中挑选自己的顾问：两位巴黎的建设者腓力二世与查理五世尤其如此，他们都挑选了大学里最重要的教师加入自己的参事会。腓力二世多次向勒项特尔（Pierre Le Chantre，？—1197）问政。而很有素养的国王查理五世的"图书馆"则是今天法国国家图书馆最早的前身。他还曾经请求巴黎大学的校长、杰出的哲学家与数学家奥里斯姆（Nicole Oresme）为他翻译和讲解古代哲学家。这些曾经传遍全欧洲的翻译保存至今，它们奠定了法语"科学用语"的基础，也是推行巴黎语音（奥依语，langue d'oïl）的政治策略的第一步，这是直到王朝时期结束历代法国君主都一直坚持奉行的策略。

王国与首都：一种对比

　　也许直到 12 世纪还没有哪一个欧洲城市能像巴黎那样规模宏大、光芒四射，但是毫无疑问，还有其他的首都也享有极高的声誉，甚至名声直达基督世界的边界之外，就像伦敦、罗马、那不勒斯、威尼斯和佛罗伦萨。这些符合新标准的大型聚居点的出现以及欧洲大型城市系列的逐步建立形成了中世纪欧洲发展的根本特征之一。从这个角度来看，上文所做的分析应该上升到更普遍的高度，即都城的机构、经济及城市化的建设理应被视作君主经济权力的延伸与变化中的一个方面。尤其是当城市的职能从王室的驻跸之地及军事要塞向领土之中控制政治经济的中心变化之时，这是与新种类的国家机器的建设齐头并进的。但是在所有的这些城市当中，谈到发展与增长的模式，特别是具有运用同样体系的能力，为了保证城市的供应而控制大片国土，加之在国际上的影响，那就只有 13 世纪以后的伦敦能与巴黎媲美。

出现这一改变的重要原因之一，是自 11 世纪初期以来欧洲边境的各种侵略逐渐停止，从而削弱了君主作为军事指挥的部分重要性。与此同时，通过垦荒使得农田面积逐渐增加，君主因为必要的军事行动而征收的税收比例也逐渐减少，从而在前几个世纪如此重要的"战争经济"逐渐走向没落。在这种情况下，君主在军事上的角色逐渐被他们新的行政角色部分取代。他们必须在经历着巨变的社会中保证属下臣民的平衡与安定。为了实现这个使命，英法这两个王国的国王主要靠了各自教会的协助；在这种情势下，社会划分成僧侣、骑士与劳工三个等级的理念被广泛接受。由此，当时对于社会的描写也都是呈现平衡及平和的景象。

英法这两个王国的事例都证明，君主政体国家的建设与其首都的建设密不可分。这两个地区在 12 至 13 世纪都经历了旷日持久的人口与经济增长的阶段，从而引起了生产中的社会关系以及空间组成的变化，也引起了权力运用的深层改变。在这样的形势下，君主的一些特权又有了新的重要性，例如：生产货币并且保证其价值、安排并保护交易的地点、集市和市场以及保证商人与货物在水陆路的交通自由等。在中世纪早期实物经济缓慢发展的欧洲，上述特权仅仅涉及很小的一部分人群：这些人绝大多数都生活在城市里并且以货币经济的方式生活。

漫长的人口增长过程，伴随着不断增长的对于货币交换以及商业机构的需求，由此，君主的职能有了完全不同含义的新的重要性。1200 至 1350 年间，越来越多的时候需要行使这些职能，在神学家的帮助下，用司法与立法的方式来界定良性的经济行为以及禁止那些损害到公众利益的活动。经常是很难从史料中看出，上述活动最终建立起王国内部一致的经济准则与法规，也给予经济空间逐渐产生的协调性以坚实的基础[1]。

这样的活动在欧洲各地都可见到，只是在各地的表现形式不同。在英国，由于其政治历史及其地理位置的特殊性，君主在经济领域很早采取了非常重要的干预活动。自 12 世纪起，王家行政机构由于担心看到与欧洲大陆不平等的交换会威胁到王国的独立性，制定了强制性的海关政策以保证将英国羊毛卖给欧陆的工业城市之时获得最大的利益，而这些工业城市首先位于弗兰德尔，其次就在意大利。如此的税务政策不仅非常有效而且极有新意，让英

---

[1] Guillaume Leyte, *Domaine et domanialité publique dans la France médiévale (XIIe- XVe siècle)*, Strasbourg, Presses universitaires de Strasbourg, 1996 ; Katia Weidenfeld, *Les origines médiévales du contentieux administratif, XIVe- XVe siècle,* Paris, De Boccard, 2002.

国君王反常地走到了欧洲经济的最前沿，因为他在海关方面所做的抉择直接影响到了纺织工业的整体发展。商业问题的重要性，以及他们对王国供给以及国家财政所做出的贡献，使得伦敦商人群体获得极大的政治资本，他们中的一部分人甚至在并无任何军职的情况下直接进入贵族行列。

相对于英国君主坚决干预的政策，法国国王的政策则看起来一点也不和谐，并且滞后于经济实际。的确，法国的结构很复杂，王国被划分为很多司法传统与社会组织都千差万别的地区，很难适应集权制的统治，加之王国行政体系本身也是由各个地区各种层次的封建权力组成的。正因为如此，对于12、13世纪欧洲最为重要的商业组织，就在巴黎附近，接待来自基督教世界各地区采买面料与珍贵材料的香槟交易会，法国国王却只采取了默许的态度，完全放手将之交给了香槟伯爵及其随从和同盟者，而后者与整个欧洲贵族世界的关系保证了商人及其货物的来往自由以及交易会的顺利进行。于是法王就用自己的不作为来保证成功取得王国最主要的财源，尤其是获得王国不出产的货币金属。直到1306至1310年，经过约两个世纪的王权强化之后，才能第一次看到一条在全王国范围内执行的法律，是驱逐意大利商人与犹太团体的条例。这些措施，既有着政治考量，又是出于填满国库的意图，但却给经济带来了预期之外的负面结果。看来有些自相矛盾，但是王国最初的经济政策的确部分不是意愿当中的。有关货币的条例也是如此，法王曾多次颁布条例修改货币的法律定义。1300至1330年期间有数次，这些条例引发了用工市场骤然而深远的大动荡，逼迫王家行政机构不得不颁布新的条例按照以往的价值用新货币来明确规定薪酬的等级。

英法两国的君王为取得政府活动所需资金做出了不同选择，前者发展出了积极而协调的海关政策，由此君主政权将一部分生产活动置于自己的羽翼之下；而后者，法国国王则是采取改变货币价值的方式来充盈国库，由此在完全没有预见的情况下达到了事实上由国家掌控用工市场。在上述两种情况下，君主所做出的选择都使他们涉足了经济领域，而在此之前这并不是他们的职权所在。王室活动带来的完全不同的发展过程却反映了同一种现象，即国家范畴的长时间稳步增长以及公众需求的增加。14至15世纪，尽管由于疫病的流行，欧洲人口与生产都在不断减少的情况下，我们仍然可见，无论从比例上来看还是从其绝对价值上来看，国家政府与公众机构的财政预算在不断增加。这一现象由于很难给出精确数据，常常被人无视，而中世纪末的欧洲则更多被描写为陷入很深危机的社会，而非正在经历巨变的世界。但是如果我们将之置于欧洲国家建立的一个很长时期之中，还是能够分析这种发展的重要因素的。

这一变化中重要因素之一就是，在建立起了一个等级分明的国土的同时，都城的发展使之变成一个愈来愈中心化的地区。我们无法不去强调这一席卷欧洲各国现象的重要性。尽管我们缺乏确切的数据，但是巴黎和伦敦无疑是当时欧洲最重要的城市。两个城市经历了不同的发展过程，然而最终它们在各自国土上的发展态势却是旗鼓相当的。它们各自都以拥有庞大人口为特征，都为所处地区的中心，然而为其提供日常供应的区域却都远远大于它们自身所在的地区。伦敦大学根据王室保存的稀有档案所做的重要研究表明，自中世纪末开始，英国首都的发展促使大片农业地区专业化的蓬勃兴起[1]。随着行政机构的不断扩大以及宫廷社会正在形成的自身消费特色，奢侈品及昂贵的食品占据其中很大部分，而用工市场也是如此，在最富有的顾客身边集中了最能干的工匠。

　　如此的发展并不出自君主专制计划的政策。尽管都城已经在王国行政机构的仔细管控之下，但是，似乎有些矛盾，这些行政机构数量十分有限，尤其是安保与维持秩序的力量。我们称之为"治安"，也就是英文的"policy"，有关社会秩序的行政机关，并不需要人数众多的武力，而是通过一系列的委托完成的，君王将一部分非常明确的公众活动委托给了一些团体与机构：而这些活动就是商人群体对于市民的日常供应、市政机构对于城墙的维护、行业工会对于城门的看护。从这个角度看来，是立法的权力使得君主有可能对自己王国的经济产生影响，尤其是支持其中的一些活动却遏制另外一些。举例而言，在英国，对于羊毛的生产与出口的重视也使得羊毛商人，那些"woolmongers"获得特殊的重视，尤其是那些获准向境外买家出售羊毛的商人，他们形成另一个非常重要的政治集团。由于自公元1100年以后，两国的首都都没有再更改过，因此这些并不耗费许多人员与货币的本土政策便长久执行下来，并且对于产生政权控制下的领土有着极大的重要性。用军力来维护如此组织好的空间成为君主活动的最后一个层次，它对于经济的近代化也有着极其重大的意义。

---

　　[1]　James A. Galloway, Derek Keene, and Margaret Murphy, « Fuelling the city: production and distribution of firewood and fuel in London's region, 1290-1400 », *Economic History Review*, 49 (1996), p. 447-472 ; Bruce M. S. Campbell, James A. Galloway, Derek Keene and Margaret Murphy, *A Medieval Capital and its Grain Supply: Agrarian Production and Distribution in the London Region c. 1300* (Historical Geography Research Series, No. 30), Londres, Queen's University of Belfast and the Centre for Metropolitan Research, 1993.

十六世纪瓦卢瓦王朝治下的法国宫廷

[法] 芬尼·科桑代[*]　著

王名南　译

导　言

　　君主通过礼节仪式体现自身的尊威，在 16 世纪的城市空间及宫廷内部尤为凸显。这一现象或多或少触及欧洲各大君主体制。与此同时，朝臣随着自身地位的彰显，亦被视作人文主义价值与礼仪的显现[①]。此二者于相异的空间环境中生发、演化，在对国王个人的尊崇仪礼中遇合，见证着权力结构的变迁。意大利、西班牙、法国以及神圣罗马帝国经历了史无前例的盛大铺张场面，用以彰显君主圣威。这尤其通过公共事件场景中对王室权力的显现，以及宫廷核心的日常仪规中对于觐见君主的辖控。在此背景下，入城仪式成为极富政治意味的凯旋场景。在法国，街道的装饰、路口的情景表演、纪念性凯旋门、无处不在的百合花，连同伴随国王的仪仗队列的自身构成，无不在处于政治组织核心的特殊历史辩证关系中，荣耀、彰显着国王权威对整个王国的统御。在此，国王体现为恩典与荣誉的分配者，城市特权的源泉，社会秩序的保障，这在仪仗队列自入城伊始便无可挑剔的布局排列中尽显无遗。国王在显贵的簇拥之下，由华盖突显其特殊尊贵的地位。君临子民，接

---

　　*　Fanny Cosandey，巴黎高等社会科学研究院。

　　①　例如 Baldassare Castiglione, *Le livre du courtisan*, Alain Pons 自意大利语译介，依据 Gabriel Chappuis 的版本（1580）, Paris, Flammarion, 1987 ; Anthoine de Guevarre, *Le favori de Cour,* Jacques de Rochemaure 自西班牙语翻译，Lyon, Raville, 1556 (1539 出版原题： *Aviso de privados y doctrina de cortesanos,* 之后由 Sebastien Hardy 再版，题为： *Le reveille-matin des courtisans, ou moyens legitimes pour parvenir à la faveur et pour s'y maintenir*, Paris, Robert Esti-enne, 1622) ; Estienne Guazzo, *La civile conversation*, Gabriel Chappuis 自意大利语翻译， 1580 ; Daniel de Cosnac, *Le courtisan à la mode,* 出版地不详， 1622 ; La Serre, *Le bréviaire des cour-tisans*, Bruxelles, Fr. Vivien, 1630 ; Nicolas Faret, *L'honneste homme ou l'art de plaire a la court*, Paris, Toussaint du Bray, 1630。

受后者忠诚的表示，同时又是他们的保护人。漫长的城市仪仗行进之后，国王也会确认对不同群体的豁免或恩宠。与此同时，宫廷的组织趋向使中心人物在各种场合下都成为关注的焦点，以在王室宫殿内部呈现国王所代表的最高权力。无论在城市还是宫廷中，仪式每每旨在呈现出一个非凡人物的形象，根据不同模式在形式上有异，却始终遵循相同的终极目标。对于秩序的关注，无论是城市中行进的队列，还是内廷家臣侍卫的簇拥，都显现出国王使法规成为必须，即在典礼规范中表达出主权的法律定义。自此，在一个封闭的世界与另一向整个王国敞开的世界之间，分野被淡化，取而代之的是对于君主权力再现的共通观念。与此相行不悖的是，在旧制度下的法国，国王的私人事务与政治议题之间无所谓分隔，宫廷既是国王的寓所，又是政治统治空间。宫廷生活方式反映出君主与臣民关系中权力的性质。十六世纪从弗朗索瓦一世到亨利三世统治期间，法国经历了深层动荡，其影响波及国王宫室的组织架构；简单概括来说，法国在法律理论和权力行使上都经历了由封建制向王权制的过渡。这尤其可以从涉及国王日常生活的重大改革中体现出来。本文将重点考察这段历史。

一　从弗朗索瓦一世到亨利二世：
变动中的家庭式宫廷空间

16 世纪，国王近周的人陪伴君主日常生活的模式是家庭式的，这其中有双重含义：既指从属于一个大家庭，又有亲近随意的意思——当然其间保留着对君主应有的尊敬。这一特点让国外的观察者十分惊讶，以至于判断"法国宫廷的特有属性是不拘礼数"[①]。的确，直至 16 世纪上半期，国王在廷臣间的行动仍然十分自由。虽然君臣有别，但国王与贵族不会截然隔开。一是因为宫廷礼仪保持着相当的弹性，同时也因为法王对身边近臣所持的随意态度。法王需要被他的臣属、被那些为他服务的人看到，这是法式君主制的一大特点。宫廷的结构调整一面致力于保持这种亲近性，由此确保对君主的敬爱；同时通过仪式化的表现，彰显君主在国家中占据的尊贵位置。这样的双重需要引来相互矛盾的阐释，使外国使臣摸不着头脑，同时让人感到一个似乎控制力不足的世界所特有的不稳定感。意大利的使臣们几乎要指责那些

---

　　① 威尼斯使节 Dandolo 对弗朗索瓦一世和亨利二世治下宫廷情况的描述。Marc Smith, « Familiarité française et politesse italienne au XVIᵉ siècle : les diplomates italiens juges des manières de la cour des Valois », *Revue d'histoire diplomatique*, t. CII, n°3-4, 1988, p. 193-232（引文出自 p. 202）。

在他们看来对君主的大不敬行为："缺乏对国王的尊重"是他们在描述法国君臣关系时经常使用的表达，这些外交官同时也会抱怨，这种情形对于他们完成自身使命带来的难处①。关于法王的大量新闻在他们看来扭曲了君主的伟大形象，然而在法国，这其实属于臣民关注君主的表现。

与哈布斯堡王朝下的西班牙将君主从臣民视线中完全抽离开来不同，法国卡佩王朝在政治体的头领与肢体之间维持着紧密联系，它们共同构成国家整体。这种紧密联系可能被看作是造成法王身边人群尤为嘈杂拥挤的原因，与君主的威严相抵触；而从另一个角度，这也可以被理解为是那种重视个体间关联的封建领主关系的遗存。弗朗索瓦一世的统治（1515—1547）赋予宫廷仪式的形象，很大程度上让人想到骑士国王的姿态，中世纪的仆从理想观念主导着人际关系，包括君主间关系。例如 1520 年弗朗索瓦一世与英国君主的"金帐营之会"，或是 1538 年他与查理五世的埃格莫尔特会晤②。直至亨利二世时期（1547—1559），描述宫廷生活和社会等级架构时使用的大量封建制词汇，足以说明封建意识形态对这一时期政治运转的影响。[彩版Ⅵ，图七]

上述意大利使臣观察到的法国君臣间的亲近随意，并不妨碍臣属表达对君主尊威的敬意。一些做法其实被误解了，例如国王起床或就寝时允许某些廷臣列席在场。在法国宫廷上，君主更衣时对某人的接待被视作一种荣誉，而这在外国人眼中则成了失掉君臣距离的标志③。不过，除了一些极为私密或格外愤怒的时刻——例如弗朗索瓦一世在盛怒之下将教廷特使丹迪诺唤作"睾丸"的态度让后者极为震惊——君臣有别的观念在消遣游戏中最为淡化：一切尊贵地位都在活动中消弭了。法王在游戏中自愿放下身段，其中最不雅观的恐怕要算扔橙子或者扔沙灰包④。在水果大战中很难将君主与其他人区别出来，抢球包的队伍中恐怕还要容易些。不过，尽管这些消弭等级差异的场景，被外国观察者视作君权行使中莫大的异数，它们无法遮蔽法王在

① Marc Smith，同上引文。
② Xavier Le Person, "A moment of 'resverie'. Charles I and Francis I's encounter at Aigues Mortes (July 1538)", *French History*, XIX, 1, 2007, p. 1-27.
③ Claude de l'Aubespine 对法王起床的描述与意大利使臣的描述之间的区别，很好地说明了两种文化的差异。« Histoire particuliere de la court de Henri II », Felix Danjou 将作者归为 Claude de l'Aubespine, *Archives curieuses de l'histoire de France depuis Louis XI jusqu'à Louis XVIII*, 1ère série, t. 3, 1835, p. 282 ; Marc Smith, « Familiarité française... », *art. cit.*, p. 203-204.
④ "1516 年，弗朗索瓦一世在廷臣之间组织了几次扔橙子游戏，一位曼图亚使臣说'对国王没有丝毫尊重'"；1571 年，查理九世和他的廷臣们用水果和沙灰袋互扔，法王鼻子被击中，并"留下痕迹"，Marc Smith，同上引文，p. 204。

其他方面对于控制混乱局势所做的努力：例如亨利二世在游戏中尽情放纵，不管君臣之别的模糊；而与此同时，他对于臣属觐见国王，以及臣属向国王致敬形式的规范化都极为关注。[图1]

图 1 亨利二世时期的决斗，石版画，16 世纪

　　尽管宫廷礼数在亨利二世治下仍旧保持着一定的弹性，典礼仪规的历史在此已然发生转折。一方面，国王试图通过对宫室空间的整治安排，强化自己的至高地位；另一方面，他努力巩固君主制仪式的秩序。例如，在不同宫殿中候见厅的发展，使得众朝臣被安排在国王寝室之外的空间等候觐见。这样，对国王床榻的敬畏就不致因为许多人的探视而遭受减损。自此，朝臣都在进入国王寝室之前的厅室中停留等候，唯有少数人能被陛下近身接见。不过，亨利二世最具决定性的干预，是在有关仪式活动的档案管理中。这位国王令让·杜·梯耶集中整理有关君主制典礼仪式的文献，将仪规建立在历史先例的基础上。这种做法意味着将先例置于使秩序合法化的程序核心，即，将书写文本作为序位权利根本的、奠基性的记录——如果我们将君主制

意识形态中无处不在的神话维度排除在外的话[①]。1547 年 7 月 3 日国王来信，让·杜·梯耶受命核对所有涉及加冕礼上贵族重臣序位排列的信息，而亨利二世的加冕礼即将在三周之后举行。杜·梯耶于是"从汇编文献中摘录出有关古代以及贵族制设立时的记载，并在同月 5 月 6 日签字"[②]。1547 年 7 月 26 日，亨利二世依照档案中记载的典礼先例形式，加冕登基。[图 2]

图 2 骑马的亨利二世，木版画，16 世纪

---

① 关于这个问题，参见 Colette Beaune, *Naissance de la Nation France*, Paris, Gallimard, 1985；Elie Barnavi, « Mythe et réalité historique : le cas de la loi salique », *Histoire, Economie et Société*, n° 3, 1984, p. 323-337；Fanny Cosandey, *La reine de France*, Paris, Gallimard, 2000；Marie-Aline Barrachina 与 Valérie Pietri, « Introduction », *Les Cahiers de la Méditerranée*, n° 77, 2008 年 12 月，p. 13-18。

② BNF, Clair 515, p. 554.

在加冕礼之外，亨利二世为了加强典礼仪式中的秩序性，命令杜·梯耶继续档案研究，因为"我们希望了解并理解，从先祖法王时期直至今日，在一切庄严的集会上，王族的公爵或侯爵、我们国家其他贵族血统的公爵或侯爵以及更低爵位和勋号的贵族，有着怎样的序位排列"①。通过以法国历史为依托给养的严谨形式，建立典礼仪式的结构，更加巩固了君主制仪式的政治性：国王借由围绕他四周的贵族的显贵身份，现身于国家的核心。而通过仪式典礼活动的延续性，同样的仪典在一任接一任君主治下反复出现，更加巩固了国王作为稳定大局的保护者身份。如同一个受到遗产继承法保护的王朝，王位在精心安排的神圣事件中不断再生。借由杜·梯耶的工作，君主制被赋予一种仪式性的记忆，它在自身的不断丰富中制造出被更加有效控制的秩序。

二　卡特琳娜·德·美第奇的摄政期以及查理九世的统治：宫廷管控的进一步增强

亨利二世的去世和弗朗索瓦二世短暂的统治并未中断宫廷典礼仪式的发展，它即将在整个宫廷空间内展开。卡特琳娜·德·美第奇在其中起到非同寻常的作用，无论是在她摄政期间，还是在她两个儿子——查理九世（1560—1574）和亨利三世（1574—1598）——统治期间。卡特琳娜·德·美第奇是意大利托斯卡纳传统的继承人，这从摄政期内她与意大利使臣之间的特殊关系中可以看出②。她在弗朗索瓦一世的宫廷中长大，在亨利二世的启蒙下初涉政事，成为太后的她尤其关注典礼仪式可能创造的资源。[彩版 VI，图八]

她十分留意保持国王与子民间的直接联系，这与法式统治思路相吻合；同时她也强调将国王与凡人区分开来，增强对国王本人的尊崇，这又受到美

---

① 《委托信》，引自 Théodore 与 Denys Godefroy, *Cérémonial François* 的序言 。

② 例如 Marc Antoine Barbaro 于 1563 年卸任使臣职务时，便曾经赞美卡特琳娜·德·美第奇具有"真正的佛罗伦萨"精神，« Relations sur le royaume de France par Marc Antoine Barbaro après son ambassade de 1563 »，引自 M. N. Tommaseo, *Relations des ambassadeurs vénitiens sur les affaires de France au XVIe siècle.*（由 M. N. Tommaseo 整理、翻译）, Paris, Imprimerie royale, 1838, t. II, p. 45. 仪式论者长期以来十分重视这一观点，该文本重又提及卡特琳娜"生在一个序位比任何其他国家都更为重要的国家里"，Clair 719, p. 191. 有关卡特琳娜·德·美第奇与意大利圈子的关系，参见 Jean-François Dubost, *La France Italienne, XVIe-XVIIe siècle*, Paris, Aubier, 1997。

第奇式权力运作的启发 ①。卡特琳娜太后朝这两个方向努力，以加强国王的权威。当她为国王组织环法巡游（1564—1566）时，既是将查理九世介绍给他的臣民，又使年轻的君主了解自己王国的状况 ②，目的是建立宫廷秩序。1563 年 9 月 8 日一封著名的信件中，王太后勉励刚刚成人的儿子 ③，要更好地管理自己的日常生活 ④。这似乎是头一次，国王的家庭（私人）范畴被从整体上考量——尽管摄政的太后将这一雄心纳入弗朗索瓦一世和亨利二世开启的思路中，且在信中说，这不过是对先前状况的回归。行文中，对权力的修辞（"令整个王国服从于您"），和对逝去的光荣伟大的修辞（"使王国恢复到它曾经在您父王以及先祖治下所达到过的状态"）相结合，使"一切都依据上帝和理性各归其位"成为必须，并且向所有人表明 ⑤，"您热爱有规矩、有条理的事务"，与弗朗索瓦二世时期形成的混乱完全相反。王太后希望以这项共同的纪律重建权威，揭示出一种对于国王家庭（私人）事务与政治事务间关系的全新理念——尤其有关国王在君主制度中的位置问题。这封长信完全可以作为一份良政短论来读，信中提醒查理九世先辈的各种做法，同时将国王之国与王国之国联系在一起，形成同一实体，围绕至高的君权核心。太后的建议分别在两个方向上展开，其一涉及国王的时间安排及朝廷管理；其二涉及权力的行使。这封信的结构此后还将不断再现于一切有关宫廷礼仪的条例规章之中。

　　卡特琳娜从制订一套严格的国王作息时间表开始：起床、用餐、宗教日课、会议，还包括消遣。应该使廷臣们非常期待这些消遣，应该尽量分散贵族们的注意力，使之从密谋和组织乱党的活动中移开视线，因为"需要两点，才能与法国人相安无事，使他们热爱自己的国王：其一是让他们保持愉悦，其二是让他们始终忙碌"。作息中的每项活动都使廷臣能在一定程度上接触到国王，他时而近在咫尺，时而又被隔离开来。起床、更衣、散步、弥撒、

　　① 　Pierfrancesco Riccio 是美第奇家族科西莫一世的宫廷总管，他这样描述当时对于公爵再现的主流认识："与常人相比，君主拥有我也不晓得是什么的更神圣的东西"（" i principi hanno un non so che di divino piu che gl'altri homini privati "），引自 G. Fragnito，" Un pratese alla corte di Cosimo I. Riflessioni e materiali per un profilo di Pierfrancesco Riccio "，*Archivio storico pratese*, LXII, 1986, p. 31-83 （引言出自 p. 56）。参见 Matteo Casini, *Il gesti del Principe. La festa politica a Firenze e Venezia in età rinascimentale*, Venezia, Marsilio, 1996, 第三部分，第一章。

　　② 　Jean Boutier, Alain Dewerpe, Daniel Nordman, *Un tour de France royal. Le voyage de Charles IX (1564-1566)*, Paris, Aubier, 1984.

　　③ 　1563 年 8 月 7 日，鲁昂议会宣布查理九世成人。

　　④ 　1563 年 9 月 8 日致查理九世的信，Hector de La Ferriere (éd.), *Lettres de Catherine de Médicis*, t. I (1533-1563), Paris, 1880, p. 90-95.

　　⑤ 　卡特琳娜太后在信中强调这些行动的公开性的重要，以求被"所有人了解"。

进餐、接见廷臣或者上朝之时，都是国王向公众展示自身的机会；臣民依据各自地位的高低尊卑，在不同程度上接近君主。不过，当政事要求低调时，则"所有人退下，除了个别人和四位国务秘书"。治安保卫也需要严格执行，以保证安全和道德风尚。咒骂和亵渎会受到严厉责罚，而起哄的青年侍从和仆役则会受到严密看管。警卫和御前侍卫的使命在于，通过他们的存在保证人们对规范的尊重。宫室照明、门禁开闭、餐桌规矩，宫廷管理的方方面面都受到关注。对进入城堡庭院的方式也有严格规定：只有王室成员被允许骑马、乘马车或驮轿进入 ①，以彰显他们在这一既是政治圣地又是历代王宫之所的尊贵特权。卡特琳娜太后很希望通过礼数和管理，突出这一权力所在地的不同凡响。君主的义务被明确告知年轻的国王，那些都是统治成功的诀窍。信中还讲到对待或近或远的官员的态度，从宫廷侍从到外省官员，甚或远道而来的使臣。这让人想起陈情书中那些抱怨受到不公正待遇的贵族：所有人都应该受到关注，且应该让"他们意识到您对他们的照顾"。接见、倾听、回复、恭维，永远使恩典好处出于国王之手。这些都是卡特琳娜王太后在信中层层展开的黄金律，以过去的法王为楷模，强调在所有决策中国王介入的重要性，强调对臣民的了解亦如对政事议题本身的了解 ②，强调绝对不能使以君主之名分配职务或恩典的事务旁落他人。[图 3]

图 3 卡特琳娜·德·美第奇王太后像（约 1560），铅笔肖像，弗朗索瓦·克鲁埃

---

① 卡特琳娜强调对弗朗索瓦一世和亨利二世设置的先例进行参照，但这很难找到确证。亨利二世颁布的一条类似规定在 Fr. 20824, fol. 123 中被提及，但信息出处是 Griffet, *Les preuves de l'histoire*，其参照的恰恰是 1563 年的那封信，用以证明这一规定的存在。这一循环证明可能是个圈套，需要警惕。

② 在 Brantôme 看来，卡特琳娜太后就像亨利二世一样，认识王国中所有贵族家庭（NAF 9632, fol. 346）；她十分重视教育儿子，了解这一知识的用处。

　　表面上看，卡特琳娜·德·美第奇列出的只是些许平常实用的建议，而事实上她开启了一个理论反转，赋予宫室——国王的家——一定的政治功能，使之脱离先前的私人性。那些不过是建议，却在不同形式中得到贯彻：王朝庆典——年轻的王室都是经由庆典之途被抬升到平辈贵族之上的；王族后代对名字的更改，从而更容易被识别为王位继承人（爱德华—亚历山大继承了父亲的名字亨利，而赫尔克勒斯则采用了祖父的名字弗朗索瓦①）；尤其还有为了让查理九世获得与其目标相应的一切知识而安排的环法巡游。王太后先将规划公之于众，然后自己投身其中，以求奠定实施的基础。

　　查理九世与其后亨利三世的统治均沿袭了这个方向，并且在典礼仪式方面发展出尤其活跃的立法活动。1567 年 2 月 26 日，颁布了"国王希望在其寝宫及理政之所都被遵循的命令和规章"②，连同颁布的是允许觐见的大臣姓名。作为宫廷组织的雏形，这一规范开启了后来一系列规范国王家庭（私人）空间的法令。1570 年 8 月 6 日，一条针对宫廷安防的法规在圣日耳曼被制定出来③。该法规文本主要针对国王出行时随从人员的住宿难处④，同时也涉及随从的组成和陋习。通过这些禁令和指令，该文本描绘出一幅活生生的国王居所的风俗画面。法令中详细列出各式应被禁止的行为，愈加凸显那些风俗的轻浮。查理九世试图缩减宫廷人员的排场，例如他要求警务员不再拥有"两匹以上的马和两名以上侍从，不养狗或鸟，也不养放荡的女人"⑤。骑兵军官和先遣官在住宿上也更加严格，必须驻扎在国王下榻处方圆五六法里（约二十公里）的范围内，"以防备随从的陋习，防备那些希望驻扎得越远越好、恨不得永远不被找到的人"⑥。国王也驱逐那些不受欢迎的住客，包括士兵或其他军士（除了警卫连）、恳请者、送货者、没有归属的神职人员、流浪汉、妓女，还有没有获准随从的商人或匠人。最后，国王还在规定中禁止谩骂和诋毁，否则可能遭受用烙铁烫穿舌头的酷刑。总体上看，责罚十分严酷；对于宫廷违规者而言可能被剥夺职务，其他人可获鞭刑，对待妓

　①　1565 年 3 月 18 日，在安茹公爵的按手礼上。参见 BNF, Fr. 20825, fol. 5 V°。
　②　BNF, NAF 7225, fol. 201-203. 由 Monique Chatenet, *La cour de France au XVIe siècle*, Paris, Picard, 2002, 附件中第一份文件，p. 324-325。
　③　该条法规在同年 8 月 7 日被大张旗鼓地颁布，BNF, Dupuy 218, fol. 150。
　④　这涉及一个反复出现的古老问题，参见 Monique Chatenet, *La cour de France au XVIe siècle*, 第三章及附录四，p. 327-332，"自古以来陛下临时下榻住所的骑兵军官和先遣官所遵守的命令"（l' « Ordre qui de tout temps a esté observé et gardé de par les mareschaux des logis et fourriers du roy au faict et departement des logis de Sa Majesté »），没有确切日期，[约 1560-1564]，BNF, NAF 7225, fol. 377-380。
　⑤　BNF, Dupuy 218, fol. 151.
　⑥　同上，fol. 151。

女有专门的烙印处罚，而流民即便没有被就地吊死或勒死，也会"被处绞刑或勒死，没有任何被赦免或减刑的可能"[1]。这些文件旨在根治陋习，其揭示出的情形与那些着迷于瓦卢瓦王朝宫廷、对其礼貌的举止和盛大的宴会赞不绝口的人的描述大相径庭[2]。这一幕后状况也应该被充分考虑；国王在涉及宫廷事务的行动中相当专横。这样做并不仅出于政治目的，同时也呼应着安全的需求——正如日后众多其他规章一样。应该将所有这些规章综合起来考量，作为宫廷改革大业的延续。[彩版 VII，图九]

查理九世治下有关宫廷的最主要法规是在 1572 年 10 月 24 日于巴黎制定的。这一雄心勃勃的法规涉及宫廷秩序的各个方面，从给宫门守卫[3]到管家[4]或警卫的指令，到对国王一切活动的细致描述，对那些被召觐见列席国王某项活动的臣属以及伴随国王的仪式的描述[5]。这里有与几年前太后颁发的指令的呼应之处，连同对这一政治规划的有力落实。次年 11 月 22 日，该文本又补充了一份家务人员清册，旨在明确那些按季度在王宫服侍陛下的人员名单[6]，其中也有对于王宫大总管和首席主管们职责的考虑。吉斯公爵时任大总管，负责编写他权属范围内的章节，并于 1572 年呈递给国王。陛下对此的回复要迟至 1574 年 9 月 25 日，即亨利三世从波兰回国之后[7]。对于王宫宪兵司令也是同样，他于 1573 年 8 月 31 日得到的指令，久后才获得新任君主的批准[8]。亨利三世甫一即位，便推行了一项在大方针上完全符合去世的哥哥[9]——前任法王查理九世——的新规章。不过新的并不比旧的有效

① BNF, Dupuy 218, fol. 151 v°.

② 尤其可参见 Marie-Noëlle Baudoin-Matuszek, *Paris et Catherine de Médicis*, Paris, Délégation à l'Action Artistique de la ville de Paris, 1989 ; Monique Chatenet, *La cour de France...*, *op. cit.*, chapitre VII。

③ 例如：BNF, NAF 9632, fol. 393。

④ 国外档案，Mémoires & Documents, France, 171。

⑤ BNF, Dupuy 218, fol. 17 及后续。

⑥ BNF, Dupuy 218, fol. 20.

⑦ BNF, Dupuy 218, fol. 237.

⑧ BNF, Dupuy 218, fol. 246："国王要求王宫宪兵司令遵守的命令 [……] 写于 1573 年 8 月最后一天，签名亨利，之下是 Fizes"（« L'ordre que le Roy veut estre tenu par le grand prevost de son hostel […], fait à Paris le dernier jour d'aoust MVCLX treize, signé Henry et plus bas Fizes.»）。

⑨ 其中或许也有卡特利娜摄政太后的影子，间隔时间如此之短：亨利三世于 1574 年 9 月 6 日在里昂制定，该规定于次年 9 月 10 日颁布。有关该法规的文本及分析，参见 Nicolas Le Roux, « La cour dans l'espace du palais : l'exemple de Henri III », 引自 Marie-France Auzépy 与 Joël Cornette （主编），*Palais et pouvoir de Constantinople à Versailles*, Saint-Denis, Presses Universitaires de Vincennes, 2003, p. 229-267, 法规原文 p. 264-266。

多少，我们只要看看 1578 年对此规定的再度重申便知一二。亨利三世还引入几项新规定，例如在国王的桌子与列席廷臣之间增加格栅，旨在进一步强调陛下与臣民之间的距离。这激起不少质疑，最终被放弃①。他也试图更好地预防宫内犯罪，通过 1576 年 10 月 31 日的一条法规，细致说明了对于王宫内发生粗暴行为的判决和适用刑罚②。

前后几任君主政策的延续性，亨利三世对这些议题的再度激活，以及那些判决、声明或规章的频繁颁布，全部旨在建立稳定的秩序。它们强调了法王想要修复在相当程度上仍占主导的含混局面的决心，同时也反映出在管控国王身边近臣过程中遇到的困难——尤其在宗教危机的背景下，王室权威受到深刻的动摇。不可否认，大贵族对国王尊威的态度与其在内战期间的军事和政治力量相关。不过国家的冲突状态也提供了机会，促成了那些旨在维护君主在王宫中安全的措施。这些措施通过等级化的组织形式，巩固了国王被动摇的权威。亨利三世无意背弃前任君主开启的方向。正如他的兄长，亨利三世也充分利用相对和平的时期，颁布新规则。我们可以看到，主要法规的颁布时序与十六世纪末撕裂法国的战争冲突的间歇期大致符合，不止一条法令在序言中对此做出重申。

三　亨利三世：对宫廷秩序化的持续努力

亨利三世继续对君主的家庭（私人）范畴进行结构化调整，尤其通过 1578 年 8 月颁布的规章文件。这套规章由一组条文构成，与此前的系列文本思路相近，不过体系上更为完备。这套规章符合查理九世在成年时受到的训诫，几乎逐字逐句地遵循十五年前摄政太后热切希望实施的计划。对职务和优待好处的分配被重新收回到国王手中，亵渎与谩骂行为会"以上帝和陛下之名"受到严厉责罚，对家务部分有很细致的描述，甚至具体到清扫垃圾或国王一天规定好的各种时辰。每个职位及其职能都被仔细检视过，唯有在王宫清册上登记过的人可以担任这些职务。规章中接下来描述的，是国王希

---

①　Monique Chatenet, « Henri III et l'ordre de la cour : évolution de l'étiquette à travers les règlements généraux de 1578 et de 1585 », 引自 Robert Sauzet （主编）, *Henri III et son temps*, Paris, Vrin, 1992, p. 133-139。

②　Jacqueline Boucher, *La cour de Henri III*, Rennes, Ouest-France, 1986, p. 48. 法规原文由 Isambert, Decrusy, Taillandier 出版，*Recueil général des anciennes lois françaises, depuis l'an 420, jusqu'à la révolution de 1789*, Paris, Belin-Leprieur, 1829, vol. 14 (mai 1574-août 1589), 2ᵉ partie, p. 310。

望被外界看到的，每日各种活动中廷臣对他本人的伴随关系。文件末尾是涉及更宽泛的有关国家事务和宫殿安全的章节 ①。

　　1578 年规章中涉及的各个方面，分别指向政治、行政和安全上希望达到的目的。法王再一次希望通过规章的颁布实施，更有效地控制宫廷职位和供职者，控制分配方式、职位继承人的指定权、资金与仆役工资、奖赏与饮食，"以便消除含混"，"避免将不堪胜任者放在某个职位上"。这些建议连同那些出于安防的考虑，旨在使国王身边不出现未获准出现的人，一同构成宫廷管控的原动力。有关国王人身安全的考虑相对于前任国王在位的时期更让人心忧，因为整个国家正在日益陷入宗教战争的泥潭。宫廷的所有厅室和幽暗处燃起火把，以"照亮并明确往来于宫中的人"。警卫队长、门卫队长、百名御前侍卫、两百名宫内侍从的职责以及他们在宫殿空间里的分布，全部旨在保护君主活动的闭合空间。国王的确应该被"安全尽责地保卫起来"，当然在安全之外，规章中还会有规律地多次提及国王的尊威和荣誉，这更多是政治性的指向。国王希望将自己的宫邸改造成一个颂扬王室尊威的场所：那些"享有荣誉者"因其高贵品质而获尊号，为王室宫邸增添光彩，而紧接着，便是国王本人的地位因为围绕他身边的人的价值而获得进一步巩固。这一宫廷仪式的特征极其适于彰显位于机制核心者的威严，使得发展出一种权力模式，其建立的基础是最高权力掌握者的不可通约性。国王成为非同寻常的人，其出生与位置共同证明了这一点：受到宗教冲突重创的法国君主制在理论与实践上的努力，在于加强君主的合法性。其方式是搭建一个机构体系，使王位持有者从整个政治团体中抽离出来，同时又不损害法国宫廷仪规中标志性的可见性与可接近性原则。国王是他者，同时他又身处子民中间。［彩版 VII，图十；彩版 VIII，图十一 ］

　　通过这样的做法，宫廷组织也能够催生荣誉和忠诚。在新的形势下，接近国王本人成为赋予优秀选民的一项特权。国王奖赏他最忠诚的臣民以荣誉勋章，这反过来通过对国王效力的承认，支撑着整个系统，以致于"大家都能认出那些拥有进入陛下寝殿的殊荣者"②。仪式律条化所必需的秩序，反过来支持每个人对于自身所处位置的恩典的辨识。在一位认可臣属优秀品质的君主和一位对于主上所授荣誉标志相当敏感的贵族之间的相互认同关系，对于典礼仪式原则的运转至关重要。荣誉奖赏旨在巩固忠诚度，使之进

---

①　对该文本的总体介绍，参见 Monique Chatenet, « Henri III et l'ordre de la cour... », *art. cit.* ; Nicolas Le Roux, « La cour dans l'espace du palais... », *art. cit*。

②　BNF, NAF 7225, fol. 48.

入一个上升的螺旋，有利于加强君主的位置。所有难点都在于创造条件，以产生这种相互认同。侍奉国王的荣誉由此看来应该是排他的；1578 年规章中有一长段文字，旨在避免职务的交叉重叠。批评指向"一些侍卫等人，既受雇于王宫，同时又是在其他贵族领主那里领俸禄的家丁"①。这些人不仅将对陛下应尽的职责丢在一旁，不能尽心尽力，而且还时时有可能因为第二个主子而背弃君主的信任②。由此，该规章禁止一切职位重叠；将侍奉国王的责任留给那些不打算一心二用的人。否则，那些重叠兼职者可能被撤职，"王宫司库也被明确要求，禁止支付给他们工钱，同时剥夺其季末收入，并报禀国王将他们的职位转给那些全心全意服侍陛下的人"③。这样的规定也出于公平（那些渎职者因为有多位雇主而会获得多份工钱，而最忠诚者则只能领取国王的一份工钱）、效率和个人情感依附起见。这三个要点，得以确保维护王宫的良好秩序。

对宫廷的规范化管理也出于行政考虑，希望更好地管理公共资源，通过对政府职能部门的重新组织，使国王可以直接与他们处理政务。因财政短缺造成发薪和奖赏的困难，亨利三世努力控制其影响范围。和他的前任一样，亨利三世力图缩减宫中职位的数量：他检查共同进餐者的名单，驱逐渎职者，除非必需否则不再填补空出来的职位。所有这些都旨在紧缩开支，"以便陛下手头总能有所盈余"④。与此同时，在宫廷上缺席需要有充足的理由，例如官员需要出示病假证明。此外还有对工钱支付程序的正式化，"自此［……］，工钱调整到每个季度末支付。否则，考虑到工钱的微薄和陛下掌握的极少其他回馈方式，很难保证陛下能够受到应得的尽职服侍"⑤。同时，还应该将侍卫的工钱，支付给那些实际服侍陛下的人，纯粹由雇主决定的做法并不可取——即只支付"那些他们认为好的侍卫，而他们又总是偏向那些并没有更好地服侍陛下的人"⑥。重建发薪制度，有利于国王将对各种奖励的分配掌握在自己手上。奖励只能出自国王一人之手；那些"好处、身份、职责以及无论什么样的职位"都需要经国王签署，以至于没有任何中间人可以取代君主，僭越这一特属于君主的权利。在为了"更好地也是更公正地［……］分配"这一目的之外，还要加上对一切忠诚之源的掌控，即制造拥护者的机制，对长久情感依附的保证，亦即在国库空虚或完全偏离的领域中，仍然具有支付能力。

① BNF, NAF 7225, fol. 42 v°.
② 参见 Jacqueline Boucher, *La cour de Henri III, op. cit.*, p. 41。
③ BNF, NAF 7225, fol. 43.
④ BNF, NAF 7225, fol. 42.
⑤ BNF, NAF 7225, fol. 41 v°.
⑥ BNF, NAF 7225, fol. 42.

　　规章的最后一个方面，涉及国王在其国务会议中管理的治安、司法和财政事务，同样也被仔细检视。不同章节中都提到，"国王希望"被大臣、国务秘书、国库总管以及国王私产的管理者"遵循的秩序"，这还包括对外国使臣的接待：那些理应"以最尊贵的方式接待，而在过去几年间未能如此"的情况[①]。宫殿并非仅是国王的居所，也是政府的核心。中央政府机关逐渐压过宫廷中服务于国王的各种职位，使之成为一个完全拢向国王本人的场所，而国王也完全致力于王国的治理。政治渗透到日常生活中，使得哪怕是国王的果酱也成为国家大事[②]。宫室在次要层面上才是国王的居所，供君主下榻。宫室位于政府的核心，其组织形式旨在确保颂扬君主的尊威，并赋予君主在维系贵族对自己的忠诚中一向紧缺的手段。由秩序建立等级，这一等级又通过国王的举止和地位，展现君主的力量。[彩版 VIII，图十二]

　　这一改革在亨利三世统治期间一直延续。一系列宫廷组织条例的出台，既显示出国王调节宫廷生活的意愿，又显现出在一个深受内战重创的社会中，想要落实这些条例遭遇的阻力。若干立法文件接续出台，直至 1585 年总规的颁布，标志着该议题的延伸。这是一份很长的文件，包含八个子章程，将此前二十年间典礼仪式和宫廷组织方面的问题逐条整理出来。这部总规与 1578 年规章相比不存在本质区别，不过它将君主的家庭（私人）事务和政治事务统一纳入以国王本人为中心的政治生活观念中。该政策的新意更多体现在政令颁布的次日，即 1585 年 1 月 2 日，礼仪主管这一职位的设置。由一位高级官员全职负责仪礼事宜，既要保证众人对仪礼的尊重，又要务使在仪式组织中遵循过去的先例。这也是为什么仪礼主管同时负有保存并丰富君主制仪式档案的职责，那是对亨利二世在仪式性记忆方面提出的政策的延续。这样看来，瓦卢瓦王朝的晚期君主们不仅将礼仪性扩展到君主的一切日常活动之中，而且使与君主相关仪式成为与国王本人密不可分的问题，需将其组织交付给宫廷近臣完成。

　　宫廷内外——一是向君主重大仪式活动开放、一般是城市性的空间，另一是在私人的熟悉亲近感与君主统治的尊贵感之间不无矛盾的家庭空间——这二者间的关系愈加含混。为亨利三世在周日和节日前去参加宗教活动而逐步设置的仪仗队列，正是这种演变的表征。行进队列从国王的寝室出

---

　　① 　BNF, NAF 7225, fol. 79 v°.
　　② 　BNF, NAF 7225, fol. 40. "国王在晚餐后如果要喝酒，将由一位寝宫侍卫端进来。先上十盘，其中五盘应季水果和另外五盘果酱，由国王的果酱师特制，由陛下寝宫的侍从准备，接下来为列席的近臣显贵上酒。"

发，在不同厅室的穿行过程中，会有尊卑职位不等、散候在宫中不同位置的臣属加入，壮大队伍。仪礼大总管会在启程前半小时得到通知，以便"使每个人依照规矩各就其位"①，使得臣属之间的层级关系、宫室空间的等级秩序、队列中位次排序统统达到最为恰当的平衡。圣灵骑士、省级总督总长以及宫殿近卫总长应在国王寝室中等候。近卫长官、侍从总管、轻骑兵将领、殿内侍从及朝廷侍从应在候见厅中静候。国务厅内的位置是留给骑士侍从和贴身侍从的，序厅内则是百名王室侍从。他们在随继的行进队列中也将严格依照这般序列行进。位于整个机制核心的国王，独自占据始终如一的唯一核心位置，宫廷内外皆同。这既有宫廷秩序的外化成分，又有对于传统上向更广大公众开放的空间仪式——宗教仪仗或入城仪式——的整合。私人关系服从于君主彰显尊威的需求，国王与亲属的关系相对放远，以不牺牲君主的自我呈现。[图4]

图4 神圣联盟的游行（1590），法兰西画派，帆布油画，16世纪

<hr/>

① "依照国王1585年1月1日制定的规则，他本人决意依照这些规则行事，一定要使自己受到每个人目光的尊礼。" Cimber 与 Danjou 整理出版，*Archives curieuses de l'histoire de France*, 1ᵉʳᵉ série, tome X, 1836, pp. 300-358。

结　　论

　　尽管瓦卢瓦王朝晚期的几位君主采取的措施没有在当时获得期待的效果——应该说直至亨利四世对法国王室的振兴之前，它们都未能真正落实。然而这些措施还是赋予法国这一时期的宫廷生活以某种基调，即在理想条件下，宫廷应该如何组织架构。在此点上，这些举措成为法国后来改革和变革的出发点，且直至路易十四时期都构成后世的参照。16 世纪下半叶，法国宫廷从国王家庭式的、封建制的概念中解放出来，自我确立为政府统治的工具，它首要的是一个国家事务汇聚的政治场所，无论是王国事务还是国王的日常事务。

（王名南 译，卢浮学院艺术史 / 博物馆学博士在读）

资料与参考书目

手写资料

Bibliothèque nationale de France, fonds Clairambault 515

Bibliothèque nationale de France, fonds Français 20824

Bibliothèque nationale de France, fonds Français 20825

Bibliothèque nationale de France, fonds Nouvelles Acquisitions Françaises 9632

Bibliothèque nationale de France, fonds Nouvelles Acquisitions Françaises 7225

Bibliothèque nationale de France, fonds Dupuy 218

Archives Etrangères, Mémoires & Documents, France, 171

印刷资料

Baldassare Castiglione, *Le livre du courtisan*, Alain Pons 自意大利语译介，依据 Gabriel Chappuis 的版本（1580），Paris, Flammarion, 1987

Daniel de Cosnac, *Le courtisan à la mode*, 出版地不详, 1622。

« Ensuyvent les règlemens faicts par le Roy, le premier jour de janvier mil cinq cens quatre-vingt-cinq, lesquels il est très résolu de garder, et veut désormais estre observez de chacun pour son regard », Cimber 与 Danjou 出版, *Archives curieuses de l'histoire de France*, 1ère série, tome X, 1836, p. 300-358。

Nicolas Faret *L'honneste homme ou l'art de plaire a la court*, Paris, Toussaint du Bray, 1630.

Théodore et Denys Godefroy, *Le cérémonial français*, Paris, Cramoisy, 1649.

Henri Griffet, *Traité des différentes sortes de preuves qui servent à établir la vérité de l'histoire*, Liège, J. F. Bassompierre, 1769.

Estienne Guazzo, *La civile conversation*, Gabriel Chappuis 自意大利语翻译, 1580。

Anthoine de Guevarre, *Le favori de Cour*, Jacques de Rochemaure 自西班牙语翻译, Lyon, Raville, 1556 (1539 年出版原题: *Aviso de privados y doctrina de cortesanos*, 之后由 Sebastien Hardy 再版，题为: *Le reveille-matin des courtisans, ou moyens legitimes pour parvenir à la faveur et pour s'y maintenir*, Paris, Robert Estienne, 1622)。

« Histoire particuliere de la court de Henri II », Felix Danjou 将作者归为 Claude de l'Aubespine, *Archives curieuses de l'histoire de France depuis Louis XI jusqu'à Louis XVIII*, 1ère série, t. 3, 1835, p. 282。

La Serre, *Le bréviaire des courtisans*, Bruxelles, Fr. Vivien, 1630.

参考书目

Elie Barnavi, « Mythe et réalité historique : le cas de la loi salique », *Histoire, Economie et Société*, n° 3, 1984, p. 323-337.

Marie-Aline Barrachina 与 Valérie Pietri, « Introduction », *Les cahiers de la Méditerranée*, n° 77, décembre 2008, p. 13-18.

Marie-Noëlle Baudoin-Matuszek, *Paris et Catherine de Médicis*, Paris, Délégation à l'Action Artistique de la ville de Paris, 1989.

Colette Beaune, *Naissance de la Nation France*, Paris, Gallimard, 1985.

Jacqueline Boucher, *La cour de Henri III*, Rennes, Ouest-France, 1986.

Jean Boutier, Alain Dewerpe, Daniel Nordman, *Un tour de France royal. Le voyage de Charles IX (1564-1566)*, Paris, Aubier, 1984.

Matteo Casini, *I gesti del Principe. La festa politica a Firenze e Venezia in età rinascimentale*, Venezia, Marsilio, 1996.

Monique Chatenet, « Henri III et l'ordre de la cour : évolution de l'étiquette à travers les règlements généraux de 1578 et de 1585 », Robert Sauzet（编），*Henri III et son temps*, Paris, Vrin, 1992, p. 133-139。

Monique Chatenet, *La cour de France au XVIᵉ siècle*, Paris, Picard, 2002.

Fanny Cosandey, *La reine de France*, Paris, Gallimard, 2000.

F.-A. Isambert, Decrusy, A.-H. Taillandier, *Recueil général des anciennes lois françaises, depuis l'an 420, jusqu'à la révolution de 1789*, Paris, Belin-Leprieur, 1829, vol. 14 (mai 1574-août 1589).

Jean-François Dubost, *La France italienne, XVIᵉ-XVIIᵉ siècle*, Paris, Aubier, 1997.

G. Fragnito, « Un pratese alla corte di Cosimo I. Riflessioni e materiali per un profilo di Pierfrancesco Riccio », *Archivio storico pratese*, LXII, 1986, p. 31-83.

Hector de La Ferriere（编），*Lettres de Catherine de Médicis,* t. I (1533-1563), Paris, 1880。

Xavier Le Person, « A moment of 'resverie'. Charles V and Francis I's encounter at Aigues Mortes (July 1538) », *French History*, XIX, 1, 2007, p. 1-27.

Nicolas Le Roux, « La cour dans l'espace du palais : l'exemple de Henri III », Marie-France Auzépy et Joël Cornette（主编），*Palais et pouvoir de Constantinople à Versailles*, Saint-Denis, Presses Universitaires de Vincennes, 2003, p. 229-267。

Marc Smith, « Familiarité française et politesse italienne au XVIᵉ siècle : les diplomates italiens juges des manières de la cour des Valois », *Revue d'histoire diplomatique*, t. CII, n°3-4, 1988, p. 193-232.

M. N. Tommaseo, *Relations des ambassadeurs vénitiens sur les affaires de France au XVIe siècle* （由 M. N. Tommaseo 整理、翻译）, Paris, Imprimerie royale, 1838。

科学、艺术与宗教之间
——康熙时代宫廷画家焦秉贞史事考释

韩 琦* 著

　　明末清初，随着天主教传教士来华，部分中国画家因与传教士接触而皈依天主教，清初常熟画家吴历就是其中重要的一位，近来对他也有较为详实的研究。但因资料所限，与对科学、宗教传播史的研究相比，天主教徒与艺术关系之研究仍然不多。本文将依据欧洲所藏的中文档案，分析康熙时代宫廷画家焦秉贞的活动。焦秉贞因制作《耕织图》而闻名，但关于他的资料甚为稀见，实际上，他是一位虔诚的教徒，在礼仪之争的关键时期（1702—1706）十分活跃，特别是在教廷特使多罗来华期间活动频繁，扮演了重要角色。本文希冀通过新的案例研究，以更全面地认识康熙时期天主教徒与艺术的关系。

一 钦天监中的宫廷画家

　　康乾时代，受欧洲传教士的影响，一些在宫廷供奉的画家，融合了中西画风，其中著名的画家有焦秉贞及其弟子冷枚等人。

　　焦秉贞，字尔正，山东济宁人，康熙时代史书也提到他是宛平人，可能是寄籍北京[①]。康熙初叶他已在钦天监任职，与传教士往来密切，掌握了西洋绘画技法，曾任博士、五官正，因擅长绘画，入值内廷。

　　1665—1669 年间，由于反教案的影响，钦天监停用西法，或用大统或用回回诸历，出现了倒退，比利时耶稣会士南怀仁（Ferdinand Verbiest，1623—1688）因此案入狱多时。1669 年正月，康熙命南怀仁和汉人公同测验，南怀仁因测验精确、逐款相合而获胜，较杨光先、吴明炫等的结果更为精确，

---

　　* 韩琦，中国科学院自然科学史研究所。

　　① 这种情况在钦天监任职的官员中十分常见，如何国宗原籍杭州，寄籍大兴。

最后康熙采纳西法，使得冤案得以昭雪，南怀仁因此得以进入钦天监，受命编纂历法著作。

1669 年秋，南怀仁奉命制造新的天文仪器，为此着手制造了六件仪器，其中有黄道经纬仪、赤道经纬仪、地平经纬仪、纪限仪、象限仪、天体仪，并着手编写《新制灵台仪象志》十六卷，其中两卷为图，1674 年成书（同年南怀仁序），参加编写的有刘蕴德、孙有本、焦秉贞等人，此书介绍新制六仪的使用和安装方法，此外还有黄赤道经纬仪表。1674 年，在大学士对哈纳的奏折中就提到了焦秉贞的名字，奏折写道：

> 为恭际钦造之仪象告成，益幸合天之历法有据，今按器阐明，著有书表，缮尘御览，以光国典事。吏科抄出该礼部尚书哈尔哈齐等题前事。内开：礼科抄出钦天监治理历法南怀仁奏前事，康熙十三年正月二十九日奏，二月初三日奉旨：历法天文，关系大典，据奏仪象告成，制造精密，南怀仁殚心料理，勤劳可嘉，着从优议叙具奏，余着一并议奏，该部知道，书图并发。钦此钦遵。……该臣等议得，南怀仁奏称：臣指授呕心，业将诸仪安列于观象台上，以故覃精研虑，绘图表，次为一十六卷，名曰《新制灵台仪象志》。是书樊然，其不齐也，使非版行，势难尽人而给，且无以遗久，仰祈敕部，镂版一副，交臣印刷，以资给发官生，则守是业者皆手习一编，而无阙如之憾矣。至于与事诸员，皆急公勤慎，克底有成，伏望我皇上悯其微劳，量加优叙，以鼓后效等因具题。奉旨：历法天文，关系大典，据奏仪象告成，制造精密，南怀仁殚心料理，勤劳可嘉，着从优议叙具奏，余着一并议奏，该部知道，书图并发。钦此。将南怀仁从优议叙，及与事诸员议叙之处应交与吏部议。既称使非版行，势难尽人而给，且无以遗久等语，相应仍交与南怀仁酌量刊刷，散给官生可也。臣等未敢擅便，谨题请旨。康熙十三年二月二十二日题，本月二十四日奉旨：依议。钦此钦遵。……于康熙十三年三月十二日，据钦天监呈送监正宜塔喇、监副安泰、左监副加一级李光显，此三员率领官生；供事工部员外郎翁英、七品笔帖式加一级图齐哈，此二员监造诸仪；右监副刘蕴德、春官正孙有本、秋官正徐瑚、博士宁完璧、博士加一级孙有容、博士焦秉贞、原任五官司历革职今在钦天监办事鲍英齐，此七员监造诸器，按式较对，规制得宜，懋著勤劳；……。①

此书所附仪器插图《仪象图》，刊刻精良，是康熙早期殿本的精品，

---

① 韩琦、吴旻校注：《〈熙朝崇正集〉、〈熙朝定案〉（外三种）》，北京：中华书局，2006，109—111 页。

焦秉贞很可能参与了其中图像的绘制。从《新制灵台仪象志》的署名看，焦秉贞参与了卷六的工作。康熙初年，在宫廷任职的传教士中只有安文思（G. de Magalhaes, 1610—1677）、利类思（L. Buglio, 1606—1682）、南怀仁等人，但这些人对绘画并不十分擅长，因此书中运用的西洋透视技法，应该是焦秉贞自己从西文书籍中感悟所得[1]。

1689 年（己巳年），康熙临摹董其昌池上篇，"命钦天监五官焦秉贞取其诗中画意。古人尝赞画者，曰落笔成蝇，曰寸人豆马，曰画家四圣，曰虎头三绝，往往不已。焦秉贞素按七政之躔度，五形之远近，所以危峰叠嶂中，分咫尺之万里，岂止于手握双笔！"[2] 这显然是对焦秉贞透视法的极高赞美。胡敬称焦秉贞"工人物山水楼观，参用海西法"，"职守灵台，深明测算，会悟有得，取西法而变通之。圣祖之奖其丹青，正以奖其数理也"[3]。

焦秉贞一生中在绘画史方面最为出色的成就是 1696 年绘制的《御制耕织图》，学者对此多有讨论[4]。与《新制灵台仪象志》的《仪象图》一样，《耕织图》亦有许多精美的插图，成为版画艺术中的瑰宝，代表了宫廷版刻的最高水平。焦秉贞等画工参与绘事，而一些著名的刻工（如朱圭、梅裕凤）则参与了镌刻。这些著作和《万寿盛典初集》、《古今图书集成》一样，成为康熙时代宫廷版画的代表之作[5]。

二　　"誓状"和"公书"：焦秉贞对礼仪的看法

焦秉贞供职于钦天监，这一由传教士所主持的皇家科学机构从晚明开始至康乾时代，无论在科学还是宗教方面，都扮演了重要的角色。因此，在这种环境下，焦秉贞深谙西洋透视之法并不奇怪，自然受到了传教士的影响与欧洲著作的熏陶。钦天监也是天主教徒的聚集之地，那么焦秉贞本人是否信仰天主教？在未有史料的情况下只能是推测。然而 1997 年，笔者在罗马耶稣会档案馆中发现的一份中文材料却圆满地解决了这一问题。

---

[1]　只有到了 1700 年，才有意大利画家聂云龙（Giovanni Gherardini, 1655—约 1729）到达北京，为蚕池口法国耶稣会北堂作画。康熙时代关于聂云龙的史料十分稀见，翰林查昇（1650—1708）《宫詹公存稿》曾提及"高少宗伯蒙恩赐牡丹二朵，又命西洋画师写图题赠，"此处"西洋画师"当指聂云龙。1711 年，又有意大利传教士马国贤（Matteo Ripa, 1682—1746）到达北京。

[2]　胡敬：《国朝院画录》卷上，1 页，嘉庆 21 年刊本。

[3]　胡敬：《国朝院画录》卷上，1 页，嘉庆 21 年刊本。

[4]　参见聂崇正：《焦秉贞、冷枚及其作品》，载《宫廷艺术的光辉：清代宫廷绘画论丛》，台北：东大图书公司，1996，51—63 页。

[5]　现存焦秉贞绘画作品著名的有历朝贤后故事图、仕女图。

在一份名为《北京教中公同誓状》的文献中，附有拉丁文译文，由耶稣会士寄回罗马。其中提到钦天监一位名叫焦保禄的教徒，拉丁文注明其为六品官，由此考出其真实姓名就是焦秉贞，因此断定焦秉贞为教徒 ①，由此可更进一步阐释他在"礼仪之争"中所扮演的角色。从下文引用的罗马所藏相关史料，可看出以焦秉贞为代表的中国教徒在"礼仪之争"时不遗余力地维护祭孔、祭祖的习俗，表达了自己对礼仪之争的真实看法。

罗马耶稣会档案馆保存有三份与焦秉贞有关的中文文献。第一份就是上面提到的《北京教中公同誓状》，写于康熙四十一年七月十七日（1702.9.8），全文如下：

> 大清国北京顺天府教末鲍味多、关若翰、焦保禄等呈为不谙中国经书正义，妄指礼典为邪道，谨呈誓状，恳祈代请教皇电察，怜恤中邦灵魂事。窃多等自幼读书，长知辨理，后获睹天教诸书与中国经书相合，是以心悦诚服，归向圣教。近见北京诸位神父详悉研称天称上帝之义，敬孔子祀祖先之礼。又见康熙三十九年十月内"奏为恭请睿鉴，以求训诲事"，亦系究查之事。又见台阁部堂大臣与博学弘才俱各作文印证，亦是此事。多等不胜疑惑。续有外省教友云：圣人会神父议论敬天敬孔子供祖先牌位与教规不合。又福建教友来云：颜主教禁止教中称天称上帝敬孔子供祖先牌位，以为异端。自禁止后，以致奉教之众五内如裂，悲痛号泣，外教者裹足不至，倍加讥讪。若以此数条倘或告至有司，或申详督抚，或咨部题参，则中国之圣教何得复存？然究其来历，因福建一位神父问几个不明正理之人，说敬孔子供祖宗牌位，亦不合正理，这位神父即将此为凭，发往罗马，呈与教皇及管圣教衙门，致令西国亦疑惑中邦进教行邪。多等闻知此事遗害中土灵魂不浅，不胜惊惶汗下。殊不知拜孔子、祀祖先牌位是真正公理，亦关系国法，若是禁止，定有大祸，万难太平，多等岂忍坐视不言？故公定一主意，立一发誓凭据，恳求各位神父代达至罗玛府，呈上教皇台前及圣教衙门电察垂怜，虽有中国朝廷旨意与台阁部堂大臣及各博学印证文字凭据外，多等居住京都，见闻古今定制定理，更见明白，是以多等敢列名在天主台前发誓：
> 一誓孔子在中国不是佛、菩萨、邪神之类。
> 二誓拜孔子实敬他是师傅。
> 三誓敬孔子之礼节规矩，俱是历代所定，不过感谢其教训，推尊其仪表，即朝廷亦行跪拜之礼，凡读书识字之人，无不沾其恩惠，并无有所求望之处。

---

① 韩琦：《奉教天文学家与"礼仪之争"（1700—1702）》，《相遇与对话：明末清初中西文化交流国际学术研讨会文集》，北京：宗教文化出版社，2003，381—399 页。

至于定例，令人敬孔子为师，如各方所行之礼，稍与定例不符，多等断不敢发誓。又敢列名在天主台前发誓：

一誓中国供奉祖先之礼，上自朝廷，下及庶民，一体遵行，原是为子孙者表爱亲报本之意，感谢生身养育之恩，不过事死如事生，亦并无有所求望之处。

二誓设祖先牌位，书写名号，为父母已死，音容不见，见此牌位则动孝敬之情。又恐年代久远，孝恩泯灭，见此牌位，不致遗忘祖先父母之恩。斯礼中邦经书上载有真实凭据，即凡有亲丧行供祭之礼，亦是此意，所以多等敢誓。但亦有不敢誓者，非遍中国人尽皆依正理而行，因佛教混乱，亦有糊涂之辈把供奉祖先之礼搀如佛道两教，致失正理。且敬孔子与供祖先牌位，非中国风俗是一定之礼法，乃人所不能不行，若有不敬孔子者，谓之背师，不供祖先牌位者，谓之灭祖。夫背师灭祖，人咸指为禽兽，是一不孝不弟，无礼无义，大没体面之人。设或有人告首，必定受刑问罪。如此第事，各位神父素所熟知。特祈代呈教皇与圣教衙门，若禁止此正礼，中国断无人进教，是自将天堂之门关闭。即奉教者被人告发，难受刑罚，心亦灰冷；外教视之，人人仇敌。即各省神父难免驱逐之咎，大坏圣教，势所必至矣。中国经书所载事天昭事上帝等语，多等不疑惑古人认造物主即是教中所敬之天主，但中国文字用法活动，或称万物之主，称天称上帝，或称真宰，称造物者，总是称天地万物有一大主。若禁止此等字样不许用，则译圣教诸书及语言称谓俱有大不便处。因中国文字必引据经典，若古时未曾用之字，俱谓之怪异杜撰。倘该用天用帝，今一概令之用天主二字。此人文章纵好，不但无用，且伤体面，要加注解，又无此规矩，故敢冒求教皇切勿禁止中国教中人称天称上帝称造物称真宰称万物主等字样，因此等字样乃中国古经书所常用，其意思甚尊重，与外教读书人辩论圣教道理，常引证此等字样，使人不得不服此为最顺圣教与中国之正理，亦相密合，传教益为最便。且中国从来最不喜、最不服国外来传的道理，今多等呈禀誓状，一尽自己良心，求恩不宜禁止与圣教无碍之礼，免闭中国进教之门。因此事关重大，若不呈明，想天主台前定有大罪。多等更敢发誓，当吾主耶稣审判生死者之时，一定公同诉告不谙中国经书正义，妄指礼典为邪道者，以致乱中国教中之心，塞现在未来灵魂升天之路，翘圣教皇德隆智明，代天主耶稣之尊位，定处分之大权，仰体受苦救赎之恩，俯鉴不敢冒犯虚誓之罪，恳祈乾断颁行，则中国奉教之人士实有依赖，外教者亦易乐从圣教。

安危在此一举，以此不得不哀哀泣呈上奏。①

　　这份誓状是教徒应耶稣士之约而写，想请他们转呈罗马教皇，主要撰写人是鲍味多、关若翰、焦保禄。签名之人众多，大部分为钦天监的官员，包括中官正、秋官正、春官正、原任钦天监五官监候、博士五名、天文生八名、候补天文生十四名②，拜塔拉布勒哈番、步军校、骁骑校、都察院笔帖式、火器营随印笔帖式、吏部笔帖式、正蓝旗随印笔帖式各一名，以及候补州同、教谕各一名、举人两名、监生五名、生员一名。对比官衔与姓氏，可以断定鲍味多就是钦天监左监副鲍英齐，而原任钦天监五官正的焦保禄就是焦秉贞。

　　1693 年，因巴黎外方传教会（Missions Etrangères de Paris）传教士颜珰（Charles Maigrot, 1652—1730）在福建发布禁止祭祖祭孔的七条命令③，引起了罗马当局的关注。1700 年底，耶稣会士认识到此事的严重性，试图设法加以挽救，因此耶稣会士闵明我（C. F. Grimaldi, 1638—1712）等人草拟了一份简要的文字，表达了对传统祭祖祭孔的看法，并提交给康熙皇帝，希望获得皇帝的支持。康熙为此做了批示："这所写甚好，有合大道，敬天及事君亲敬师长者，系天下通义，这就是无可改处"④。肯定了耶稣会士的观点。耶稣会士还请部院大臣和著名的文人表达看法，这些人包括宛平王熙（1628—1703）、桐城张英（1638—1708）、长洲韩菼（1637—1704）、阙里孔毓圻、

---

　　①　罗马耶稣会档案馆 ARSI, Jap. Sin. 160, fol. 89-95, 有拉丁文全译（人名后附官员品级，据此可考出部分钦天监官员之真名），签名者有鲍英齐（味多）、焦秉贞（保禄）、席以恭（物罗）、鲍可成（巴尔多禄茂）、方亮（弥额尔）、林巩（弥额尔）。有安多（耶稣会中国副省会长）、闵明我、白晋、苏霖等人手迹签名（1702 年 10 月 1 日）。巴黎法国国家图书馆亦藏，但缺字多至十余字，"上自朝廷"，朝廷为"天子"。参见韩琦：《奉教天文学家与"礼仪之争"（1700—1702）》，《相遇与对话：明末清初中西文化交流国际学术研讨会文集》，北京：宗教文化出版社，2003，381—399 页。参与签名的还有举人陆若翰，为北堂法国耶稣会相公，曾帮助白晋研究《易经》，参见韩琦：（1）《白晋的〈易经〉研究和康熙时代的"西学中源"说》，《汉学研究》，1998，16（1）：185—201 页；（2）《科学与宗教之间：耶稣会士白晋的〈易经〉研究》，陶飞亚、梁元生编《东亚基督教再诠释》，香港中文大学崇基学院宗教与中国社会研究中心，2004，413—434 页。
　　②　共有 33 位天文学家。
　　③　颜珰深得方济各（F. Pallu, 1626-1684）的赞赏，担负起在中国的传教重任，1687年起任福建宗座代牧。参见 Adrian Launay, *Mémorial de la Société des Missions-Etrangères*. Paris, 1916, pp. 417-423. Caludia von Collani, "Charles Maigrot's Role in the Chinese Rites Controversy", in D. E. Mungello ed., *The Chinese Rites Controversy: Its History and Meaning*, Monumenta Serica Monograph Series XXXIII, Nettetal, Steyler Verlag, 1994, pp. 149-183。
　　④　*Breuis relatio eorum, quae spectant ad declarationem Sinarum Imperatoris Kam Hi circa Coeli, Cumfucij, et Auoru cultu, datam anno 1700.* Reprinted in Tokyo, 1977. 此书原刊本欧洲不少档案馆仍有收藏，参见 Paul Pelliot, "Un recueil de pièces imprimées concernant la 'Question des Rites'", *T'oung Pao*, Vol. 23, No. 5, 1924, pp. 347-355。

闽中林文英、嘉定孙致弥、淮阴吴晟、山阳李铠、枚里刘愈等人，多是对天主教怀有好感的文人（包括一些高官或教徒）。耶稣会士选择这些文人作为取证对象，用意昭然若揭。他们都发表了简短的意见，并被分别单独成册，寄回欧洲①。而该誓状则是在耶稣会士的敦促下，钦天监众天主教徒写下的证词，从中可看出焦秉贞等人十分清楚中国和欧洲所发生的"礼仪之争"争端原因和后果的严重性。

第二份材料名为《北京教友公书》，即北京教徒致教皇的"公开信"，全文如下：

　　教下门生鲍味多、焦保禄、吴若翰、黄若瑟、方弥额尔等切思圣教中有人违背经书大义解说，欲禁行孝敬礼节，将必有不测之大险，故特拟数条要事，告知众神父。夫祀祖先、敬孔子是历代定制，上下遵行，人人尽悉，味多等皆在教中，若果有邪意，岂肯附会阿从？但恐中土文字不能详达洛玛，敢求神父将此数条同前誓状一并译明，代为呈请圣教皇台前。

　　一、众神父极明中国人从来何等轻慢外国之人，或称为外夷，称为戎狄，总由其语言文字、风俗礼节、饮食服饰鄙陋不如之故。

　　二、众神父极明中国博学文人何等骄傲，不特外国正学道德放不在眼，即本地略知读书及文艺未优者，悉目为村夫下流。

　　三、众神父极明释道并各种邪教何等嫉恨，常凌辱教中之人，毁谤圣教之理，著书妄证，欲灭圣教，并阻人进教之路。

　　四、众神父极明中国之定礼如何禁得不行，况官长之威权利害，百姓之性情软弱，心窄胆小，倘遇急事，常有缢刎而死，或弃家而逃。

　　五、众神父极明自杨光先搅乱以后，大显达而奉教者甚少，可为圣教之依托者何人，现在服事天主者大概皆贫穷不出任之人。

　　六、众神父极明圣教之依靠，除天主默祐外，不过恃皇上之优隆，许行圣教，其爱意尚未显露，即据奉教之满洲与内廷太监，俱不欲显示其在教，或督其引别者奉教，俱答不敢，咸恐为万岁闻知不喜。

　　七、众神父极明举朝公卿心中何等不悦圣教，即举康熙三十年浙江抚院张鹏翮奏毁天主堂、焚圣教书板一事，便可知矣。虽当蒙皇上于诸大人前显出许行之意，而部臣尚议禁止。若非众神父奏明圣教之理正，不宜禁止，焉得有奉允行之旨乎？

　　八、众神父极明各省地方官府所管地方有不法之事、有劾问题参之责，又极明不祀祖先、不敬孔子，谓之灭祖背师，大干法纪律例，现有一定之刑罚。

――――――――

　　① 此册上有1702年10月3日比利时耶稣会士安多的手迹，并盖有耶稣会中国副省的红印，因安多1702年任副省会长之职。小册子上尚有1703年1月22日澳门主教收到此件后的手迹。因此这一小册子是由安多寄往澳门，再由澳门寄回罗马耶稣会总部。

　　以上八条并无一毫虚假，众神父素所明悉，谅不得以味多等所见为非是也。若以中国所重祀祖先、敬孔子之礼一行禁止，圣教欲保存安然无事，必不得矣。屡闻福建及各省有劝人奉教之时，据云：我如何肯奉不祀祖宗之教？及详解第四诫孝敬父母与祀先之典，彼虽听此言，尤未深信。当不曾有禁止之时，尚且讹传，败坏圣教声名。今一禁止，则为实实不孝之教，将何以为词耶？若圣教在中土或立有深根，或有王公大人可以依赖，所虑之险尚小。况今年岁未久，人心不坚，又当众大人不乐崇奉，更遭释道深为嫉妒，法度极其利害，种种皆与圣教不顺。兹欲改中国重大之礼，舍天主显行圣迹，断断难存矣。今有一比喻，设如中国十余人侨寓西洋，见其国中所行之礼，自思于理不合，亦不究其所向原意之美好，即欲更变其定例，不知西洋通国人肯服与否？味多等明知各国教中应行之礼，惟圣教皇得以定夺，所以敢发誓状，证祀先之根并无邪意，亦敢保中国读书者俱肯照样发誓，即目今各位神父许教中所行亦是如此，据古经书与当今定例所向之正意，无非报答亲师生养教训之恩而已。或外教人有搀和释道两教，混乱礼节，至其所行，杂入邪意，与教中孝亲尊师之正理毫无干涉也。且行祭祀时所用礼仪，究不离原意，跪拜哭祭香烛醴馐等件不但事死，即生前所常用。既属礼仪，焉得谓邪？请问：说不应行者，其邪从何处而来耶？无根之学者忽定敬孔子祀祖先为异端，包括尽中国教中行邪，此莫大之妄证，深属伤心。为天主耶稣圣颜表样满愿宽容，但此妄证有关圣教之颠危，更不能不为痛心吁告也。尝闻福建外教人云：中国所有教门俱比不得天主教。若在中国照依旧规循序传布，可谓天与中国偏有大思。但此教不能久传，非中国人不欲其传，因新来传教西洋人各立门户，乃自坏其教耳。此言想因颜主教在福建禁止敬孔子祀祖先之礼，致通省有许多言论。今遇此大险，不得不哀恳各位神父救援，急为译解此孝敬之礼无碍圣教，从前与现在各神父皆已详考究竟，圣旨煌煌，允合教理。阁部大臣，印证相同。阖教立誓，毫无邪理，尽中国读书人并无异词，有此数端大凭据，尚用生疑乎？若不释疑，亦可疑太阳无光矣！若论穷理、天文、历学，固不敢与西洋学者相较，至论经书典礼大义，亦不敢相让。况此理无论知愚贤不肖，人人性中所具。味多等久忝在教，西洋学者不应以吾辈于正理上有欺哄圣教皇，因公而生欺哄，有何便宜，不过与自己灵魂作对耳。伏想中国作有无数大罪，致干天主义怒，许起此争论之端，复许邪魔变计煽祸，欲灭众神父燃照邪教幽暗中之圣光，敢冒请于祭献时代吁天主霁威垂悯，并中国情形详加翻译，呈上教皇，查察真理，永为定例，令假不得乱正，以杜争竞，则中国无数灵魂获升天之路，增圣教之光，沾天主之宠，绝魔鬼之愿，中国人士幸甚幸甚。

鲍味多、焦保禄、吴若翰、黄若瑟、方弥格尔。①

　　这里签名的教徒除上文已知的鲍英齐、焦秉贞外，还有钦天监春官正方亮（弥额尔）。如果说《北京教中公同誓状》是为了回应耶稣会士，那么，此信的写作则更多出自教徒的主动，其目的是为了表达他们对礼仪之争的担忧及其可能造成的危害，详细列举了八条理由，教徒希望耶稣会士将此信转达教皇，以表明中国教徒对礼仪之争的立场。

　　《北京教友公书》十分有见地，这几位教徒认为"圣教中有人违背经书大义解说，欲禁行孝敬礼节，将必有不测之大险"，故特拟数条，交给在京的神父，要求神父将数条意见和先前的"誓状"译成拉丁文，送到罗马，转呈教皇。他们向传教士说明的这几条内容包括：1）由于语言、文字、礼节、饮食、服饰等鄙陋不如中国，故中国人历来轻视外国人，或称为外夷，称为戎狄。2）中国博学文人"何等骄傲，不特外国正学道德放不在眼，即本地略知读书及文艺未优者，悉目为村夫下流"。3）释道及各种邪教忌恨天主教，"常凌辱教中之人，诽谤圣教之理，著书妄证，欲灭圣教，并阻人进教之路"。4）中国之定礼不能禁，"况官长之威权利害，百姓之性情软弱，心窄胆小"，倘遇急事，会有不测。5）杨光先反教案之后，"大显达"奉教者甚少，不能为圣教所倚托，而信仰天主教的不过是贫穷而无官职之人。6）天主教能够流行，不过是康熙的"优隆"，但"其爱意尚未显露"，因此奉教的满人和内廷太监"俱不欲显示其在教，或督其引别者奉教，俱答不敢"，害怕皇帝知道而不高兴。这份公书全面反映了部分奉教文人对教会事务的深刻反思，指出禁止中国传统祭礼诸多危害，可谓十分中肯，体现了他们对事态的深切关注，具有一定的代表性。耶稣会士对这些看法应该是赞同的，因此它被译成拉丁文，转呈罗马。

三　多罗来华与焦秉贞等人的反应

　　1702 年是礼仪之争关键的一年。耶稣会士在全国各地向教徒收集证据，并通过耶稣会士卫方济（François Noël, 1651—1729）、庞嘉宾（Kaspar Castner, 1665—1709）带到罗马，并将这些誓状、证词翻译成拉丁文，作为教廷决定时的重要参考。然而遗憾的是，这场大规模的举证活动，并没有得到应有的效果。这场宗教、政治、外交等各方面角力的最终结果就是教皇决定在中国禁止祭祖祭孔，并派遣教廷特使多罗（Charles Thomas Maillard de

---

① 　ARSI，Jap. Sin. 157，fol. 38.

Tournon，1668—1710）来华，解决"礼仪之争"的问题。

1705 年 12 月，教廷特使多罗抵达北京，虽然曾得到康熙皇帝的优遇，但不久多罗禁止祭祖祭孔的动机就得到暴露，从而引起了清廷和教廷的严重冲突[①]。多罗在北京期间的所作所为，也对教徒产生了重要的影响。1706 年 3 月，当教徒明确得知多罗来华的目的之后，便向传教士明确表达了他们的担忧和看法。焦秉贞在这一时期表现得也十分积极。下面的一份材料，为我们揭示了焦秉贞和王伯多禄等人与传教士劳老爷交涉的详细经过和对话，现录全文如下：

> 康熙四十五年二月内，有多大老爷买办程嘉禄到西堂寻蘧相公等说："你们要准行敬天、供祖宗牌、拜孔子的规矩，你们须会同几位教友到北堂去求一求伊主教，转达多大老爷，即可准行。"蘧相公回云："有多少教友递过誓状，求过几次尚不依从，恐今再去亦属无益。"程嘉禄又说："前番众教友语言太戆，是以不准，今若婉言恳求，定然妥当。"即有焦保禄、王伯多禄、朱老楞佐、任若瑟、王嘉禄五位教友闻得此言，第二日即齐往北堂见了劳老爷。劳老爷当主教面前叫五位教友进去坐下，问："众位来做甚么？"

> 答云："我们为众教中人，心里狠不安，因外教的讥诮我们的圣教甚无道理，故来求劳老爷告诉主教伊老爷，将此达知多大老爷。"

> 劳老爷说："如今不便告诉伊老爷，另日告诉罢。但你们不该恼毕老爷，他在你们面上没有什么不是处，他并不曾着你们毁祖宗牌位。凡毕老爷与众教友说的话，并不出之自己的主意，不过传达多大老爷之言，与他无干。"

> 五位教友说："已过的事不必再提，以后该小心。但供祖宗牌是中国一定之礼，无人敢违，普天下俱惧怕朝廷的王法，若供祖先牌有不合道理，老爷也应指出不是之处，明白晓示，才得服众。既无不合理之处，何苦禁止？使万万人失天堂之望。"

> 劳老爷又云："你们这个风俗规矩合理不合理，我也不知，但六十年来修道的说好说歹，即耶稣会的也有几位说好，几位说不好，五十七年以来不得决定，想如今这三年里头已决定是不好的。教皇定的，断无错处，你们俱该听命。"

> 五位教友云："教皇之命固然当遵，虽死不惜。今无故为一合理的风俗，

　　① 参见韩琦：《姗姗来迟的"西洋消息"——1709 年教皇致康熙信到达宫廷始末》，《文化杂志》，2005 年夏季号，第 55 期，1—14 页；又载吴志良等编《澳门人文社会科学研究文选》（历史卷，上卷），北京：社会科学文献出版社，2010，473—485 页。《瀛洲圣阙关山重——1709 年教皇信滞留澳门始末》，《文化杂志》，2006 年夏季号，第 59 期，133—146 页；又载《澳门人文社会科学研究文选》（历史卷，上卷），526—540 页。

要死完万万教中人，又算不得为主致命，况教皇并未曾定这个风俗不好，徒然扰乱中国之教。若朝廷命我们拜佛菩萨，我们不依从致死，我们狠喜欢，又得大便宜，且有体面，中国人见这好表样，愈信为真教，将来奉教者必愈多。况此风俗，历数千年以来，经过多少朝廷，普天下遵行，定然无错。若有不好，前历山教皇岂肯准行？今若我们要变乱规矩，不行此礼，谁不说该杀？传教的老爷们该着实小心，不可使中国也照日本一样，有一百人致命，使一千人反了教。"

劳老爷说："你们不要害怕，该安心听命，望天主默祐。教皇先命多大老爷来，随即着许多修道的来中国，为你们如此听命，心里必定喜欢，跪向吾主耶稣苦像前，谢吾主之大恩，恭喜你中国人，这个是你们的大造化。"

五位答曰："若要禁止这三件，修道的也不必来，从前在这里的也不得存留，俱该回去，在此也无用，我们想教皇的心体贴天主的心，必疼顾中国的人，一闻得了我的禁令未曾到中国，即坏了多少人的灵魂，把天堂的门封锁了，必狠不喜欢，定放心不下。倘若禁止之命到彼，必致永闭天堂的门，教皇的心万万不至如此。我们这个风俗既无不合理之处，多老爷要关了天堂的门，使我们妻子儿女亲戚及普国的人不得进天堂，这是我们的大不幸，那里是造化？"

劳老爷叱咤说："你们要做异端的人么？当时西洋鹰格里国朝廷有一后妃，后又娶一个其国之人，俱照样行，竟成了异端，你们也要那样么？"

五位答云："我们的这个比不得那个国王的勾当，娶两个女人，明明的犯诫不好的事，拜祖先等不致于明明的不好，这个风俗有甚么不好？你明明指出来，况这个风俗也由不得我们，是王法该行的，谁敢不行这个规矩？老爷讲解一讲解？这里边有那处得罪于天主？求劳老爷明明告诉于多大老爷。"

劳老爷答说："我如今告诉多大老爷也是无用，十分有八分教皇已定了，你们好生小心听命罢！"

五位又说："我们想来未定，故着多大老爷到这里查看，博访复命，然后再定，不然要多大老爷做甚么来？"

焦保禄、王伯多禄、朱老楞佐、任若瑟、王嘉禄。[①]

写这份材料的主要是焦保禄，即焦秉贞。王伯多禄同为奉教天文学家，1665 年出生于北京，从小入教，曾任钦天监天文生、博士，是耶稣会的相公，

---

① ARSI, Jap. Sin. 168 (1703-1705), fol. 188。后有苏霖证明文字，及中国副省红印。亦见 Jap. Sin. 171 (1707-1708), fol. 52-53（签名画押），亦有 1707 年 10 月 26 日苏霖手迹。

《同人公简》（约 1717 年）的主要作者，后来任"京都总会长"。朱老楞佐曾任钦天监五官监候，但我们对他的生平所知不多。

　　文中提到的"多大老爷"指教廷特使多罗，"伊主教"指意大利方济各会会士、北京主教伊大仁（Bernardino della Chiesa，1644—1721），"劳老爷"是指劳弘恩（Antonio Pacceco de Frosinone，1669—1739），多罗在北京期间他随侍左右，一起住在法国耶稣会的驻地北堂，调解多罗和教徒有关礼仪的看法①。"毕老爷"为遣使会士毕天祥（Luigi Antonio Appiani，1663—1732），作为多罗的翻译，他劝说教徒不要祭祖、祭孔，还吩咐要毁弃牌位，为此遭到教徒的强烈反弹，后由于和多罗关系密切，毕天祥被关押在北京一段时间之后才被释放。

　　这份材料生动地记载了以焦秉贞为首的五位教友与劳弘恩神父之间的问对。焦秉贞在康熙初年即已在钦天监任职，到了 1706 年，起码已经是五六十岁的老人了。从文中可以看出，焦秉贞等作为虔诚的教徒，担忧天主教在中国的发展，充分表达了对禁止祭祖祭孔的看法。他们原本的目的是想通过劳弘恩神父，将意见转达给伊主教，并通过伊主教转达多罗。本该充当调停者的劳弘恩神父在这次见面中实际上并未起到这种作用。他一味以"俱该听命"于教皇，不要做了"异端的人"来压制教徒。焦秉贞等人极力申明"教皇之命固然当遵，虽死不惜。今无故为一合理的风俗，要死完万万教中人，又算不得为主致命"。他们存有一念侥幸，"倘若禁止之命到彼，必致永闭天堂的门，教皇的心万万不至如此"。劳弘恩最后告知"十分有八分教皇已定了，你们好生小心听命罢"。这场不愉快的对话因两造无法调和而告终。并且与焦秉贞等人的愿望相悖，教皇最终禁止了中国礼仪，而从康熙末年开始，清廷禁止天主教传播的态度日趋严厉。1721 年康熙皇帝批示："以后不必西洋人在中国传教，禁止可也，免得多事"，可说是禁教的开端。而雍正之后各朝，天主教更遭遇多次教案，境遇急转直下。传教活动转入地下，一般士人避之唯恐不及，官员查禁唯恐不力。这种情况一直延续到鸦片战争之前。

---

　　① 　罗光曾提到 Frosinone，但未给出汉名，见其《教廷与中国使节史》，台中，光启出版社，1961，122 页。关于此事的详细背景和考证，参见韩琦，《康熙时代中国教徒对于礼仪之争的态度——以 1706 年教徒向教廷特使多罗递交请愿书为例》（《故宫文物月刊》，2016 年 3 月，396 期，50—58 页）及其 Kilian Stumpf, *The Acta Pekinensia or Historical Records of the Maillard de Tournon Legation*, Volume I December 1705-August 1706, edited by Paul Rule and Claudia von Collani (Monumenta Historica S.I. Nova Series 9), Rome-Macau, IHSI-MRI, 2015。

四　余论

钦天监奉教天文学家是由耶稣会士培养出来的，他们具有双重身份，既崇尚西学，在历算活动之余，又怀有强烈的宗教热情，参与教会活动，关注教会事务，特别是在康熙时代，他们表现得十分活跃，在"礼仪之争"中扮演的角色也格外引人注目。焦秉贞在其中尤为突出，他既是康熙时代宫廷画家，其艺术造诣早已为学者所肯定；同时他又是钦天监官员，在天文学上有一定造诣。而以往被人们忽略的是，他也是一名虔诚的天主教徒，在康熙时代的天主教相关活动中，起过重要作用。从上面的三份材料中，我们已经看到了焦秉贞在 1702—1706 年间十分活跃，和钦天监其他奉教天文学家一起表明了自己的观点，在中国礼仪之争中，较为清醒地认识局势，为天主教前途深深担忧。这样的多重身份有助于更多了解焦秉贞在科学、艺术和宗教之间扮演的不同角色。

除了焦秉贞之外，康乾时代也有少数对西方艺术感兴趣的文人，如年希尧和意大利耶稣会士郎世宁（G. Castiglione, 1688—1766）合作完成了《视学》，经常被科学史和艺术史研究者所提及，但除了该书序中提到的他们简单交往之外，中文材料几乎没有新的发现，对年希尧的生平与宗教的关系所知甚少。值得注意的是，传教士的书信为我们保留了一些新的宝贵资料，如法国耶稣会士宋君荣（Antoine Gaubil, 1689—1759）的信中就提到年希尧非常熟悉基督教义，经常出入教堂，拜访耶稣会士，聆听耶稣会士关于基督教义的谈论，要不是特殊原因，几乎有可能受洗，成为真正的教徒[1]。法国耶稣会士巴多明（Dominique Parrenin, 1665—1741）的未刊书信中也提到和年希尧的晤面，并向他赠送《视学》的故事[2]。对康乾时期中西艺术交流史的研究，除挖掘国内的档案和文献之外，我们仍应该扩大范围，更多关注国外所藏的中文档案和西文书信，才能更完整地还原中西交流史的真实面相。

---

[1]　韩琦：《17、18 世纪欧洲和中国的科学关系：以英国皇家学会和在华耶稣会士的交流为例》，《自然辩证法通讯》，1997，19（3）：47—56 页。

[2]　巴多明曾向法国皇家科学院寄送两本《视学》，巴黎法国国家图书馆现仍藏有一本。

全面依赖与掌控
——清宫书籍事业视域内朝廷与地方的互动

朱赛虹[*]   著

　　书籍之事，包括收集、典藏、编纂、写刻、制作等等。范围和规模较小的，涉及某一方面或某一局部，称之为"活动"，以各地、个体较多；范围和规模较大的，涉及多方面而自成系统，且有一定目标，可称之为"事业"，以中央政府较多，此类事业并非单纯的文化建设，而是加强封建统治的手段。

　　自古以来，官府在藏书方面就与地方保持着密切的互动关系。历代王朝建立之初，皆向民间广泛征书收藏，而很多藏书又会随王朝的衰落而散佚，形成周而复始的典藏周期。先后存在过的官府藏书机构，如秦代的咸阳宫，西汉的石渠阁、天禄阁、麒麟阁及兰台，东汉的东观、兰台、石室、仁寿阁，魏时的秘书、中、外三阁，晋时的秘阁、兰台、崇文院、石渠阁，隋代东都洛阳观文殿，唐代秘书省、弘文馆、史馆、崇文馆、集贤院、翰林院，宋代的昭文馆、集贤院、史馆，宣和殿、观文殿、龙图阁，元代的秘书监、太史院、奎章阁、艺文监、翰林国史院、兴文署、国子监，以及明代大本堂、东阁、华盖殿、弘文馆、南京文渊阁、北京文渊阁、皇史宬、广寒殿^①，等等，不胜枚举，内中很多藏书除前朝遗留者外，多来自于民间。由于每个朝代的统治处在不断更替变化中，而各地的私人藏书则相对稳定，因此私人藏书历来是官府藏书的强大后盾，是取之不尽、用之不竭的文献资源宝库。可见官私互动由来已久，更多地体现出官府对民间的依赖关系。清宫的书籍事业达到历代之最，与地方的互动也更加密切，到底采用了哪些互动方式？达到何种程度？具有哪些特点？在清宫书籍事业发展中的作用究竟有多大？本文结合史料和学界已有成果进行综合探讨。

　朱赛虹，故宫博物院。

①　任继愈主编，参见《中国藏书楼》历代官府部分，沈阳：辽宁人民出版社，2002年。

一　清廷对各地的全面依赖

依赖是指依靠他人或事物，不能自立或自给的状况。索取的越多，反映出依赖程度越大。清宫对地方的依赖程度，表现在书籍事业的三大主要方面：图书、人才、物质。

（一）广征图书文献

清代藏书体系沿袭古代，且更为成熟。包括官府系统、私藏系统、书院系统（半官半私）、寺观系统等。其中以私藏比较发达，表现在三方面：一是藏书家众多，见于文献记载的藏书家就有近千家，王府达官、士大夫、富商豪贾等各个阶层都出现很多藏书家；二是藏书家遍布各地，原有的京师、江浙、中原地区外，西北、西南等边远地区也有规模可观的藏书家；三是多藏书大家和世家，如"绛云楼"主人钱谦益，用重金购买了刘凤、钱允治、杨仪、赵琦美四家收藏，更不惜重资购古书，书贾奔赴，捆载无虚日。几十年辛勤聚敛，珍善本书积满73大橱。

相比之下，清代皇室藏书基础并不雄厚。明中期以后吏治腐败，管理制度日益松弛，又遭明代灭亡之际战争的破坏，积存200余年的图书文献受到极大损失。前明皇室被劫余的遗书虽然收归清皇室所有，其中尚有宋、元遗物。然而遗存有限，悉数继承仍不敷用，便采用历代做法，向民间广泛征集。

清宫征书目的更加明确，都是编纂活动的前奏，而编纂规模与征书规模呈正比。征集图书的方式，一是依靠庞大的行政系统，自上而下地组织向全国各地搜采，再由各地自下而上地分级呈交；二是官员献书。

清初藏书始自太宗，主要目的是修纂国史和翻译经史等。自顺治帝开始，仿历代作法，下诏求书。多次下令广搜天下有关启、祯二朝史事的档册、典籍。

清康熙四年（1665），又以修《明史》谕礼部搜采明季史书。康熙二十五年（1686），谕礼部、翰林院：

> 自古帝王致治隆文，典籍具备，犹必博采遗书，用充秘府，盖以广见闻而资掌故，甚盛事也。朕留心艺文，晨夕披览，虽内府书籍，篇目粗陈，而裒集未备。因思通都大邑，应有藏编，野乘名山，岂无善本？今宜广为访辑，……务令搜罗罔轶，以副朕稽古崇文之至意。……购求遗书，应令直隶各省督抚出示晓谕，如得遗书……酌定价值，汇送礼部。其无刻板者，亦令各有司雇募缮写，交翰林院进呈。有愿自行呈送者，交礼部汇缴。……今搜访藏书善本，惟以经学史乘，实有关系修齐治平，助成德化者，方为有用，

其他异端诐说，概不准收录。①

上段文字，已经说明征书目的、征书程序、办法和标准，且带有迫切性。至乾隆时期，内府藏书已较前增加，但仍不丰富，缺漏较多，乾隆帝遂多次降旨，饬内府及内阁藏书处，四处遍查旧版经史。兼谕在京诸王大臣，如有家藏旧本尽速进呈，以便颁发校勘。又饬江南、浙江、江西、湖广、福建五省督抚，购求明初及泰昌以前监版经史，各送一二部到馆，彼此互证，补其缺遗，正其错误。为纂修大型丛书《四库全书》，开始了史上最大规模的征书。

从乾隆三十七年（1772）开始，至乾隆四十三年（1778）结束，征书历时七年之久。在地方政府的大力协助和藏书家的积极响应下，征书工作进展顺利。各省督抚征集的采进本和各省私人藏书家的进献本，成为《四库全书》底本的两大来源，占《四库全书》全部底本六大来源的三分之一。各省督抚、盐政购进、借抄遗书和私家进呈原书总计 13000 余种。进呈书全部收贮于翰林院，每种书首页钤"翰林院典簿厅关防"或者"翰林院印"满汉文印。有的外封皮另盖木印，填写进书人、日期、部数、册数，以便日后发还，称为"四库进呈本"或"四库采进本"②。

近年有关四库的区域研究成果渐多，相关统计也更加详细，尽管各自统计结果有出入，仍能看出各地对于《四库全书》贡献的差异。进书数量往往与文化发展程度成正比，浙江省进书 4 千余种居首，以下依次为江苏、江西、安徽等省。江苏、浙江两省合计，占进书总量的四分之三以上。排在第三位的安徽省进书也不少，本地和寓居在外的共 18 人，献书总数为 3252 种③。

从清代官员进书数量来看，也以浙江籍居多。在四库馆任职的馆臣朝绅汪如藻、王际华、陆费墀，海宁祝德麟，绍兴吴寿昌等均有献书，也成为浙江献书最多的原因。［图 1］

---

① 《大清圣祖仁皇帝实录》卷之一百二十五，十八页，康熙二十五年三月至四月。网络版《大清历朝实录》，中国第一历史档案馆。
② 参见黄爱平，《四库全书纂修研究》，北京：中国人民大学出版社，1989 年。
③ 汤华泉，《清代安徽对纂修〈四库全书〉的贡献》，《安徽大学学报》（哲学社会科学版），1997 年 6 期。其统计包括寓居浙江的皖籍藏书大家，被普遍认为是江浙的藏书家，因此实际数字要减半。

十一家註孫子 一函
三冊

周孫武撰曹操李筌杜佑杜牧王晢張預賈林
梅堯臣陳皞蓋氏何氏註書三卷十三篇附錄
孫子本傳又十家註孫子遺說并序鄭友賢撰
說三十則蓋本有十家注友賢輯且補之為十
一家也徐乾學季振宜藏本

崑山徐   李印
氏家藏   振宜
卷上

朱文

滄   俱朱文
葦   卷

垓   朱文
袤   卷上
卷中
卷下

袤氏珍   朱文
藏圖書   卷下

袤葊長宜   白文   卷上
子孫   卷中
卷下

鈔定天祿琳琅書目   卷之

四

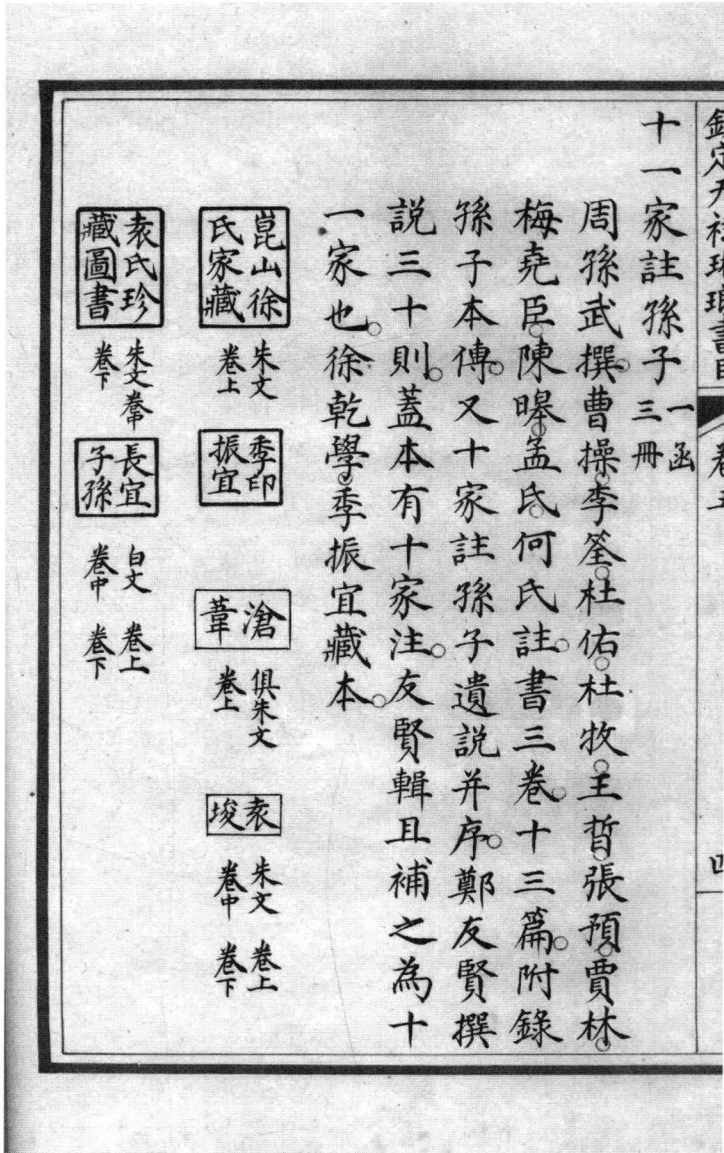

图 1 《钦定天禄琳琅书目》著录徐乾学进呈本《十一家注孙子》及其钤印
故宫博物院藏

　　各地进呈书籍经过筛选之后，被选中者会被收录到不同的官纂图书中，因而选中率可视为一个反映进书质量的指标。如《四库全书总目》著录图书3461 种，存目 6793 种，共 10254 种。其中浙江进呈书被著录 909 种，存目2357 种，约占全书的三分之一。浙江私人藏书家进呈书被著录 534 种，列入存目 1113 种，约占全书的六分之一 ①。可见浙江进呈的图书质量和数量俱佳。皖人著述被著录 289 中，存目 432 种，约占《四库全书总目》的 7%②。

　　对进呈书籍的内容统计，可以反映出各地进书的特色，有些带有地域色彩。对 14 个直省的统计中，有 6 个省进呈最多的是经部"易类"，还有6 个省进呈最多的是子部"儒家类"。其余二省，安徽以集部的"词类"最多，两淮则以史部的"都会郡县类"为最多。经部书占了献书总数的 85.7%。在对 22 名藏书家的统计中，进呈书最多者为易类 4 家，儒家类 3 家，杂史 5 家，杂学 1 家，书画 2 家，类书 1 家，都会郡县 1 家，小说杂事 1 家，医家 3 家，杂礼 1 家，各有特色 ③。

　　除书籍外，修书馆如会典馆、方略馆、国史馆等修纂官书还需要大量文牍，有些由地方各衙门呈送，也有些是通过民间征集而来 ④。

　　（二）广纳贤才巧匠

　　在书籍事业中，人才是决定成败的重要因素。图书是精神文明和物质文明高度结合的产物，具备相关知识和素质的人才方能胜任。以编书为例，很多官书修纂都配备一个编纂团队，这个团队由各种人才组成。如人才济济的"四库全书馆"，集中了大量优秀人才，有总裁、副总裁，总纂、纂修、分修、协修，绘图、校对，满誊录、汉誊录，满提调、汉提调等等。正总裁就有于敏中、刘统勋、戴震等 16 人，总纂官为纪昀、陆锡熊、孙士毅。大名鼎鼎的纪昀是河北直隶人，4 岁读书，21 岁中秀才，31 岁中进士，为二甲第四名，入翰林院为庶吉士，授任编修，办理院事。官至礼部尚书、协办大学士，曾任《四库全书》总纂修官，主撰《四库全书总目提要》。还有不少人属"破格"录用，入馆前不仅不是翰林，有的连进士都不是，如著名学者戴震，是休宁隆阜（今安徽黄山）人，40 岁乡试举人，六次入京会试不第。于敏中以纪昀等荐言，向乾隆帝推荐，特召为四库馆纂修官。因成就显著，特命参加殿试，赐同进士出身。辑出《仪礼识误》、《九章算术》、《海岛算经》、《孙子算经》、《五曹算经》、《夏侯阳算经》等。校勘《水经

　　①　汤华泉，《清代安徽对纂修〈四库全书〉的贡献》。
　　②　张瑞芬，《〈四库全书总目〉中的安徽巡抚采进本和皖人著述》，兰州大学 2011 年硕士论文。
　　③　罗春兰，《四库学区域研究述要》，《图书馆工作与研究》，2010 年 8 期。
　　④　张升，《从江南征书文牍看清朝国史馆征书》，《史学史研究》2008 年 3 期。

注》，补其缺漏、删其妄增、正改之处甚多，获得乾隆帝嘉赏。［彩版 IX，
图十三；彩版 XIV，图十四］

　　据学者统计，皖籍人士列于《四库全书总目》卷首纂修分校官以上的，
共有 32 人，超过以上人员总数的 10%[①]。在历任正、副总裁 26 人中，江西
籍的有裘日休、曹秀先和彭元瑞 3 人，未列名 3 人中还有李友棠 1 人，占以
上官员的 13.7%[②]。再以其中一个具体部门缮书处来说，有总校官员 4 人，
加上校官 179 人共 183 人，能查出籍贯者 130 余人，其中江苏 38 人，浙江
21 人，江西 12 人，河北 10 人，安徽 9 人，山东 7 人，福建 5 人，山西 4 人，
陕西 4 人，广东 4 人，湖北 3 人，四川 3 人，云南 2 人，贵州 2 人，广西 1 人，
辽宁 1 人[③]。可见全国各地在人才支持方面的广泛程度。

　　官修书籍中各地作者的地理分布提供了另一种参考指标。从对《四库
全书总目》的统计来看极不平衡，周秦至北宋的作者呈现以中原为轴心的分
布格局，尤以关中地区、中原地区为中心；南宋至清初作者的分布主要集中
在东南，尤以江浙、江西、福建、安徽为中心[④]，与地域的政治、经济和文
化发展密切相关。它们对于宫廷文化的贡献显而易见。

　　由于原书并不一定是在原籍刊刻的，也不一定是从原籍进呈的，如文
化欠发达的西北地区，进书总数只有百余种[⑤]，一部分西北籍作者的著作却
在其他省份得到不同程度流通，最终是由浙江、江苏、安徽、江西、山西、
直隶、湖北、河南、山东等渠道进呈的，共有 98 种[⑥]，几乎与西北本地的
进呈数量等同，这些省份也以东南发达地区为主。因此，边远地区对宫廷书
籍事业的支持并不像记载中的那样少，同时说明上述地域性的统计都只是一
个相对的数字。

　　再以清康熙时期内府编绘的一部典礼书《万寿盛典初集》为例，其中
包括有《万寿庆典图》二卷，画稿的首任主持者是宋骏业，常熟人，山水大
家王翚的弟子；画稿的继任主持者王原祁，太仓人，画家王时敏之孙；画稿
绘制者之一王翚，清初著名山水画家；画稿的修润者冷枚，山东人，擅画人
物仕女、山水、鸟兽；焦秉贞，"山东济宁人，康熙中官钦天监五官正，工
人物楼观，通测算，参用西洋画法，剖析分刌，量度阴阳向背，分别明暗，
远视之人畜、花木、屋宇皆植立而形圆，圣祖嘉之，命绘《耕织图》四十六幅，

———————————

①　汤华泉，《清代安徽对纂修〈四库全书〉的贡献》。
②　张志宏，《江西与〈四库全书〉之考述》，南昌大学硕士论文，2008 年。
③　张瑞芬，《〈四库全书总目〉中的安徽巡抚采进本和皖人著述》。
④　王磊，《〈四库全书总目〉所收著作的作者时代与地理分布研究》，武汉大学硕士
论文，1997 年。
⑤　黄爱平，《四库全书纂修研究》。
⑥　徐亮，《〈四库全书〉西北文献研究》，兰州大学硕士论文，2006 年。

镂版印赐臣工"①。刻工朱圭，吴郡专诸巷人，善绘事，工雕刻，无人能出其右。选入养心殿供事，凡大内字画皆出其手，后以效力授为鸿胪寺序班，曾与梅裕凤合刻《御制避暑山庄诗》之三十六景插图等，内有署名"内务府司库加一级臣沈喻恭画，鸿胪寺序班加二级臣朱圭、梅裕凤同恭镂"。

　　服务于宫廷的"专诸巷"的能工巧匠很多，享誉清宫，乾隆帝曾屡有提及，如《御制诗三集》四十七卷《于阗采玉》有"专诸巷中多妙手"句，《御制诗五集》卷二十八《咏和阗玉汉兽环方杯》有"专诸巷里工匠纷"句，《御制诗五集》卷九十《咏和阗玉榖璧》有"专诸巷里多巧匠"句，可见有诸多器物都出自"专诸巷"巧匠之手。还有两个具有地域特色的词汇，一是"苏州样"，指苏州地区琢玉雕金、镂木刻竹、髹漆装潢、织染刺绣等工艺；二是"广东匠"，指广东地区从事钟表、珐琅、五金加工、竹木漆器等技艺的工匠②。官府的工匠除外募巧匠外，还有家内匠役和太监杂役，太监杂役是宫中最基本的劳动力，其地位在外募匠役之下。这样的技术梯队和制作群体技术比较全面，是宫中赖以存在和发展的基础。

　　（三）广聚物华天宝

　　清宫书籍的制作物料，包括雕版使用的梨木、枣木，上好的纸、墨、颜料，还有装帧装潢所使用的各种丝织品和珠宝等。所需物料数量庞大，都依靠各地供应。

　　各种各样的贡品为清宫的大部分用项提供了有力保障。清内府职掌贡物的部门具体分工是，户部负责收纳、报销与消费贡物，工部负责宫廷建筑兴建与维修，宫廷器物制造，征收木材等，礼部负责收纳特定贡物。

　　各省贡物都是富于地方特色的物产，与书籍、书函制作有关的物料，如江苏贡物有棉布 27500 匹，明矾 3 千斤，杉木 380 根，纱、缎、绫、绸等随时酌办，岁无定额；浙江贡物有纱、缎、绫、绸等随时酌办，岁无定额；安徽贡物有明矾 3 千斤，纱、缎、绫、绸等随时酌办；江西贡物有台连纸 100 万张，杉木 380 根；福建贡物有扛连纸 100 万张；湖南贡物有杉木 380 根，山西贡物有生素绢 1200 匹，呈文纸 1 万张，各色大潞绸 100 匹，小潞绸 300 匹；河南贡物有本色棉布 3968 匹；广东贡物有花梨木 14 段、每段 150 斤，藤黄 25 斤；云贵贡物有青红宝石、犀角、玉石等。[图 2]

---

　　①　《清史稿》列传二百九十一，艺术三。网络版《清代史料文献》，书同文古籍数据库合集系统 1.0 第一辑。
　　②　朱晓艳，《由"苏州样、广东匠"引发的思考》，《社会科学论坛》，2013 年 4 期。

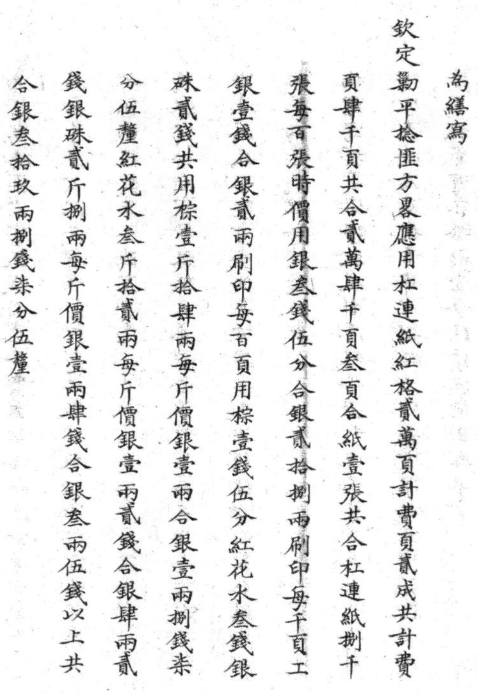

钦定勦平捻匪方暨應用杠連紙紅格貳萬頁計費頁貳成共計費

尚繕寫

頁肆千頁共合貳萬肆千頁叁頁合紙壹張共合杠連紙捌千

張每百張時價用銀叁錢伍分合銀叁拾捌兩刷印每千頁工

銀壹錢合銀貳兩刷印每百頁用棕壹錢伍分紅花水叁錢銀

珠貳錢共用棕壹斤肆兩每斤價銀壹兩合銀壹兩捌錢柒

分伍釐紅花水叁斤拾貳兩每斤價銀壹兩貳錢合銀肆兩貳

錢銀珠貳斤捌兩每斤價銀壹兩肆錢合銀叁兩伍錢以上共

合銀叁拾玖兩捌錢柒分伍釐

图2　《武英殿恭办钦定剿平粤匪捻匪方各用过钱粮奏销数目清册》所用进贡之
"杠连纸"等记载　故宫博物院藏

　　官员有"例供"，人员包括总督、巡抚、将军等地方疆吏，盐政、织造、关差等内务府官员，布政使、按察使等地方官员，还有内廷翰林等京官。所进物料极为丰富，如江南河督"万寿供"包括五色描金绢签300张，五色洒金蜡笺100张；安徽巡抚"端阳贡"包括宣纸50张；休宁县"年供"泥金各色对笺50幅，泾县年供本色宣纸50张，古色宣纸50张；云贵总督"端阳供"有朱砂2匣；两江总督仿藏经纸两次200张，五色泥金蜡笺纸100张，泥金对笺、仿宋蜡笺各100幅，本色宣纸100幅；江苏巡抚进贡有云龙朱笺、五色泥金绢笺、五色蜡笺纸各100幅，朱锭、墨锭各100；江西巡抚有云龙笺 100 张，万年红朱锭、端金锭各 100；浙江巡抚有万年红朱锭、徽墨各 300 锭，湖笔 3 次 1509 枝，泥金蜡笺 50 张，洒金绢笺 300 张，泥金对笺 200 张，大、小潞绸天青、石青、沙蓝、月白、油绿、真紫、艾子、黑、红、黄、绿、酱等色。此外还有南京宁绸、四川川大绸、福建瓯绸和山东茧绸等等。

　　在皇帝赴各地巡视的过程中，还有"迎銮供"。如康熙南巡驻金山时，将军进古董等物，上收古书 4 部。"朕一路来所收书甚多，俱不及你眼力好"。乾隆地南巡时，生员俞埥进《治河方略》，赏缎一匹，貂皮 2 张，大荷包一对。罗学旦进《万寿生生图》，查开进《苏诗补注》，各赏缎 4 匹。李清馥进《唐诗》，赏缎 2 匹。两淮盐政伊龄阿进各色锦缎 100 件，各色妆花缎 100 件，各色纺丝 200 匹①。进贡之举既是礼数，也是难得的"效忠"机会。

　　除了按照官府意愿进贡外，官府的特殊用项还会通过向地方定向采购的方式办理。如镌刻汉文、满文《大藏经》等书所需无结节的整块梨木板，都是派官员赴山东等省采办而来：

　　　　现在需用刊书梨板，约计五六万块，若于京城就近采买，恐难如数购觅，着交直隶、河南、山东三省督抚饬令出产梨木之各州县，照发去原开尺寸，检选干整坚致合式堪用者，……悉依时价公平采买。着三省各先行采办三百块解京，以备刊刻之用，但不得混杂翘裂肿节潮湿等板，以致驳换稽误。其所动价银，统于板片解京时，报明内务府，核定实数，令长芦盐政，于应解内务府银款内，拨解该省归款，毋庸报部核销。该督抚务饬承办之地方官，毋许丝毫勒派，并严禁胥役，不得藉端滋扰。②

　　从上述数例可见，宫廷对于各地的依赖是全方位的，可谓依赖成性，俗称为"成瘾"，离开了各地的支持，就变成一无所有。

二　清廷对各地的全面掌控

　　掌控是指把握、主持、主管、驾驭、控制或遥控等主动的行为。依赖的一方本属被动的一方，如何向被依赖方实施掌控呢？

　　（一）恩威并用

---

　　①　参见何新华，《清代贡物制度研究》，北京：社会科学文献出版社，2012 年。
　　②　《大清高宗纯皇帝实录》卷九一八，二四页，乾隆三十七年十月上。网络版《大清历朝实录》，中国第一历史档案馆。

乾隆三十七年（1772 年）开始下诏采访遗书，因为此前文字狱迭起，民间对此心存疑惧，故收效甚微。次年三月二十八日，乾隆帝又下谕旨，针对民间的疑惧心理进行安抚，鼓励献书：

> 文人著书立说，各抒所长，或传闻异词，或记载失实，故所不免，果其略有可观，原不妨兼收并蓄，即或字义触碍，如南北史之互相诋毁，此乃前人偏见，于近时无涉。又何必过于畏首畏尾耶？朕办事光明正大，可以共信于天下，岂有下诏访求遗籍，顾于书中寻摘瑕疵，罪及收藏人乎？若此番明切宣谕后，仍似前疑畏，不肯将所藏书名开报，听地方官购借，将来或别有破露违碍之书，则是其人有意隐匿收存，其取戾转不小矣。①

针对藏书者的疑惧，乾隆帝以承诺和美言劝其解除顾虑，劝说中又含有威胁，软中带硬。在广泛搜求书籍中，采取了各种措施，一边高价收购，一边对不愿出售的藏书者采取借抄办法，保证归还："民间所有藏书，无论刻本写本，皆官为借抄，仍将原本给还"。在恩威并施之下，各地终于转向积极献书，至乾隆三十九年八月，各省搜访和进献的图书，总数已达 13501 种（包括重本 272 种）。此后在纂修《四库全书》过程中继续搜访，一边查缴一边销毁。从乾隆三十七年开始征书以后的 10 年间，共征得图书 33000 余种。这个征书运动是一场空前绝后的图书流通过程。许多举世罕见或海内孤本在此期出现。后来章学诚称"四库搜罗，典章大备，遗文秘册，有数百年博学通儒所未得见而今可解嘲于馆阁者"②。

奖励官书是经常采取的方式之一。乾隆三十九年上谕奖励进献藏书较多的江南藏书家，对进书为数至五六七百种者：

> 浙江鲍士恭、范懋柱、汪启淑，两淮之马裕四家。着赏《古今图书集成》各一部，以为好古之劝。又进书一百种以上之江苏周厚堉、蒋曾莹，浙江吴玉墀、孙仰曾、汪汝瑮，及朝绅中黄登贤、纪昀、励守谦、汪如藻等，亦俱藏书旧家，并着每人赏给内府初印之《佩文韵府》各一部。俾亦珍为世宝，以示嘉奖。③

马裕除获赏《古今图书集成》一部，装成 520 匣、藏贮 10 柜、供奉正厅外，还获赐《平定伊犁御制诗三十二韵》、《平定金川御制诗十六韵》，并《得

---

① 《钦定学政全书》卷三　采访遗书。文海出版社印行。
② 《章氏遗书》卷九"为毕制军与钱辛楣宫詹轮续鉴书"。
③ 军机处上谕档，乾隆三十九年五月十四日。

胜图》32 幅。

　　"题咏"也是奖励方式之一。凡进书百种以上者，择一部精醇之本，由乾隆帝题咏简端，以示恩宠。如汪启淑获赏《古今图书集成》一部，获赐御题《钱塘遗事》、《建康实录》2 种：

> 　　《建康实录》二十卷　御题诗　甲午
> 　　六朝三百有余年，建业兴衰廿卷传。
> 　　文物风流信有矣，经纶世教或无焉。
> 　　幸洪武始统归一，逮永乐斯都以迁。
> 　　我每孝陵亲奠醑，不禁吊古为凄然。
> 　　《钱塘遗事》十卷　御题诗　甲午
> 　　失策明题去建康，却耽山水便都杭。
> 　　湖边歌舞酣余乐，天外徽钦弃远荒。
> 　　八帝历年才百五，多奸少正致沦亡。
> 　　翻书千古垂殷鉴，漫例飞鸿徒号堂。
> 　　御题诗　戊戌
> 　　遗事钱塘撰一清，兴亡政要纪分明。
> 　　考踪似仕又如隐，致叹为凡与作荆。
> 　　进据失兼失退据，宋泯异更异元泯。
> 　　湖山歌舞依然在，镜古孰非殷监呈。①

　　此外，还有"记名"的奖励方式，在提要中注明采进者或藏书家姓名。《吴越顺存集一卷外集一卷》旧钞本二册记有"清乾隆三十八年两淮盐政李质送到马裕家藏"，《湛然居士集十一卷》三册记有"乾隆三十八年浙江巡抚进呈鲍士恭家藏"，《筠溪牧潜集七卷》一册记有明崇祯汲古阁刊本"乾隆三十八年浙江巡抚进呈鲍士恭藏书"等等②，来源清晰，史册留名，使得献书义举发扬光大。与"题咏"相同，都表示其藏书受到皇帝本人和皇室的重视，为本家族增添了荣耀，有助于提升藏书家的社会地位。

　　（二）征禁并举

　　在征书同时，大规模清理对不利于清朝统治的书籍，全毁、抽毁和删改了大批文献。乾隆三十九至五十七年的十九年中，组织大批检查人员，按禁书来源，分处查办：红本处——办理内阁藏书，办理四库全书处——查办

---

① 　《国朝宫史续编》卷七十八，书籍四　御题。
② 　《萧山朱氏旧藏目录》，朱家溍编，北京：故宫出版社，2014 年。

各省采进之书，军机处——办理各省督抚奏缴进呈的违碍之书，收书局——各省、府、州、县衙门专设。各省均刻有《违碍书目》，除发交书局外，并散给儒学委员及地保等人，使其遍布通行，一体查办。禁毁书籍的数量 3100 余种、151000 多部，销毁书板 80000 块以上①。

再举两个分省统计较详的例子：在福建省，有 40 种左右的闽人著作列入禁毁，销毁版片 3930 块；外省人士著作在闽省被禁毁的有 130 种左右，销毁版片 6533 块；闽人著作在它省被销毁的达到 1400 余部②；在河南省，禁书期间共查缴书籍 5496 部，其中 38 个豫省人士的 65 种著作被销毁和抽毁③。这两个省还不是藏书最多、进书最多的省份。尽管由于档案记载和实际数量有出入，各书的统计结果不同，但都充分说明禁书的范围之广，数量之大，前所未有。

还有一些个人著作遭到禁毁，"重点"人物有吕留良、屈大均、金堡、戴名世、尹嘉铨、王锡侯以及钱谦益等，都是文字狱的受害者，最典型的莫过于王锡侯《字贯》案。王锡侯，江西籍举人，曾编著《唐诗试帖详解》等 10 余种。乾隆四十年刻成《字贯》，被同乡王泷南以《字贯》删改《康熙字典》告发。乾隆帝查阅《字贯》发现，凡例写入玄烨、胤禛、弘历名讳，未避讳，认为大不敬。"此等悖逆之徒，为天地所不容，故使其自行败露，不可不因此彻底严查，传旨立将王锡侯处斩。子孙七人判斩，其他人"充发黑龙江，与披甲人为奴"。"至所有书版及已经刷印成帙者，并着查明解京销毁，并恐此书或有流传各省者，着各督抚留心访查，如有此书刷印本及翻刻板片，均著即行解京销毁"④。江西布政使周克开、按察使冯廷丞以阅看《字贯》未检出悖逆，也获重罪。江西巡抚海成曾在查缴禁书中受嘉奖，此次因失职被革职交刑部究办。《字贯》被查禁后，《康熙字典》无人再敢触犯，也无人再编字典。

故宫博物院现存有文津阁、南三阁《四库全书》撤出本数种，如清江西籍文人周亮工所撰《读画录四卷》，是明末清初画家传记，清乾隆五十二年（1787 年）内府精写文津阁《四库全书》本，装帧也已齐备，因有违碍词语，乾隆五十二年与周亮工的《印人传》、《书影》、《闽小纪》和《同

---

① 黄爱平，《四库全书纂修研究》。

② 参见陈旭东，《清修〈四库全书〉过程中福建采进本与禁毁书概述》，该数据依据《纂修四库全书档案》统计，载《福建师范大学学报》（哲学社会科学版），2006 年 2 期。

③ 高远，《清修〈四库全书〉时河南禁毁书查缴研究》，该数据依据《清代禁毁书目》、《清代禁书知见录》、《纂修四库全书档案》等书统计得出，载《平顶山学院学报》24 卷 3 期，2009 年。

④ 《大清高宗纯皇帝实录》卷一〇四三，乾隆四十二年十月下。网络版《大清历朝实录》，中国第一历史档案馆。

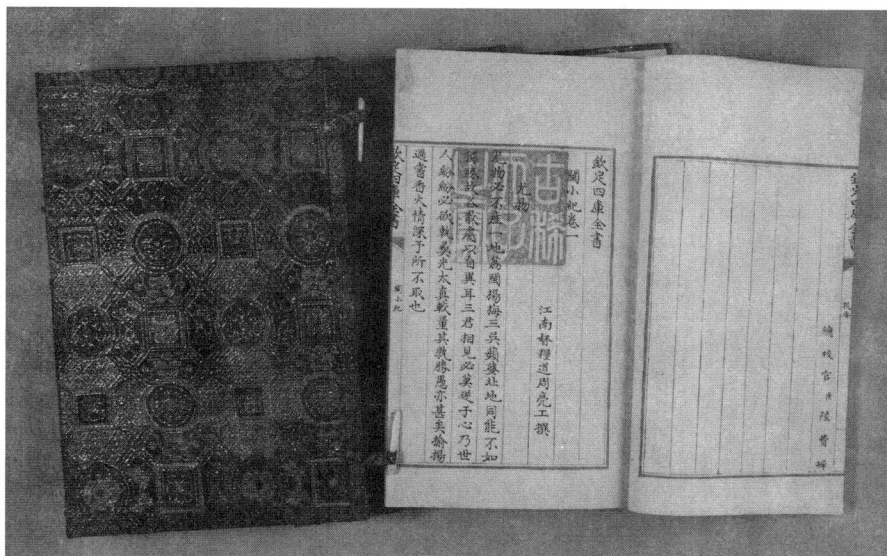

图 3　南三阁《四库全书》撤出本之一：周亮工《闽小纪》　　故宫博物院藏

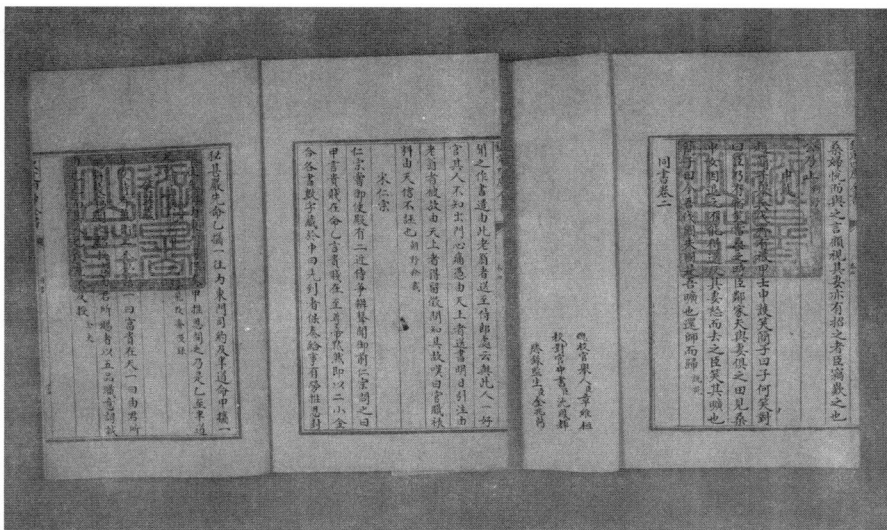

图 4　文津阁《四库全书》撤出本之一：周亮工《同书》　　故宫博物院藏

书》等从《四库全书》中撤出。[图3、图4]

除了文字狱外，还颁布了种种书坊禁律。早在顺治九年就曾题准："坊间书贾，止许刊行理学政治有益文业诸书，其他琐语淫词，及一切滥刻窗艺社稿通行严禁，违者从重究治"①。

康熙二年议准："嗣后如有私刻琐语淫词，有乖风化者，内而科道，外而督抚，访实何书系何人编造，指明题参，交于该部议罪"。康熙二十六年，康熙五十三年，乾隆三年及乾隆十九年等等均有禁例，而且一次比一次严格和详细，"凡坊肆市卖一应淫词小说，在内交八旗都统、都察院、顺天府。在外交督抚等转饬所属官严行查禁，务将书版进行销毁，有仍行造作刻印者，系官革职，军民杖一百，留三千里；市卖者，杖一百，徒三年。该官官弁不行查出者，一次罚俸六个月，二次罚俸一年，三次降一级调用"。这项禁令一直延续到嘉庆以后。清朝统治者禁止通行的书籍，其中确有一些"淫词"，如《肉蒲团》等，但问题在于查禁范围很宽，连白话小说如《水浒传》也在查禁之列。

（三）限制性流通

清康熙十九年（1680），在内务府属下设立武英殿修书处。自康熙以后的一个相当长的历史时期内，清代中央官刻图书主要在武英殿修书处进行。修书处虽隶属于内务府，但每一种书成，都要就印数、发行对象和范围等请旨，采取皇帝直接控制的自上而下的流通方式。

清代内府刻书的编纂有明确的政治目的，这些目的往往是通过施教方式来实现，因而注重图书发行。除宫中陈设、存档、赏赐和留存外，还有若干通行本颁发或售卖到全国各地。乾隆九年奏准，于武英殿修书处下设立通行书籍售卖处，专管通行书籍的发售，并设专人管理②。外发渠道主要有以下几个：

1. 有针对性地颁发"钦定"书籍

对中央各部、监、院及地方各级政府，主要将有关上谕和《大清律例》、《大清会典》及各部则例等有关政书作为施政机关的参考和依据。康熙五十二年，《御纂朱子全书》成书，颁发两京及直省，刊版通行③。康熙五十四年，《御纂周易折中》成书，颁发中外，听其重刻，以广诵习④。

---

① 《钦定学政全书》卷七，书坊禁例。文海出版社印行。
② 陈垣《办理四库全书档案》载：乾隆三十九年六月二十五日总管内务府大臣英廉等奏称："武英殿通行书籍自乾隆九年奏准售卖"。
③ 《钦定学政全书》卷四，颁发书籍。文海出版社印行。
④ 《大清高宗纯皇帝实录》卷一〇四三，乾隆四十二年十月下。网络版《大清历朝实录》，中国第一历史档案馆。

　　清雍正元年奏准，圣祖仁皇帝《钦定孝经解义》一书，颁发直省，刊版通行①。雍正八年奏准，圣祖仁皇帝《御纂性理精义》，书、诗、春秋三经传说汇纂，每省每书各发二部：一部令其重刊流布，一部以备校对②。雍正年间编刊的《上谕八旗》，将皇帝"教训旗人，并因事所降谕旨"汇编成册，编成后"造刻满汉文册，通行八旗发给"，作为办理旗务的指导③。对各级官员，则主要将《御制人臣儆心录》、《钦定训饬州县条规》等作为廉政修身的必读之书。

　　对各府、州、县学、书院等教育机构，主要将一些"钦定"的经史读本和"御纂"的经义、史评之类的书籍，作为教育资料。乾隆元年国子监祭酒杨名时"请颁圣祖《御制周易折中》、《御纂性理精义》、钦定《尚书传说汇纂》、《诗经传说汇纂》、《春秋传说汇纂》各书十六部，储于太学，刊示诸生。[图5、图6]得旨：'杨名时所请书籍，着将武英殿所有者，各种发二十部，余照所请行'"④。又议准，各省督抚于省会书院，并有尊经阁之府州县，应将《十三经》、《二十一史》诸书购买颁发，交与各该学教官接管收贮，令士子熟习讲贯。启动用存公银两，报部查核⑤。乾隆十六年颁发给江南钟山、紫阳、敷文三大书院《十三经注疏》、《二十一史》各一部⑥。为了厘正文体，教育乡试士子，还精选一些乡会试卷，刊刻颁行：

　　　　康熙九年议覆，查乡会墨卷，每一科出，坊贾预先召集多人，造成浮泛不堪文字，假称新科墨卷房行，相沿成习，文体日坏。嗣后每年乡会试卷，礼部选其文字中程者，刊刻成帙，颁行天下，一应坊间私刻应严行禁止。⑦

　　对各省著名寺庙，主要将译刻的佛教经籍供奉其中，供僧侣们研习之用。如乾隆四年刊印的汉文《大藏经》一百余部，奉旨颁发给各地的主要寺庙供奉。乾隆三十六年译刻的藏文、蒙文《楞严经》，奉旨颁发给京师、热河、盛京、新疆等地63所寺庙供奉。其中，热河的普宁寺、安远庙、布达拉庙、

---

①　《大清高宗纯皇帝实录》卷一〇四三，乾隆四十二年十月下。网络版《大清历朝实录》，中国第一历史档案馆。
②　《大清高宗纯皇帝实录》卷一〇四三，乾隆四十二年十月下。网络版《大清历朝实录》，中国第一历史档案馆。
③　《大清高宗纯皇帝实录》乾隆元年六月上，卷二〇，一二页。网络版《大清历朝实录》，中国第一历史档案馆。
④　《清高宗实录》卷十五。
⑤　《大清高宗纯皇帝实录》卷一〇四三，乾隆四十二年十月下。网络版《大清历朝实录》，中国第一历史档案馆。
⑥　《大清会典事例》。
⑦　《钦定学政全书》卷六，厘正文体。

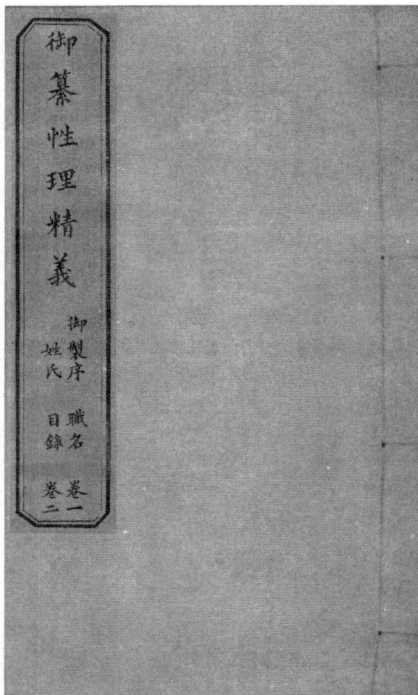

图 5　清廷推广的"钦定"书籍之一：
《御纂性理精义》封面
故宫博物院藏

图 6　《御纂性理精义》内页
故宫博物院藏

普仁寺、普乐寺、普善寺各颁一至二部。

2. 售卖并鼓励地方翻刻"钦定"书籍

每种书籍编印完成后，除宫中陈设、赏赐和留存外，还印制若干通行本，通过颁发或售卖等方式，鼓励各省、坊贾或个人翻印。

翻刻形式主要有两种：一是将殿版书颁发到省一级，由省级机关组织重刻，再由地方官府印行或招募坊贾、个人纳款就板印刷；一是由书坊自行刊刻印刷。

翻刻最早始于顺治初年，康熙至光绪朝均有此类规定。乾隆元年奉上谕：

我皇祖圣祖仁皇帝《御纂周易折中》，《尚书》、《诗》、《春秋》

三经汇纂诸书，直省虽已镌版，但士子赴司具呈俟批，已不免守候；又一人所请止于一部，势难鸠工刷印，是以得书者寥寥。着直省抚藩招募坊贾，自备纸墨刷印，通行售卖，严禁胥吏阻抑需索，但使坊贾皆乐于刷印，则士子自易于购买，庶几家传户诵，足以大广厥传。[①]

近闻书板收贮藩库，士子及坊间刷印者甚少，着各抚藩留心办理，将书板重加修整，俾士民等易于刷印，有愿翻刻者听其自便，毋庸禁止，如御纂诸书内，有为士人所宜诵习，而未经颁发者，着该督抚奏请颁发，刊板流布。至于武英殿、翰林院、国子监皆有存贮书板，亦应听人刷印。[②]

清乾隆四年，山西巡抚觉罗石麟奏请将御刻经史诸书颁发各省，着各抚藩留心办理，将书板重加修整，俾士民等易于刷印，有愿翻印者听其自便，毋庸禁止[③]。

此类奏请及规定尚有很多，说明内府有意扩大殿版书的影响。有的利用武英殿等处存贮的原刻书板刷印流通。如汉文《大藏经》刊颁之后，仍不敷用，为此，内蒙、四川、江南等地寺庙的住持出资雇用原板刷印，自乾隆中期起直至光绪年间，时有所请。再如《全唐诗》、《钦定全唐文》二书都是扬州诗局刊刷进呈内府，书板仍存诗局，官绅之士有愿自备纸墨刷印者，也准其自便。但私人书商、绅士等自愿出资翻刻内府颁发的书籍，虽早已允许，但因工费过大，实际愿意承刻者不多。

售卖流通始于乾隆初年[④]。至乾隆九年奏准，于武英殿修书处下设立通行书籍售卖处，并设专人管理[⑤]。售卖书的来源有二个。一是武英殿专为发卖刷印的通行本：乾隆三年，奏准于学术有益的一些书籍，如《御纂周易折中》、《钦定春秋传说汇纂》、《钦定诗经汇纂》、《钦定书经传说汇纂》等等"外间士子，无不群思观览，照从前颁发《御选语录》等书之例，将武英殿各种书籍，交于崇文门监督存贮书局，准令士子购览，以广见闻"[⑥]。二是武英殿存贮的赏颁或备用的余书与残书。"乾隆七年奏准，武英殿所贮书籍，凡各衙门官员欲买者，由本衙门给咨，赏银到日，即行给发。其非现任之员，及军民人等愿买者，具呈翰林院给咨，赏银到日，一体给发"[⑦]。

①　《钦定大清会典则例》卷六十九。
②　《大清高宗纯皇帝实录》乾隆三年六月上。网络版《清实录》，中国第一历史档案馆。
③　《军机处录副奏折》"文教类"，嘉庆十九年十二月十八日董浩等议覆武英殿办书章程。
④　《军机处录副奏折》"文教类"，乾隆三十八年四月二十六日王际华、英廉、金简奏折。
⑤　《四库全书总目》凡例。
⑥　《钦定学政全书》卷四，颁发书籍。
⑦　《大清高宗纯皇帝实录》卷一〇四三，乾隆四十二年十月下。网络版《大清历朝实录》，中国第一历史档案馆。

普通民众购买武英殿售卖书籍的品目、定价等，在《武英殿售卖书籍清册》等档案中有较为详细的记载①。［图7、图8］

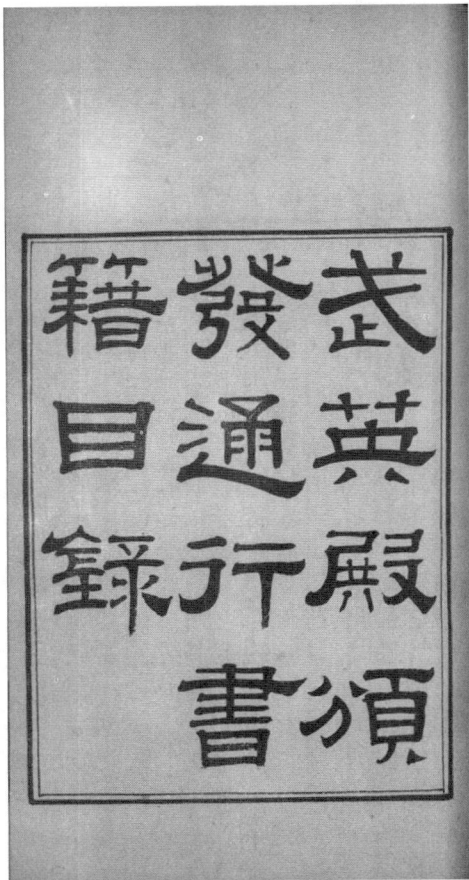

图7　《武英殿颁发通行书籍目录》（无朝年）封面

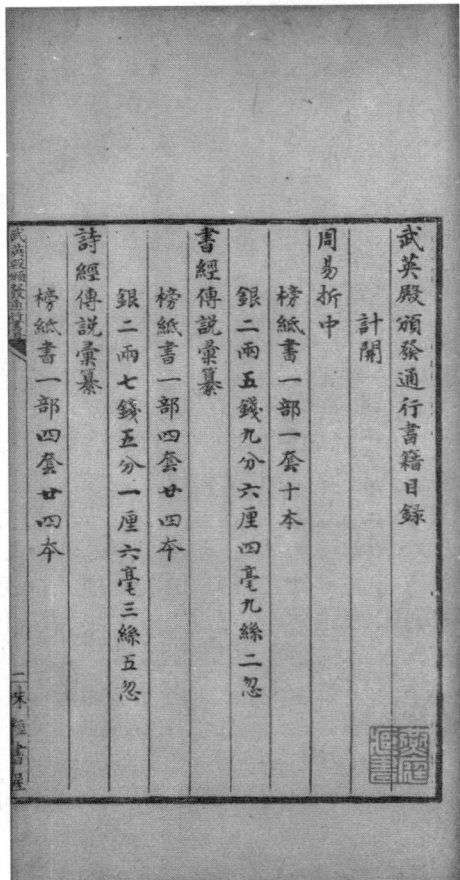

图8　《武英殿颁发通行书籍目录》内页

---

① 《武英殿修书处奏事档》，嘉庆元年至十三年等。见中国第一历史档案馆、故宫博物院编，《清宫武英殿修书处档案》，北京：故宫出版社，2014年。

被列为"御纂七经"的清康熙五十四年武英殿刻本《御纂周易折中》、雍正五年武英殿刻本《钦定诗经传说汇纂》、乾隆十九年武英殿刻本《钦定三礼义疏》等，先后多次被各地翻刻或翻印，又产生了浙江书局刻本、江西书局刻本、崇文书局刻本、江南书局刻本、洪文书局石印本等众多版本，可证"殿本"的导向作用和巨大影响。官方"钦定"经史书和字书等，还以"赏赐"等名义，通过出使清朝的外国使节等传至亚洲和欧洲等地区。

清内府通过上述各种方式，将中央政府编刊的经、史、子、集书籍尽可能发行到全国各地，使其最大限度地发挥作用。流通最广的是四书五经、十三经、二十四史、音韵字书、通鉴纲目、"九通"、会典、则例、朱批谕旨、性理精义、列朝御制诗文集及其他诗文总集、别集，以及丛书、类书等。各阶层人士通过以上各种渠道接触到无缘得见的殿版书，便可以达到统治者所期望的"人人诵习，以广教泽"的目的。

不同的读者对象，灌输不同内容的书籍，如《大清律例》、《大清会典》及各部《则例》等书，主要发至中央各部门及地方各级政府，作为施政参考；《御制人臣儆心录》、《钦定训饬州县条规》等廉政修身的必读书，则主要针对各级地方官员；"钦定"的十三经、二十四史，以及经解、史评等普及读物，通常颁至各省府、州、县学与书院等教育机构。经过严格筛选而成的《四库全书》，除供御览外，还储于人文荟萃的江南三阁，以便士子就近观览。"钦颁"的书籍中，传统的经史著作占了绝大多数，尤以"正经"、"正史"流传最广，几乎传遍全国。这一传统一直延续到晚清：

> 朕（光绪帝）恭读世祖章皇帝《御制劝善要言》一书，仰体天心，特垂明训，精详切实，俾斯世迁善改过，一道同风，实足变浇俗而臻盛化。惟原编祇有清文，特令翻书房加译汉文，发交武英殿刊刻成书。兹据奏刷印完竣，装潢呈览，着每省颁发一部，交各该将军督抚，照式刊发各属学官，每月朔望，同《圣谕广训》一体敬谨宣讲，用示朕钦承祖训辅教牖民之至意。①

上述各项说明，官修书籍主要采取的是自上而下的传播方式，何种书下发，发给哪些重点人群和机构，发至哪一级，是否允许其翻刻等，都由最高统治者决定。清王朝对于图书发行流通的目的是很明确的，他们深知"稽诸史册"的成效和对培养人才、发展学术、裨益教化的重要性，更懂得"稽古右文"、"昌明性理"对于钳制人民思想，巩固统治的关系，因而一而再、再而三的发布上谕，强调各省把这些图书重刊流布，以广诵习，甚至不惜动

---

① 《大清德宗景皇帝实录》卷三百，六页，光绪十七年八月。网络版《大清历朝实录》，中国第一历史档案馆。

用存公银两。

（四）钦颁官方标准

书籍装潢材质和工艺多样、复杂，由制作各种器物的造办处承办。

造办处有匣作、匣裱作、裱作、铜作、木作、镶嵌作、油漆作[1]，等等。"钦定"的装潢色彩和龙、凤图案等，是按照严格的等级制度设计的，制作中不能走样，包括在内务府和送到外地承做机构的活计都是如此。

［彩版 X，图十五］

三　清廷与地方互动的成效

经过清帝连续多年的苦心经营，在各地的大力支持和帮助下，清宫的书籍事业终于取得一系列令人瞩目的成就，可以用"辉煌"两个字来形容。因涉及面广，仅举以下四个方面。

（一）内府藏书从贫乏到雄厚

表一　大内各处藏书[2]

外朝东路	内阁大库、文渊阁、国史馆、实录馆、会典馆、皇史宬等
外朝西路	武英殿各殿、御书处、方略馆等
内廷中路	乾清宫、昭仁殿、五经萃室、弘德殿、端凝殿、上书房、懋勤殿、南书房、摛藻堂、延晖阁、位育斋等
内廷东路	斋宫、钟粹宫、惇本殿、毓庆宫、味余书室、宛委别藏、永和宫、景阳宫、御书房、静观斋、古鉴斋、古董房等
内廷西路	养心殿、永寿宫、翊坤宫、体和殿、咸福宫、长春宫、怡情书史、重华宫、建福宫、静怡轩、延春阁、敬胜斋等
外东路	皇极殿、宁寿宫、养性殿、乐寿堂、三友轩、颐和轩、景祺阁、阅是楼、萃赏楼、景福宫等
外西路	慈宁宫、寿康宫、寿安宫、英华殿等

---

[1]　中国第一历史档案馆、香港中文大学编，《清宫内务府造办处档案总汇》（全55册），人民出版社，2007年。该书为编年体例，时间之下再按各作排列，因此史料比较分散。

[2]　笔者于1999年主持故宫博物院科研课题《清代皇家藏书研究》。依据清代内务府陈设档案，对清代皇家藏书的分布、内容、特点等进行了调查和研究，并编制此表。

皇家苑囿和部分行宫藏书

景山	寿皇殿等
西苑	瀛台、丰泽园、春藕斋、勤政殿、画舫斋等
清漪园 （颐和园）	勤政殿、藕香榭、玉澜堂、夕佳楼、宜芸馆、怡春堂、乐寿堂各处、画中游各处、石丈亭、石舫、香岩宗印之阁、佛香阁等处、惠山园、藻鉴堂、景明楼、凤凰墩等
圆明园	文渊阁、味腴书室、廓然大公、乐安和、随安室、坦坦荡荡等
静明园 （玉泉山）	竹垆山房、开锦斋、翌太和、慈航普度殿、圣因综绘、绣壁诗态、溪田课耕、清凉禅窟、采香云径、峡雪琴音、静益书屋、静怡书屋、风篁清听、如如室、莲华室、创得斋、近青斋、撷翠楼、飞云晸、漱远绿、延绿厅、华滋馆、含晖堂、镜影涵虚、空翠岩、云外钟声、碧云深处、无尽意轩、该庙斋、丛云室等
静宜园 （香山）	多云亭、绿云舫、绿筠深处、横云馆、青未了、栖云楼、凭襟致爽、翠微山房、洒兰书屋、林天石海殿、对瀑殿、得一书屋、琢情之阁、山阳一曲精庐、怀风楼、郁阳阿、香岩室、太虚室、重翠埯、玉华岫、溢芳殿、烟霏林秀、情赏为美殿、乐此山川佳殿、得趣书屋、倚吟殿、泽春轩、聚芳图、敷翠轩、丽瞩楼、学古堂、正凝堂、畅风楼、丽瞩楼、霞标磴等

热河 行宫 （避暑山庄）	文津阁、前宫各殿（烟波致爽、四知书屋等）、绥成殿各殿、旃檀林各殿、有真意轩各殿、梨花伴月各殿、慧迪吉各殿、永佑寺各殿、清溪远流各殿、山近轩各殿、千尺雪各殿、广元宫各殿、霞标各殿、青斋各殿、碧静堂各殿、宜照斋各殿、西峪各殿、环碧各殿、松鹤清樾各殿、春好轩各处、瀑布各殿等
盘山 （天津）	静寄山庄、四面云山、池上居、养虚斋、太古云岚、智仁乐处、天岩云秀等
汤泉行宫	惠泽阁、石髓苓芬殿、瞻睎烟云殿、水镜秋霜殿、渊清玉洁殿、澜碧殿等

以上藏书，按其功用，可归为四大类：一为秘藏，主要用于传承，以清内府编纂的《实录》、《圣训》、《玉牒》为主；二为特藏，主要是"天禄琳琅"、"五经萃室"等，以各地进献的善本为主；三为专藏，以《四库全书》、《四库全书荟要》等某一大书为主，这些大书是以各地进献书籍为底本编成的；四为综合性藏书，包括政务场所、书房、书馆、书库、官衙等的藏书，按不同的用途配书，各地进献书和官纂书兼有，品种多，实用性强。如同是政务场所，乾清宫收藏政书、《古今图书集成》、清帝列朝诗文集及谱牒、档案等约 2 万册。热河行宫"前宫各殿"陈放《古今图书集成》一部，《皇舆全图》、《春秋左传》、《佩文韵府》、《翻译三国志》等近万册。清漪园"勤政殿"，收藏《古今图书集成》，以及《纪事本末》、《仪礼郑注》等书，约 6000 册。宁寿宫是乾隆帝归政后的尊养之处，书籍品类在 700 余部。毓庆宫是光绪帝的书房，藏书 450 余种、6300 余册。[图 9、图 10]

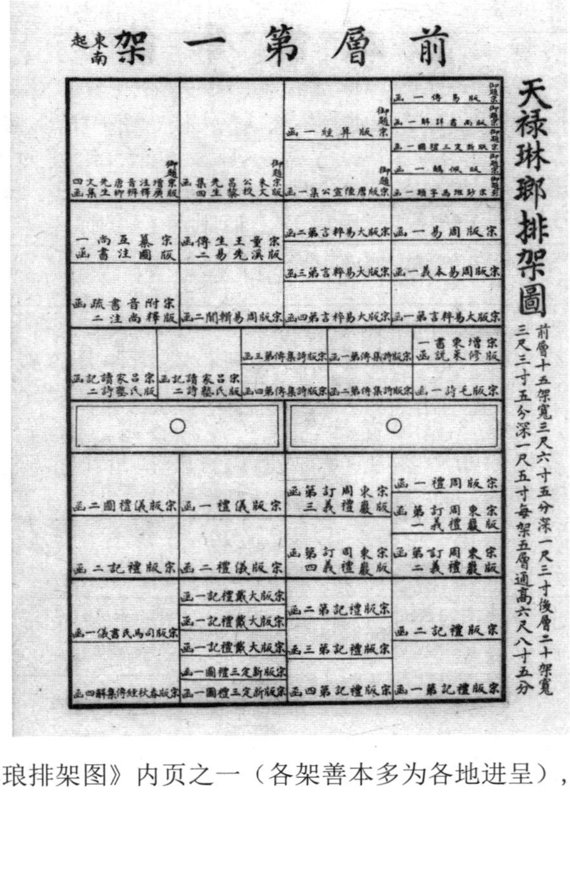

图 9 《天禄琳琅排架图》内页之一（各架善本多为各地进呈），故宫博物院藏

图 10　文渊阁内景

（二）内府编纂成果丰硕

　　清内府以丰厚的藏书为基础，新编大量书籍，数量在千种以上，以"汇纂"类的大部头书籍居多，编纂、辑佚和校订诸项工作并行，征引书籍极为丰富。如《全唐诗》以明胡震亨所编《唐音统签》和清初季振宜据钱谦益旧稿补订编撰的《唐诗》为底本，与社会上一些通行的唐诗选本参互校勘，并旁采残碑断碣、稗史杂书之所载，补苴所遗，凡得诗四万八千九百余首，二千二百余人，遂使唐三百年诗人菁华，咸采撷荟萃于一编之内。再如《全唐文》，是在清内府旧藏缮本《唐文》160 册的基础上，参辑《四库全书》中的唐文别集，抄撮《文苑英华》、《古文苑》、《唐文粹》、《崇古文诀》、《文章辨体汇选》等多种总集，又钩稽《永乐大典》中的单篇残段，广搜史子杂家记载和金石碑刻资料而成。再如《佩文韵府》各韵字头 12000 余，词藻六、七十万条，每一词藻下征引一至数十条不等；《康熙字典》收单字 46000 余个，因此多是旷日持久的大"工程"。《清文翻译全藏经》的译刻持续了近 20 年，《古今图书集成》历时 7 年，《佩文韵府》历时 8 年，《骈字类编》历时 7

年。大部头书籍居多,千卷至万卷的有10余部,300至900卷的有20余部,50卷至300卷的有200余部①。可见,藏书品种丰富与编纂成果丰硕呈正比关系。

（三）文治成果在各地普及

由于统治者倡导,各地翻刻清内府书籍品种自清中期以后渐多。清晚期又新增大量刻本、石印本和铅印本。如应用最广、翻刻最多的《康熙字典》,有清善成堂、湖北崇文书局等翻刻本多种。被列为"御纂七经"的清康熙五十四年武英殿刻本《御纂周易折中》、雍正五年武英殿刻本《钦定诗经传说汇纂》、乾隆十九年武英殿刻本《钦定三礼义疏》等书,先后多次被翻刻或翻印,产生了浙江书局刻本、江西书局刻本、户部刻本、崇文书局刻本、江南书局刻本、洪文书局石印本等众多版本②。一大批官修书籍的编纂、刊刻发行和广泛传播,对当时的文化发展起到主导和普及作用。[图11、图12]

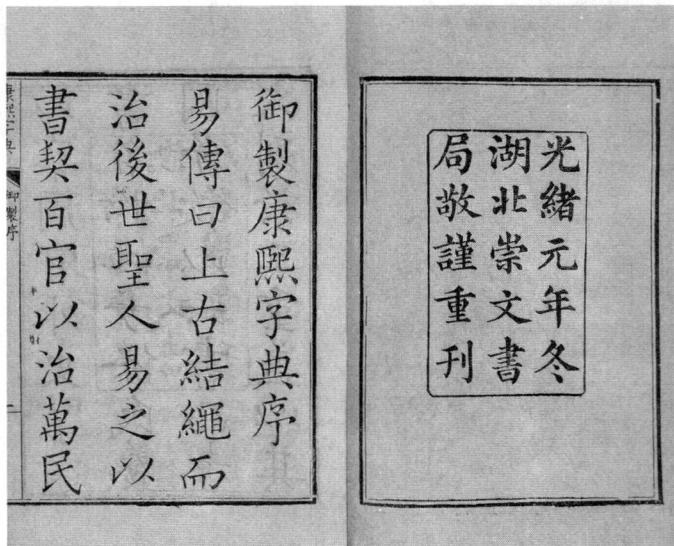

图11 清光绪元年湖北崇文书局重刻内府本《康熙字典》

---

① 据故宫博物院图书馆、辽宁省图书馆,《清代内府刻书目录解题》统计,北京:紫禁城出版社,1992年。

② 据笔者2012、2013年陆续对河北、山西、湖南、湖北、安徽、广东、辽宁等省的省图书馆藏古籍目录的调查所得。

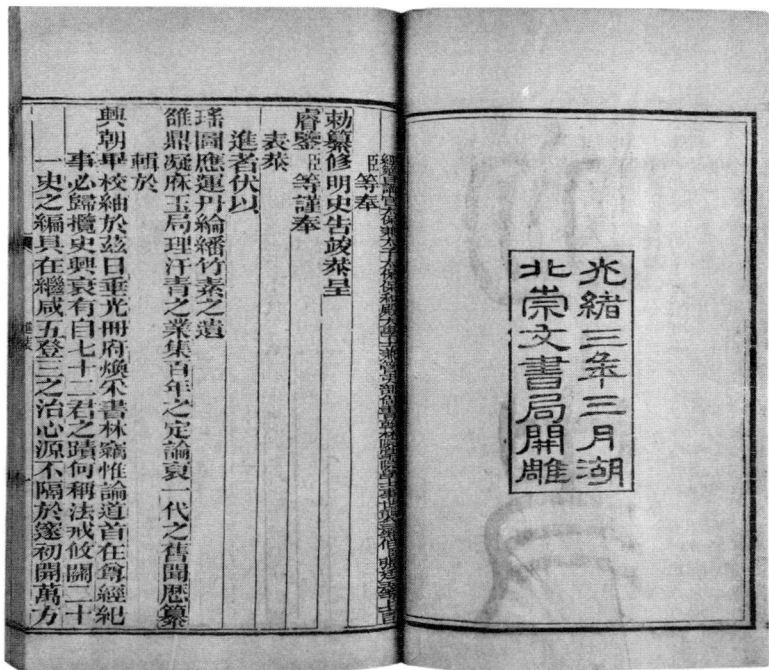

图 12　清光绪三年湖北崇文书局重刻内府本《明史》

（四）书籍制作技艺精湛

依靠各地能工巧匠的才艺，内府书籍的写刻、印刷、装订、装潢等技艺得到全面发展。单项的印刷技艺如单色雕印达到近乎完美的程度，彩色套印更加精准，木刻版画题材创新并出现巨幅连环作品，铜、木活字摆印均达到空前规模和水平。此外，还匠心独运地将各种印刷技艺综合运用，如单色印刷加套色印刷，活字印刷加套色印刷，诗文配版画，诗文配指画，因书籍内容和档次而异，达到理想的观览效果。内府书籍也因此形成精雕细刻，纸墨优良，字体疏朗，版面宽大，绘刻印俱佳的版本风格①。

在内府书籍的装订、装潢方面，更是极尽天下之能事。装帧形制多样化，线装、包背装、梵夹装、经折装、卷轴装等，各种主流形式和非主流形式搭配运用，几乎囊括古代所有的书籍形式，既增加阅读乐趣，还令人发怀古之幽情。用于装帧、装潢、装具的材质有纸张、布帛、木材、金属和各种宝玉

① 朱赛虹等，《中国出版通史》（清前期卷），中国书籍出版社，2008 年。

石等。如为清乾隆四十六年德勒克四体写本《文殊师利菩萨赞佛法身礼》所配"铜镀金花丝镶嵌经盒"，既应用掐、填、攒、焊、堆、垒、织、编等花丝工艺，还应用挫、锼、捶、闷、打、崩、挤、镶等镶嵌工艺，镶嵌的珠宝有珊瑚、珍珠、青金石、绿松石和碧玺等。〔彩版 X，图十六〕再如《清文翻译全藏经》（满文大藏经）的装潢，综合运用了制纸、雕印、托裱、木雕、髹漆、织绣、彩绘等多种工艺。一个个技艺精湛的书籍装具，就是一件件无与伦比的艺术杰作，为书籍增添了极大的艺术欣赏性，给人带来无限的精神享受①。这固然有清帝尤其是康熙和乾隆帝的大力倡导，但要完整地践行其理念、做法和技术等，每个环节都离不开各地的大力帮助。

金简在主持印制丛书《武英殿聚珍版书》138 种的过程中，著有《武英殿聚珍版程式》一书，记述印造经过，内容详备，成为中国活字印刷史上一部具有里程碑意义的专著。在官府的大力倡导下，《武英殿聚珍版书》发到东南五省，准其翻刻，各地遂纷纷仿效，以诗文集居多。其他如绍兴府、常州府、徽州府等地的印制的几千种家谱，十之七、八为木活字本。木活字印刷术在中国古代应用之盛况，仅次于雕版印刷。

四　清廷与地方互动的特点

（一）宫廷对地方的依赖无所不在

官府与地方的互动，从清初开始一直延续到清末，与清朝统治相始终。辐射地域范围广泛，几乎遍布全国的所有省份，形成一个网络般的庞大的支持系统。清廷以有限的书籍、金钱和荣誉性奖励，换取到各地的无限帮助，如愿以偿地得到各项所需，包括构建书籍事业所需的三大资源：富足的书籍、众多的人才、齐备的物料。处于无忧状态中的清王朝，便会滋生出"天朝物产丰盈，无所不有，原不籍外夷货物以通有无"②的自闭心态和"万事不求人"优越感。

（二）各地支持力度与其发达程度成正比

各地对于宫廷书籍事业的支持力度大小不同，与其政治、经济、文化是否发达密切相关。

---

① 朱赛虹，《别有洞天：乾隆时期书籍艺术中的"十全"意象》，《护帙有道——古籍装帧展览》，台北故宫博物院，2014 年。

② 梁廷楠，《粤海关志》，《近代中国史料丛刊》第二辑，台湾文海出版社，1966 年。

今天下财货聚于京师，而半产于东南，故百工技艺之人，亦多出于东南，江右为伙，浙、直次之，闽、粤又次之；西北多有之，然皆衣食于疆土，而奔走于四方者亦鲜矣。①

这段言简意赅的话语，大体反映出地域和省份的排列状况。在各方面对宫廷支持力度最大的是浙江、江苏、安徽、江西等省，边远地区无疑最小。

（三）宫廷反客为主的掌控

作为互动的双方，宫廷作为依赖方原本处于被动地位，地方作为被依赖方原本处于主动地位，但在封建统治中，这种互动却以帝王的意志为主导，以清廷的各种特权为手段，以满足皇家需求为目的的方式而扭曲地进行着。各地都围绕"宫廷"这一"轴心"，形成众星捧月式的、有求必应的"反客为主"的互动态势，被依赖方反而处于迫不得已的被动地位了。皇帝初颁"谕旨"征书时，献书并不踊跃，加上隐含"威逼"的语句后，就带有了"献也得献，不献也得献"的强迫，进书成效果然大为改观，这足以说明献书并非出于自愿，而是出于无奈的被动之举了。反复劝献，到手的书一直不发还，此时的征书甚至带有"掠夺"性质，只不过因为采取了一些奖励措施，使得这种"掠夺"看起来不那么赤裸裸，而是被双方有来有往的互动掩盖了。

（四）宫廷与地方的互动并不对等

在皇权的支配下，宫廷与地方看似公平的互动，既有相得益彰之处，也有很多不对等之处。显而易见的差别是，宫廷的利益达到了最大化，而地方在很多方面得不偿失。在中古时期，书籍数量并不丰富，官府开出的条件相对优厚，如唐代凡国史实录给钱买下，官书呈交一部加官一级，一卷书赏给绢 10 尺。五代十国时期，进书 300—400 卷，全本，质好，每呈交 100 卷，选士加一级，或记功，或减一级处分。进书 300 卷，授试官。凡交书者，给予官爵。元代，凡献书者给一官。到了清代，书籍品种和数量达到历代之最，而统治者的"文治"规划和需求也更大，物以多为贱，对献书者的奖励力度便大大降低了，一部官书便可抵五、六、七百部不同的私家藏书，况且许多家藏善本献书后，乾隆帝并未像许诺的那样归还本人，这对尽其一生精力和财力甚至世代聚书的藏家来说，得不偿失显而易见。笔者曾经观摩过乾隆帝赐予范氏天一阁的《古今图书集成》，是一部还未装书衣的"毛订本"，终日密闭在楼上的"宝书橱"中，不知这难得的"荣耀"和这部类书的内容，能否补偿天一阁失去 602 种书籍的遗憾？能否弥补天一阁藏书业已形成的地

---

① 张瀚，《松窗梦语》卷四，《明清笔记丛书》，上海古籍出版社，1986 年。

方特色？不对等的互动能够不断持续，并与清朝统治相始终，应该归因于封建制度本身。

（五）宫廷与地方书籍事业非同步发展

以书籍套印来说，明代各地的套印技术已经盛行，尤以闵氏、凌氏家族等成就最突出，刻印了几百种套印书籍，二色、三色、四色皆有，但不知何故，这一技艺并未被明内府所采纳。而清内府不但采用，还加以改良，选择性地应用到文学艺术书籍中，使得套印技术比明代更加成熟和精湛，呈现出比闵、凌氏刻本更好的艺术效果，此时已到了清代中期，而民间套印的水平还不及明代[①]。宫廷版画也在康熙和乾隆时期异军突起，大大晚于明代盛期[②]。

（六）宫廷的集群优势得以充分发挥

分散在全国各地的私家藏书、民间能人、各地特产，仅仅体现一地、一己的局部特色和优势。汇聚到宫中以后，得到统一调配和组合，便以集群的互补优势，构成代表一个国家、一个时代的综合实力和水平。"天禄琳琅"集合了众多藏书家的众多善本，无论是"皕宋楼"还是"百宋一廛"等，均不及"天禄琳琅"丰富，在版本优势之外，内容方面也构成较为完整的四部分类体系[③]。

（七）互动成果因主导者不同而相差悬殊

清宫书籍事业的发展，各朝并不均等。在同样拥有安定的社会环境、至高无上的皇权的客观条件下，帝王之间的个人差异，包括成长经历、在位长短、文化修养、思维模式、政治抱负、进取精神、兴趣爱好等等的不同，导致其实际作为大有不同。康熙、乾隆两朝与各地的互动频繁，引进各地精神文明与物质文明的成果数量最多，书籍事业的发展更为昌盛。

---

① 朱赛虹，《记清内府"套印本"——兼述古代套印技术的后期发展》，《故宫博物院院刊》1992 年 4 期。
② 朱赛虹，《异军突起的清宫木版画》，《中国版画全集》"清宫版画卷"，北京：故宫出版社，2008 年。
③ 清官修《钦定天禄琳琅书目》、《钦定天禄琳琅书目后编》，清乾隆、嘉庆内府精抄本。

参考文献

古籍档案

《丫髻山行宫内陈设铺垫字画对帐幔绸毡帘锡铁木器等项清册》，清嘉庆二
　　年十一月内府抄本。

《丰泽园陈设档》，清光绪九年内府抄本。

《天禄琳琅排架图》，民国年故宫博物院影印本。

《内务府陈设档·静怡轩木器钟表书籍路设陈设帐》等，清宣统七年六月内
　　务府抄本。

《内阁大库书档旧目》，清抄本。

《内阁库存诏谕碑版舆图目一卷书目三卷》，清抄本。

《壬子文澜阁所存书目五卷》，浙江公立图书馆编刻。

《长春宫书目录》，清宣统末年内府写本。

《文宗阁四库全书装函清册四卷》，清抄本。

《方略馆书籍簿不分卷》，清光绪十年抄本。

《古董房书目》，清内府写本等。

《北海各殿座库存陈设档》，清同治十三年内府抄本。

《白涧行宫内陈设铺垫毡帘帐幔字画锡铁木器等项清册》，清嘉庆二年十一
　　月内务府抄本。

《宁寿宫书目》，清光绪年内府写本。

《会典馆档案》、《实录馆档案》、《方略馆档案》相关部分，清内府写本。

《安毓庆宫书房书目》，清内府写本。

《江南征书文牍》，载俞天舒编《黄体芳集》，温州文献丛书卷三，上海社
　　会科学院出版社，2004 年。

孙树礼、孙峻，《文澜阁志》，清光绪二十四年刻本。

《汤泉后宫各所陈设铺垫等项物件清册》，清乾隆三十八年内府抄本。

《汤泉宫内各所现设铺垫帘木器毡竹帘等物清册》，清道光十九年内府抄本。

《军机处录副奏折·文教类》乾隆朝。

《寿皇殿东库存收书籍等项清册》等，清光绪年、宣统年内府抄本。

《寿康宫等处书籍挂轴手卷册页数目清册》，清乾隆年内府钞本。

杨立诚，《文澜阁书目索引》，浙江公立图书馆 1929 年铅印本。

《国史馆全宗档案》，"编纂"第 524 号。

《国朝宫史》、《国朝宫史续编》书籍卷，北京古籍出版社校点本，1994 年。

《怡情书史书目录》，清内府写本。

《查清通行库书籍数目册》，清内府写本。

《春藕斋陈设档》，清光绪九年内府抄本。

《南海各殿座库存陈设档》，清同治八年内府抄本。

《咸福宫等处书目》，清内府写本。

《昭仁殿书目录》，清宣统内府抄本。

《昭仁殿陈设档案》，清乾隆六十三年十月四日内府抄本。

《钦定大清会典》礼部·进书，清嘉庆年武英殿刻本。

《钦定四库全书荟要分架图不分卷》，清嘉庆年内府写本。

《钦定礼部则例》卷八，清乾隆朝武英殿刻本。

《重华宫书目》，清光绪年内府抄本。

《重华宫各殿新书帐》，清同治二年抄本。

《皇史宬全图》，清乾隆年内府绘本。

《皇史宬书目》，清内府钞本。

《皇史宬金匮图》，清内府绘本。

《养心殿陈设书目排架图》，清嘉庆年内府抄本。

《养性殿书目》，清内府写本。

《养性殿陈设书目排架图》，清内府朱格抄本。

《宫中现行则例》典故，清光绪年武英殿刻本等。

《热河园内各处存收陈设书籍手卷册页铜佛等项清档》，清同治五年内府抄本等。

《桃花寺陈设铺垫帐幔字画锡铁木器一应等项清册》，清嘉庆二年十一月内府抄本。

《高宗御制诗》，清光绪年内府铅印本。

《斋宫陈设书目》，清内府写本。

顾庚，《钦颁文澜阁四库全书书目清册》，清嘉庆二十五年抄本。

（圆明园各处 注：自拟）《……书籍册页陈设清册》，清内务府抄本。

《黄新庄行宫内陈设总册》，清乾隆五十五年内府抄本。

《乾清宫东西暖阁陈设圣训实录格式》，清光绪年内府抄本。

《乾清宫等处书目》，清光绪年内府抄本。

《盛京文溯阁恭贮书籍数目清册》，清光绪二十九年内府抄本。

《盛京西七间楼恭贮书籍墨刻等项清册》，清光绪二十九年内府抄本，等。

《盛京崇谟阁尊藏实录圣训总册》，清光绪二十九年内府抄本。

《盘山行宫收存书籍清册》等，清嘉庆二年十一月、光绪七年内府抄本。

《清热河避暑山庄各殿宇陈设书籍目录》，《图书馆学季刊》八卷一期，1934年。

于敏中等，《钦定天禄琳琅书目十卷》，清乾隆年内府抄本。

《清实录》，中华书局影印清内府精抄本。

清世宗胤禛，《清圣祖实录·御制序》，清乾隆年内府精抄本。

清室善后委员会，《故宫物品点查报告》（全六编，二十八册），民国十九年故宫博物院铅印本。

彭元瑞等，《天禄琳琅书目后编二十卷》，清嘉庆年内府抄本。

（清漪园各处 注：自拟）《……书籍册页陈设清册》，清内务府抄本。

《隆福寺呈造行宫内陈设铺垫帐幔字画锡铁木器一应等项清册》，清乾隆四十七年十一月内府抄本。

《景阳宫陈设书目排架图》，清嘉庆年内府抄本。

《御书房古鉴斋景阳宫静观斋书目》，清内府写本。

《翔凤阁存贮宫殿各宫并文溯阁、夏园、广宁行宫陈设器物清册》，清道光
　　年内府抄本。

《静明园各处库存书籍册页陈设清册》，清内府抄本。

《毓庆宫书目》，清咸丰年内府写本。

《懋勤殿书目》，清光绪年内府抄本。

《瀛台陈设档》，清光绪九年内府抄本。

今人著述

中国营造学社，《文渊阁藏书全景》，1936 年北平中国营造学社影印本。

叶德辉，《书林清话》，中华书局，1957 年。

《四库采进书目》，商务印书馆 1960 年版。

王冶秋，《琉璃厂史话》，三联书店，1963 年。

永瑢等，《四库全书总目》，中华书局，1965 年。

乔衍琯、张锦郎编，《图书印刷发展史论文集》，文史哲出版社，1975 年。

乔衍琯、张锦郎编，《图书印刷发展史论文集续编》，文史哲出版社，1979 年。

吴晗，《江苏藏书家史略》，中华书局，1981 年。

孙殿起，《琉璃厂小志》，北京古籍出版社，1982 年。

陈登原，《古今典籍聚散考》，上海书店，1983 年。

国史馆，《清史列传》，中华书局，1987 年。

魏隐儒，《中国古籍印刷史》，印刷工业出版社，1988 年。

张秀民著、张树栋编，《张秀民印刷史论文集》，印刷工业出版社，1988 年。

张秀民，《中国印刷史》，上海人民出版社，1989 年。

黄爱平，《四库全书纂修研究》，中国人民大学出版社，1989 年。

李致忠，《历代刻书考述》，巴蜀书社，1990 年。

来新夏，《中国古代图书事业史》，上海人民出版社，1990 年。

王惠洁，《沈阳故宫藏书浅记》，《图书馆学刊》1990 年 5 期。

章乃炜，《清宫述闻》，紫禁城出版社排印本，1990 年。

吴兆清，《清代造办处的机构和匠役》，《历史档案》1991 年 4 期。

高翔，《康雍乾三帝统治思想研究》，中国人民大学出版社，1995 年。

樊美珍、冯春生，《＜四库全书总目＞著录底本来源统计》，《上海高校图
　　书情报学刊》，1995 年 2 期。

张绍勋，《中国印刷史话》，商务印书馆，1997 年。

中国第一历史档案馆，《纂修四库全书档案》，上海古籍出版社，1997 年。

谢水顺、李珽，《福建古代刻书》，福建人民出版社，1997 年。

赵尔巽等，《清史稿》，中华书局，1998 年。

彭斐章主编，《中外图书交流史》，湖南教育出版社，1998 年。

徐苇，《清乾隆年间江西禁毁书查缴始末研究》，《江西图书馆学刊》，
　　1999 年 4 期。

李瑞良，《中国古代图书流通史》，上海人民出版社 2000 年。

叶树声、余敏辉，《明清江南私人刻书史略》，安徽大学出版社，2000 年。

郑士德，《中国图书发行史》，高等教育出版社，2000 年。

傅旋琮、谢灼华，《中国藏书通史》，宁波出版社，2001 年。

肖东发，《中国图书出版印刷史论》，北京大学出版社，2001 年。

李文藻，《琉璃厂书肆记》，中国文史出版社，2001 年。

张树忠，《四库全书与扬州》，《图书馆杂志》，2001 年 1 期。

汤华泉，《徽州人与＜四库全书＞》，《徽州史学》，2001 年 3 期。

肖东发，《中国图书出版印刷史论》，北京大学出版社 2001 年。

赵维国，《乾隆朝禁毁戏曲曲目考》，《文献》，2002 年 2 期。

任继愈主编，《中国藏书楼》，辽宁人民出版社，2002 年。

冯春生、柳斌，《〈四库全书〉经部底本来源分析》，《图书馆工作与研究》，2003 年 3 期。

宋原放主编，《中国出版史料古代部分》，湖北教育出版社，2004 年。

中国第一历史档案馆、香港中文大学文物馆，《清宫内务府造办处档案总汇》（全 55 册），人民出版社，2005 年。

江庆柏，《〈四库全书〉地方采进本的地域性问题》，《图书馆杂志》，2007 年 8 期。

张力，《清代乾嘉二帝褒奖的藏书家鲍廷博》，《图书馆杂志》，2008 年 12 期。

"谁在利用谁?"
——清代北京的欧洲人、追求逸乐和政治性馈赠

[意大利] 梅欧金[*]　著

关笑晶　译

前　言

赵翼（1727—1814）为 18 世纪下半叶清廷重臣，曾任职于军机处。在他记载朝廷行政事务及京师生活的杂记中，记录了其时北京高官对西方奢侈品嗜好的风行。在简短的"钟表"条目下，赵翼强调了它们的精准和异国风情：

> 自鸣钟、时辰表，皆来自西洋。钟能按时自鸣，表则有针，随晷刻指十二时，皆绝技也。[图 1 、图 2]

随之，赵翼不仅褒扬了西方计时器的精确性，且对西方演运天象、推

---

[*]　Eugenio Menegon, 美国波士顿大学历史系。

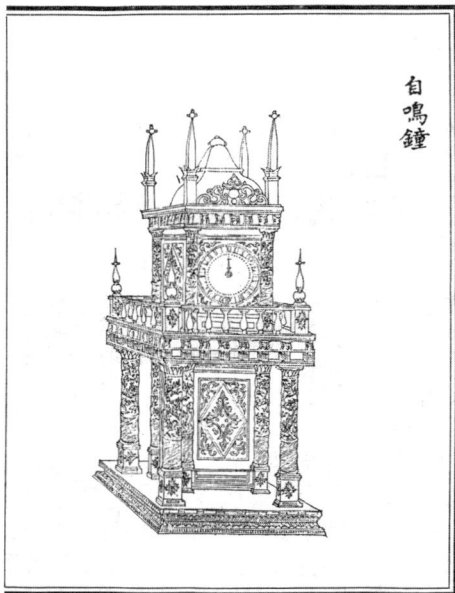

图 1　赵翼提到了其时代里流行的两类计时工具。其一称为"自鸣钟"。此图为著名的大自鸣钟的版画，实物现存于北京故宫博物院。参见《皇朝礼器图式》（1766）卷三·仪器，第 78 页，《四库全书》本，转引自曲延钧主编《中国清代宫廷版画》，合肥：安徽美术出版社，2002，第 515 页。

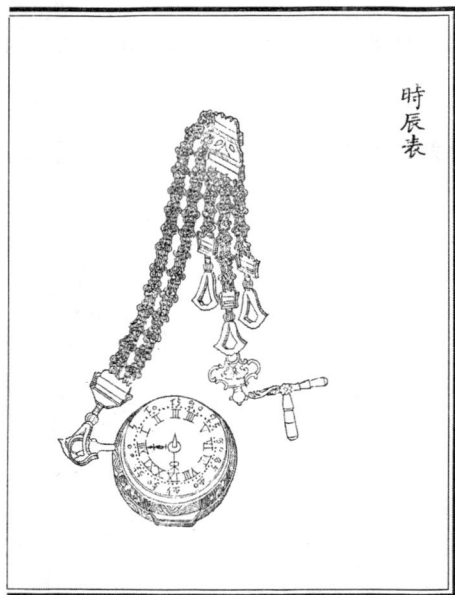

图 2　赵翼所提及的第二种计时工具为"时辰表"。目前北京故宫博物院内还收藏有若干件乾隆年间的欧式怀表。本图参见《皇朝礼器图式》卷三·仪器，第 81 页，《四库全书》本，转引自曲延钧主编《中国清代宫廷版画》，合肥：安徽美术出版社，2002，第 519 页。

算时辰的"办法"，也加以称赞。他认为西方计时之法较中国旧有之法技高一筹，且除了中国之外，亦有"伏羲和黄帝"之类圣贤的存在：

> 钦天监中……多用西洋人，盖其推算比中国旧法较密云。……西洋人远在十万里外，乃其法更胜，可知天地之大，到处有开创之圣人，固不仅羲、轩、巢、燧已也。……

然而，对外国技术非同寻常的夸赞后，赵翼立即适度收笔，而幽默地转向了由于外国工艺的局限性和过度依赖西洋之物产生消极后果的思虑中：

> 钟表亦须常修理，否则其中金线或有缓急，辄少差。故朝臣之有钟表者，转惧期会，而不惧者皆无钟表也。傅文忠公家所在有钟表，甚至傔从无不各悬一表于身，可互相印证，宜其不爽矣。一日御门之期，公表尚未及时刻，方从容入直，而上已久坐，乃惶悚无地，叩首阶陛，惊惧不安者累日。[①]

赵翼的困扰态度来自于他意识到，大学士傅恒这样因钟表故障而狼狈迟到的朝臣官员，这些时髦人士拥有最新潮的西方玩意儿，确实象征着社会地位、财富和奢侈的生活，但实际上他们却是受制于变化莫测的钟表滴答声的人质。此外，在他看似乐在其中的观察里，提到了傅恒此类的高官实则依赖于其府中家佣，他们负责时钟的校对和修理，也许还包括提醒主子按时上朝。

这些趣谈为我们揭示了以下三者的关系：第一，西方奢侈商品（它们是富裕逸乐生活的标志，以及具有超凡品味、富有和社会关系的象征）；第二，嗜好且有财力购买这些商品的精英主顾；第三，为主人管理这些奢侈物品的非精英群体（例如官员家人）。如同傅恒一般，让他所有的家仆拥有钟表，可在宾客和熟人面前显露自己的财富和权势，同时给自己下属带有不同价值标志的奖励，以显示他在朝廷的威望及社会接触之多元。赵翼在此例子中似流露出这些朝廷高官对财富和权利使用不妥之意，并且，他暗示了主人的权势实际上因依赖于制作和维修钟表的工匠和负责其运转的家佣而被弱化。

此则来自赵翼的趣闻提供了清廷贵胄对奢侈品和逸乐生活嗜好的较好分析切入点，且使得分析精英消费者和商品工匠之间的复杂权利关系成为可

---

① 参见赵翼，《簷曝杂记》，卷二，《瓯北全集》，滇南唐氏，光绪 3 [1877]，二十九册，页十五。文中所用名字傅文忠为傅恒之谥号。另参见 Beatrice Bartlett, *Monarchs and Ministers. The Grand Council in Mid-Ch'ing China, 1723-1820,* Berkeley: University of California Press, 1991, pp. 209-210; Catherine Pagani, *Eastern Magnificence and European Ingenuity: Clocks of Late Imperial China,* Ann Arbor: University of Michigan Press, 2001, p. 94。

能。奢侈物品①不仅仅是购买、定制或交换它们的精英成员财富和权力的表达②，亦是制修与维护人员以及参与到奢侈品生产交换环节的媒介手中的筹码。这些奢侈物品不只具有经济价值，而实际上它们亦是打通多元社会网络和扩大影响力的关键节点。奢侈品的买家将其看做地位身份的标志，利用它来保护自己的权势并对同僚和属下发挥影响作用。然而，奢侈品的制造者和管理者，在物品交换过程中亦可施加影响。他们的劳力和技术的回馈不仅是物质奖励或金钱，更为重要的是，他们有可能受到的长期恩惠和庇护，这是在其他任何经济交易中求之不得的裨益。这种属性只有像机械钟表、手表或西方风格的油画等特殊商品才具备，因为它们只有特定的工匠和艺术家才能制作、修理和有序地维护。这些奢侈物品的社会价值并不单来自于消费或定制人的渴望，也来自于制作和提供多样化商品、规范与物品相关的文化行为的工匠群体，而他们则代表着一种享有盛名的知识体系。举钟表为例，如同赵翼暗示的那样，西方的钟表不但计时精确，也是西方文化知识的象征，这与中国本土类似的知识相较，更胜一筹。

作为品味的仲裁者以及定制奢侈物品圈中最尊贵的主顾，皇帝及其皇室（特别是在乾隆朝）是高级官员衡量自身奢侈品拥有欲和僭越与否的准绳。正如 Catherine Pagani 所言，对清朝官员而言，西方的钟表是"身份和地位的象征、装饰物件、私人饰品，但却不是计时工具"③。即便如此，它们仍需要如计时器那样的正常运转，才能以饰品的形式出现。所以，这种属性要求技术工人和其他中介持续性的存在。类似的，由于宫廷的偏爱，具有透视画法和现实主义的画像成为了热销商品，而可以画此种风格的画师从技巧方面亦派生出一定的影响。两个看似分离但实则息息相关的圈子——皇帝、皇室以及在京大小官员——使得奢侈物品及其工匠炙手可热。

在此文中，我关注乾隆年间定制奢侈品的清廷精英群体，以及制造它们的西方工匠之间的关系。我关注相对较少人数的一个群体，大概是其时生活在北京"四大教堂"中 30 个欧洲人中的 5—6 位，这并非是强调他们在当时政治文化中的重要性，我感兴趣于应用他们日常与朝廷和京师官员交往的西方文字手稿记录（它们提供的细节在清代官方资料中十分鲜见），来描述

---

① 行文有限，此处我重点关注实物（特别是计时工具），而并非如烟、酒类的日常消费品，对其我将另文研究。

② 对于"交换"我指非货币类的奖励和礼品，这也包括外交性的礼品。如同 Arjun Appadurai 所说，我将商品和礼品看做保持一种延续性，而不是被不同经济观念控制的实体。参见 Arjun Appadurai, "Introduction: Commodities and the Politics of Value", 收录于 *The Social Life of Things: Commodities in Cultural Perspective*, Cambridge: Cambridge University Press, 1986, pp. 3-63。

③ Pagani, *Eastern Magnificence*, p. 6.

他们以从属地位所体验以及参与建立的权利关系。

在此，清廷对西方奢侈物品的嗜好，构成这种不对称权利关系的基本框架。清朝精英群体，特别是乾隆皇帝，不仅将异域风情的西方物品作为社会身份区分的标志，也欣赏它们的审美和娱乐价值。这些物品作为逸乐追求中最为“新潮”的风向标，只有社交网络最为多元化的群体才可获得，而清朝皇帝是其中最典型的代表。相对而言，外国工匠运用他们的技术来获取朝廷官僚的利益关系，以礼物或较少的酬金（一般对主顾来说都是免费）来协调社会关系，并借此试图颠覆社会层次、削弱固有规则。

西方传教士在宫廷的属臣地位究竟为何？传教士们在乾隆朝所处地位和影响与康熙朝、特别是在 1670—1700 年间有所不同。乾隆帝对传教士们的手工艺品和技术服务颇为欣赏，与其父亲雍正帝相比，乾隆帝对它们的敌视要轻得多。乾隆朝的传教士借力于皇帝对他们手工艺品和技术贡献的嘉奖，利用皇室对他们宗教活动的默许，传教士们在内廷的官僚机构中打造着个人的网络（特别是在满洲贵族和王公当中，在下层官员中亦有联络），以此来供应他们日常的物质和精神活动。西方人和宫廷成员之间的私人关系有悖于法律，然而却行之有效。这种关系实际上不但使得京师及四郊的公开宗教活动更加便利，也保护了在各省传教士的秘密传教。有主顾定制奢侈物品，以及有时将其赠送给重要人物，是保持这种动力的关键所在。总的来说，“精神”上的传教有着物质层面的基础，北京传教士拉动了清朝统治阶层对逸乐之物的追求，以谋求在京及各地的宗教活动的影响和持续性，以及传教事业的后勤支持。

到目前为止，大部分的中国和西方学者均关注知名的北京耶稣会士，如汤若望（Johann Adam Schall von Bell, 1592—1666）， 南怀仁（Ferdinand Verbiest ,1623—1688）， 或郎世宁（Giuseppe Castiglione, 1688—1766）。意大利学者也曾为由教皇派遣的宫廷艺术家传教士、那不勒斯中国学院的创始人马国贤（Matteo Ripa, 1682—1746）出版了一手资料和传记材料。近期又对马国贤的同伴，遣使会神父、音乐家德理格（Teodorico Pedrini, 1671—1746）进行了研究①。然而，其他的罗马教廷的传教机构，例如传信部（Sacra Congregatio de Propaganda Fide）， 由他们派遣的部分传教士居住于 18 世纪的北京。他们归属于若干教令和教会，包括跣足加尔默罗会（Ordo Carmelitarum Discalceatorum, OCD）和跣足奥思定会（Ordo Augustiniensium Discal-

---

① 关于德理格和马国贤在京的具体活动，参见 Fabio Galeffi 和 Gabriele Tarsetti: "Documenti inediti di Teodorico Pedrini sulla Controversia dei Riti Cinesi", 收录于 Filippo Mignini 编, *Humanitas. Attualità di Matteo Ricci: testi, fortuna, interpretazioni*, Macerata: Quolibet, 2011, pp. 215-50; Michele Fatica 编, *Matteo Ripa. Giornale (1711-1716)*, vol. 2, Napoli, Istituto Universitario Orientale, 1996。

ceatorum, OAD）。其中一些在宫廷中任职，另外的传教士则仅是在北京居住。这些居留于北京的传教士群体留下了他们生活以及与清朝精英互动的证据，而这些是到目前为止被中国历史学家所忽视的，甚至专门研究天主教历史的中国专家也不为所知的史实。

鲜为人知的传信部传教团得来的报告、信札和经济账目，对皇帝和清朝精英群体如何定制奢侈物品、欧洲宫廷艺术家通过提供技术来获得官方支持和施加影响，以及他们用馈赠礼品的战略得到的帮助等相关问题，均提供了新颖的微观历史图像[1]。当然，官方的耶稣会的资料也包括这类信息，但现存的耶稣会的记录远不如传信部档案细节之丰富。此外，传信部档案还为欧洲人（包括不同国家的耶稣会士）之间通过贡献自己的技术和奉献礼品来竞争清廷精英的关注和保护的紧张关系，给出了令人惊鸿一瞥的资料。

本文特别关注意大利跣足奥思定会席澄源（另作席澄元，Sigismondo Meinardi，另拼写为 Mainardi；教名 Sigismondo da S. Nicola）的书信，他在 1738—1767 年间居住于北京，席澄源作为乐器、钟表和自动机械的制作匠师，同时服务于宫廷和京师的精英群体，与赵翼的笔记中所描述的时代相近。而席澄源的经历清楚地证实并凸显了逸乐的追求在权力关系构建中所起

---

[1] 对葡萄牙和法国耶稣会士在华融资的最新研究，参见 Frederik Vermote, "The Role of Urban Real Estate in Jesuit Finances and Networks between Europe and China, 1612-1778"，博士论文，历史系，The University of British Columbia (Vancouver), 2013.

到的重要作用 ①。

北京日常生活、奢侈品消费及权力网络：以席澄源为例

席澄源曾经默默无闻，但他在乾隆朝的三十年间（1738—1767）发展

---

① 　席澄源生于 1713 年 2 月 21 日的都灵（当时的萨瓦公国，今意大利），父母为医师 Pietro Antonio Meinardi 和 Maria Maddalena Riva。 他 以 Paolo Antonio Giacomo Giuseppe Sigismondo 之名受洗于圣罗科（S. Rocco）的教区教堂。当他 1729 年 3 月正式在 Pianezza（都灵）的圣潘克拉齐奥 (S. Pancrazio) 修道院加入跣足奥思定会时，他得到了教名 Sigismondo da S. Nicola。参见收藏于 Santuario della Madonnetta（小圣母玛利亚教堂）档案馆（热那亚，意大利）的手稿，引于 Fortunato Margiotti, "Il P. Sigismondo Meinardi e la messa in cinese nel sec. XVIII", *Neue Zeitschrift für Missionswissenschaft* 22 (1966), pp. 32—33。席澄源于 1730 年 5 月 13 日宣布其职业誓言，继续在都灵的圣卡罗博罗梅奥 (S. Carlo Borromeo) 修道院进修学业。在 1735 年 11 月，就在他成为神父的两个月前，他向罗马传信部的长官 Vincenzo Petra 红衣主教 (1662—1747) 发送了一封请求信，希望被送到跣足奥思定会在 Tunkin（东京，即河内旧称，今越南东北部）完成传教任务。1736 年 2 月 15 日，席澄源离开都灵前往罗马，在耶稣玛利亚修道院（Convento di Gesù e Maria al Corso）等待被派遣至亚洲的任务。此时，被派往北京的传教士德理格（Teodorico Pedrini）通过澳门的传信部教务代办（或当家），要求教廷派遣两名传教士到中国皇都宫廷工作。为此，传信部在 1735 年 8 月 16 日举行中国和东印度特别会议（Congregazione Particolare dell'Indie Orientali e Cina），决定发布一条寻找合适候选人的命令，跣足奥思定会的教务代办名为 Fr. Ildefonso da Santa Maria 响应了号召，并派遣席澄源和其他三位会员赴中国执行传教任务。这位教务代办描绘了席澄源年轻神父的光辉形象：席澄源，皮埃蒙特人，神父，年约 24 岁，文学造诣极深，受训制作键盘乐器（拨弦古钢琴）、地球仪、钟表，可制作任何工艺品，例如微型画和搪瓷制品。 ("P. Sigismondo di S. Nicola, piemontese, sacerdote, d'anni 24 incirca, ottimo in letteratura e perfetto in far cembali, mappamondi, orologi, ed applicabile ad ogni opera manuale, e minia e smalta"; 传信部档案（Archivio Storico della Congregazione per l'Evangelizzazione dei Popoli o 'de Propaganda Fide', 罗马），*Scritture riferite nei Congressi*(*SC*), *Indie Orientali e Cina*, vol. 21 (1733—1736), f. 675; 参见 Margiotti, "Il P. Sigismondo Meinardi e la messa in cinese", p. 33）。 他在 1767 年 12 月 29 日去世于北京。

了密集的宫廷网络关系，留下的资料应当深入考察①。在《耶稣会士中国书信集》中，席澄源的好友、耶稣会士钱德明（Jean Joseph Marie Amiot, 1718—1793) 在 1754 年给法国同事写的信里，提到了对席澄源较为少见却十分有趣的旁证：

　　　　为了得到（乾隆皇帝）的欢心，传信部的席澄源神父开始制作……一个自动机械，外观必须是一个人形，且需要像一个正常人的样子走路。如果神父能够成功——由于他对这种工作的技能和天分，成功将指日可待——皇帝会命令将其他跟人体相关功能赋予这个机械人。皇帝会告诉他："你可以让它走路，现在让它说话！"②

　　钱德明开的这个玩笑仅指出席澄源在清廷中担任一个职业角色，但作为一个疲惫不堪的钟表匠的角色（接下来我会详述确实如此）只是他日常工作中的一个方面。席澄源担任着华北传教两个教区（山东、山西—甘肃）教务副代办③，而此类宗教性质的工作是有悖于清朝禁教政策的。他是传信部北京的联络和情报专员，负责与在澳门的财政官员保持书信往来，并直接向

　　　①　有关中国学者近期对席澄源的研究，参见郭福祥"清宫造办处里的西洋钟表匠师"，《故宫学刊》2012.1，页 187—190；郭福祥，《时间的历史映像：中国钟表史论集》，北京，故宫出版社，2013，页 215—218。在二十世纪的研究中，仅有少数的出版成果（以意大利语为主）提及了席澄源在北京的活动，以及他作为传信部北中国教务副代办的特殊地位。他给家人或在皮埃蒙特省灵附近修道院的上级管理者写的 75 封信件已经被他的教会以限量版发行：Sigismondo Meinardi, *Epistolario. Parte prima. Lettere originali inviate a Torino*, Roma: Edizioni di 'Vinculum' - Rivista interna dello Studentato Teologico di Gesù e Maria dei PP. Agostiniani Scalzi, 1964. 他的其他信件仍保存在档案馆未能出版。目前我已经收集了由 271 封意大利语写成的席澄源的亲笔信，大部分保存在传信部的档案当中。对于此批资料的参考文献，参见 Josef Metzler, "Das Archiv der Missionsprokur der Sacra Congregatio de Propaganda Fide in Canton, Macao und Hong Kong", 于 *La conoscenza dell'Asia e dell'Africa in Italia nei secoli XVIII e XIX*, Napoli: Istituto Universitario Orientale, 1985, pp. 75-139. 目前远东教务代办处的资料在整理中，不对外开放。除了这批意大利文的资料外，也有一些中文资料，上面直接使用他的中文名"席澄源（元）"。例如，在中国第一历史档案馆收藏的 8 篇清宫造办处的档册中，记载了清廷对造办处相关人员（例如负责修造钟表的如意馆）的谕令，命"西洋人"席澄源参与自动机械的设计、修理钟表以及准备草图。参见中国第一历史档案馆编，《清中前期西洋天主教在华活动档案史料》，北京：中华书局，2003，第 4 卷。
　　②　M. Louis Aimé-Martin 编，*Lettres édifiantes et curieuses concernant l'Asie, l'Afrique et l'Amérique, avec quelques relations nouvelles des missions, et des notes géographiques et historiques*, Paris: Paul Daffis Libraire-Éditeur, 1875-1877, vol. 3, p. 56。
　　③　在十八世纪中文资料中 "Procurator" 一词被翻译成"罗马当家"。刘国鹏在新近的研究中将此词称为现代汉语"远东教务代办"，参见其文章"梵蒂冈原传信部历史档案馆所藏 1622—1938 年间有关中国天主教会文献索引钩沉"，《世界宗教研究》，2013 年 5 期，pp. 100-113。本文采取刘国鹏之说，将席澄源所担任之职译为"教务副代办"。

罗马教廷报告。当然，他也是一个不折不扣的天主教神父，穿梭于海淀地区圆明园附近的教堂，以及西直门内的教堂，甚至到距离京师往返需要一两天路程的村落，去听教徒告罪并举行弥撒。同时，席澄源也担任过管家、建筑师、砖瓦匠以及技工的角色。除了在制作新的机械或钟表时不时地面见皇上之外，为了支撑以上的复杂社会身份，他还培育了与皇子、宫内大臣、太监以及京师平民在内的广泛而多样的交际网络。在 1763 年写给他兄弟的信件中，他不无讽刺地表达了自己的这种"多重任务"的身份：

> 我的日常的职责活动，那就是，从事一场连续不断的闹剧。
> 首先，我承担起传教士的职责，然后，我在皇宫服务于皇帝。一离开皇宫，角色又变，我必须听教众告罪，为有病的人举行圣事。还有新的篇章：对付异教徒，反驳他们的学说，向他们解释我们的原则。总的来说，时间过得如此之快，我经常需要等到傍晚才能吃上点东西。这样，我每天经常只吃一餐，正如我好几年如此度过的那样。有的时候我的肚子要饿上 40 小时以上，但这并不使我烦恼，因为这种方式总是有所善终，或者至少是做有益于天主的事情。①

　　席澄源忙碌的生活最终为他敲响了丧钟，折损了他的寿命。"制造逸乐"这件事本身已然压力非常，且受到来自皇帝本人持续的监督更让情况雪上加霜。就如耶稣会士王致诚（Jean Denis Attiret, 1702—1768）在 1743 年所观察到："皇帝前来御览我们的工作，几乎天天如是：这样我们就永远不

---

① Meinardi, *Epistolario*, 信札 61，1763 年 7 月 26 日，p. 87；同上，信札 70，1765 年 9 月 29 日，p. 96，其中也有类似的表达："我所过的生活荒唐透顶，我看起来是一个在每一场戏中变化角色的喜剧演员"。

能旷工"①。传教士们经常对这种超负荷工作怨声载道，但除了被剥削之外，还有其他原因使他们感到忧心忡忡，主要是因为传教士们本该投入到传道上的大部分的时间都被皇帝和臣属的工作占据。他们的信中经常反映出被迫忽略传教目标而承受的痛苦悔恨之情。传教士们一直将传教作为远渡中国的最高目标。能够服从于宗教教义、为了天主的荣耀而工作，通常成为传教士们在宫廷中履行日常工作时能够接受的唯一要义。换言之，传教士的内心对自己制作的逸乐之物有一种道德上的反感——钟表、自动机械、八音盒、绘画、细密画和建筑构件，是为异教徒的皇帝和他的宫廷而制造，用于世俗的、甚至非道德的活动之中，通常包括取悦妃嫔、人际交游、宴请招待、戏剧戏曲，甚至还能用在非天主教信仰的仪式当中（例如乾隆佛教密宗的肖像画，一部分受到传教士的协助而成）。然而，除了经常抱怨为了取悦皇帝和精英而不得不参与到"异教徒"的活动当中，传教士们也承认，他们必须"为

①　参见 *A Letter from F. Attiret, a French Missionary, now employ'd by that Emperor to Paint the Apartments in those Gardens, to his Friend at Paris. Translated from the French, By Sir Harry Beaumont*, London: R. Dodsley in Pallmall, 1752, p. 46 （译自《耶稣会士中国书信集》1749 年的法文版）。王致诚的信清晰地表明了传教士与清帝之间复杂的关系：一方面，传教士对长时间的工作连连抱怨，但同时也为能在皇宫内苑随处行走而沾沾自喜："我没有休息时间，我现在给你写信的时间是从休息时间里挤出来的 …… 现在这里只有一个人，那就是皇上，所有的快乐都为他一人而造。这个辉煌的地方（圆明园）除了对他、他的嫔妃和太监开放之外，其余人等所见甚少。皇子和其他朝臣除上朝议政处之外，很少有机会来园林深处。因为钟表匠师和画师所拥有的技能允许他们进入任何禁地，所以除了他们以外，其他的欧洲人从未有机会迈入这堵围墙。我们经常被派去绘画的地方，就是上面所提到的这些小宫殿其中之一，在那里皇帝前来御览我们的工作，几乎天天如是：这样我们就永远不能旷工。除非我们绘画的对象无法前来，否则我们不能迈出这座宫殿范围之外。在这种情况下，我们会在大批太监的护送下送至彼处绘画。我们需要行动迅速、来去无声、行事低调，就好像我们在做什么坏事似的。就这样，我进入和观赏了美丽的园林和所有的殿堂"。关于王致诚，参见 Henri Bernard-Maître, "Le frère Attiret au service de K'ien-long (1739-1768): Sa première biographie par le P. Amiot, réédité avec notes explicatives et commentaires historiques par Henri Bernard, S.J.", *Bulletin de l'Université de l'Aurore*, série III (1943), 4.1, pp. 30-82; 4.2, pp. 435-474。

了天主的荣耀接受做任何事情……要永远……保持弱点不被别人利用"①。换句话说，宫廷逸乐的世界将传教士的宗教规则和道德判断排除在外。举例来说，神职人员一般不允许观看世俗戏剧和喜剧，然而当皇帝邀请他们时候，他们却无权拒绝。在 1738 年，郎世宁病中初愈，乾隆帝因心爱的画师康复而欣喜不已，皇帝召见他观看内廷演戏。传信部传教士德理格曾在南堂众耶稣会士面前，挖苦讽刺这次邀请，他说："我很高兴郎世宁被皇上召见，并演出了四个小时的滑稽剧"②。德理格是教皇专门派去中国的传教士，也是耶稣会的批评者，他的评论侧面地指出了郎世宁在勉强"屈从"的情况下违背了宗教规定。另一个严重问题是对圣日的尊重：耶稣会士经常因礼拜天还进入宫廷履行职责而饱受诟病。1766 年郎世宁去世后，艾启蒙（Ignaz Sichelbarth SJ, 1708—1780）被给予官阶并作为主要西方宫廷画师接替其位，席澄源评论称这位耶稣会士对于新的地位没有给予任何"宗教阻力"，不像其他在内廷工作的神父，"这位清朝的官吏神父每天都进入宫廷，甚至在最为神圣的圣诞节也一样。这表明了（对他而言）宗教义务不需要被不折不扣地尊重"。面对这种背叛行为的质问，艾启蒙辩称"他必须做任何能取悦皇上的事，以此来表达他对得到的官位的感激之情"③。

---

① 另一个证明传教士具有此种态度的证据来自于耶稣会士钱德明（席澄源的好友）在 1754 年给法国同事的信中，*Lettres édifiantes et curieuses*, Paris: Pantheon, 1877, vol. IV, W. Devine 将其译为英文于 *The Four Churches of Peking*, London - Tientsin: Burns, Oates & Washbourne Ltd., 1930, pp. 17-18："为了天主的荣耀来到中国，一个人必须准备好牺牲一切，无所不为。在欧洲抱有异想天开念头、想要按照那时取悦自己的方式工作的艺术家们，应该来到北京并呆上一段时间。在北京宫廷几个月的见习期之后，他们的奇思妙想将会被全部摧毁。自从传教士来到这里，没人比当今皇上（乾隆）更能通过他们的服务攫取到更多的利益，也没有人如此严厉地对待他们，或者与他们所信奉的宗教剧烈相悖地颁布了摧毁性的律法规定。……这位皇帝的口味变化无常，他曾经全身心的喜爱音乐和喷泉，而今天他又对机械和建筑情有独钟。除了绘画以外，他的喜好和偏爱鲜有不变。对他而言，同样的异想天开会卷土重来，所以我们必须永远保护自己不处于劣势。"钱德明另一封著名的信描写了耶稣会士王致诚的经历，也提出了类似的观点。此封信被 Deborah Sommer 翻译成英文 "A Letter from a Jesuit Painter in Qianlong's Court at Chengde"，于 James A. Millward, Ruth W. Dunnell, Mark C. Elliott, and Philippe Foret 编，*New Qing Imperial History: The Making of Inner Asian Empire at Qing Chengde*, London: Routledge-Curzon, 2004, pp. 171-184。关于郎世宁为乾隆所画的佛装像，参见 Patricia Ann Berger, *Empire of Emptiness: Buddhist Art and Political Authority in Qing China*, Honolulu: University of Hawai'i Press, 2003, p. 55。

② 传信部档案，*Scritture originali della Congregazione Particolare dell'Indie Orientali e Cina* (SOCP), vol. 42 (1739), Serafino 寄给远东教务代办闵明我（Arcangelo Miralta）信件的复制本，1738 年 9 月 26 日，f. 62r: "... [Pedrini disse] con atto irrisorio 'mi rallegro che Castiglioni [sic] sia stato ammesso all'udienza dell'Imperatore e regallato [sic] con quattro ore di comedia'"。

③ 传信部档案，*SOCP*, vol. 55 (1765-69)，席澄源发给罗马传信部信札，1767 年 10 月 20 日，f. 634v。

　　席澄源表示，恰恰相反，他和其他北京的神父仍保持将星期日作为圣日，并努力将这一天用于在自己的社区履行宗教职责。然而，事实上，席澄源自己向来是不失时机地去讨好他的主顾，因为以此可以获取重要人脉，以保护传教团，并支持其经济运转。席澄源的信件揭开了欧洲人在北京及其腹地的经济生活的诸方面，包括房地产交易和合同；政府的城市规划条例如何影响传教团的使命；食品、城市交通运输、邮寄、长途旅行的价格；劳动力成本（尤其是针对家佣、教员和建筑工人）；通货膨胀和外部因素对价格的影响（自然灾害、军事活动等等）。北京日常生活的复杂性要求有良好的中国语言和文化功底，而席澄源的汉语口语非常精进，因为他 24 岁即已抵京，并在口语上进步神速。语言的精通反过来使他在与不同关系网的沟通中左右逢源，这些关键的关系网既包括北京的天主教群体，也包括朝廷及其随行人员。但语言上的优势并不足以保护其传教团，制作奢侈物件的专业技能无疑成为席澄源与朝廷和官场协商的关键通货。

　　席澄源的例子显得尤为引人注目，因为他不是一个身居钦天监要职的博学的耶稣会神父，而是一个人微言轻的钟表匠人。在耶稣会，事实上，这样机械类的职位是保留给助理修士们（即居于从属地位的耶稣会成员，因为他们只发"世俗助理"愿）。例如，郎世宁即是耶稣会助理修士。然而，尽管他在耶稣会的层级中居于从属地位，郎世宁凭借其专业技能，取得了在乾隆朝廷的显著影响。在这种情形下，"逸乐"也帮助重塑耶稣会内部权力的层级架构。按照耶稣会的内部规则，郎世宁对于耶稣会而言始终是一个无足轻重的教友（我们很少有出自这位意大利助理修士的珍贵信件，因为一般而言由他的上级同事与耶稣会中央机构取得联系），然而，他与皇帝的亲密关系让他成为在北京欧洲人中的风云人物。

　　受耶稣会运用精湛的技术成功获得青睐的经验启发，并依照其在中国的传教士给出的建议，罗马传信部根据手工技艺挑选向清廷派遣的传教士。例如，席澄源和他的上级张纯一[①]，他们二人被派遣到北京，以便"易于接触朝廷，亦为我们的（传信部）传教士重启与中央政府的联系（像耶稣会士一样），从而在那里更好地建立我们的传教团"[②]。自从传教士出现在北京，他们的工具属性对罗马教廷和传教士自身而言，彼此都是心知肚明的。尽管

---

　①　Serafino da San Giovanni Battista, OAD,（1692-1742），米兰人，中国名或译为张中一。

　②　参见 "Memorie ed ordini della S. Congregazione de Propaganda Fide per il P. Arcangelo Miralta amministratore della procura delle missioni in Cina", 1736 年 10 月 3 日，参见传信部档案，*Lettere della Sacra Congregazione*, vol. 145 (1736-1738), ff. 98-123, num. 11; 罗马传信部给德理格的信，1736 年 10 月 3 日，同上，ff. 93-97. 有关 Serafino 的传记记录，参见钟鸣旦（Nicolas Standaert）编著 *Handbook of Christianity in China, Volume One: 635-1800*, Leiden: Brill, 2001, p. 341。

席澄源地位卑微，但他能够默默地凭借其技艺来建立有利于传教团的关系网络。通过对其在北京所结交的人脉进行分析，可以揭示席澄源手工技艺的价值所在，以及奢侈物品如何用以作为连接皇帝、贵族、官员、太监，甚至间接地联系后宫妇人的社会资本。

席澄源之北京汉人—满人—欧洲人社交网研究

与乾隆皇帝的交往

　　皇帝的社会声望和地位至高无上，能够面见的机会更是屈指可数。皇帝对工匠和艺术家的满意程度，直接影响到他们与皇帝见面的机会。有时，这些"会面"由太监或内务府各个作坊的雇员和监工来代替，他们会传达皇帝对物件制作的规格，并且反馈皇帝对所制作物件的满意度，通常以文书和设计 / 图表（包括我上面提及的档案）的方式记录，但更多的是通过口头传递。所以除了我们发现的信件之外，已经无从考证 ①。

　　席澄源抵京不久即被引荐至朝廷。尽管他从事细密画的同伴张纯一已正式被宣至宫中入职，席澄源却并未被招收，并且他大部分时间居住在海淀的传信部宅邸，只是偶尔给朝廷制作或者维修乐器 ②。从 1741 年他才开始向朝廷提供较多的服务；1742 年，席澄源被正式招募为皇家乐师，专门制作各类乐器（小提琴、长笛、击弦古钢琴、喇叭）；自 1749 年始，他几乎不得不每日辗转于各皇家作坊提供服务。席澄源主要负责制作和维修乐器和钟表，以及制作新奇的机械人和自动音乐盒。笔者在下文提供对几个物件的描述，可以一窥席澄源所制作的复杂装置的面貌：

　　　　（1741 年）我制作了一个小风琴，三掌高二掌宽，带有风箱和圆筒，均藏于由巴西珍贵木材和黄杨制成的音盒内，这样，除音盒和二十根管外，从外面看不到任何东西。在（风琴音箱）里面，也有放置了我制作的小铃

① 参见例如 *Epistolario*，日期为 1738 年的第 12 号信件，1738 年 11 月 14 日，p. 12："皇帝说他想要一个可藏在鞑靼人使用的 5 手掌长的小麻袋中的击弦古钢琴，并能够自动演奏。我做了一个设计，并提交给了皇帝，他很喜欢它，所以一个大太监被指派前来采购所需的全部零件和小工"。
② 两人于 1737 年 7 月 20 日抵达澳门，他们在澳门逗留 6 个月，等待朝廷的进京许可。1738 年 1 月 12 日赴京，同耶稣会教士傅作霖（Felix Da Rocha）和任重道（Giacomo Antonini）一道沿水路，最终于 1738 年 4 月 8 日抵京。这些跣足奥思定会教士在德理格购置于北京西直门的传信部所内居住了 4 个月，期间由于与德理格交恶，他们于同年 7 月 31 日移居圆明园附近的海淀，席澄源在此住宅一直居住到 1747 年。

铛；（风琴）自动击打风箱，使圆筒转动，演奏三首中国曲目。在其顶部，在张纯一神父的帮助下，我做了一个鸭子一样大小的公鸡，而每个曲目结束时，公鸡会起立，扇动翅膀，鸣唱"喔喔喔"。[①]

1743年2月底，席澄源向皇帝进献了"一个插有人造鲜花和枝条的花瓶，枝条上悬挂一种中国式的声音圆润低沉的乐板，有锤子自动击打它；在花瓶内有一些小铃铛，演奏两首中国歌曲；整个物件有一英尺半，厚度低于一英寸"[②]。1752年他描述了其他几个自动机械装置：

> 我做了一个五尺高的小欧洲剧场，中间有一个喷泉，并显示了十二个小时的标示。像小鸟一样大的木鸭跳入水中，开始游泳，并且用它的喙指示小时。从舞台的侧面，十个只有手掌高的小雕像突显而出，每人一手持铃铛，另一只手执一小锤，整点时互击乐器，演奏中国乐曲。另一个装置为一个四尺高的经装扮的雕塑，通过藏在腹部内的机关可移动胳膊和手，并演奏四首曲子（两首欧洲曲目，两首中国曲目），雕塑用手中的小锤击打悬置于一张桌子上方的两排共16只铃铛(每排8只)。他的眼睛可以运动，而他的头部与音乐节奏保持同步。另外一台装置是两个小雕像在用欧洲方式对弈。最后一个装置，我已经差不多完成了，由两个站在一块石头上的公鸡组成。它们靠近一棵石榴，果实打开可以看到当前的小时和分钟。整点时，大公鸡站起来，昂首展翅，引吭高歌，歌唱的遍数与小时数一致。小公鸡每逢一刻钟做同样的动作。[③] [彩版XI，图十七；彩版XII，图十八]

在同一封信中，席澄源如是描述其与乾隆的互动："这个帝王已有让我给他制作装置供其娱乐的习惯…因此，每天（瞻礼日和星期天除外）我都要进宫（圆明园）指导工匠做工，这些工匠应有尽有，皆听从我的指挥。……皇帝料理完政务，几乎每天会立即赶赴我和三位耶稣会画师所工作的场所。太监会首先通报皇帝驾到，其他工匠回避，只留下我们（欧洲人）和太监在场"[④]。"一旦（他）理完国事"，这无疑是皇帝的休闲时刻，即皇帝终于可以摆弄他的"玩意儿"并沉浸在艺术追求的闲暇时间。乾隆的日程常常从一早（清朝皇帝5点起床）就充斥着各种政务活动，直到下午3点才用午膳。午膳过后皇帝才能花时间享受绘画、书法、作诗和鉴赏收藏乐趣。造访手工

---

① *Epistolario*，信札18，1741年11月1日，pp. 23-24。

② *Epistolario*，信札20，1743年10月15日，pp. 30-31。

③ *Epistolario*，信札40，1752年11月24日，pp. 53-54。

④ 同上，p. 53。

作坊符合上述例行程序①。我们知晓皇帝是如何巧妙地展现其艺术鉴赏家和赞助人的形象，特别是在公共场合，比如江南南巡、塞外围猎，或者是在承德召见各部落领袖的会议（他为此委任欧洲画家创作了庆典绘画）。但在皇帝结束一天工作后完全沉浸在逸乐时，这是一个更私人的休闲领域，他只与几个经挑选的艺术家和太监共享欢娱。这个私人领域是以皇帝为中心的隔绝逸乐生活，乾隆在紫禁城规划私密的静养宫殿时对此有过展望，最近修复的宁寿宫，即是供皇帝私人享用的创作空间，而不是作宏大宣传之用。席澄源以及其他欧洲艺术家和工匠参与皇帝主导的创造活动而获得与皇帝亲昵的机会，这赋予他们一种微妙的力量，能够直接深入到君主的“私人休闲空间”。王致诚不经意间流露（因为较明确地指出这一点将会违背他关于谦逊的教条）他的职位蕴藏的潜在影响力，即便他在耶稣会中只是一个助理修士：“除了钟表匠和画家之外的所有欧洲人，没人曾越过这堵围墙。因为具有的专业技能，他们被允许进入任何地方……我穿越并饱览了整个美丽的花园；并且踏足过所有殿堂”。

　　席澄源的经历证实了这些传教士工匠的特权地位和影响力，源自与内廷建立的亲密关系，以及从皇家内部圈子得到的正面反馈。偶尔，传教士工匠能从太监处获悉，因主顾对他工作的满意，而获得了朋友般的礼遇：“皇帝在关外时，我制作了一个四尺高的雕像，它用放于方桌上的小铃铛演奏中国和欧洲的各两首曲子。皇帝一看见就非常喜欢它，翌日，他命令我把它运到他的寝宫，这样他就可以向嫔妃展示。我将其运送到皇帝指定的地点。太监后来告诉我，皇帝为此直到子夜仍兴致勃勃”②。[彩版 XIII，图十九]

　　基于对逸乐的追求，这种共生关系随之而来的是皇家的宽待，正如传教士在 1742 年观察到的：“皇帝不认可（天主教），但容忍（它），因为他很享受我们欧洲人在北京为他制作的物件”③。十年后，据席澄源观察，其他欧洲人制作的绘画以及他做的“小玩意儿……或多或少迫使皇帝掩饰或者允许我们做我们决不放弃做的事情（即传教），除非我们将被处死或驱逐出境”④。“休闲”在此显然是一个交换区域，只要传教士提供的商品和服务被认为是地位和品位非凡的标志，那么即可以获得那些十分鲜见的特权。

　　与乾隆皇帝建立直接关系显然是极为重要的：“由于他每天跟我们交谈，那些敌视圣经（天主教）的人就不敢轻举妄动。一旦有人发动对我们的迫害，

---

　　① 有关乾隆的一日安排，参见例如：Mark Elliott, *Emperor Qianlong. Son of Heaven, Man of the World*, New York: Longman, 2009, pp. 23-25。

　　② 传信部档案 , Procura, sc. 15, 席澄源给远东教务代办 Francesco Maria Guglielmi 的信札 , 1752 年 11 月 12 日 , f. 1r。

　　③ *Epistolario*, 信札 19, 1742 年 10 月 19 日，p. 25。

　　④ *Epistolario*, 信札 39, 1752 年 11 月 24 日，p. 52。

皇帝会将施加给我们的所有指控置若罔闻。这是我们努力的结果，在宫里履职的五个欧洲传教士对其他传教士也出手相助"[1]。席澄源承认，即使乾隆帝意识到传教士的内部冲突及其欧洲的事端（诸如欧洲耶稣会过去动荡的几年），但他仍倾向于秘而不宣："皇帝明察秋毫，但作为一个伟大的政治家，他从来没有表现出知晓任何事情，无论是有关耶稣会还是我的"[2]。

　　乾隆帝还担心欧洲能工巧匠能否不断流入北京，并要求传教士和广东的官吏向他禀报进献宫廷的新来的艺术家。1766 年某夜，法国耶稣会自动机械和钟表匠人杨自新（Gilles Thébault, 1703—1766）助理修士因煤炉烟气中毒猝死，闻悉此事后，乾隆在宫中的作坊内召见了席澄源，同他做了关于损失一个宝贵匠师的长谈。乾隆帝告知席澄源，他是宫中现存唯一的钟表制作人和机械师。皇帝鼓励席澄源为宫里征召一个新人，而席澄源抓住了这个机会，向皇帝推荐了属于传信部传教团体的跣足加尔默罗会神父李衡良（Arcangelo di Sant' Anna），即使他并不完全能够胜任[3]。然而乾隆帝欣然准许，并指出在席澄源的训练下，李衡良会掌握所需的技艺[4]。皇帝关心为他制作奢侈物品艺人的健康，郎世宁即是最典型的例证，但并非唯一一例子。比如，在 1766 年，当皇帝得知席澄源身体有恙在家的消息后，曾几次三番差人询问神父的健康状况，"对中国臣民而言是极大的荣耀"，席澄源给远在都灵的兄弟的信中平淡地写到，"但对我并不适用，只要（皇帝）保持安静并且不骚扰我们传教"[5]。由于乾隆帝对逸乐追求而产生对特定物品的"需求"，使得保持能工巧匠源源不断进京的渠道成为必要，特别是在朝廷培养的中国匠人无法取而代之的情况下，更是如此。一旦这种对特定产品和匠人的"需要"出现，它就变得难以抑制（只要皇帝保持着兴趣或者心血来潮的爱好）。这便为权力的不对称状态创造了将权势移向技艺劳动的提供者的可能性。

---

① *Epistolario*, 信札 46, 1755 年 11 月 1 日, p. 65。

② *Epistolario*, 信札 61, 1763 月 26 日, p. 87。

③ Arcangelo Maria Bellotti di S. Anna OCD (1729-1784；中文名李衡良或李恒良)，是意大利米兰人，他自 1762 年至去世一直寓居北京。他仅在宫里工作到 1773 年即被解职，主要是因为他工作效率不高，并且与养心殿的官员产生摩擦。我目前正在单独研究他。其个人档案可参见：Fortunato Margiotti, "La Confraternita del Carmine in Cina (1728-1838)", *Ephemerides Carmeliticae* 14.1 (1963), p. 112, note 65; 参见 Ambrosius Hofmeister, *Nomenclator Missionariorum Ordinis Carmelitarum Discalceatorum*, Roma, 1944, p. 51。

④ 传信部档案，Procura, sc. 15, 1766 年 6 月 3 日席澄源致远东教务代办 Emiliano Palladini 的信函，f. 1v: "皇帝在新年伊始前往我们工作的殿堂，就（1766 年 1 月钟表工匠杨自新的突然离世）跟我谈了很长时间，并且他说，我目前是孑然一身，询问是否能从别的教堂找到跟我作陪的人。"

⑤ *Epistolario*, 信札 71, 1766 年 10 月 4 日, p. 98。

一次，乾隆帝的恩惠直接帮助了席澄源完成一个新的建筑计划。1753 年，在葡萄牙大使访问朝廷之际，席澄源正在对小小的西堂进行维修和扩建，这一举动并未获得官方的许可并且遭受到耶稣会传教士们的反对。这座教堂位于皇家列队通往圆明园的路线上。［彩版 XIV，图二十］如下文记载，席澄源有效地利用了当时良好的政治时机和他作为皇家工匠的声望：

> 皇帝对即将到来的（葡萄牙）大使的访问龙颜大悦，对我们这些（朝廷里的）欧洲人也非常满意。特别是，他对我（为他）制作的物件十分满意，因此，如果有需要，我每天都有机会跟他交谈。因此我鼓起勇气启动了这个建筑工程。无论是其他欧洲人还是中国天主徒对我未经批准在皇帝每次经过的公共场所大兴土木之举感到惊讶。然而，出于对天主的笃信，并鉴于遇到反对时仍有时机向皇帝进言，我决定义无反顾地去做。刚开始动工时，恰巧皇帝（从圆明园）回宫路过此处，他问随从前方是何工项，因为他并不知道那里以前有过一所教堂。列队中为首的官吏禀报说，那是一些欧洲人的居所。皇帝派人询问谁住在这里，所建何物。我预见到这迟早会发生，所以我差遣两仆人立于门前，随时准备应答。我事先已交代他们作何答复。仆人回话说是我住在这里，此处曾是一座老教堂，由于它过于低矮并年久失修，因此我正在对其进行重建。回禀给皇帝后，他笑道："他希望在大使到达前完成，但已经来不及了"。三天后皇帝复经此地，看到古老的木制横梁后说道："它是一个十字形状的教堂，有古老的木制横梁①"。感谢天主，教堂重建完毕，未遇任何阻力。其他（耶稣会）教堂的修复皆不可与之同日而语，这一事件已公诸于众。②

在这里，皇帝对席澄源显示了家长式的宽容态度，表明同君主的亲近可以产生同情，并有助于弱化权力的不对称。乾隆帝的保护对席澄源是至关重要的，因为朝臣们从中可以看出，他们反对传教士的活动需要适可而止。

然而，皇帝作为品位仲裁者的功能，也产生另外一个后果：通过收藏和委托制作，皇帝使得西方奢侈物品成为时尚，他促进了一股崇尚欧洲新奇事物的热潮，蔓延到朝廷上层人群中。如下文所述，这种现象最终将被诸如

---

①　此处皇帝所指应为建筑的形状，因为教堂确实通常为十字形的。

②　参见：传信部档案, Procura, sc. 15, 1753 年 8 月 10 日席澄源致 Guglielmi 的信函, f. 2r。同一故事也可参见: *Epistolario*, 信札 40, 1753 年 11 月 10 日，p. 54. 又参见阎宗临，《中西交通史》，桂林，广西师范大学出版社，2007，页 173-177，"乾隆十八年葡使来华纪实"，包括 1753 年 10 月 28 日谷若望神父（Giobatta Ku，直隶顺天人，马国贤的弟子，1701-1763）的口述白话报告，原文于传信部档案, *SOCP*, vol. 50 (1755-1756), f. 220r；另件于传信部档案, *SC, Indie Orientali e Cina*, vol. 27 (1751-1753), f. 379r。

席澄源这样的人所利用，他们的技艺不但在皇家宫殿奉为圭臬，还进受到皇室成员和其他朝臣的青睐。似乎通过创造对美的共鸣和欲望，抑或是，对逸乐的追求以及与这些追求相关联的事物，比其他方式更能有效地使权力不对称发生逆转。

皇室成员

　　席澄源遇见过几位皇室成员（即乾隆皇帝的叔伯、兄弟和孩子）。其中，他同一些王族保持持续的交往并与他们交换奢侈物品；而同另外一些贵胄只是偶然碰面。1739 年，席澄源居住在临近圆明园的传信部居所，康熙皇帝第十六子胤禄（1695—1767）曾经造访过他两次[1]。胤禄通晓数学和音乐（系传教士德理格所授），受雍正帝指派接替业已失宠的皇兄胤祉汇编一些音乐典籍。席澄源两年前抵京时，曾标榜自己是风琴制作人，谢绝像耶稣会希望的那样以钟表匠名义被雇佣。胤禄想必是因对席澄源的音乐技艺发生兴趣而去造访他。其中有一次的造访，他在席澄源家里长谈了 3 个小时，询问有关天主教的相关事宜。然而，胤禄后来变得对传教士充满敌意，并未向他们提供任何庇护[2]。皇帝的另一个皇叔、康熙第二十三子胤祁（1713—1785），也造访那些传信部神父，向他们提供礼物（包括丝带）作为部分报酬，而换取传教士张纯一的画作。然而，正如席澄源不露声色地观察到："在北京，礼品在一定程度上说是对获赠物品的补偿"[3]。胤祁此后与席澄源相熟，并且数次在其信中被提及。比如，1743 年，胤祁王爷赠给席澄源两卷绸缎，可能用来交换一些钟表机械。次年，王爷急切地向席澄源打探有关一个奥思定会的朋友元老 Uslenghi 从意大利寄送给他的几件物品的消息[4]。1744 年，胤祁向耶稣会来访者戴进贤斡旋，确保席澄源所推荐的从澳门进入北京的新来的教士那永福（Giuseppe Maria di Santa Teresa Pruggmayer, OCD, 1713—

---

　　[1]　爱新觉罗·胤禄是少有的几个深得雍正帝信任的兄弟之一，关于他一生的记录，可参见：Arthur Hummel, *Eminent Chinese of the Ch'ing Period*, United States Government Printing Office, Washington, 1943, pp. 925-26。

　　[2]　*Epistolario*, 信札 15, 1739 年 10 月 20 日，pp. 17-18。

　　[3]　传信部档案，Procura, sc. 15, 席澄源致 Miralta 的信函，1740 年 7 月 8 日，f. 1r。

　　[4]　席澄源提及了从意大利寄送过来的物品清单，部分是给胤祁王爷的，不幸的是该清单已遗失；传信部档案, Procura, sc. 15, 1744 年 5 月 12 日席澄源致 Miralta 的信函, f. 2r。该 "元老 Uslenghi" 应是 Carlo Uslenghi, 即罗马传信部秘书，也是著名的 Accademia dell'Arcadia（亚凯迪亚的学院）成员之一；参见：Josef Metzler, *Sacrae Congregationis de Propaganda Fide Memoria Rerum. 350 Years in the Service of the Missions, 1622-1972*, vol. 2 (1700-1815), Roma - Freiburg - Wien: Herder, 1971-1976, pp. 35 and 75; Michel Giuseppe Morei, *Memorie istoriche dell'adunanza degli arcadi*, Stamperia Rossi, Roma, 1761, p. 97。

1791）合法地成为朝廷艺匠中的一员。结果表明他并不能胜任宫廷艺术家的职位，却单纯依靠体制规则以及在朝廷任职的教友的庇护，得以在北京以传教士的身份居住了几十年 ①。

在乾隆帝的兄弟中，席澄源与弘昼（1712—1770）接触最密，他是雍正的第五子，也是当时最富有的皇子之一。1740 年，弘昼请求用数卷丝绸向张纯一神父交换几幅欧洲风景画，席澄源认为这是弘昼"与该传信部神父之间的友谊肇始"。此后，弘昼王爷让席澄源制作一个"自动演奏的小风琴"，并遣送了工匠和材料来协助他 ②。当王爷看到席澄源为皇帝制作的自动钟表后，为仿效兄长的威严，他"自己想得到一个相同的钟表。我制作了一个给他，但他也遣送了工匠和材料，赠予我三匹锦缎。然而我并未在给他的钟表中加入公鸡的鸣叫声"③。也许，复制一个专门为皇帝定制的物品会给传教士带来麻烦。这也似乎暗示，仿效皇帝的品位是朝廷权贵的行为准则，并且，"逸乐"确实是具有社会权力等级的一个领域。传教士们也较留意礼仪性赠品：1743 年，席澄源为弘昼祝寿，向他赠送了"一个模拟自然山石的底座，上方立有会打鸣的公鸡。王爷很喜欢它，并且回赠给我一匹锦缎。然而，锦缎的价值尚不及我为之开销的一半。其他三个教堂的耶稣会士也向王爷进献了礼品，但是他们并未得到任何回赠之物"④。也许，席澄源这里是暗示，他高超的手工技艺比这些耶稣会士无论多么奢华的礼品都更能取悦于皇家权贵。

在 1755 年的一封信函中提到的另一个王族十有八九是果亲王弘曕（1733—1765），他是雍正第六子。[彩版 XV，图二十一] 虽然时年仅 22 岁，弘曕自 1752 年起已任内务府造办处总管，其时正处于圆明园西洋楼建筑群的主要施工阶段。在信中席澄源写到："皇帝的弟弟几次向我提出希望派两人到教堂跟我学艺"⑤。这似乎讲得通，因为弘曕很可能试图让中国年轻人去学习西洋人的技艺，以供造办处之用。

---

① 传信部档案 , Procura，sc. 15, 1744 年 10 月 11 日，席澄源致 Miralta 的信函，f. 1r。

② 传信部档案 , Procura，sc. 15, 1740 年 7 月 8 日，席澄源致 Miralta 有关 Serafino 的信函；*Epistolario*，信札 17, 1740 年 9 月关于小风琴的信函，p. 21。

③ *Epistolario*，信札 18, 1741 年 11 月 1 日 , p. 24。

④ 传信部档案 , Procura, sc. 15, 1742 年 12 月 26 日致席澄源 Miralta 的信函。

⑤ 关于弘曕的传记性记录，参见 Hummel, *Eminent Chinese*, p. 919；参见 Jan Stuart 和 Evelyn S.Rawski 在其编著中关于美国赛克莱博物馆 (Sackler Gallery）所藏的一副弘曕肖像画的探讨：*Worshiping the Ancestors: Chinese Commemorative Portraits*, Washington D.C.: Smithsonian Institution, 2001。在 *Epistolario*, 第 47 信函 , 1755 年 11 月 1 日 , p. 67，可能有关于弘曕的记录。

朝廷以及京城官僚

如果说皇族与席澄源之间主要是非正式和友好的关系，那么其他官员跟他之间的关系却并非如此。有时，皇帝授权大臣来监管和控制传教士，以及为朝廷管理定制的奢侈品。清廷朝臣与传教士之间的关系是共生的，却若即若离。一些官员（特别是管理内务府造办处的官员）因担心对这些欧洲工匠的管理不善而饱受指责，故而特意疏远传教士们，以避免危机的产生。

经常出现在席澄源早期信函中的一个名字是海大人（Hai Tajin），即满族官员海望（？—1755），乌雅氏，正黄旗人。海望生前多年担任内务府总管，官至内大臣兼户部尚书内务府总管。雍正末年（1735 年）他升任军机大臣，并留任 10 年之久①。席澄源与海望颇有私交，自 1724 年起海望任内务府总管起，朝廷奢侈物品的生产即归他管理。事实上，海望于 1748 年亲自选任席澄源为钟表制作官员②。在 18 世纪 40 年代，当席澄源开始在其信函中屡次提及他的名字时，海望的事业正如日中天，他终日奔忙，在朝廷中是炙手可热的人物。他并不是传教士的朋友，事实上他试图严格掌控他们，只不过他已经掌握如何管理洋人，以服务于皇帝。海望常接待包括席澄源在内的这些传教士，接受他们的奏折，并向皇帝传达他们的请求。

稍后，席澄源在信函中提到 Primo Ministro Conte Generalissimo Ne Cum，即讷公爷或讷亲公，即钮祜禄·讷亲。作为 18 世纪 40 年代军机大臣中的一员，讷亲对这些欧洲人相当敌视，反过来，他本人也为他们所不齿。席澄源曾这样讥笑道："众人皆称他为'小皇帝'，但是他却很快就日薄西山了"③。1747 年的一个事件似乎表明，席澄源的社交保护网再次发挥了魔力。一个欧洲神父在江西被捕，据其供述，他此前在北京曾是席澄源的座上客。秘密奏折传到礼部，随后讷亲亲自将本案召回军机处④。席澄源很快就听到了风声，这表明如果人脉强大，那么对他几无秘密可言。席澄源担心自己被传讯对质，不过他随即被召入宫中去维修一架风琴长达三日，讷亲并未打扰他。这次可疑的召入可能是皇帝或者某位得势的王爷有意为之，以免席

---

① 参见：钟鸣旦、杜鼎克、蒙曦主编，《法国国家图书馆明清天主教文献》，台北：台北利氏学社，2009，第 16 卷，页 432—433；参见钱实甫等编，《清代职官年表》，北京，中华书局，1980，第 1 卷，页 137。

② 中国第一历史档案馆、香港中文大学文物馆编，《清宫内务府造办处档案总汇》，北京：人民出版社，2005，卷 16，页 269—270，"自鸣钟"：乾隆十三年五月初七日"司库白世秀来说太监胡世杰传旨：著内大臣海望查西洋人内有会做钟表的人，查来做钟表，钦此。于本月初十日司库白世秀查得西洋人席澄源到京时应会做风琴，今亦会做钟。缮写折片一件，持进交太监胡世杰转奏，奉旨：准在做钟处行走，钦此"。

③ 传信部档案，Procura, sc. 15, 1748 年 12 月 18 日，席澄源致 Paolino del Giesù（保璘）OAD 的信函，f. 1r。

④ 传信部档案，Procura, sc. 15, 1747 年 6 月 14 日，席澄源致 Miralta 的信函，f. 1r。

澄源陷于牢狱之灾，但是并无证据佐证。我感到，应该是席澄源的技艺再次挽救了他。

　　几年后，另一位当时的重要政治人物数次出现在席澄源的信函中。此人曾在本文开头几页已经出现过，即满洲镶黄旗人傅恒，他在1749—1770年间任首席军机大臣 ①。［彩版 XV，图二十二］傅恒经常雇佣欧洲人：1749年，他让耶稣会画家利博明助理修士（Ferdinando Bonaventura Moggi，1684—1761）每日到他的府邸绘画，而席澄源事实上则成为给他宅邸维修钟表的艺匠中的不二人选 ②。这位满洲显贵也经常从席澄源处索取或者收受礼物，包括钟表和上等烟土，这与 Beatrice Bartlett 描写的清廉孤傲的军机大臣形象有所抵牾 ③。这些关系的确产生了所希望的结果：傅恒利用其权势为传教士们谋得了福利。例如，1762年，经过傅恒的斡旋，一些新来的传教士在朝堂上受到皇帝的接见，这是史无前例的。席澄源承认这种恩惠意义重大，但也看到其代价："不可否认，军机大臣对我恩宠有加，但我却要尽心竭力地讨好他，而且从送给他的钟表中得到的回报并不能补偿我为之花费的劳力和努力，这也是不争的事实"④。尽管他有怨言，但是进献给两位大臣和傅恒的礼物，尤其是钟表，再一次帮助席澄源躲避了城市规划的谕旨。依照当时的敕令，为使庆祝皇太后寿辰的仪仗队显得庄重威严，连接皇宫和圆明园的官道沿途附近的宅第门脸必须重新修缮，席澄源的房产也位列其中。然而，因被免于对其房产前端实施修缮，从而为席澄源节省了约一万两白银。

　　席澄源的信函中还提到其他一些友人，如来自养心殿的官吏、满洲贵族、诸多太监、数位九门提督、一位刑部尚书 ⑤，数位巡抚和总督，以及粤

---

　　① 傅恒作为总指挥在金川战役中取胜，在讷亲失势并被处斩后，他自1749年起成为首席军机处大臣，直至1770年，在该职位上稳坐20年之久。席澄源称呼他为"宰相"，即对总理的旧称。Bartlett 提到，一个近似的称谓"师相"，在18世纪90年代乾隆只对和珅使用过。然而，如席澄源所指出的，至少在首都，人们常将首席军机大臣称为"宰相"。

　　② 传信部档案，Procura, sc. 15, 1749年7月26日席澄源致 Miralta 的信函。

　　③ Bartlett, *Monarchs*, p. 185: "军机大臣据说通常会拒绝收受礼品，谢绝设盛宴款待宾客，或者同其他臣僚保持距离——甚至因不予理睬受到失礼指责也在所不惜。这样他们可以保持洁身自好，而不涉入任何瓜葛"。

　　④ 传信部档案，Procura, sc. 15, 席澄源致 Palladini 的信函，1762年9月21日，f. 1v.

　　⑤ *Epistolario*，信札55，1759年11月25日，p. 80. 此人可能指满洲正白旗人鄂弥达（1685—1761），他于1755—1761年任刑部尚书。参见"中研院"历史语言研究所一人名权威人物传记资料数据库：http://archive.ihp.sinica.edu.tw/ttscgi/ttsquery?0:0:mctauac:NO%3DNO784。

海关监督①。为确认以上所有人的资料，尚须做更多的研究。然而有一个范式是明确的：他们都是席澄源的"朋友"，他经常用礼物取悦他们，并同他们保持通信。例如，在一封 1764 年的信函中提到，有几位总督，席澄源初识他们时还只是北京的职位较低的官员，不远千里来函，向他讨要烟叶："湖广总督、陕西总督（巡抚？）、福建总督（巡抚？）、云南和四川大将军（Generalissimo）②……都是很好的朋友，我使他们依附（于我们），是因为他们在地方的势力对我们大有裨益"。在同一封信中席澄源这样总结道："不唯在中国，哪怕在欧洲和罗马也同样：两手空空，寸步难行"③。

结　　论

"在这一掩护下，我们经营自己的事业"④。1741 年席澄源在给他远在都灵做律师的兄弟的信中如是写道。即：在机械艺术品的掩护下，我们完成了主要的使命——传播天主教。我在本文开始的标题中提出问题"是谁在利用谁？"。最近的观点是，清朝皇帝们是欧洲知识和艺术的受益人，他们精

---

① 席澄源的一个老朋友德魁，是主管欧洲工匠的内务府郎中。1766 年德魁被任命为新的粤海关监督；参见：传信部档案，Procura, sc. 15, 1766 年夏，席澄源自北京写给 Palladini 的信函，f. 1r："因为我们在宫中一直打交道，我们之间有长达 16 年之久的友谊。在他被皇帝选任为派往广州的新职位时，我也在场。我立即向他表示祝贺，他表示如果我愿意，可以在广州帮助我。我告诉他我希望派两名我认识的仆役去广州代我和其他四位同仁取回薪俸，他建议他们（两人）与他同行，特别是当他听说这两人分别是他相识的 Agostino 和 Giacomo Pao 时。此外，为使我今后得到协助，他允许其中一个（仆人）留在他广州的衙门或者澳门附近，从而可以在那里享用免费食宿，替我打点生意、信函及其他事项。他还表示，（这些仆人）可以一年四次免费乘坐来京的船只。源于此，我指派他们与德魁同行，但自己承担他二人的生活费用"。关于德魁的生平信息参见"中研院"数据库：http://archive.ihp.sinica.edu.tw/ttscgi/ttsquery?0:0:mctauac:NO%3DNO8130。

② 【译者注：席澄源选用意大利语"vicerè"（英文 viceroy），在此统一译为"总督"。但此词不一定指代当时真正的总督官职，仅为称呼地方最高官员的宽泛用词 (总督或巡抚)。】传信部档案，Procura, 1764 年 3 月 4 日，席澄源自北京写给 Palladini 的信函，f. 1v；笔者目前尚未确认他们的具体身份。

③ 传信部档案，Procura, sc. 15, 1764 年 3 月 4 日，席澄源自北京写给 Palladini 的信函，f. 1v。

④ *Epistolario*, 信札 18, 1741 年 11 月 1 日，p. 24。

明而专横地控制那些忠诚的传教士的劳动力，使其为朝廷所用 ①。这一观点是取代旧的欧洲中心论假设的受欢迎的矫正。旧的"欧洲中心论"假设认为是欧洲传教士"影响"了中国及其王权。但是，与我们以往读到的保守的和以皇帝为中心的耶稣会通信不同，席澄源的通信揭示了：在现存权力结构以及皇帝利益的支配下，在北京的欧洲人确实有跟清廷协商的空间，以满足其日常所需以及保护其"核心事业"（即：北京及其腹地的天主教社区的宗教活动）免于受到朝廷的侵扰。这需要结合皇家的直接庇护和与其他次要人物建立的社交关系网来达成。在明显的非对称权力平衡中，完全作为追求逸乐元素的奢侈物件和商品，事实上成为利益分歧与权力之间谈判的通货。清朝法律和禁令的作用因奢侈物品而弱化，并且创造了皇帝能够容忍的、有利于传教士及其社区的特殊安排 ②。明显无伤大雅和政治无涉性质的手工技艺，以及具有商品交换性质的"礼尚往来"的政治精英文化，使欧洲人和基督教在中国出现的现状免受清朝中央政府主动权过于激烈的侵扰。"逸乐"和其他对国家有益的技艺扮演了针对正统的意识形态的缓冲剂的角色，也缓和了国家暴力的运用。谁在利用谁？答案也许是大家在互相利用。

（关笑晶 译，北京市社会科学院满学研究所）

---

① 韩琦，《君主和布衣之间：李光地在康熙时代的活动及其对科学的影响》，《清华学报》（台湾），1996 年 12 月，新 26.4, pp. 421—445; Han Qi（韩琦），"Patronage scientifique et carrière politique: Li Guangdi entre Kangxi et Mei Wending", *Etudes chinoises*, vol. 16, no 2 (automne 1997), pp. 7-37; 韩琦，《科学、知识与权力——日影观测与康熙在历法改革中的作用》，《自然科学史研究》，2011 年 1 期，pp. 1-18; Catherine Jami, "Imperial Control and Western Learning: The Kangxi Emperor's Performance", *Late Imperial China* 23, no 1 (June 2002), pp. 28-49; Catherine Jami, *The Emperor's New Mathematics: Western Learning and Imperial Authority during the Kangxi Reign (1662—1722),* Oxford: Oxford University Press, 2012.

② 囿于篇幅，本文暂不探讨传教士与内廷的亲密度如何惠及他们的天主教社区；我将来会探讨这一话题。

清代北京旗人寺庙碑刻考述

关笑晶* 著

　　清朝是中国最后一个君主制王朝，其统治者创制"以旗统人"的军事驻防和民事管理方式——八旗制度，造就了清代社会庞大且地位特殊的旗人群体，所以在民间流传着"不问满汉，但问旗民"的俗语。和"民人"绝大部分由汉人构成不同，旗人包括八旗满洲、八旗蒙古、八旗汉军三大旗属，在民族上囊括今满、蒙古、汉、朝鲜、回、鄂温克、锡伯、藏等诸多民族；在社会层次上，上至清帝、宗室，下至披甲、闲散和包衣，均为旗人群体的一员。

　　入主中原后，定驻北京的旗人数量居全国之首①。在京师生活的近三个世纪中，来源多样、民族血缘交融的北京旗人，与京城林立的各类大小寺庙结缘，表达着旗人群体自身的宗教信仰。他们以汉文及少数民族文字书写了大量的寺庙碑刻，记录旗人群体修建庙房、添捐法器、组织香会、施香火地等活动，翔实、系统地反映了北京旗人的宗教世界和精神依托②。

　　本文对"旗人寺庙碑刻"进行研究，考察建造和维持这些寺庙的旗人信徒群体，界定的"旗人寺庙碑刻"应具有以下特点之一：首先，碑刻的撰、书人为旗人；其次，碑刻的文字为满文或者满文和其他文字合璧；第三，碑文内容记述旗人宗教活动。据此，本文搜得清代北京内、外城及四郊的旗人寺庙碑刻223通，其中满文碑92通③。为了探究皇帝与普通旗人寺庙碑刻的特征，本文首先考察清帝御制寺庙碑刻的使用范围和功能；其次，分析满洲、蒙古和汉军旗人在不同历史阶段撰立寺庙碑刻的特点和变化趋势。

---

　　* 关笑晶，北京市社会科学院满学研究所。

　　① 定宜庄著《清代驻防八旗研究》，沈阳：辽宁民族出版社，1999年，前言。

　　② 刘小萌对清代北京旗人碑刻的整理情况和特点、价值作了详尽的梳理和研究。参见刘小萌，《北京地区中的旗人史料》，《文献》，2001年第3期。

　　③ 据《北京内城寺庙碑刻志》统计，北京内城寺庙的碑刻数量就达到800余通，而随着研究的不断深入，这一数字仍在不断增加和更新。参见（法）Marianne Bujard主编《北京内城寺庙碑刻志》（第三卷），北京：国家图书馆出版社，2013。本文所统计的碑文数量，为目前国内出版目录的统计，这一数字随着研究的深入，仍会不断增加。

一　清帝御制满文寺庙碑刻

　　清帝为天下旗人之共主，在旗民群体中身份最为特殊。皇帝御制和敕建的碑文，是宗教与政治行为的结合，碑文的制作不但具备清王朝国家公务的性质，更因皇帝的重视和顶礼膜拜，使得寺庙的地位、社会影响和知名度在信众中陡增。而身为满洲人的皇帝，以满文御制的寺庙碑刻更具有崇高的地位和特殊的意义。

　　满文又称清语，为清朝国语。对旗人而言，满文、满语不仅是传递信息的工具，更具有保持满洲民族精神、彰显旗人身份的特殊作用。清帝为京师① 寺庙御制的碑文共149通② ，有71通使用了满文，形制包括满、蒙、藏、回、汉五体；满、蒙、汉、藏四体；满、蒙、汉三体；满、汉合璧二体。这些御制满文碑涵盖宗教场所类型包括藏传佛教、汉传佛教、道教、伊斯兰教、天主教。

　　清朝皇帝优礼、尊崇藏传佛教寺庙和高僧的政策由来已久，入关定鼎后，更为历代皇帝所坚持，所谓"兴黄教，即所以安众蒙古，所系非小"③ 。北京的藏传佛教寺庙有43座，其中完全受到皇室资助的有23座，得到内务府支持的有13座，剩下的7座也受到皇帝御赐实物，地位尤为尊崇④ 。历代皇帝更是为藏传佛教寺庙亲书满文碑23通，覆盖京城13座喇嘛教寺庙。清帝为藏传佛教寺庙所作碑文，多为满、蒙、汉、藏四体或满、蒙、汉三体，这不仅有利于结好和沟通蒙藏语言的信众，也强调了满、汉、蒙、藏对黄教归化一心的诚意。

　　虽然真正修建藏传佛教寺庙的高潮是乾隆年间⑤ ，然从碑文可见，清初皇帝与藏传佛教领袖的良好互动已然。顺治初年，西域高僧恼木汗活佛巴周·金巴嘉措⑥ 来北京建寺弘法，于顺治八年（1651）建立了北海琼华岛上

　　① 地域范围包括北京内城、外城和郊坰的寺庙。
　　② 其中75通为皇帝御制瞻礼诗、即事诗、落成诗和亲书佛经、画像、佛幢等内容；其余74通为皇帝拜谒、新建、重修寺庙等活动时所制。
　　③ 《清高宗实录》卷一四二七，北京：中华书局，1986年，第86页。
　　④ 韩书瑞（Susan Naquin），《北京寺庙与城市生活1400—1900（下）》，朱修春译，板桥：稻乡出版社，2014年，第54页。
　　⑤ 赖惠敏、张淑雅，《清乾隆时代的雍和宫——一个经济文化层面的观察》，《故宫学术季刊》，2006年，第23卷第4期。
　　⑥ 恼木汗亦作"诺木汗"，为蒙古语"法王"之意，据《塔尔寺志》记载，此人为青海塔尔寺第六世巴周活佛巴周·金巴嘉措。另有文献称此恼木汗为内蒙古锡勒图库伦旗第三任扎萨克达喇嘛班弟达诺门汗西扎布衮如克。参见李德成著《藏传佛教与北京》，北京：华文出版社，2009年，第81—82页。

的白塔和永安寺、东黄寺普净禅林以及南河沿大街的普胜寺，这三个重大的活动，顺治帝敕建三通满、蒙、汉文三体合璧碑，以示皇家对藏传佛教的礼遇和支持。首通即为顺治八年（1651）七月《白塔碑》（*šanggiyan subar-han i bei*）①。同年十月，巴周·金巴嘉措以"佛教协助皇猷"为名，请立塔建寺，故世祖赏数万金，故东黄寺落成。竣工后，顺治皇帝又命汉军大学士宁完我撰《普静禅林碑》（*eiten be elhe obure oron i bei*）② 东黄寺修建后，也用于为其他职位高的西藏、蒙古神职人员使用，并不断领皇帑进行重建和资助。康熙三十三年（1694），清圣祖皇帝巡幸之时，见寺庙栋宇倾颓，便拨内帑银两，委员修葺。此碑亦满、蒙、汉文合璧③。

护国寺和隆福寺清代以庙市扬名，而作为藏传佛教寺庙，其在清初已经具有重要意义。护国寺始建于元代，原名崇国寺④。康熙六十一年（1722），清圣祖玄烨撰《崇国寺碑》（*cung guwe syi bei*），为重建崇国寺亲撰。据碑文，此寺元大德时所建，为西僧香火地。康熙六十年（1721），诸蒙古汗王、贝勒、贝子、公、台吉、他布囊等请旨，建新寺以祝釐，圣祖因耗费巨大未允，蒙古诸人因崇国寺为前代名刹，规模具存，故而再次上书请求重修，终获允许，不逾年，寺便在蒙古王公的资助下工毕。是年，清廷已平定准噶尔逃患，玄烨在碑文中盛赞诸蒙古部落恭顺三朝之忠、藩篱屏翰之功。《崇国寺碑》由皇帝御制满、蒙、藏、汉四体碑文，用以传达清廷与蒙古唇齿相依的紧密关系，昭示对西藏的有效统治⑤。

在汉传佛教寺庙和道观上，皇帝多以满、汉双语碑刻撰写碑文。如圣祖玄烨康熙二十四年（1685）为戒台寺所作《万寿寺戒坛碑》（*wan seo syi giyei tan i bei*）、世宗胤禛清雍正十一年（1733）为厂桥西黄城根北街白马关帝庙所作《关帝庙后殿崇祀三代碑》（*guwan di miyoo i amargi diyan ilan jalan be wesihuleme wecere bei*），载自顺治以来对关帝的敕封，至雍正初又追封关帝三代晋爵上公，并制成木质神主供奉于关帝庙后殿，以享春秋崇祀等情⑥。乾隆二十六(1761) 朝阳门外东岳庙重修落成，弘历亲撰并书《东岳庙碑》（*dong yuye miyoo i juktehen i eldengge wehe*）以记盛事；乾隆二十八

---

① 括号内为碑文满文碑名或首题的罗马字母转写，采用穆林德夫（Paul Georg von Möllendorff）转写法，下文同。
② 徐自强主编，《北京图书馆藏北京石刻拓片目录》，北京：书目文献出版社，1994年，第264页。
③ 康熙三十三年（1694）《普静禅林碑》，《北京图书馆藏中国历代石刻拓本汇编》（此后简称汇编）65册，第57页。
④ 刘侗、于奕正著《帝京景物略》卷一，城北内外，上海：上海古籍出版社，2001年，第51页。
⑤ 康熙六十一年（1722）《崇国寺碑》，《汇编》67册，第153、154页。
⑥ 康熙二十四年（1685）《万寿寺戒坛碑》，《汇编》68册，第129页。

年（1763）御制《都城隍庙碑》①、乾隆三十六年（1771）于朝阳门内大街
三官庙所作《三官庙碑》（*san guwan enduri juktehen i eldengge wehe*）②、
乾隆三十九年（1774）为通州马驹桥碧霞元君庙所御制《碧霞元君庙碑》
（*bihiya yuwan jiyùn i juktehen i eldengge wehe*）③，均为满、汉双语碑。

北京的第一个天主教堂建于明万历二十八年（1600）。明清易代，耶
稣会成员汤若望（Johann Adam Schall von Bell, 1592—1666）向顺治皇帝及
满洲宗室的努力传教，不但有满洲贵戚佟国器、肃亲王豪格之妃子等人领洗
入教，汤若望还赢得了顺治皇帝的支持和友谊④。顺治帝承接帝位之初，已
然因汤若望在天主教信仰和《崇祯历书》有了一定的了解，而这位"礼数兼畅"
的传教士在历法方面的造诣，正符合新帝王"正位凝命之时，首举治历明时
之典"的心愿。再加上了顺治元年的日食、二年月食与汤若望所预测谶毫无
爽，更促使顺治帝令汤若望就任钦天监、编撰新历法《时宪书》，并颁行天
下。顺治十四年（1657）世祖福临巡幸宣武门内天主教堂（南堂），御制《天
主堂碑》（*han i araha tiyan ju tang ni bei bithe*）⑤，这通满、汉文合璧的碑刻，
正是传递了顺治帝以对汤若望的信任和倚重，以及对传教士入华数十年，仍
能对天主守教奉神、始终不渝的褒奖。碑文中，顺治帝表明自己服膺尧舜周
孔之道，对西洋之书素未阅览，天主之说也从未听闻，但根据魏特（Alfons
Väth）著《汤若望传》所记，汤若望曾详细的数次向顺治帝讲述天主教的义
理，以至皇帝深夜躺在御床上，翻阅天主教书籍，看到带有插图的圣徒故事，
感到有趣，立即将汤若望召入宫廷，让他讲说圣徒们的苦难与圣迹，直到深
夜⑥。究竟顺治帝对这个西洋的外来宗教是否熟知，还是怕惹来朝野非议而
有意隐瞒，还不得而知。然而，此通皇帝敕建、御制碑文并以满、汉文双语
撰写的碑碣，昭示着顺治帝以国语的官方形式，确定了对南堂及汤若望的支
持。

清代京城居住着许多伊斯兰教信徒，形成了若干穆斯林聚居区，时称"回
子营"。最著名的为乾隆二十五年（1760）将伊犁之役中投诚突厥系穆斯林
编为的"回子佐领"，居于东安福胡同⑦；马市桥北边之苏萝卜胡同，为汉

① 乾隆二十六 (1761)《东岳庙碑》，《汇编》72 册，第 39 页。
② 乾隆三十六年（1771）《三官庙碑》，《汇编》73 册，第 69 页。
③ 乾隆三十九年（1774）《碧霞元君庙碑》，《汇编》73 册，第 126 页。
④ 方豪：《清代旗人之信奉天主教与遭禁》，《故宫文献》，第四卷，第四期，1973 年，第 1—3 页。
⑤ 顺治十四年（1657）《天主堂碑》，《汇编》61 册，第 95 页；于敏中等，《日下旧闻考》卷四十九，城市，北京古籍出版社，1981 年，第 778—779 页。
⑥ ［德］魏特（Alfons Väth）著《汤若望传》，杨丙辰译，北京：商务印书馆，1949 年，第 306 页。
⑦ 吴长元，《宸垣识略》卷七，内城三，北京，北京古籍出版社，1983 年，第 124 页。

军正红旗三参领之四佐领居址，其中亦有"回子营"①。这些穆斯林使用的宗教场所即为清真寺。乾隆十五年（1750）《京城全图》上，可以找到北京若干清真寺：如外城柴儿胡同以南的礼拜寺②、花儿市街路南的只有一进院落的礼拜寺③；以及牛街鼎鼎大名的清真寺等④。

这些穆斯林信徒建立的清真寺，只有唯一一个得到了皇帝敕赐多语碑石的礼遇，即东安福胡同"回子佐领"的礼拜寺。《日下旧闻考·卷七十二·官署》载："在回营之西建礼拜寺，北向，寺门内恭立御制勃敕建回人礼拜寺碑记。"此即乾隆二十五年（1760）《回人礼拜寺碑》。碑由汉、满、蒙及察哈台文四体合璧，即体现了皇帝注重"一视同仁"的思想，也对这些回疆穆斯林昭示了清帝国的宗教理念以及统治异民族的方针⑤。（参见图1）此外，在锦石坊街的普寿寺，亦是一处回人使用的礼拜寺，其内"有皇帝敕建额"，然无碑⑥。乾隆帝为回子营的礼拜寺御制碑石，为皇帝用撰立碑石的形式表达国家或个人对伊斯兰教活动场所的明确支持。

————————

① 吴长元，《宸垣识略》，第141页。

② 《清内务府藏京城全图》（以下简称京城全图），北平：故宫博物院影印版（1:2600），1940年，十二排中第七页。

③ 《京城全图》十二排东第七页。

④ 《京城全图》十四排西第四页。

⑤ 乾隆二十五年（1760）《回人礼拜寺碑》，《汇编》72册，第59页；参见（日）小沼孝博，《北京"回子营"的250年史》，《清朝满汉关系史国际学术讨论会论文集》，北京：社会科学文献出版社，2011年，第136页。

⑥ 吴长元，《宸垣识略》卷七，内城三，北京：北京古籍出版社，1983年，第139页。

图 1-1　　　　　　　　　　　　　　图 1-2

图 1-1 为毛拉与东安福胡同礼拜寺的大门的合影，此礼拜寺在建筑上呈现出阿拉伯与中式建筑交融的风格。**图 1-2** 　为乾隆二十五年（1760）御制四体合璧《回人礼拜寺碑》，喀什至京生活的毛拉站在碑石旁边。图片引自 M. Broomhall, *Islam in China: A neglected Problem*, p. 92, London Morgan & Scott, Philadelphia in China Inland Mission,1910.

　　清帝所作的满文寺庙碑刻，是其身体力行清代"国语"政策之体现，这与其在敕谕碑、诰封碑、祭谕碑、墓志碑中，都必定使用满文一样，是国家"首崇满洲"的宣告和"不忘根本"的努力。然而皇帝撰写和敕建的碑文，与皇帝敕建寺庙或个人参加宗教活动一样，是宗教形式与政治行为的结合，一些碑刻还具有国家祀典的性质，构成了清王朝国家公务的范围，很难判断其是典章制度和帝国宗教仪式的要求，还是皇帝个人的宗教兴趣和文字使用的偏好。从"多语碑刻"的文字选择上，皇帝所作寺庙碑刻基本上昭示了此寺庙宗教类型所对应的主要信徒群体，如藏传佛教寺庙一般使用满、蒙、汉、藏四体和满、蒙、汉三体合璧的文字；汉传佛教和道教则多使用满、汉合璧或者纯汉文碑刻；而礼拜寺碑文则增加了穆斯林所使用的察哈台文。可以说，清帝以选用多民族语文的方式为寺庙制作碑文，分流和导向了不同民族的信徒群体走向相应的宗教场所。从某种程度上来说，皇帝所作寺庙碑刻也为从白山黑水中走出的、原始宗教为萨满教的旗人群体进入北京之后的宗教信仰，从语言的角度找到了安置之所。

二　普通旗人寺庙碑刻

不同于国家和个人身份不易界定的皇帝所作寺庙碑刻，普通旗人在寺庙内的撰碑立碣、参加香会、辐辏捐资以及舍地舍屋，更多地体现了个人意识、情感和精神活动。然而，由于北京旗人群体具有多民族、来源复杂等特点，使得满洲、蒙古和汉军旗人，在不同历史时期的宗教表现，呈现出不同特点。清初受江南科场案株连被流放宁古塔的方拱乾在《绝域纪略》中载："满人初不知有佛，诵经则群伺而听，始而笑之，近则渐习合掌以拱立矣。西达子则知有佛，有经，能膜拜，大约与喇嘛教同，与西土异。不祀神，惟知有关帝，亦无庙，近乃作一土龛"①。这段距清军入关已有十数年的记录，道出了在进入北京之前，满人对寺庙的熟悉程度和态度，以及满洲和蒙古人（即文中所述之西达子）在宗教信仰方面的差异。

再者，本来就身为汉人、进而纳入到八旗系统中的八旗汉军，对释道和寺庙系统的运转，又较之满洲、蒙古旗人熟络得多。不同民族和旗属的旗人留下的寺庙碑刻，不仅体现了他们宗教生活的阶段特点，也显示了作为班师移民、从龙入关的旗人群体，如何在北京寺庙这个公共空间中逐渐在内部相互陶融，如何与民人社会相互影响，从而具有了难分彼此地历史过程。

（一）顺治朝汉军旗人的寺庙撰碑活动

清军定鼎京师之初，内、外城的宗教活动似乎稍有停滞，但在四郊仍继续着寺庙的修建活动。顺治元年（1644）九月，密云成夹道的藏经庵进行了改创，并立碑为记②。顺治二年（1645），房山长沟的关帝庙、门头沟三家店的龙兴庵分别进行了重修活动③。次年，北京城的寺庙已有重新开始活动的迹象，朝阳门外东岳庙的白纸法会，是目前可见清代北京城第一次有碑刻记载的法事活动。此后，在顺治四年（1647）到顺治八年（1651）的四年间，记载东岳庙、药王庙、龙王庙、三义庙、大觉寺和城隍庙等寺庙活动的碑刻数量达寺20通，北京城寺庙的活动日渐频繁。

在满洲入关后的二十年间（1644—1664），北京寺庙的修建、香会、法会的运转和参与，除皇帝以外，主要由两部分人组成。第一，是明末取得功名的汉人文人群体，如顺治五年（1648）组织东岳庙"悬灯老会"的刘显绩、倪光荐均为世居北京的汉人，如刘显绩即为登崇祯丁丑科进士，明亡后

---

① 方拱乾，《绝域纪略》卷五，上海书店出版社，1994年。
② 顺治元年（1644）《藏经庵改创碑》，《汇编》61册，第2页。
③ 顺治二年（1645）《关帝庙碑》，《汇编》61册，第3页；顺治二年（1645）《龙兴庵碑》，《汇编》61册，第17页。

附清，绥官于六部①；第二部分，也是分量很重的一部分，是位高权重的汉军旗人群体。清初的汉军旗人主要来源自明末主动归附或在战争中被俘获的人丁，以汉人为主。汉军旗人在明清争夺政权的战争中作用非常，天聪初年皇太极攻打华北及大凌河战役期间，红衣大炮的铸造和管理都掌握在八旗汉军手中。满文称"汉军"为"ujen cooha"，汉译为"重兵"，其武力可见一斑。因军功而恩封著称的汉军将领，如佟养性、李永芳、尚可喜等家族，乘龙入关，绥官于北京。而在入关后的一段时期，汉军旗人在北京寺庙活动中，也起到相当的主导作用，这体现在以下几个方面。

首先，清初的满、蒙、汉等多体合璧寺庙碑刻，在拟文顺序上先撰汉文，再译成满文、蒙文。顺治八年至十一年所作的《普静禅林碑》、《白塔碑》、《普胜寺碑》三通碑刻，均在碑文上清楚标出了撰人、书人、满文书人、蒙文书人。三通碑文均由汉军正红旗大学士宁完我先撰写汉文，再由他人校订、书满文、蒙文②。由"撰人"和"书人"的职责，很清楚地看到碑文是由汉军旗人撰稿、再翻译为满、蒙文的过程。

其次，位居高官的汉军旗人在寺庙修撰碑文、主持香会中，起到很大的号召和带动作用。在清初（特别是顺治朝）有名可查的寺庙撰碑人中，除皇帝以外，汉军旗人占到相当大的比例。学识渊博的满洲大学士额色黑、图海、车克、巴哈纳等四人③，在寺庙碑刻中毫无踪迹，而宁完我（汉军正红旗）、洪承畴（汉军镶黄旗）、尚之信（汉军镶蓝旗）、祝世胤（汉军镶红旗）、高去奢（汉军镶红旗）、高尔位（汉军正黄旗）等清初名臣，由他们亲自题写的寺庙碑文则比比皆是。其中，顺治八年（1651），汉军镶黄旗大学士洪承畴主持对旧鼓楼大街大觉寺和药王庙的重修，并亲撰二碑，可以此试窥汉军旗人起到的引领作用。

洪承畴，福建南安人，明万历四十三年（1615）举于乡，次年登进士，官至兵部尚书。崇祯十五年（1642），在松山战役中大败，被俘降清。此后皇太极对他恩宠有加，地位尊崇，隶汉军镶黄旗。顺治二年洪承畴被派往南京安抚江南反清情绪，三年后回内院任事。顺治八年，正是他在京城就职的第三个年头，官至内翰林秘书院大学士兵部尚书兼都察院右副都御史④。其年，他组织了对大觉寺西路药王庙的大规模重修，并立碑两通：顺治八年十

---

① 《世祖章皇帝实录》卷八，顺治元年九月壬辰，北京：中华书局，1985年，第85页。
② 如顺治八年（1651）《白塔碑》，由宁完我撰汉文，杨振麟正书，希福译满蒙文，罗米书满文，搜史书蒙文。参见徐自强主编，《北京图书馆藏北京石刻拓片目录》，第511页。
③ 国史馆辑，《满汉名臣传》，哈尔滨：黑龙江人民出版社，1991年，第858页。
④ 赵尔巽等编，《清史稿》卷237，列传二十四，北京：中华书局，1977年，第9465—9470页。

月《关帝庙碑记》和顺治八年十月下《药王殿碑》①。碑文中记述，城北中
心台前有关帝庙，距今岁久污漫剥落。关圣帝君殚心汉室，力扶皇极，而大
清国家开基定鼎，正需关帝护佑辅佐。故洪承畴等人发念捐资乐施者共相之，
辄相谋化，重修其旧。此次重修工程浩大，称为"修旧"，实则几乎为"创
建"，工成后寺庙"殿堂之崇严，庑配之森列，斋舍之清幽，山门之整肃，
绘以丹青，饬以金碧，钟鼓谊闻，幢幡辉映"，庙貌之庄严崇敬可见一斑。

　　顺治八年《关帝庙碑记》碑阴的题名数百人中，出现了八行"牛录章
京"题名共 74 人 、一行"甲喇章京"的题名共 11 人，这些人是为京师八
旗组织体系之中的重要职官。清朝定鼎燕京，分列八旗，拱卫皇居，曰镶黄、
正黄旗、正白、镶白旗、正红、镶红旗、正蓝、镶蓝，每旗设都统一人、副
都统二人、参领五人、副参领五人，参领下设佐领若干，每佐领以三百人为
率，若人丁滋生，再增设数目 ②。这些八旗职官是为军政合一之官员，战时
负责整诘戎兵，以旗治人；平时所属旗员的户籍、生计、养赡、婚丧嫁娶，
可谓事无巨细，均来自于各旗都统、参领和协领的政令。出现在碑阴上的"甲
喇章京"（giyala janggin）即为"参领"之满文音译；"牛录章京"（niru
janggin）为"佐领"之满文音译。特别是牛录章京，更是京师旗人社会的最
基层组织单位的官员，如果按照清初每个佐领 300 人的编制，74 位牛录章
京所辖旗人约达 22000 余人。查《八旗通志初集·旗分志·八旗佐领》的佐
领承袭的记载，这些牛录章京并非来自洪承畴所隶属的镶黄旗汉军参领之
下，而是来自于京旗正白旗、镶白旗、正红旗、镶蓝旗、和正蓝旗下之汉军
佐领。由于洪承畴的主持和首倡，来自京师的各部官员，如刑部正理事官、
銮仪卫管治仪正事、都察院协理院事左副都御史、太医院御医等职官，均名
列碑阴；更有远在外省官员，如江苏嘉兴府秀水县知县、两汉都转盐运周知、
河南道监察御史等，闻讯盛事，也纷纷慷慨解囊。可以说，隶镶黄旗汉军的
旗人大员洪承畴、兴修了地处镶黄旗旗境所辖之大觉寺和药王庙，来自于京
城各个八旗组织体系之旗人（绝大部分为汉军）积极响应，受到朝野内外官
员的重视和支持，在大清开基定鼎八年之后的京师，具有重要而深远的影响。

　　洪承畴组织的重修，使得药王庙殿宇规模与时剧增。在雍正年间的寺
庙中登记中"北药王庙"有殿宇五十三间、禅房三十间。乾隆三十五年（1760），
内务府统计官管寺庙时，称北药王庙"山门三间、殿宇六十五间、顺山群房

　　① 顺治八年《关帝庙碑》，《汇编》61 册，第 48—49 页；顺治八年《药王殿碑》，《汇
编》61 册，页 46—47 页。
　　② 周家楣等编纂：光绪《顺天府志》，《京师志八·兵制》，北京：北京古籍出版社，
1987 年，第 213 页。

十七间"①。从乾隆《京城全图》上，也可看出药王庙和大觉寺规模浩大、占地一方之盛况。此外，药王庙因远近瞻仰、香火日盛，宗教活动也日益活跃。自康熙至嘉庆年间的香会，仅碑刻就记载悬灯圣会、药王传膳圣会与药王传膳老会、公议传膳音乐圣会、永护圣会、献灯圣会五种。在这些碑刻上，记载了满汉会众合力捐资为寺庙添建廊庑、担任正副会首、在庙会上施茶饭、做布施等活动。在特别是《传膳圣会碑》、《传膳老会碑》等碑刻中，记载了成立于清乾隆十四年（1749）的传膳圣会（药王传膳老会）该会成立三年时，会员达到二百七十七人，主要参与者为京城、郊区的旗民人等，其中还包括一个名为"宗室书会"的组织②。药王庙的宗教活动一直持续至清光绪后期，《燕京岁时记》载："北药王庙……自正月起，每朔、望日有庙市，市皆妇女零碎用物"③。而在民国初年的《北平旅行指南》中记载，曾经于清末还摩顶接踵、异常繁盛的京城名刹北药王庙，因国体变更，无人主持，已然庙貌不堪，洪承畴亲撰之二碑尚存，亦可谓仅存之硕果④。1987年美国学者韩书瑞（Susan Naquin）调查时，北药王庙仍尚存，仅部分建筑被翻盖，约于20世纪90年代时才被全部拆除。自顺治八年起，药王庙的香火延续和庙会的繁盛，持续三百余载，而这个寺庙的生命之始，便与洪承畴和众多汉军旗人的首义之功密不可分。

除撰立旗人碑刻，清初早期的香会，汉军旗人也同样起到了组织和引领的作用。都城隍庙最早的香会西棚老会，即由正白旗头等阿达哈哈番⑤李世昌、正红旗甲喇章京杨茂春领衔，两人都是汉军旗人⑥。顺治十八年（1661）五月民丰胡同法光寺《法光寺碑》，由隶汉军镶蓝旗尚之信首倡。尚之信为平南王尚可喜之子，顺治十一年（1654）春，尚之信入侍世祖福临，此年之信十八岁，福临十七岁，两人年龄相近，加之他天资颖悟，彬彬有礼，深得福临器重，视为至交，"出入必从，呼为俺答"⑦，特旨进公爵，又进少保兼太子太保。虽然尚之信在康熙朝怙恶不悛，有不臣之心，最后落得被诛死的下场⑧，但在顺治十八年，他入侍皇上，深得尊崇，地位之高、社会影响

---

① 中国第一历史档案馆藏《呈报官管寺庙殿宇房间数目清册》，乾隆三十五年五月二十二日，档案号05-0277-032。

② 参见吕敏（Marianne Bujard）、董晓萍主编，《北京内城寺庙碑刻志》第一卷，"药王庙"条，北京：国家图书馆出版社，2011年，第84—85页。

③ 富查敦崇，《燕京岁时记》，北京：北京古籍出版社，1983，第55页。

④ 张芷庠编，《老北京旅行日记》，北京：北京燕山出版社，1997，第139页。

⑤ 清爵名，满文 adaha hafan，顺治四年（1647）定名。乾隆元年（1736）定汉字为轻车都尉，满文如旧。

⑥ 顺治十五年（1685）《西棚老会碑》，《汇编》61册，第118页。

⑦ 释今释，《元功垂范》卷下，乾隆三十年（1765）刻本，第5页。

⑧ 赵尔巽等编，《清史稿》卷四八〇，列传二百六十一，上海，上海古籍出版社，第116页。

力之大，是毋庸置疑的。当时，身居少保兼太子太保俺达公尚之信，因见法光寺年久倾欹、风雨莫蔽、焚修无人，便起意特募善男信女，捐资重修。在他的号召下，引福建巡抚部院徐永祯、金廷献、浙江等处提刑按察使万全、原任福建省粮道左参政李胤昌等信官、信女四百多人，影响力可谓浩大。

　　与满洲、蒙古旗人的一个重要区别在于，汉军旗人为"汉人"和"旗人"两面铸造的硬币。出现在这些碑刻上的汉军旗人政治地位高、家资富瞻，又因本身其实是汉人，对寺庙的修建、运转、香会的承办、香火的供奉，相比刚入主中原的满洲、蒙古人，自然是轻车熟路的。在他们影响力的带动下，旗人组织体系的内部成员——越来越多的满洲旗人和蒙古旗人很快濡染和熟悉了以寺庙为依托的宗教体系，自康熙朝起，满洲、蒙古旗人以更加活跃和独立的身份加入到寺庙的修建、碑文的撰写和香会运转当中，并开始使用民族语言撰立寺庙碑刻。这既体现了满、蒙旗人宗教行为和观念的变迁，也证明了旗人内部、旗民之间不同的文化背景和社会身份，在寺庙的联系之下，出现了宗教上和精神上的日益密切和靠拢。

　　（二）康熙朝始满洲、蒙古旗人的寺庙活动

　　约康熙中叶起，清朝大规模征战明显减少，社会趋于安定，财富的积累带来了经济的繁荣，京师的大多数旗人不必再像祖父辈那样终年戎马倥偬，四出征战，有了更多余暇过一种平民式活。在这种趋于稳定的环境下，第一通普通满洲旗人撰写的满汉合璧寺庙碑刻出现于康熙元年（1662）[①]。而约从这段时期开始，汉军旗人不再是撰立碑文和寺庙活动的唯一主力军，越来越多的满洲和蒙古旗人熟悉了身边大大小小的寺庙，开始参与、组织和主持寺庙香会法事，用满文和汉文撰立寺庙碑刻，施舍土地，兴修家庙，已然成为虔诚的佛道信众。所以，旗人入关近二十年后、约康熙朝以降，满洲、蒙古旗人的寺庙活动呈现出逐渐明显的活跃期，并在频率、数量和主导地位上逐渐上升，这主要表现在以下几个方面：

　　第一，参与寺庙活动的地理范围扩大。

　　清代京师及近畿地区的行政区划，分为京师、京县和顺天府，以京师为中心，由内及外，形成三个相互毗连的地域[②]。清代旗人主体集中在内城，按旗分划定居住之所，而这些旗人所供奉的寺庙，不但跨越了内城和外城的范围，且在四郊的寺庙碑刻中，满、蒙旗人的出现数量频率都有所增加。

　　距离内城仅一墙之隔的东岳庙，是满、蒙旗人活动较为集中活动的寺庙之一。东岳庙始建于元延祐年间（1314—1320），由于每年三月的庙会和

----

① 康熙元年（1662）《太平宫碑》，《汇编》62 册，第 5—6 页。
② 光绪《顺天府志》，《地理志一·疆域》，北京：北京古籍出版社，1987 年，第 604 页。

游行而吸引了众多香会及会众，其中满、蒙旗人亦是诚敬的信士，在东岳庙碑刻中出现频繁。康熙十四年（1675）"二顶进香圣会"由"西华门四牌楼"的旗人群体组成，在康熙十七年（1678）为东岳庙进献了会碑，碑阴满、蒙旗人众多①。雍正八年（1730）净水老会立《万善重修净水老会碑》，碑阴二百余人题名，几乎全部为满、蒙旗人。乾隆二十七年（1762），东岳庙《掸尘会碑》为齐化门（即朝阳门）内东岳庙掸尘会所立，碑阴题名满、蒙旗人亦占有很大的比例②。其次，西直门外蓝靛厂的西顶碧霞元君庙也是满、蒙旗人信众云集之所，旗人进香碑始于康熙九年（1670）《西顶娘娘进香会碑》，会首为"工部他吃哈番加一级信官伽蓝保"，"他吃哈番"为满文"taciha hafan"的音译，译为"博士或六品笔帖士"；而分析"伽蓝保"之名，为庙名或法名，多为满人入关后所用，保佑孩童远离早殇，故取佛保、众圣保、众僧保、众神保、观音保、菩萨保、韦驮保等带有宗教色彩名字者屡见不鲜③。辅政大臣索尼长孙女黑舍里氏生前即取法名"众圣保"④。所以，回到康熙九年为西顶娘娘庙进香的会首伽蓝保，即为一位以庙名自称，就职于工部的满洲官员。在他作为会首的带领下，参与的信众正是位于京都北城鼓楼西各旗地方等处的旗人信众⑤。此外，经济实力雄厚的满、蒙旗人的个人及家庭，也开始为四郊的寺庙慷慨捐资、护持焚修。康熙四十九年（1710），满洲旗人五十三两次买地舍与门头沟上岸栗园庄之寺庙，置金多达 500 两⑥。乾隆十九年（1755），散佚大臣副都统、和硕额驸福增格典买地亩 250 亩、瓦房十五间、土房二十五间，典银五千两，契写此地在三十年后，卖主（正白旗汉军伊凌阿）可以回赎，但得知福增格已将此地施舍与京西巨刹云居寺，二人欣然达成共识，将地亩永远舍给云居寺使用，永不回赎⑦。同年九月，内务府上驷院正白旗护军统领九十七、总管内务府会计司员外郎六十九、镶黄旗护军统领掌关防管理内务领事务郎中福诚三位信官，共同在昌平桃洼花塔村和平寺舍地 127 亩，并立《和平寺香火地碑》为记⑧。这些在碑文中可见的旗人，有时虽为一人，但代表的却是整个家庭甚至家族成员。他们在地域范围上逐渐拓展开来，并且显示出了满、蒙旗人寺庙活动的独立性。

---

① 康熙十七年（1678）《二顶圣会碑》，《汇编》63 册，第 114—115 页。

② 袁冰凌，《北京东岳庙香会》，《法国汉学》第七辑，2002 年，第 397 页。另见该作者《北京东岳庙碑文考述》中碑文综录，《三教文献》第三辑，1999 年，第 144—158 页。

③ 有关满洲人姓名规则和特点，参见刘小萌《满洲人的姓与名》，吉林师范大学学报（人文社会科学版），2014 年第 1 期。

④ 康熙十四年（1675）《清故淑女黑舍里氏圹志铭》，《汇编》63 册，第 69 页。

⑤ 康熙九年（1670）《西顶娘娘进香会碑》，《汇编》62 册，第 151—153 页。

⑥ 康熙四十九年（1710）《五十三舍地碑》，《汇编》66 册，第 148 页。

⑦ 乾隆十九年《福增格施地碑》，《汇编》71 册，第 36 页。

⑧ 乾隆十九年《和平寺香火地碑》，《汇编》71 册，第 44—45 页。

　　第二，在寺庙活动中地位逐渐独立。

　　旗人信众数量的增加，宗教活动的逐渐丰富，依附于旧有的香会已经难以满足他们的宗教诉求。为了更方便地组织活动，康熙朝起，旗人信众新起了若干种香会组织，进入全城文武堂会的花名册，为北京寺庙带来了新的宗教组织[①]。香会具有地域性联合团体的特点，往往由居住在某处的旗人组成。在碑文中出现的地址，如：西华门四牌楼、西直门里小街、东华门外、东四牌楼、灯市口、阜成门里朝天宫三条胡同、东安门内北池子沙滩、皇城内外、北城鼓楼西各旗地方等，都是旗人居住之址[②]；香会的名义有善会、义会、圣会、胜会、公会、老会、小会等，揭示了这些组织的制度和目的；活动内容包括献茶、扫尘、净会、献花、净水、照明等。信众数量比较集中的西顶广仁宫、东岳庙、火神庙、药王庙等寺庙，也是独立组织最早出现之所。起会于康熙年间、且主要信众群体为旗人的香会有：

　　（1）香灯圣会，成立于康熙初年，祭祀元君圣母，阜成门里朝天宫东廊下信众男女不下三五百人组成[③]。

　　（2）散司会，成立于康熙初年，由东华门外众善弟子等诚起。会众"攒印积金虔办冠袍带履供器等仪"，照例于每年三月奉献于神前。三百余人，均男性[④]。

　　（3）西顶进香会　成立于康熙初年，祭祀碧霄元君。会碑称已起会三十余载。碑侧题："定府大街龙头井年例进香老会杨时春众等全立"。约一百七十人，均男性[⑤]。

　　（4）西顶洪慈宫会，成立于康熙十七年，祭祀泰山圣母，碑记称："阜成门里朝天宫三条胡同仕宦满汉军民，每岁十二日奉香瞻拜"[⑥]。

　　（5）金牛圣会，成立于康熙十七年，祭祀泰山圣母，西直门里小街口信众起会，年例进献冠袍带履金牛一乘种种钱粮[⑦]。

　　（6）扫尘会，康熙二十九年（1690），祭祀东岳大帝，并扫除尘污。碑侧题："安定门大街中城兵马司胡同扫尘圣会"。千余人，均男性[⑧]。

　　到乾隆五年（1740）出现的东岳庙"宗室香会"、乾隆四十七年，北

---

　　①　隋少甫、王作楫著，《京都香会话春秋》，北京燕山出版社，2004，第9页。
　　②　此类香会会址在碑文中不胜枚举，可参见刘卫东，《北京地区庙宇香会碑发凡》，《明清至民国时期中国城市的寺庙与市民论文集》，第260页，内部资料。
　　③　康熙二十七年（1688）《香灯会垂后碑记序》，《汇编》64册，第108—109页。
　　④　康熙二十九年（1690）《散司会碑》，《汇编》64册，第144—145页。
　　⑤　康熙三十一年（1692）《西顶进香碑》，《汇编》65册，第6—8、9—11页。
　　⑥　康熙二十六年（1687）《西顶洪慈宫进香碑》，《汇编》64册，第93—94页。
　　⑦　康熙二十三年（1684）《金牛圣会进香碑》，《汇编》64册，第52—54页。
　　⑧　康熙二十九年（1690）《扫尘会碑》，《汇编》64册，第146—147页。

药王庙"药王传膳圣会"中的"宗室书会"等会名和组织的出现，体现了皇室和宗室亦成为寺庙活动的组织成员。

第三，碑文的撰、书人增多。

旗人寺庙碑刻的文献制作者，大体可分为汉军旗人、满洲旗人、蒙古旗人、汉人、宗教从事者（包括僧、道、尼、教士、阿訇等）。康熙元年，第一通由满洲旗人撰立的寺庙碑文立于东便门外的道观蟠桃宫，以酬圣母娘娘护佑子孙之恩德[①]。此后，由满洲旗人撰文、书丹、勒石的寺庙碑刻日增。这些满洲旗人为石碑撰文的原因各不相同，他们可能是香会会首、寺庙修建的董督，从很多碑文中体现了撰者往往就是敬神活动的参与者、亲历者或者土地和财产的捐助者；有的因为对该庙负有责任，或为捐资信徒群体的领袖人物；有的则因身为朝中股肱，因声名显赫而应人之邀撰文。不过，这种表面上简单地应邀作文，背后可能隐藏着文人与寺庙的更深关系：或曾与某个僧道交游，或曾寄居该寺庙，或另有因缘。和参加热闹有趣的香会比起来，满洲旗人撰立寺庙碑刻更显示出他们在寺庙活动中的较为积极、独立的地位。将目前能够确知身份为满洲旗人的碑刻列于下表1。

表1　部分满洲旗人撰书碑刻表[②]

碑名	寺庙	今址	出处	公元纪年	年号纪年	撰人	书人
太平宫碑	太平宫（蟠桃宫）	崇文区东便门蟠桃宫	《汇编》62册5-6页	1662	清康熙元年	吴达礼	
保安寺碑	保安寺	西城区厂桥西黄城根北街	《汇编》62册33-34页	1664	康熙三年	索尼	
净因寺碑	净因寺	东城区华丰胡同	无影印拓片	1705	康熙四十四年	查升	查升
广仁宫碑	广仁宫	海淀区蓝靛厂广仁宫	《汇编》66册6-8页	1710	康熙四十九年	徐斑	允祺

① 康熙元年（1662）《太平宫碑》，《汇编》62册，第5—6页。
② 表中《汇编》指《北京图书馆藏中国历代石刻拓本汇编》，《目录》指《北京图书馆藏北京石刻拓片目录》。

碑名	寺庙	今址	出处	公元纪年	年号纪年	撰人	书人
瑞应寺碑	瑞应寺		《汇编》67 册 2—3 页	1713	康熙五十二年	揆叙	陈邦彦、张廷玉
静默寺碑	静默寺	西城区北长街	《目录》页 287	1720	康熙五十九年	允禄	允禄
悬灯会碑	东岳庙	北京朝阳区东岳庙	《目录》页 287	1720	康熙五十九年	奇勒伦	奇勒伦
福聚寺碑	福聚寺	房山区琉璃河镇西南白庄	《目录》页 288	1721	康熙六十年	蒋廷锡	胤祉
拈花寺碑	拈花寺	崇文区广渠门内	《目录》页 290	1728	雍正六年	衍璜	衍璜
献茶会碑	东岳庙	北京朝阳区东岳庙	《汇编》68 册 97 页	1731	雍正九年	阿永安	
关帝庙碑	关帝庙	海淀区恩济村	《汇编》69 册 83 页	1740	乾隆五年	海望	齐达色译，梁诗正书
西山大觉寺下院灵鹫庵重修碑记	灵鹫庵	东城区国旺胡同	《汇编》69 册 147 页	1744	乾隆九年	弘景	弘景
福增格施地碑	云居寺	房山区云居寺	《目录》页 302	1754	乾隆十九年	福增格	
和平寺香火地碑	和平寺	昌平县桃洼花塔村	《目录》页 303	1754	乾隆十九年	五赛	多隆武
马神庙碑	马神庙	东城区景山东街	《汇编》71 册 66 页	1755	乾隆二十年	傅恒	傅恒
关帝庙碑	关帝庙	东城区景山东胡同	《汇编》71 册 89 页	1756	乾隆二十一年	傅恒	傅恒

碑名	寺庙	今址	出处	公元纪年	年号纪年	撰人	书人
妙缘观碑	妙缘观	西城区旧鼓楼大街大石桥胡同	《目录》页303	1756	乾隆二十一年	沈德潜	允禧
观音寺碑	观音寺	西城区宣武门西大街国会街	《目录》页308	1764	乾隆二十九年	富善性	卢知命
鲁班花神合祀碑	香山敬宜园花洞值房	海淀区香山	《汇编》72册67-68页	1765	乾隆三十年二月	德保	德保
龙王堂碑	龙王堂	朝阳区洼里北龙王堂村	《目录》页309	1765	乾隆三十年	福通阿	（僧）慧澄
宝藏寺碑	金山宝藏寺	海淀区海淀乡董四墓村	《目录》页309	1766	乾隆三十一年	永福	
卧佛寺碑	卧佛寺	海淀区香山	《目录》页310	1766	乾隆三十一年	图鎝布	
都土地庙碑	都土地庙	西城区柳树胡同	《汇编》73册120页	1773	乾隆三十八年	常庆、岱哈	常庆、岱哈
德悟和尚行实碑	法华寺	东城区东四南大街报房胡同法华寺	《汇编》74册19页	1778	乾隆四十三年	（吉林）德隆	萧际韶
天后宫碑	天后宫	东城区育群胡同	《汇编》75册92页	1788	乾隆五十三年	福康安	
崇圣寺碑	崇圣寺	西城区原西皇城根	《汇编》75册122页	1789	乾隆五十四年	李云岩	机尔杭阿

碑名	寺庙	今址	出处	公元纪年	年号纪年	撰人	书人
真存法师碑	法华寺	东城区东四南大街报房胡同法华寺	《汇编》76册166页		乾隆无年月	德保	富炎泰
九天庙碑	九天庙	西城区阜成门下关西	《汇编》77册54-55页	1799	嘉庆四年	松龄	马浚
献灯圣会碑	药王庙	西城区旧鼓楼大街大觉寺	《汇编》78册64-65页	1810	嘉庆十五年	景德	施奕学
缘庆恒吉二庙碑	宁郡王府家庙	东城区北极阁	《汇编》80册137页	1837	道光十七年	绵誉	绵誉
阿公（世图）祠记	阿公祠	西城区原司法部街	《汇编》81册188页	1850	道光三十年二月	锡淳	锡淳
弥勒院碑	弥勒庵	东城区演乐胡同	《汇编》81册209页	1850	道光三十年	庆爱	庆爱
关帝庙碑	镶红旗关帝庙	海淀区青龙桥厢红旗	《汇编》82册101-102页	1855	咸丰五年	达嵩阿	松寿
关帝庙碑	镶白旗关帝庙	海淀区青龙桥厢白旗	《汇编》82册98-99页	1855	咸丰五年	达嵩阿	佛祥
福善寺落成纪事诗	福善寺	西城区李广桥	《汇编》84册47页	1873	同治十二年	奕訢	奕訢

碑名	寺庙	今址	出处	公元纪年	年号纪年	撰人	书人
丘处机行实碑	白云观	西城区白云观街白云观	《汇编》85册87-88页	1882	光绪八年	完颜崇厚	完颜崇厚
大佛寺善会碑	大佛寺	东城区大佛寺西大街	《汇编》85册170-171页	1885	光绪十一年	梁耀枢	梁耀枢书、英煦篆额
王常月道行碑	白云观	西城区白云观街白云观	《目录》页528	1886	光绪十二年	完颜崇厚	完颜崇厚
宝公寺刹竿碑	宝公寺	东城区东直门内大街	《汇编》88册31-33页	1898	光绪二十四年	成允	文彬
北顶娘娘庙碑	北顶娘娘庙	朝阳区大屯北顶村	《目录》页373	1903	光绪二十九年	弈劻	弈劻
花神庙施地碑	花神庙	丰台区樊家村花神庙	《目录》页376		光绪无年月	炤公（毓炤）	
万寿寺方丈室碑	戒台寺	门头沟区戒台寺	《目录》页377	1911	宣统三年	溥伟	溥伟
贤良寺塔院碑	贤良寺塔院	石景山区八大处塔院	《目录》页377	1913	宣统五年	吉安	常恩昆

　　从这些碑文撰书人的身份上来看，大体可以分为三类。首为满洲宗室成员和承袭王爵者，见于碑文者有：恒亲王允祺、庄亲王允禄、诚亲王胤祉、怡亲王永福及其子绵誉、显亲王衍璜、慎郡王允禧、恭亲王奕訢及其孙溥伟、和硕庆亲王奕劻、恭贝勒成允、贝子弘景、镇国公毓炤、不入分镇国公溥多等。这些宫廷贵胄，有的为奉旨敕书，代表着帝王和国家的权威，如康熙四十九年（1710）《广仁宫碑》碑文，即因康熙帝慕西顶向为道家之洞府仙区，特命皇五子和硕恒亲王允祺代为修葺并勒石。有的碑文虽为亲撰，然并非起意，实为受人之邀。乾隆三十一年（1766）的《宝藏寺碑》为康熙十三子怡亲王允祥孙永福所撰，然反映的是漠北蒙古郡王出资修缮金山宝藏寺之事。碑载，喀尔喀郡王桑赛多尔济的属官患病，无药可医，在此寺清修六年后，病竟然

痊愈。此位蒙古郡王为慎郡王允禧第三女之额驸，故邀约同为皇亲之永福代为撰碑。还有的代表着个人与寺庙的亲密关系，如绵誉于道光十七年（1837）撰《缘庆恒吉二庙碑》，即为其家庙所立。碑文记家庙自第二代怡亲王弘晓置，乾隆十五年重修，迄今八九十载，殿壁山门亦然巩固，此可见先人事神之诚笃。并记修葺缘庆、恒吉二庙事。大清为满洲所立，故满洲贵族亲撰碑文，其社会影响尤其是对满洲旗人的影响力是十分可观的。如光绪二十四年（1898），东直门内宝公寺殿前刹杆两座因年久失修几近倾圮，仅凭寺庙之力难以修缮，住持遂"叩求本街引善会首，慕化十万贵官长者"，碑文为光绪帝赞为"至性仁孝、德才兼备"的恭贝勒成允所撰。在来自王公的感召下，约有二百余名商铺和信众参与了此次捐助，共进银肆佰二十二两有余[①]。其中，即有以家庭为单位的资助，如哈宅、文宅、恩宅、忠宅、崇宅等，也有个人名义的捐款。某（碑身漫灭不清）镶黄旗满洲还一举资助银一百两，相当于全部进银的四分之一。

　　第二类撰者为身份较高的满洲旗人大员。重修东便门蟠桃宫的吴达礼为工部尚书、授功勋卓著之功臣爵位[②]；满洲正黄旗纳喇氏揆叙为明珠次子，被康熙盛赞为"学问文章满洲中第一"[③]。镶黄旗满洲福康安，为清高宗孝贤皇后侄、大学士傅恒子，为乾隆时一代重臣；镶黄旗满洲英煦，为望族赫舍里氏；康熙五十九（1706）年《悬灯会碑》奇勒伦为康熙四十五年丙戌科（1706）满洲第三甲进士；文彬，姓纳喇氏，隶内务府满洲正白旗咸丰二年进士。德保为万寿山、玉泉山、香山等处总管大臣，手握重权；清末大臣完颜崇厚，隶内务府镶黄旗，以咸丰年间充三口通商大臣、办洋务而闻名；满洲镶黄旗人机尔杭阿，奇特拉氏，任江南大营钦差大臣，因咸丰五年平定"小刀会"收复上海县建功；松友梅即松龄，为晚清小说《小额》作者。以上这些满洲大臣撰立碑文的内容，包括兴建、重修寺庙、添建法器、组织香会、捐资、施舍田产、纪念事件、宗教人物等各不相同。由于寺庙碑刻的文体、文风、规范，大部分普通满洲旗人的知识和文字均力不可及，只有饱读诗书的文人或官宦贵胄人家，才有能力创作；能够书写于碑刻之上，书法功力一定非同了得，才敢贻笑于大方。更为重要的是，碑刻撰书人对寺庙活动的号召力，寺庙里的僧道也会邀请有社会身份的大人物来撰立碑刻。基于此，不难看出为何大多满洲旗人的碑文撰写者鲜有身份卑微的无名之辈了。

　　此外，还有一些官职并非显赫的满洲旗人官员，然他们的身份，都与

---

① 《宝公寺刹杆碑》，《汇编》卷88，第31—33页。
② 康熙二十年（1681）年《吴达礼谕祭碑》、《吴达礼墓碑》，《汇编》63册，第162—163页。
③ 王揆《揆叙墓志铭》，见赵迅，《纳兰成德家族墓志通考》，第44—45页，转引自刘小萌，《旗籍朝鲜人安氏的家世与家事》，《清史研究》，2013年，第4期，第63页。

所撰碑刻的寺庙有着非常密切的关系。如圆明园护军之文举人达嵩阿，为所在旗营之镶红旗、镶白旗二旗亲撰满汉合璧《关帝庙》二碑，捐资也均来自圆明园护军旗人；锡淳为任职于刑部的官员，他所作的《阿公祠碑》正位于刑部北监门内西偏东，为已故刑部故吏、满洲镶白旗旗人阿公所撰；演乐胡同的弥勒院重修，其住持南泛余杭，得到了杭州驻防八旗满、蒙旗人的慷慨捐资，故由兵部满档房堂主事庆爱撰碑也属于分内之事。另有《福增格施地碑》、《和平寺香火地碑》为旗人舍地给寺庙，属于个人行为，本人撰碑具有酬神之诚意，也在于契约之约束形式，告知子孙不可反悔滋扰之功能。

第四，使用满文制作寺庙碑文

满文在清代贵为国语，又是旗人在宗教领域宣告其民族语言和特殊身份的有力方式，然而，普通旗人在使用满文制作寺庙碑文的却较为鲜见，目前可见21通。形制上大多为满、汉合璧。具体开列如表2[①]。

表2　北京寺庙满文碑刻简况（除皇帝所作碑刻以外）

序号	碑名	满文首题	所在寺庙	寺庙今址	碑文拓片收录	碑刻时间	碑文撰人	碑文书人	碑刻文字形制
1	白塔碑	*šanggiyan subarhan arame i bei*	永安寺	西城区北海公园白塔山	《汇编》6册37页	清顺治八年七月	宁完我	杨振麟正书、罗米书满文、希福译满蒙文、搜史书蒙文	阴阳皆满蒙汉合璧。

① 满文碑刻的收集，得益于中国第一历史档案馆藏满文部吴元丰主任的帮助，在此诚挚致谢。

序号	碑名	满文首题	所在寺庙	寺庙今址	碑文拓片收录	碑刻时间	碑文撰人	碑文书人	碑刻文字形制
2	普静禅林碑	*eiten be elhe obure oron i bei*	普净禅林（东黄寺）	朝阳区黄寺村	《目录》264 页	清顺治八年十月	宁完我	希福校定、杨振麟书汉文、罗米书满文、必里兔书蒙文。	满蒙汉合璧。
3	普胜寺碑	*eiten be etehe syi i bei*	普胜寺	东城区南河沿大街	实地抄录，碑在五塔寺	清顺治八年十一月（据满文为十月）		阿沙里书写蒙古字，杨振麟书写汉字，希福校定，罗米书写满洲字	满蒙汉合璧。
4	赠汤若望茔地御旨碑		马尾沟教堂	西城区北营房北街	《汇编》61 册 81 页	顺治十二年十月十五日	汤若望立		阳满汉文
5	法海寺告示碑	*fa hai sy juktehen i ulhibure bei*	法海寺	海淀区门头沟村正红旗	《汇编》61 册 150-151 页	顺治十七年五月	佚名撰、超妙、超圣监造		满汉文，阳满汉文合璧，阴刻汉文

序号	碑名	满文首题	所在寺庙	寺庙今址	碑文拓片收录	碑刻时间	碑文撰人	碑文书人	碑刻文字形制
6	圣母堂碑	*šeng mu tang ni bei*	圣母堂	西城区阜城门外北营房北街	《汇编》61 册 155-156 页	顺治十七年七月	碑阳汤若望、碑阴李祖白撰		满汉文合璧
7	太平宫碑	*taifin necin gurung ni bei*	太平宫（蟠桃宫）	崇文区东便门蟠桃宫	《汇编》62 册页 5-6	康熙元年	吴达礼		满汉文。阳满汉文合璧，阴刻汉文
8	保安寺碑	*boo an can sy i bei*	保安寺	西城区厂桥西黄城根北街	《汇编》62 册 33-34 页	康熙二年	索尼		满汉文合璧，正书并篆额
9	兴隆庵碑	*sing lung jeofingge boo i bei*	兴隆庵	昌平县楼自庄	《汇编》65 册 147 页	康熙三十八年	佚名	苗惠民	满汉文。碑文基本为汉文，仅右下角四行满文 6 小字。
10	广仁宫碑	*guwang žin gung ni bei*	广仁宫		《汇编》66 册 153 页	康熙五十年	佚名		满文

序号	碑名	满文首题	所在寺庙	寺庙今址	碑文拓片收录	碑刻时间	碑文撰人	碑文书人	碑刻文字形制
11	白塔碑	*šanggiyan subargan i bei*	永安寺	西城区北海公园白塔山	《汇编》68 册 121-122 页	雍正十一年	佚名		满汉文合璧
12	圣母堂楼基刻石		马尾沟教堂	西城区北营房北街（马尾沟）教堂礼拜堂楼后南墙西部上方	《汇编》69 册 39 页	乾隆四年			满汉拉丁文。满文在左竖写，汉文右竖写，拉丁文居中横写。
13	普胜寺碑	*eiten be etehe syi i bei*	普胜寺	东城区南河沿大街	《汇编》39 册 150 页	乾隆九年七月	励宗万	戴临正书汉文，永泰书满文，六十八书蒙文	满蒙汉文合璧。满文居中，蒙文在右，汉文在左

序号	碑名	满文首题	所在寺庙	寺庙今址	碑文拓片收录	碑刻时间	碑文撰人	碑文书人	碑刻文字形制
14	资福院施地碑	*hūturi isibure yuwan i bosi i usin i eldengge wehe*	资福院	朝阳区小关西黄寺旁	《汇编》70 册 201 页	乾隆十七年	佚名	慧悟禅师噶尔丹西勒图呼嘗克图勒石	满蒙藏汉文合璧。阳左刻藏文，右刻汉文；阴左刻满文，右刻蒙文。
15	马神庙碑	*morin i enduri juktehen i eldengge wehe*	马神庙	东城区景山东街	《汇编》71 册 66 页	乾隆二十年	傅恒		满汉文合璧
16	关帝庙碑	*guwan di enduri juktehen i eldengge wehe*	关帝庙	东城区景山东街	《汇编》71 册 89 页	乾隆二十一年	傅恒		满汉文合璧
17	关帝庙碑	*guwan di miyoo i eldengge wehe*	镶红旗关帝庙	海淀区青龙桥厢红旗	《目录》335 页	道光三年	佚名		满汉文合璧。仅碑阴额题为满文，余皆为汉文。
18	关帝庙碑	*guwan di miyoo i eldengge wehe*	镶白旗关帝庙	海淀区青龙桥厢白旗	《汇编》82 册，98-99 页	咸丰五年	达嵩阿	佛祥	满汉文合璧。阳汉文，阴满文。阳额题"皇图永固"。

序号	碑名	满文首题	所在寺庙	寺庙今址	碑文拓片收录	碑刻时间	碑文撰人	碑文书人	碑刻文字形制
19	关帝庙碑	*guwan di miyoo i eldengge wehe*	镶红旗关帝庙	海淀区青龙桥厢红旗	《汇编》82册101-102页	咸丰五年	达嵩阿	松寿	满汉文合璧。阳汉文,阴满文。阳额题"名垂千秋",阴满文额题"ab-kai fe-jergi taifin necin"。
20	天主堂碑	*tiyan ju tacihiyan tanggin ni bei*	北堂	西城区西什库北堂	《汇编》86册,109-110页	光绪十四年	圣味增爵会教士等撰		满汉文合璧。阳汉文,阴满文。
21	各处天主教堂照旧存留原奏及部议	无	南堂	宣武区宣武门南堂	《目录》512页	康熙三十一年	徐日升、安多、玄烨、顾八代等撰。		满汉文合璧,汉文中间部分磨砺不清。满文右半部分磨砺不清。

　　满文寺庙碑刻的主要使用者仍为满洲旗人,如康熙元年(1662)五月,满洲旗人工部尚书吴达礼重建太平宫殿房之《太平宫碑》;第二通见于三朝辅政大吏、赫舍里氏索尼康熙二年(1663)三月对厂桥西黄城根北街的古刹保安寺碑文。乾隆二十一年(1755),傅恒因重修景山东胡同关帝庙而撰碑,此关帝庙位于傅恒旧宅之左,因岁月滋久,风雨侵蚀,遭到破损。傅恒借修整道路之机,一并翻新关帝庙庙门,修葺大殿及厢房。东四牌楼马大人胡同的天后宫,是满洲镶黄旗人、乾隆朝一代重臣福康安所置家庙。他在出征台湾平定林爽文事件时,蒙天后娘娘的神力,大胜而归,且晋级受赏。回京后

他即建天后宫祭祀，并撰有《天后宫碑记》记录了建庙过程。天后宫中供奉海神妈祖，王府雇请僧人看守庙宇，每月发给香资，得到福家的世代维护，岁时祭祀。海神妈祖不但是福康安的救命恩人，也是家族的守护之神。京城旗、民人等多来供奉，香火鼎盛，直至清朝末年，从未间断[①]。

　　值得注意的是，身为外三旗的圆明园护军、火器营、健锐营的营房的旗人，都分别由旗人捐资建立关帝庙为旗营家庙，这与各省驻防八旗的旗营中建立"旗庙"之习俗如出一辙，而和京城以家庭、宗族为单位进行祭祀的方式截然不同[②]。道光三年（1823）四月，圆明园护军内镶红旗建关帝庙，撰满汉合璧《关帝庙碑》，碑文载，因圆明园各旗均有庙宇，仅镶红旗无，故合旗官兵齐心努力修建关帝庙；因工程浩大，工期长，先恭请帝君圣像于庙宇北门内壁为龛，作为暂安之所，众善士纷纷来敬叩；未几瘟疫流行，得关帝庇佑全旗得以奠安，旗民更为信奉关帝，最终镶红旗一旗合力捐资兼募众以建庙；该庙宇创始于道光元年（1821）孟冬，落成于道光二年仲秋等。咸丰五年（1855），镶红旗又撰立碑文，记载了自道光元年（1821）镶红旗建立专祀以来，旗员皆叩首焚香，对关帝十分崇敬。咸丰三年（1853）秋冬间，太平军逼近直隶，翌年秋镶红旗出师迎战，从军七百余人尽平安而归，皆仰赖关帝君之爱护，故以酒祭祀并刻石记之。与此类同的，圆明园镶白旗也在咸丰五年（1855）三月刻《关帝庙碑》，满汉文合璧。碑文亦记载粤西太平军发动起义，咸丰四年（1854）七月镶白旗出师，有127名镶白旗旗兵与太平军交战，翌年春凯旋而归尽生还。可以看出，关帝在旗人眼中，特别是作为职业军人的旗人眼中的特殊地位和作用。

　　除满洲旗人以外，使用满文碑刻的还有宗教场所的管理者。他们刻立皇帝的谕旨、大臣的奏议于碑石之上，实则是期盼国语的碑文能带来契约的作用并受到官方认可，以最大限度的保护庙产、传教资格和宗教人员的人身安全。顺治十七年（1660）满汉文《法海寺告示碑》即为此类。碑位于门头沟村正红旗万安山法海禅寺，碑阳为宣徽院根据上谕发布的保护法海寺告示，记载了禁止在法海寺所属区域内牧放牛羊，砍树割草，践踏田苗，违者无论满汉，许该寺住持僧人同地方甲役人等实时擒获的规定。同样的，北京天主教的传教士亦使用这种满文碑来宣告和保护自身的合法性。顺治十二年（1656）《赠汤若望茔地御旨碑》为马尾沟教堂的传教士翻刻顺治帝上谕，使得汤若望的御赐茔地得到长期的、最好的保护。光绪十四年（1888）十月，圣味增爵会教士撰《天主堂碑》，为北京蚕池口教堂迁至西什库重建的碑文，

　　① 参见汪桂平，《北京天后宫考述》，《世界宗教研究》2010年，第3期，第36页。
　　② 参见拙著，《清代直省驻防八旗寺庙刍议》，《吉林师范大学学报》，2014年，第1期，第8页。

文内记载了京师西安门内蚕池口教堂兴建时间、迁至西什库另建原因、清廷与教会谈判过程及迁建银两地点等情况。这种石制的、带有国语的"契约"的作用，实则代替了宗教作用成为其主要功能。

结　　语

如棋盘布局的北京胡同街巷中，寺庙作为一种特殊社会空间，在旗民分治的北京城内，成为大批旗民信徒表达宗教信仰和日常生活诉求的重要场所，作用特殊。

作为少数民族入主中原的清朝，皇帝作为满汉臣民的天下共主，充当了使用满文碑刻的主力军。清帝以国语与多种文字合璧的碑刻肯定了汉传佛教、藏传佛教、道教、伊斯兰教和天主教，均具有安置心灵的功能、具有精神领域的积极作用。他们自入主中原便勤勉积极地将自身打造为中原文化的续统，而其包容兼收的宗教政治观念，亲自礼佛、祈雩、支持宗教活动，决定了清朝皇帝自始至终对北京寺庙的支持及参与。皇帝在"各路神仙"面前的谦卑膜拜，成为了旗民百姓在宗教信仰上的风向标，使得来自关外的旗人群体（特别是满洲旗人）更快熟悉北京寺庙生活，这也是清朝寺庙数量和宗教活动空前发展的重要前提。

在入关后的一段时期，汉军旗人在北京寺庙历史中起到一定的主导作用，这种作用在康熙朝时，便渐渐弱化；取而代之的，是满洲、蒙古旗人逐渐参与到外城和四郊的宗教活动中，出现了更加独立稳定的旗人宗教组织，以及越来越众多的满洲旗人碑刻撰书者。在语言的选择上，普通旗人并不痴迷于"国语"的重要作用，汉文碑刻占据了所有旗人碑刻的主要地位。满洲和蒙古旗人作为神佛面前平等的信徒，与民人一起进入寺庙敬奉神灵、共襄佛事、捐资建庙、修葺殿宇、舍地舍房、立碑撰楹、赶会进香，以此来表达他们对共同信仰偶像的感激和敬畏之情，在此过程中，也加强了彼此之间的社会联系。碑文虽然漫漶，然而却反映了一段清晰的历史：自清初以来，旗人内部、旗民之间不同的文化背景和社会身份，在寺庙的联系之下，出现了宗教和精神上的日益密切和靠拢，从某种角度来看，这亦是清代旗民（满汉）关系发展趋势的真实写照。

古希腊与古代中国的占卜和知识的生成

试论《伊利亚特》里的征兆和预言

［法］皮埃尔·朱代·德·拉·孔波[*] 著
周之桓 译

在占卜方面，《伊利亚特》告诉了我们什么呢？这是个难以回答的问题，因为这部史诗并不是一个单纯的文本，虽然它在占卜实践方面给我们提供了许多信息。它并不单单见证了，同样也提供了它自身关于诸神、占卜师以及占卜师技艺的理解与构想。占卜师的技艺总是在关键时刻出现，但在诗歌中，这些技艺并不仅仅被如此提及，仿佛这些技艺的权威性和有效性是毋庸置疑的。恰恰相反，占卜师那道出未来、阐释诸神之迹象的技艺，常常和情节的真实进程联系在一起。这一进程是被宙斯决定的，我们从全诗第一行便能察觉得到。于是乎，占卜师的技艺受到了拷问，并通常引出问题：诗歌的听众们能够时时刻刻对占卜师的本领高下进行评判，同时思忖这些占卜师们是否真正了解那些他们所面对的与所作出阐释的情况。幸亏听众还知道诗人所言由缪斯的旨意传达，因此他们便受到了无比的恩惠得以目睹奥林波斯众神间的争辩，而这争辩受制于最高之神宙斯，是他决定了英雄们和交战双方——阿开奥斯人和特洛亚的未来与命运。占卜师们并没有直接进入到争辩中，但当神愿意的时候，却必须阐释神向他们传来的旨意。令人诧异而又显而易见的是，他们中的任何一个人都没有预言出《伊利亚特》中的那些重大事件。没有人预告萨尔佩冬、帕特罗克洛斯、赫克托尔等人之死，甚至也没有人预言出阿基琉斯的愤怒及其对阿开奥斯人破坏性的后果，而这才是整部史诗的主旨。那些神圣的场景决定了这些行为，而"目睹"了这些场景的听众，所知道的要比这更多，并能够判断这些行为所要表达的东西，如同局外人般从外部理解，也就是说，不需要依靠某个占卜师泄露天机，不需要依靠神和占卜师所阐释的迹象之间的占卜关系，或者占卜师与诸神同占卜的接受者之间的关系。

在这一层面上，《伊利亚特》对我们而言成为有关古风时期希腊宗教

---

* Pierre Judet de la Combe，法国社会科学高等研究院，法国国家科研中心（巴黎）。

的一份丰富的文本材料，并因此产生出两种解读方法——两种不可分割的方法，同时通过这两种方法的紧密相连又阻止人们在阅读这个文本的时候把它当做简单的信息源。首先，史诗出色地向我们讲述了宗教实践（献祭、祷告、誓言、神话、英雄的葬礼和崇拜仪式、竞技、舞蹈、技艺、占卜的形式），这总是用一种非常细致的方式进行呈现，而诗歌也像一个社会学家或人类学家一样，根据它自己的观点对宗教实践进行分析，同时通过叙述，悬置那种赞同的、信任的或者简单而言归属的关系，而正是这些关系通常使得宗教实践正常运转。其次，值得注意的是，史诗给我们提供了一种角度，它为本文的分析所依赖，也是英雄诗歌所独有的。

宏伟的英雄史诗的这种话语形式，据我们所知，是唯一一个想要整体地呈现出人和神的各种社会实践的话语形式，而它是在整体世界范围内，整个"所居的地方"（oikoumenê）的范围内，通过《伊利亚特》中希腊与亚细亚的对抗和《奥德赛》中奥德修斯的漂泊来呈现的。这种整体性是可能的，因为史诗并不讲述现在，而是讲述一个已经绝对过去了的时代，那个"英雄时代"，一种先于我们时代的人性状态，并且在那里，神可以生出那些半神，如阿基琉斯、埃涅阿斯或者萨尔佩冬。《伊利亚特》和《奥德赛》中所讲述的冲突，宣告了这一时代的终结，而根据神话，它结束于特洛亚战争参战者的消失或不朽①：这一战争有着一种末世论的象征，如同世界末日。这是过去的世界这一事实，同样也是史诗中实现蓝图的条件：这场战争只能展现一个完整的人性世界和诸神世界，因为在神话时代，人与神之间的相互影响，能够导致致命的行为：在忒拜沦陷之后，特洛亚的沦陷、阿开奥斯人在胜利之后的灾难、奥德修斯等幸存者的归途。英雄们在一个封闭的世界出现，而这个世界已经终结，因此展现那个世界中的行动是可让人理解的。这些行动正是如此，因为它们处在一个封闭的框架内，但对这些行为的同时代人而言却并不如此，他们处在一个具有一切可能性的时间维度中。不过，正因为这世界是古代的，与"如今有死之人"（这是《伊利亚特》常见的程式化表述）的世界不同，因此，人们总是会想知道那些描述出来的制度，比如占卜，是否就和这过去了的时代所呈现的相同，或者说是否是诗歌通过其所面对的那个社会所拥有的经验重构出来的。现在是诗歌表演的时代，是无英雄的时代，过去才是英雄的时代，是诗歌所追忆的时代。我们将会看到，通过一些段落的解读，这一处于过去与现在之间的张力，正是史诗对占卜实践的呈现所依赖之处：一方面是我们通常谈论和理解的占卜制度，另一方面是史诗叙述的世界里真实发生的事情，文本使得这两者相互对照。

————————

① 根据赫西奥德在其"种族神话"（« Mythe des races »）中所给出的神话构建（《工作与时日》，第 164 行及以下）。

　　由此，通过力求这种总体性，荷马史诗所表现的话语形式是奇特的，并在神人模式的各种"场域"中找到了自己的位置。惟一的另一种同样力求整体性的话语便是神谱式史诗，硕果仅存的希腊例子是赫西奥德，公元前 8 世纪晚期的大陆希腊诗人[①]。但是，在这另一种叙事传统中，其所要表达的主旨不尽相同：赫西奥德讲述的是从一个共同起源开始，诸神繁衍，并不自问诸神如何与人类相处并沟通交流。正是从那个时代起，在公元前 8 世纪，对于荷马而言在小亚，对赫西奥德而言在大陆希腊，通过多种矛盾的方式，处理并分化出多种不同的神人关系的模式：在仪式中，或者在预言中，抑或在神谱类叙述中，并在英雄诗歌的表演中，而英雄诗歌从那时起要被视作一种特殊的构建神和阐释神的形式。

　　史诗给出了其自身解释的多样性，因为它有着呈现的总体性视角与对整个文化的拷问，促使我们不要把宗教当成一种均质的事物，而是一个有着不同实践的整体，这些实践是相互竞争的，并从根本上提供了神的多种呈现和不同作用。在重构古风时期希腊文化的时候，人们总是想要假设，构成其文化的各种活动之间存在一种根本的和谐，同时借助于比如"心态"（mentalité）或"神话"（mythique）等大而化之的字眼，我们其实面对的是纷繁多样的宗教类型、活动与价值。为了阐释这一情况，如果接受这种多样性会反映在文化上的话，我们就会朝着一种不太整体论但更接近马克斯·韦伯的社会学的方向前进，如同有关社会分层形式（les modes sociaux de différenciation）的研究。如此，研究现代宗教种类的人类学家（尤其在加勒比海地区、巴西和非洲进行研究）Erwan Dianteill 最近坚称，宗教并非一种促成一致意见的社会制度[②]。相反，更多的实践与规范被建立后，有关这些实践和规范的意义与价值的思考会更自由，并可能是更自相矛盾的。他告诉我们，宗教并不是有关信仰的事务（这一想法来自于将仅存于预言性的一神教作品中的呈现，投射到所有的宗教现象当中），而是实践和呈现的混合整体，它意味着一个合作完成的集体作品，同时也是竞争完成的，是根据社会中力量关系评判的转变而完成的，这种关系根据定义而改变。因此他提出，需要从语用学

---

　　①　我们还是要参考社会学家布尔迪厄（Pierre Bourdieu）在其著作《实践感》（*Le sens pratique*, Paris, Éditions de Minuit, 1980）的前言中所指出的：赫西奥德并不能被看作是有关古希腊宗教实践的简单文献来源。在他那里，一种博学之士的视角占了上风，他根据自己的文人观点对古希腊宗教进行了系统化整理。他是理论家（théoricien）（意思是他对宗教现象进行了一种由外而入的客观分析），他试图给出一种视角，而这一视角首要的特质便是描绘出那些在宗教现象中彰显行为和实践的人和物，如同固定呈现的对象，带有理论类型上的物化（réifiantes）对比（比如奥林波斯神对幽冥之神），这正如研究宗教的史学家们所做，但他们并没有看到，赫西奥德，他们的这位"同行"，其博学的论述其实与他们的研究异曲同工。

　　②　参见 « Pierre Bourdieu and the sociology of religion : a central and peripheral concern », *Theory and Society*, 32, 2003, pp. 529-549。

角度来考察宗教，关注社会背景，对于"神灵"（esprits）的不同关系所形成的实践给予特别关注。正是从上述研究打开的视角，笔者试图展现荷马史诗对占卜技艺的阐释和评价。

如果我们快速地做一个列表，列出《伊利亚特》中的那些占卜实例，那就要清点与占卜相关的地点、人物、征兆／迹象的类型、物件和行为方式，这份列表会比《奥德赛》的列表短很多，因为在后一部史诗中，一个喷嚏可以被当做迹象（征兆）（xvii, 541），或者一句说出来的话，它所说的内容可能比说话者所想到的更多（xvii, 117; xx, 120）。《伊利亚特》无视这些迹象（征兆），并建立自己的有关征兆的类型（主要是鸟、梦、天空现象）和占卜话语。每一次我们都必须指出这些占卜实例的难解之处：占卜实例的功能在文本中可能是删节的、忽略的或者偏离的。因此不考察上下文语境便无法充分展现这些占卜例子。

一　占卜交流和直接交流

诸神尤其通过征兆和人交流，而这些征兆的占卜属性，对于那些接收者而言是事先知晓的。他们总是恳求一种阐释，而这将是——但并不总是——职业占卜师所给出的。在研究《伊利亚特》中此类占卜的形式之前，应当重申，在一些对诗歌进程具有决定性意义的事件那里，诸神的预言性话语直接作用于人，没有含糊，不需要任何阐释。这往往发生在一个暴力的和具有争议的举动发生之时[①]。这是重大时刻。当一个战士的行为违背了宙斯所给他定下的命运之时，神就阻止他，并以此来避免这个战士妨碍其自身命运的实现。神要对人重申秩序。

1. 在诗歌开头正是如此，宙斯之女雅典娜，阻止阿基琉斯杀死国王阿伽门农，后者刚刚在阿开奥斯人的大会上侮辱了前者。这是《伊利亚特》中的危机之初。当阿基琉斯正要拔出宝剑时，雅典娜抓住了他的头发制止了他，并向他解释了为什么不能杀死他的首领（I, 193—215）。她的话语是具有预言性质的。如果英雄放过他的首领，那他对其首领的愤怒将会得到释怀："我想告诉你，这样的事情会成为事实"（I, 212）【所有引用段落的汉译皆依

[①]　相反的例子是，在卷 XXIV 中，宙斯的信使伊里斯，刚刚发现普里阿摩斯在其宫中祈求和平；请见下文第 5 点（还需要加上在第 III 卷中伊里斯对海伦的的造访，不过在那里神化身为人）。

据罗念生与王焕生所译版本——译者按】。雅典娜的这一干预，没有被其他任何阿开奥斯人看到或是听到；这是专门为阿基琉斯准备的，并由此展现出整部《伊利亚特》的情节发展：阿基琉斯的愤怒是有效的，但在诛杀国王一事上却不然，因为雅典娜说阿伽门农和阿基琉斯这两位战士的联盟对于她打算进行的行动是至关重要的，此即敌对方特洛亚的败北。除了阿基琉斯之外，人类是没有权利得知这一解释的，他们将处于未知之中。

2. 另外两次，神阿波罗，同样是宙斯之子，阻止了希腊战士，因为他们的行为违背了他们（并不知晓）的命运，神再次重申了这一点。如此，在第 V 卷，第 439—442 行，神阻止狄奥墨得斯攻击埃涅阿斯，特洛亚的王，他是阿佛罗狄忒的儿子，并命中注定将在特洛亚战败后统治这座城市。阿波罗三次击打了他的盾牌，并向他重申，人是不能这么做的，不能同样以此回敬神。这一言语并不带有预言性，但却再次提出了万物的秩序①。相反，在第 XVI 卷第 707—709 行，阿波罗阻止了阿开奥斯战士帕特罗克洛斯，他是阿基琉斯的伴侣，当他三次击打特洛亚城墙的时候，阿波罗几乎发表了一项预言：

> 宙斯养育的帕特罗克洛斯，赶快退下，
> 尊贵的特洛亚城未注定毁于你的枪下，
> 阿基琉斯也不行，尽管他远比你强大。

《伊利亚特》中没有一个人间神谕具备的权威足以发布此类预言②，这样的预言并不仅仅用来宣布命运，而且通过阻止一个异常举动来实现这一命运。诗歌以此来指出，支配着诗歌运行的那些神的根本性决定，彰显了神和人之间的交流的正常定式。占卜实际上是一个公共操作，具有调节性，根据一种已知的制度形式，来传递出一个信号，关乎过去（即那个确定命运的神圣决定之源）、现在（即征兆所出现的时刻）和将来之间的关联。占卜描绘出了时间的方向性，并意味着在某一刻行为是暂停的。在这里，神在行为过程中突如其来，并且不仅仅是指示性的。这种突如其来是直接有效的，改变了事物的运行轨迹，也就是说使得诗歌的总体情节得以继续发展③。

---

① 对这一基本真理的重申，在该段落中显得自相矛盾：有死者狄奥墨得斯刚刚击伤了阿佛罗狄忒，并准备对战神阿瑞斯也作出同样的攻击。

② 需要除去卷 XIX 第 404—424 行阿基琉斯不朽的战马对他所做的预言，即马预言了他将会到来的死期；请见第 25 点。这显示出了史诗里这位半神（即阿基琉斯）的特殊地位。

③ 这一宙斯所想出来的诡计，通过神自身的广袤与复杂显现了出来，不过并不是对着人类而是对着其妻子赫拉，请见卷 XV 第 55—77 行。

　　3. 在人神之间的种种直接关系中，有一个例子特别突出，这就是忒提斯女神和她的儿子阿基琉斯之间的关系，这在《伊利亚特》中是非常特别的。这位女神，当她对他说话的时候，并不阻止他的行为，也不进行恐吓①。相反，当直接行为暂停的时候，她使得全诗的总体情节步入正轨。女神的话，在每次面对面的交流中，是决定性的：在第一卷中，忒提斯要求她的儿子对着所有阿开奥斯人发怒并放弃参加战斗（第 421 行及以下）；这一愤怒并不是一种简单的情感，如同在阿基琉斯和阿伽门农的斗嘴中所表现的那样，它将采取一种摧毁性的报复形式（诗歌中用了"mênis"一词）。在第 XIV 卷中，相反，女神要求她的儿子放下愤怒并再次拿起武器参加到战斗中（第 35 行）。在多次的再度上演中，这句话具有预言性，并招致了英雄的赴死（I, 416-418；XVIII, 94-97）。令人惊讶的是，女神知道自己儿子的命运，并允许他去实现这一命运，但她却不知道，或者说她被认为不知道，煽动阿基琉斯向她埋怨的原因（在卷 I 中阿伽门农的侮辱，卷 XVIII 中帕特罗克洛斯之死）。诗歌文本讽刺了这位被认为是无所不知的女神的此一欠缺（I, 365）。但这并不矛盾。忒提斯是一个神，既重要，因此有预言能力；但又是边缘的。作为海洋女神，她远离奥林波斯，也就是说她远离那些制造神之决定的地方，这些决定关乎英雄的命运与那些他们领受命运时的具体情势。但是女神是强大的，她在过去诸神的历史中扮演了重要的角色，她挽回了宙斯的权力，反对那些神的叛乱，而他们在诗歌叙述之时正参与到特洛亚战争当中（I, 393-407）②。忒提斯，与那些为了自身利益在争斗中操纵人类的诸神相反，并不关心特洛亚战争，不关心它的进展，也不关心它的任何事务。女神所惟一关心的便是她儿子的结局和荣耀，因此，她要求宙斯亲自为她带来益处，使这位最高神应当继续统治下去。女神在宙斯与阿基琉斯之间所建立的纽带，超出了人和神之间惯有的中介模式，以及神与人类命运之间的协商模式。史诗远没有运用一个同一的神学范式，而是调动了相互对立的人神关系模式，并以此来突出阿基琉斯故事的独特性。悖论的是，在《伊利亚特》中，这一阿基琉斯的非典型性故事决定了诸神与人类的行动。

　　忒提斯对阿基琉斯的一个预言令评论者伤透脑筋。在第 IX 卷，被称为"使节来访"（l'Ambassade）的那场故事中，阿基琉斯回忆起了他母亲从前对他的预言（第 410-416 行），一个令人惊讶的预言。女神忒提斯向他预言，死亡将通过两种方式降临在阿基琉斯身上，要么在战争中，充满荣耀，要么

　　① 比如像阿佛罗狄忒，尽管化为人形但却被海伦识破，于是她威胁受她保护的人，请见卷 III 第 413—417 行。
　　② 即赫拉、波塞冬和雅典娜（根据异文，也可能是阿波罗），见卷 I 第 400 行。

经历了漫长的毫无荣耀的人生之后，在他的家乡①。这种双重性，在神谕中非常典型；在第 XIII 卷第 663—670 行也有这样一种具有双重性的预言，阿开奥斯人的占卜师波吕伊多斯（他留在了科林斯），对他的儿子欧赫诺尔预言，他认为其子将会死去，不是生病就是死于战争。这种双重性的预言是在占卜仪式之外被宣告的，毫无疑问是在阿基琉斯的父亲佩琉斯家里，在女神与佩琉斯亲密的日常生活里②。阿基琉斯一直在发怒，把这一预言和前来恳求他再次加入战斗的首领们联系在一起。在这一刻，预言能够让他为自己的决定辩护，那就是永远离开阿开奥斯人的阵营并回家：离开阿开奥斯人的军队和他的命运相符。忒提斯这一过往的预言突然而至，因为在诗歌的其他地方总是说阿基琉斯被判了一个迅速的死亡；他自己也知道，他的母亲忒提斯也在第 I 卷（第 416—418 行）对他重申过。可以将这看成一个简单的在此（*ad hoc*）捏造的托辞，来为其离开做辩护③，但笔者更愿在这里察觉一个对原初处境的重申：阿基琉斯在两种可能的人生之间决断。一旦他进入到特洛亚战争，他作为战士的荣耀命运便是不可逆转的。在这里，既然他拒绝了荣耀，阿基琉斯就好像能够取消时间并回到他所做的决定之前的时间中。他抹去了他的英雄存在，而这其实是不可能的。实际上，阿基琉斯为了死亡将会前往特洛亚，并将会去战斗。对于一个具有神谕性质的启示而言，占卜程序的缺失，将阿基琉斯单独置于英雄群体之外，格外接近神。制度化的占卜并不涉及他。

二　占卜师的操作方式

有两处地方，主要人物列举了当时专业之士所确定的占卜种类。每一次，史诗叙述都强调对占卜种类的列举（求教这些占卜权威被看作再正常不过了）和列举所发生的特定情境之间的明显差距。

4. 首先是阿基琉斯，在全诗开篇第 I 卷。灾难发生了，由于发怒的阿波罗将瘟疫降临至阿开奥斯人，阿基琉斯向军队的首领阿伽门农提出，求教于能够对此灾难作出解释的饱学之士，以便阻止这场灾难。而他自己则对现实没有任何怀疑，并错误地认为神是因为一场错误的仪式而发怒（第

---

① 在《奥德赛》的第 xi 卷 488—491 行，这种预言的传统再次出现，当时阿基琉斯的灵魂在冥府中，对奥德修斯说他自己本来有两种选择。

② 动词的时态是现在时，"phêsi"，"确认"（« affirme »），其含义中包含了重复性。

③ 比如请参见 Brian Hainsworth, *The Iliad: A Commentary*, vol. 3, Cambridge University Press, 1993, p. 116 及以下，第 410—416 行评注。

62-67 行）：

　　　　让我们寻问先知或祭司或圆梦的人，
　　　　　——梦是宙斯送来的，他可能告诉我们，
　　　　福波斯·阿波罗为什么发怒，他是在谴责
65　　　我们疏忽了向他许愿或举行百牲祭？
　　　　但愿他接受绵羊或纯色的山羊的香气，
　　　　有心为我们阻挡这一场凶恶的瘟疫。

　　从古代开始，对这几行诗的阐释便问题重重。阿里斯塔库斯（Aristarque），亚历山大里亚的三大荷马文本批评家之一，提出把"占卜师"（即译文中的"先知"）一词理解为泛指之词，由随后的"祭司"（通过检验牺牲而占卜）和"解梦者"所确指[1]。这一分类是不适宜的，"占卜师"应当是专门从事特殊实践的人（比如辨识鸟的飞行，就像下文马上就要提到的第 XXIV 卷中的段落），与"祭司"差得很远[2]。占卜师（先知）一词似乎明确指向解读牺牲所反映出的征兆[3]。不过，就算这种占卜方式在荷马那里并没有被实践过，荷马对它也是熟悉的，他在诗行中提到了它，这些诗行，通过凸显出这一占卜所构建的史诗叙述的特殊性，使人想起了来自诗歌之外的文化的作用。

　　在政治集会上，阿基琉斯对着至高无上的王激昂陈词，给出了一系列的笼统办法，同时没有直接说要向当时也在场的军队占卜师卡尔卡斯求教。后者立刻给予帮助，但却要求只有在阿基琉斯保护他的前提下，因为他对瘟疫的阐释表明，阿伽门农正是神发怒的原因（神／王之间的冲突是一个传统的素材 [topos]）。占卜师揭示出神不是仅仅因为一种仪式上的差错而发怒，而是因为一个特殊事件：阿伽门农拒绝满足阿波罗神的祭司克律塞斯，后者带了巨额赎金，来赎回他被俘的女儿——的确，放了这一人质将是使国王丧失其权力的一大标志。阿基琉斯提议的笼统而并没有指名道姓的一系列办法，和占卜师的出手干预，这两者之间的反差使得卡尔卡斯所给出的阐释显得更为特别，同时也显示了阿伽门农所犯错误的特殊之处。这种反差着重突出了将卡尔卡斯和神联系起来的那个纽带，而那位神正是此刻需对之作出解释的灾难的缘由。卡尔卡斯既不通过破解征兆，也不通过对牺牲的解读或者对梦的阐释——正如阿基琉斯所列举的办法那样——来着手解决问题，而是立刻陈述神的旨意，这是以直接性为前提的。实际上，卡尔卡斯说他的占卜

---

　　①　请见 G. S. Kirk, *The Iliad: A Commentary*, vol. 1, Cambridge, 1985, p. 59。

　　②　在卷 XXIV 第 221 行（见下文）里，这些功能是被明确区分的。

　　③　尽管 Walter Leaf 的评注本持相反意见，(*The Iliad, edited with English Notes and Introduction*, Londres, 2e éd., 1902, réed. Cambridge University Press, 2010)。

技艺来自阿波罗（I，72）[①]。向他传授了占卜术的阿波罗神，对他而言是如此容易接近，因为眼下所要占卜的事情与阿波罗身边的人物有关，即神庙祭司克律塞斯。至于梦，虽然为阿基琉斯所提及，但在这一卷中并没有发挥功用，它将在后一卷中才起作用，不过却没有专门的解梦者，正如阿基琉斯所言，梦来自宙斯，但却是迷惑人的梦，并把阿开奥斯军队引向灾难（II，1—84）。

5. 在《伊利亚特》的最后一卷，特洛亚国王普里阿摩斯准备踏上一场极为困难同时又险象环生的旅途，前往阿开奥斯人的阵营去赎回被阿基琉斯所杀死的其子赫克托尔的遗体。国王的妻子赫卡柏认为他失去理智，并试图劝阻，他则辩解说，他所得到的谕旨，不是来自于一个人类的神谕请求，而是来自于诸神的信使伊里斯，当她来他的居所找到他的时候，他听到了这位宙斯的使者（XXIV，220—222）：

> 如果是世间别的人命令我，
> 不论是凭献祭预卜的先知还是祭司，
> 我都会认为那是虚假的，不加理睬。

这一叙述把与神之间特殊而直接的关联，即那种在叙述中有效而决定性的关联，与人类制度所管理的那种关系相对照。这一情况太为特殊，以至于占卜师无法有效地说出来[②]。而普里阿摩斯决定遵从宙斯的信使，让他的妻子不要成为他的"一只报凶鸟"（第219行，就在笔者所引用的段落之上几行；之后，王后跟他顶嘴，要求他祈求宙斯给他送来一只吉祥鸟，而这实现了；请看下文第19点）。这一情节把我们带向了一个不同寻常的情境，即普里阿摩斯和杀死其子的凶手之间和解了，因为宙斯所愿与其他诸神相反，故也就避免了人神之间中介的惯常模式。

---

① 我们已经说过，由于要停止瘟疫，需要"iatromancie"，一种"医药占卜"（« divination médicale »），而卡尔卡斯被当成 *iatromantis*，一个"占卜师 - 医师"（« devin-médecin »）（正如他的监护人阿波罗那样，见埃斯库罗斯的《复仇女神》第62行）：神既用瘟疫进行惩罚，同时又对之进行净化（请见 W. Beck 所撰的 *mantis*（占卜师）条目，*Lexikon des frühgriechischen Epos*, Göttingen, Vandenhoeck & Ruprecht, 1993 & 2004）。不过这种特殊的功能并没有在荷马文本中出现。

② 引文中的最后一行诗在卷 II 中再次出现（第81行），而这一回情况却相反：涅斯托尔，心思缜密的军师，说出了这句话，为了说明如果阿伽门农刚刚回忆出的梦来自另一个人，那他并不相信，因为其内容是不可能的（梦预示了尽管多年失败，阿开奥斯人会在当天获得胜利）。然而这个梦是错误的，宙斯给阿伽门农传来这个梦是为了迷惑后者。在卷 XXIV 中，一个真实的神圣沟通，取代了一个错误的人际沟通。

三　神谕的场所

　　两个最大的颁布泛希腊神谕的神示所是多多那和得尔斐，它们在史诗中也有所提及，不过确实通过出人意外的叙述方式。

　　6. 多多那，位于埃皮罗斯的带有预言性质的宙斯神示所。在第 XVI 卷第234行往后，阿基琉斯在一个关键时刻提到了它①。这是诗歌中情节"反转"的时刻。发怒的阿基琉斯，拒绝帮助被威胁的阿开奥斯人，放弃了这些在战争中挫败的人。但是他们的阵线已经被特洛亚人击溃，军队面临大规模袭击，阿基琉斯同意让他的伴侣帕特罗克洛斯拿着他的武器去击退敌人。在对"多多那的宙斯"的祈祷中，阿基琉斯恳求神确保帕特罗克洛斯的胜利和他的安全返回。神同意了一项请求（帕特罗克洛斯将会把特洛亚人逐出阵地），但拒绝了另一项（帕特罗克洛斯将会被赫克托尔所杀）。诗歌明确地描写了一个多多那神示所祭司的生活方式，不过很精炼，仅短短一行（XVI, 231—252）：

　　　　　他走到院中，酹酒祈求仰望长空，
　　　　　这一切都在鸣雷神宙斯的关注之中：
　　　　　　"遥远的多多那的、佩拉斯格斯的宙斯啊——
　　　　　到处有你的那些不沐腿、睡光地的祭司，——
　235　　　塞洛斯人居住的寒冷的多多那的统治神啊，
　　　　　你宽厚地听取了我的祈求，充分满足了
　　　　　我的心愿，狠狠地惩罚了阿开奥斯人，
　　　　　【王焕生译本翻译成了阿尔戈斯人，此处按原文进行了修改】
　　　　　现在请求你再满足我一个心愿……"

　　这里被提到的地点，即多多那，离得很远（位于希腊的北部），并且对于全诗中的宗教世界而言，是完全陌生的，就连阿基琉斯的家乡佛提亚也离那里很远（多多那位于埃皮罗斯），尽管多多那具有普世的意义：实际上，聆听阿基琉斯请求的宙斯，在诗歌叙述中有着一个惯常的头衔，即"鸣雷神"（XVI, 232）。神示所对于阿基琉斯家族的传奇而言，既遥远又相关联：根据史诗组诗之一《归家》，阿基琉斯的儿子涅奥普托勒摩斯从特洛亚返回的时候，并没有回到其父的故乡佛提亚，而是来到了埃皮罗斯的摩洛斯人所居

────────────

　　① 在卷 II 第750行中也出现了这一地点，但在"舰船名录"中（对于出征特洛亚的阿开奥斯人的军事力量进行了长长的胪列），神谕的存在并没有被提到。

住的地方，位于多多那地区。宙斯在这里被描述为"佩拉斯戈斯的"，根据卷 II 的"舰船名录"，阿基琉斯所统帅的米尔弥冬人，是住在"佩拉斯戈斯的阿尔戈斯人"（II, 681）。有关神谕的简短描述，几乎没有讲明这里的任何占卜实践，除了一句好像是向神祈祷的话，对神谕作出阐释的"塞洛斯人"[1] 被称作 *hupophêtai*，即神谕阐释师[2]。他们的生活方式被强调：他们"不沐腿……睡光地"（XVI, 235）。这些不正常的习俗表明与大地保持直接接触的用心，无疑和神示所的预言树有关。阐释者由此确保了一种天地间的中介，而天由手持闪电的宙斯统治着，阐释者道出宙斯的意愿[3]。我们看到了一个被如此描述的古风时代的希腊，与阿开奥斯城邦和军营中居民的生活相去甚远，显得怪异。

那么，在这里提到多多那是何用意呢？为了回忆他和帕特罗克洛斯之间的友好关系，而阿基琉斯所挂念的便是帕特罗克洛斯的机运，这一关系是古老的，在英雄的行为之前发生的，阿基琉斯参考了一个遥远世界的意见，但这个世界在某种程度上与他的家族或多或少有着某种关联。他越出了叙述中的一般框架和事件的界限，即特洛亚德（Troade）的封闭空间，为了重新获得那个至上而遥远的恳求。直到目前为止，阿基琉斯输赢的关键不再是之前所发生的事情了，不是他在阿开奥斯人阵营中的境遇了，而是要维持着这根本性的关联。行吟诗人的"人种志"知识，让原有的框架发生改变，并能够突出他和伴侣之间绝对而不加修饰的关系，就如同帕特罗克洛斯死后阿基琉斯痛彻心肺而狂野的哀伤。

7. 得尔斐（地处皮托，Pythô），位于希腊中部福基斯的阿波罗神示所，对它的描述也是如此令人诧异。在第 IX 卷第 404 行及以下的段落中阿基琉斯提到过它（这段是被称作"使节来访"（l'Ambassade）的关键情节；那时，阿基琉斯拒绝去帮助阿开奥斯人进行抵抗，试比较上文第 3 点），但是阿基琉斯仅仅提及得尔斐聚集的宝藏。他没有提到任何有关神谕的事情，而这其实就是得尔斐如此富有的原因。他仅仅宣称，他将不会摒弃他的愤怒，并

---

① 即 *Selloi*。此处以及其它地方，有时也会写成 *Helloi* 。
② Stella Georgoudi 说得很有道理：虽然人们会习惯性地把多多那的神谕限定在发出不清晰声响的征兆之中：树的声音、小锅的声音以及鸟的咕咕叫声，其实是神在开口说话。（« Des sons, des signes et des paroles : la divination à l'œuvre dans l'oracle de Dodone » 收于 Stella Georgoudi, Renée Piettre, Francis Schmidt 所编，*La raison des signes. Présages, rites, destin dans les sociétés de la Méditerranée ancienne*, Leiden, Brill, 2012, pp. 55-90）。
③ 我们拥有大量向宙斯发问的问题，都写在了铅片上。这些问题通常有关生活实践："我该做这个吗？"正如在《奥德赛》xiv, 327 = xix, 296 之中，奥德修斯向神谕提出的问题："应该偷偷摸摸地还是大大方方地回到伊萨卡？"奥德修斯所提到的向神谕求教一事是虚假的，但却试图以逼真的方式叙述。

拒绝阿伽门农所带来的一切馈赠，以此来弥补其对自己的侮辱，就算那些财宝有"多石的皮托所藏的宝藏"那样多。相反，神示所在《奥德赛》第 viii 卷第 73-82 行，在行吟诗人得摩多科斯所唱的有关特洛亚战争的诗歌第一歌中扮演了一个重要的角色。这一歌开启了一个可以命名为"反-《伊利亚特》"的诗歌，奥德修斯成为了主角，而不是阿基琉斯（得摩多科斯的第二歌，有关阿瑞斯和阿佛罗狄忒的奸情，第三歌，有关特洛亚的沦陷，与第一歌一起给出了一幅图景，既广阔又充满寓意①，囊括了整场特洛亚战争）。奥德修斯和阿基琉斯，这两个英雄之间的纠葛是这第一歌的主题。此外，我们对这场纠葛所知甚少，但是它却着重强调了两种相对的叙述特洛亚战争的不同方式，一种是给予阿基琉斯绝对的主导地位（如同《伊利亚特》），另一种则将《奥德赛》的英雄抬到最前。阿波罗在得尔斐的预言，被阿伽门农错误地理解了，给阿开奥斯人带来了灾难，就如同《伊利亚特》中阿基琉斯愤怒的情形一样。

令人匪夷所思的是，《伊利亚特》中任何一个人物都没有去多多那或者得尔斐的神示所拜询神的旨意。神示所的存在确曾被提及，但却并不运作，这与《奥德赛》中所发生的事情完全不同，在那里，通过神示所传达旨意被认为是一件必要的事情，这都发生在奥德修斯的旅途之中（多多那，xiv, 327 = xix, 296）或者在用《伊利亚特》的素材进行重构的《奥德赛》之中，并包含了得摩多科斯之歌（阿伽门农在得尔斐）。在《伊利亚特》一开始，一个占卜师卡尔卡斯（参见下文第 8 点）出场了，但他却在特洛亚德进行了占卜，在阿开奥斯人的大会上，而不是在一个神示所内：他当场进行了直接的阐释，这是由阿波罗神所造成的情形，占卜仪式尚未被启用。

这种简单的记录表达了两种不同的占卜方式。在《奥德赛》中，拜询的主题（阿伽门农在得尔斐，奥德修斯在多多那）突出了英雄内心的不安，他们面对困境，向神请教境遇。诗歌遵循着其主线，强调了这些个人应对现状的能力。而在《伊利亚特》中则没有谁会这样。在这部史诗中，神圣的消息从正规的神谕所之外传来，而如果一个占卜师给出了他的意见，那是因为一群人感觉到了一个事件的威胁，或者一个由神而起的恐怖征兆。

---

① 阿瑞斯和阿佛罗狄忒之间的奸情，在得摩多科斯的第二歌中，以一种滑稽的方式再现了两位神在特洛亚战争中的联合：阿佛罗狄忒，她将海伦送给了帕里斯，是争端的源头。两位神是站在特洛亚一方的。

四　占卜师

两个主要的占卜师形象，而且是完全相反的形象，一个是阿开奥斯人：卡尔卡斯；一个是特洛亚人：赫勒诺斯。这两个占卜师在功能上的差异[①]，反映出两种社会组织的不同：

卡尔卡斯仅仅是一名占卜师；他融合了一种制度上的功能；他是阿开奥斯人中间惟一一个明确这一角色的人物；他出生于占卜世家并为整个阿开奥斯军队服务，而非某个具体的王。并且，他不会犯错，非常可靠。

赫勒诺斯是国王普里阿摩斯的儿子。他既是占卜师又是战士，如同特洛亚的其他占卜师；而他并非不会犯错，不太可靠。

这种差异是必然的，部分地是由于在诗歌叙述里这两个社会有着不同的处境（更甚于两种不同文明的差异）：特洛亚人居住在他们原初的土地上，处于战争状态，凑合地发展着他们的正常活动，他们的政治、家庭、经济和宗教活动。而阿开奥斯人构建了一个临时的社会，超出疆界并且仅仅由于其战争目的联系在一起，他们就是为了实现墨涅拉奥斯的利益、事业、理由，来反对帕里斯和他的城邦。阿开奥斯人的阵营并不包括神示所、家庭和经济生产场所。占卜师们所预言的未来从那时起便不尽相同。对于特洛亚而言，事关如何最好地保卫既有成果，以及现存的城市，其富饶和强大已经被创造出来了。因此占卜师是社会的必要组成部分。对于阿开奥斯人而言，则事关战争和战争所能带来的战利品。他们的占卜师则纯粹是功能性的。

8. 卡尔卡斯是阿开奥斯阵营中惟一的一位占卜师[②]。他是特斯托尔之子，其父名富有涵义；他描绘出了占卜的功能：特斯托尔，"Thestôr"，"颁布命令的人"，与"themis"（秩序、习俗、规定）一词有关，而其复数是"themistes"，意为"神谕"。与《伊利亚特》中的其他占卜师不同的是（请参见下文第 10—12 点），卡尔卡斯不犯错，非常可靠。他被冠以"最了解鸟的人"的美誉（I, 69），而他的可靠来自于阿波罗传授他的预言术（I, 72）。就当阿波罗由于愤怒给阿开奥斯人阵营降下瘟疫，而他有效地干预并

[①]　请见 Michel Woronoff, « Pouvoir et divination dans l'*Iliade* »，收于 Élisabeth Smadja 与 Évelyne Geny 所编的 *Pouvoir, divination, prédestination dans le monde antique*, Besançon, Presses Univesitaires Franc-Comtoises, 1999, pp. 175—189。

[②]　文本中还提到了另一个阿开奥斯占卜师：波吕伊多斯，他是解梦师（XIII, 664—668），他留在了科林斯，而他的儿子欧赫诺尔则被帕里斯所杀。这位父亲向他儿子预言后者将会在家死于疾病或者死于特洛亚人的攻击。这有点像阿基琉斯的另一个微缩形象，同样有着两种可能的命运，要么毫无荣耀地长久活着，要么在特洛亚荣耀地死去（试比较 IX, 410—416），而他也是被帕里斯所杀的。

给出了阿波罗愤怒的缘由之时，他的这些特质再次被重申。

他和阿波罗联系在一起，并处在一个特殊的位置：他给阿开奥斯人服务，而他的学识和认知都来自于一位神，这位神在这场战争中，是阿开奥斯人的敌手。阿波罗培养了卡尔卡斯，因此并不能把他当作一位有着门户之见的神灵，如同赫拉、雅典娜和波塞冬那样，也不能把他当成一位模棱两可的神灵：作为神谕之神、净化之神、音乐之神和战争之神，手持弯弓，他在某种程度上"囊括了"这一切，借助神谕成为其父宙斯的代言人。在《伊利亚特》中，他总是在危急时刻出手（试比较上文第 2 点），并由此推进了总体情节，正如宙斯所愿。因此，与这种情节相联系，他能够启发一个服务于阿开奥斯人的占卜师。故这是一个"在场"（sur place）的阿波罗，借卡尔卡斯之口说话，位于宙斯所掌握的整个事件的核心；这个阿波罗和那个全希腊的得尔斐神示所的阿波罗有所不同，所以说《伊利亚特》对于阿波罗的处理手法是反常的（参见之前的上文第 7 点）。

卡尔卡斯关于瘟疫的阐释，对于诗歌接下来要发生的情节是至关重要的：阿伽门农被当成了瘟疫的罪魁祸首，因为他拒绝接受赎金释放阿波罗的祭司之女，卡尔卡斯的判断引发了一场政治危机，它将决定整个故事的进程。至上的王违背了神，由此导致了一种不公正，而卡尔卡斯道出实情，却也因此惹祸上身，并请求另一个王阿基琉斯的帮助。这位占卜师在诗歌叙述之前的功绩是，指引了阿开奥斯人的舰队驶抵伊利昂（I, 71）[1]，特别是，就像第 II 卷中所重申的那样，在阿开奥斯人乱哄哄的大会上，他们已经被九年无果的战争所挫败，并已经决定返回故里，奥德修斯重提当年阿开奥斯军舰在集结之际，卡尔卡斯破解了宙斯在奥利斯给出的那个令人瞠目结舌的征兆（II, 301-321，参见下文第 14 点）。这一征兆，根据卡尔卡斯正确的阐释，主宰了这十年之久的争端。奥德修斯则从中寻找依据来鼓舞士气：九年的准备时间已经过去，如今迎来的即是胜利。

在诗歌中，卡尔卡斯还有另一次可以说是身不由己地出手干预：当波塞冬现身来鼓舞两位阿开奥斯战士埃阿斯作战的时候，卡尔卡斯不情愿地作为违背宙斯意愿的发言人，而宙斯已经要求过诸神不要干预战争（XIII, 43-65）。卡尔卡斯的话语中没有任何表明他占卜师功能的地方；仅仅说他的声音是"坚定的"（XIII, 45），而他的话语变得有效，因为他用他的"手杖"碰了碰对话者，那两位战士（XIII, 62）。但很快小埃阿斯便通过步态的不

---

① 这似乎表明，他并未犯错，使得阿开奥斯人错误地登陆到了密细亚，来到了国王特雷福斯那里，而非特洛亚德，这些故事来自于一部并非那么知名的史诗《赛普利亚》（Les Chants Cypriens/Cypria），同时在卷 XXIV 第 766 行及以下海伦的诉说中间接反映了出来：她说她被带离斯巴达已经有二十个年头了；这一数字尤其说明了阿开奥斯人第一次徒劳无果的远征所持续的时间，以及帕里斯和海伦这对情侣在到达特洛亚之前的漫游。

同将其识破，这应当是神的化身（XIII, 71）。

　　这一有违占卜师职责的行为，带着波塞冬的面具，违背了宙斯，不过，却能帮助我们更好地理解《伊利亚特》中的卡尔卡斯一角。最根本的特征是，只有两位英雄让卡尔卡斯介入，要么在叙述中（卷 I），要么在对占卜师曾经预言的重申之中（卷 II），那便是阿基琉斯和奥德修斯，即两部诗作中的两位重要人物，他们一起构建出了一种宏大的史诗类型：《伊利亚特》和《奥德赛》。这两个英雄也表达出了两种主要的英雄形象（力量与计谋），也是史诗传统所构建的两种竞争形象：每一种形象都能断言自己是特洛亚毁灭的主导因素，通过击败并杀死赫克托尔的阿基琉斯，通过想出木马计的奥德修斯（这在《奥德赛》中得到了追述）①。卡尔卡斯所作阐释的内容，每次都与故事中的这两个主要人物相关。在第 I 卷中，阿伽门农被迫释放了人质，卡尔卡斯处在危机爆发的萌芽阶段，这一危机决定了整部史诗的情节发展，并围绕着阿基琉斯的愤怒，还有他接下来的复仇。在第 II 卷中，卡尔卡斯在预言战争所将要持续的时间并决定了这场战争期限的时候，他说出了战士奥德修斯将会完成的举世战功，那便是攻克特洛亚。正如我们所知，这一事件并不是在《伊利亚特》中被叙述的，而奥德修斯也经常让人感到在该诗中处于边缘地位。此处，《伊利亚特》指向了其外部世界，预示了另一种可能的叙述方式，奥德修斯式的，诗歌并没有完全说明，但却指出了它所处的整个叙述框架。诗歌的叙述方式则是讽刺的，因为奥德修斯重申了卡尔卡斯真正的预言，它有关战争所要持续的长度和最终的胜利，而这一胜利其实宙斯是拒绝给予阿开奥斯人的。此外，整个文本都尽力要远离有关奥德修斯的情节：他重申了卡尔卡斯说出预言的那篇说辞是有效的，因为这给了阿开奥斯人重燃战火的信念。但是阿伽门农并不感谢他，也不赞扬老国王涅斯托尔，后者是紧接着奥德修斯发言的，并提到了宙斯所传递的另一个征兆，该征兆无需专业的阐释，因为其所言再明白不过了：闪电，从右边发出的闪电（II, 353），承诺了在希腊的奥利斯集结远赴特洛亚的阿开奥斯人的胜利。正是这一聚焦于最终结果的干预，吸引军队首领的注意，并忘记了另一个更成问题的征兆，因为它昭示了此次远征的漫长。这一漫长所引发的不幸，通过话语被呈现出来并同时被克服，需要的是一种奥德修斯式的机智。

　　9. 在特洛亚人那边，我们能找到很多占卜师，而赫勒诺斯是其中的胜出者。他出自王家血脉，和赫克托尔、帕里斯、得伊福波斯、特洛伊洛斯等一样，是国王普里阿摩斯之子。与卡尔卡斯有所不同，他既是王子，又是占卜师和战士。这与特洛亚社会的性质是吻合的。正如 Michel Woronoff 所指

---

　　①　viii, 492—521.

出的①，特洛亚社会被三个主要家族控制：普里阿摩斯家族、潘托斯家族（潘托斯的后裔：欧福尔波斯和波吕达马斯，这两人下文还会提及）和安特诺尔家族。而只有居于统治地位的普里阿摩斯家族，才拥有一个占卜师赫勒诺斯，以此来巩固统治②。

　　和卡尔卡斯一样，他也是"最高明的鸟卜师"（VI，76；这在有关他神谕能力的段落中特别提到），但他从来没有说过他的这项技能来自哪一位神。这个程式化短语的使用也不合常理：赫勒诺斯感到自己具有占卜资格，恰恰是在他对所处情形作出错误的阐释之际：特洛亚人正处在艰难时刻，被胜利的狄奥墨得斯打得不知所措；赫勒诺斯在赫克托尔和埃涅阿斯的授意下，给他们提供防卫的建议。没有任何神圣的征兆提供给他，没有一只鸟飞过来。就如同在第一卷中阐释瘟疫的卡尔卡斯一样，赫勒诺斯依靠现状所反映出的具有最明显意义的特性，并认为通过他对神意的最直接认识，便能够改变这一现状。然而就算他的分析正确（雅典娜确确实实支持阿开奥斯英雄狄奥墨得斯，在阿基琉斯缺阵的情况下，狄奥墨得斯对特洛亚而言显得最具威胁），他所给出的良方却和卡尔卡斯的大相径庭，可以说是完全错误的。赫勒诺斯确信赫克托尔必须短暂地放弃战斗，由于狄奥墨得斯的战绩，此时的战况转向对阿开奥斯人有利，同时赫克托尔必须请求他的母亲赫卡柏，在供奉雅典娜的特洛亚神庙中向女神慷慨地献祭，目的在于能够请求女神让狄奥墨得斯停下。在赫勒诺斯看来，这位战士比阿基琉斯要危险得多，后者不能望其项背。同样他也把狄奥墨得斯看作"最优秀的阿开奥斯人【罗念生在具体语境中译为"他是阿开奥斯人中最强有力的杀手"】（VI，98）。赫勒诺斯的错误有两点：

　　其一，赫卡柏是赫克托尔的母亲、普里阿摩斯的妻子，在赫勒诺斯看来，她应当在雅典娜的神庙中，把她在王宫里"视为最美丽，最宽大，令她无比珍爱的袍子"盖在雅典娜的膝头（VI，90及以下）。雅典娜拒绝了供奉（VI，311）。对赫勒诺斯不合时宜的选择，学界多有讨论。在笔者看来，这一供奉，由于其美丽与贵重，反映了那个站前的特洛亚，一个奢华的城邦，受诸神宠爱。而我们知道雅典娜自己也亲手织了一件"彩色而柔软的"罩袍，并穿戴在身（V，734以及下），如果在战争打响之前，女神一定会收下这一供奉的。但由于阿开奥斯人的到来，这一非凡的特洛亚属于过往③。今非昔比了：雅典娜转向支持阿开奥斯人，仅仅由于帕里斯，这位与特洛亚的富饶和

---

① 见页181，注①。

② 在荷马这里所缺失的一个传统，却在维吉尔那里出现（《埃涅阿斯纪》卷II，第318行和第429行）：潘托斯成了阿波罗的祭司。

③ 请见卷XXII第153—156行对精美喷泉的描述，在阿开奥斯人登陆之前，特洛亚人在那里洗涤"他们闪闪发光的衣服"。

美丽相称的王子，在进行其著名的"帕里斯决断"（Jugement de Pâris）之时，更偏向阿佛罗狄忒（试比较 XXIV, 26—30）。而贡品也不能选得更坏了 [1]。它和过去的雅典娜相符，与过去铺张豪华的特洛亚联系在一起，但却与眼下的情况不符；

　　其二，就赫勒诺斯眼中狄奥墨得斯的重要性而言：尽管他确实胜利了，但这位英雄从来都没有将特洛亚置于真正的威胁之中，而阿基琉斯则不然，虽然此刻他正退出战争。

　　在有关占卜师这一失误的叙述中，赫勒诺斯的主张是令人非常惊讶的，而这也给了对手狄奥墨得斯机会，使他在接下来的篇章中突然变得无人可敌（VII）；而给雅典娜的供奉遭拒，其后果也并非如此简单地了结。事实上，雅典娜看到了赫克托尔和帕里斯这两位兄弟的联盟给阿开奥斯人所带来的威胁，并试图说服她的对手阿波罗，那位支持特洛亚的神，停止战争并用双方各自的头号武士之间的决斗取而代之。阿波罗同意了，狄奥墨得斯将不会出现在这一战斗中。为了达到这一目的，两位神通过赫勒诺斯的出手干预，而这一次他并没有搞错，只是并没有如此直接：从第 VII 卷第 44 行起，他立刻就明白了 [2] 雅典娜和阿波罗之间所商定的决定，尽管没有给出任何看得见的征兆，也没有神对他明说。如同第 VI 卷一样，赫勒诺斯再次说服了赫克托尔，不过这一次是正确的。

　　赫克托尔对特洛亚妇女的造访，和占卜师所预言的效果相比，将导致一种完全不同的效果：这一造访将保证赫克托尔和海伦的丈夫帕里斯之间的和解，同时通过巩固特洛亚内部的团结并向阿基琉斯报仇，将使宙斯能保证特洛亚最终的败北：赫克托尔完全站到了他犯错的弟弟那一边 [3]。正如卡尔卡斯的两次出手给阿开奥斯人的命运指明了方向，和他具有相同作用的特洛亚占卜师赫勒诺斯则决定了特洛亚的命运，不过并非出于自愿：并不是由于占卜获知的真相，而是通过间接性影响，即通过占卜所揭示出的特洛亚社会和它不合时宜的辉煌过往，来决定特洛亚的命运。

　　特洛亚还有一些不太重要的占卜师形象。这些形象都和失败联系在

---

　　① 由于赫卡柏选择了一件罩袍，那是帕里斯从斯巴达返回时带回来的，他在那里也带回了海伦（VI, 688—694）：这同样也是争端的起因。

　　② 表达这一"理解"的动词是令人震惊的：suntithenai；他"成就"了，实现了两位神的"意愿"，虽然他们并没把"意愿"告知他。对这一段落的研究，请见 Manon Brouillet 关于《伊利亚特》中人神关系的博士论文（EHESS）。

　　③ 笔者使用 Philippe Rousseau 的解释：Philippe Rousseau, « Au palais de Pâris », 收于 Christoph König 和 Heinz Wismann 所编, La lecture insistante. Autour de Jean Bollack, Paris, Albin Michel, 2011, pp. 53—70。

一起：

10. 墨罗普斯（II，831—834），尽管他"通晓预言"，但他还是不知道阻止其两个儿子赶赴战场并命丧黄泉。

11. 同样的事情发生在了欧律达马斯身上，"经验老到的解梦师"（V，150），在他的儿子们赶赴战场并将要被狄奥墨得斯所杀的时候，他并没有能够在梦中觉察出蛛丝马迹①。

12. 恩诺莫斯（II，858—861，XVII，218），这位战士对鸟的认知并没有能够阻止他被阿基琉斯所杀。

13. 有两位特洛亚战士的名字与占卜有关，而他们可能的占卜师角色并没有展现出来。他们两个都被帕特罗克洛斯所杀：普罗诺奥斯（Pronoos）和他的马车夫特斯托尔（Thestôr），后者与卡尔卡斯的父亲同名（XVI，399，402）。这一有关占卜的间接性提及，值得我们在此驻足停留。事实上，这发生在诗歌叙述的关键时刻，并通过迹象的方式给出了一种阐释。帕特罗克洛斯请求阿基琉斯让他自己带着他的武器前往战斗：因为对阿开奥斯阵营而言，情况发生了戏剧性的变化，他们遭到了特洛亚人的入侵。阿基琉斯同意了，但是要求帕特罗克洛斯只是以一个防御性战士的举动，去将特洛亚人赶出去。不过帕特罗克洛斯突破了这一规定。在将敌军赶出阵营之外后，他追赶他们。这一主动行为将决定他的死，以及随之而来阿基琉斯无限的哀伤，乃至他的重返战场。此时帕特罗克洛斯投入了新一轮的胜利战斗。两位名字涉及占卜的战士之死，引出了篇幅甚长的一段叙述，最终导致了帕特罗克洛斯死于阿波罗、欧福尔波斯和赫克托尔之手（XVI，399—404）：

帕特罗克洛斯用闪亮的长枪首先击中
400　普罗诺奥斯暴露出盾牌上沿的胸部，
放松了他的关节，使他砰然倒地。
他接着攻击埃诺普斯之子特斯托尔，
此人惊愕地蜷缩在他那辆精致的战车里，
缰绳也脱了手，帕特罗克洛斯接近他并用剑攻击他。
【王焕生将此行翻译为"帕特罗克洛斯向他奔去"】

那位特洛亚人的名字，普罗诺奥斯，Pronoos，正如古代的评注所言，与副词"首先，处在第一位"，即prôton有关。但是，这个名字尤其表示"预

---

① 请见页181注②，阿开奥斯人那边的相似故事。

言者"（le Prévoyant），它将被杀的战士与占卜的功能联系起来[1]。Richard Janko 在他对这一段的评注中重申，在另一个故事里，一段阿卡德史诗中，一个名叫 "Pronoos" 的战士杀死了占卜师 "Alcméon"[2]。而其车夫的名字特斯托尔则证实了其与占卜之间的关联：这是一个出自占卜族系的常用名（请见上文第 8 点）。

　　在这一段落中，与占卜的关联虽然是间接的，但却是存在的，而且是讽刺性的：和恩诺莫斯（见第 12 点）一样，这一对特洛亚战士并不懂得"预见"他们的死。特斯托尔（这个名字指向对命运有确切认知），是"神经错乱的"。但是更进一步地说，正如帕特罗克洛斯所首先完成的杀戮也导致了他自己的死[3]，这一行为本身便通过那些受害者的名字成为了一种迹象。帕特罗克洛斯违背了阿基琉斯，杀死了占卜师也把自己带入了无可预知的境地。在这段叙述中，或许并非偶然，如果这位让帕特罗克洛斯违背阿基琉斯的命令并让他赴死的神，本身便是一位神谕之神的话，那就是多多那的宙斯（参见上文第 6 点）。

五　神的迹象／征兆

　　当我们再次回顾 19 世纪末的学者 Auguste Bouché-Leclercq[4] 有关启示性占卜（mantique inspirée）和对迹象的阐释（interprétation des signes），或者说直觉性预言（divination intuitive）和归纳性预言（divination inductive）之间的区别时，我们发觉荷马总是忽略了第一种占卜形式[5]。的确，神的决定尤其通过迹象（征兆）来表现，而其不透明性总是被强调。但是这种对荷马

---

[1]　有一个名叫"Pronoé"的女预言家，乃墨兰普斯之女（西西里的狄奥多鲁斯，IV, 68, 5）。

[2]　根据阿波罗多洛斯《神话宝库》III, 92 的记载；请见 Richard Janko, *The Iliad: A Commentary*, vol. 4, Cambridge University Press, 1992, p. 367 及以下，对第 399—400 行的评注。

[3]　*Pronoos* 这一名字暗示了另一个特洛亚战士的名字：*Puraikhmês*，他是帕特罗克洛斯第一个杀死的敌人，这位阿基琉斯的伴侣驱赶特洛亚人，他们已经开始给阿开奥斯人的舰船点火了（XVI, 286）；因此帕特罗克洛斯遵循了阿基琉斯的命令。

[4]　*Histoire de la divination dans l'antiquité*, Paris, 4 volumes, 1879-1882, rééd. Grenoble, Jérome Millon, 2003.

[5]　试比较 Martin P. Nilsson, *Geschichte der Griechischen Religion*, vol. 1, Munich, Beck, 1955 (2e éd.), p. 166，在 Nilsson 看来，占卜师特奥克吕墨诺斯（Théoclymène）的夜间幻觉（《奥德赛》卷 xx 第 350—358 行），是诗人的发明。至于普里阿摩斯的女儿卡珊德拉，《伊利亚特》与《赛普里亚》相反，并没有赋予她任何占卜的功能。但荷马应该知道这一传统：实际上，卡珊德拉是第一个看到普里阿摩斯用战车从阿开奥斯阵营中拖回了赫克托尔遗体的人，并向特洛亚人预报了丧事（XXIV, 697-706）。

文本中的启示性占卜的低估正在被批判[1]。一种自发性的占卜在非专业人物那里得到了体现：将死的战士、马（参见下文第 23—25 点），以及已经提及的，卡尔卡斯和赫勒诺斯在任何阐释迹象的程序都没有被提到的情况下，对当时的情况进行的阐释。

所有的征兆与迹象，都来自宙斯，在第 VIII 卷第 250 行，这位神被称为"发预言的神"[2]。是宙斯决定了诗歌的发展进程——唯一的例外是第 X 卷第 274 行往后，在执行一个夜间任务时，雅典娜给奥德修斯和狄奥墨得斯传达了征兆；这再次反映了这一卷的特殊性（参见后文第 18 点）。这里体现了一个重要的区分：某些迹象是神加诸于人的，而另一些则反过来，是人类角色求来的。占卜师们是专家，他们仅仅介入前一种征兆的阐释，而非所有的征兆，其他征兆则交给凡人见仁见智的阐释。史诗灵活地运用了征兆在物质属性上的异同以及阐释上的分歧。

正是如此，有关蛇和一只或多只鸟的迹象出现了两次。这两次迹象均来自宙斯，而他并没有被请求神谕。

14. 在第 II 卷中，奥德修斯重申了卡尔卡斯的预言：当时正在祭祀，宙斯祭坛下冲出一条蛇，爬上一棵树并吞下了八只小麻雀和它们的母亲，随后变成了石头，卡尔卡斯知晓这一景象的确切含义（II, 301—319）。占卜师知道如何让吓坏了的阿开奥斯人去明白这一吉兆，告诉他们阿开奥斯人将会最终取得胜利以及这场战争所将要持续的时间（特洛亚将会在第十个年头被攻克）。诗歌并未表现出任何批判的意思，来低估这一预言，而它将会被实现，并预示着阿基琉斯的愤怒会招致很多阿开奥斯人的死亡，这一愤怒只会有短暂的影响，因为阿开奥斯人将会是特洛亚的最终攻克者。更确切地说，正是史诗叙述的上下文语境使得预言的意义变得相对化（参见上文第 8 点）：奥德修斯重申了卡尔卡斯的预言，是为了再次动员阿开奥斯人并出发攻占特洛亚，因为大量阿开奥斯人在九年的攻克未果后决定放弃战争。在奥德修斯看来，经过了九年的失败，这一次，取胜的希望已经奠定下来了，因为卡尔卡斯所言的战争期限即将到来："一切正在应验"，占卜师如是说道（II,

---

[1]　请见 W. Beck 所编纂的 *Lexikon des frühgriechischen Epos* 中的 *mantis*（"占卜师"）词条（参见下文第 16 点）。

[2]　这一称谓出现在诗人描述宙斯所传递出的征兆之时：一只鹰用爪子抓着一只小鹿并将它扔在"宙斯的美好的祭坛旁边……／阿开奥斯人给发预言的宙斯献祭的地方"（VIII, 249 及以下）。宙斯的饰词由这一场景触发；祭坛本身并不具备占卜功能（在卷 II 中卡尔卡斯所阐释的征兆也是如此，此处的征兆与那个征兆如出一辙）。

330）。但这并不是接下来就要确实发生的事情：这一战争行为将会在一段时间内给他们带来灾难。占卜师已经预言了战争所要持续的时间以及战争的结局，但是，由宙斯支持的阿基琉斯所要首先带给他们的灾难，却并没有被料到。这一复杂的叙述逻辑并不影响占卜师的阐释。占卜师彰显了由神定下的结局。

由此，诗歌引出了一个决定性的分流，一边是神话的时间，即根据传统，囊括整个特洛亚战争直至该城被攻克的时间，另一边则是《伊利亚特》整个情节中阿开奥斯人所经历的时间，这时间充斥了失败与不安，而后通过帕特罗克洛斯之死，还带来了对于阿基琉斯而言无法排解的悲伤。特洛亚将势必被攻陷，但阿基琉斯却是由于失去伴侣所承受的苦难，才使他决意复仇，去杀死那个凶手赫克托尔，并让特洛亚失去它主要的捍卫者。

15. 相反，在第 XII 卷，在一个与第 II 卷中的场景对称的场景里，宙斯在战斗的关键时刻传递给特洛亚人的征兆，非常耐人寻味：一只鹰用爪子抓住了一条血红色的蛇，蛇咬住了鹰，鹰必须将蛇松开，而松开的地点正好在特洛亚军队的中间，这使得特洛亚人惊恐万分（XII，200—207）。这一迹象来自宙斯（XII，209），但是在这里取胜的鹰，是传统的宙斯之鸟，而蛇，则首先是鹰的受害者，结果却逃走了，这又让人回想起第 II 卷中，由宙斯所引起的事端。阐释造成了问题。波吕达马斯，潘托斯家族一系的特洛亚战士，他给赫克托尔的军事建议①，基本上都是明智的（试比较 XII，60 及以下多行，XVIII，251 及以下多行），而这时他的阐释则指向了不利的结果：受到打击的阿开奥斯人，将会如同蛇一般反击并撕碎特洛亚人。自认为胜券在握的赫克托尔拒绝了这一阐释，并更极端地拒绝相信所有这一类的征兆和迹象：一方面，宙斯向他承诺过胜利，另一方面，一个征兆不能阻挡战士的天职：“最好的鸟［即征兆／迹象］只有一个——为国家而战”（XII，243）。宙斯暂时让他有理，起初给予特洛亚人胜利。波吕达马斯并不是占卜师，但他的认知是可以和占卜师的认知比肩的。在第 XVIII 卷中的特洛亚大会上，诗人如是说道“只有他一人洞察过去未来”（XVIII，250），如同卡尔卡斯那样知道“当前、将来和过去的一切事情”（I，70）。波吕达马斯在他对赫克托尔所说的言语中，把他自己的阐释和一个有实力的占卜师所能给出的阐释做了对比（XII，228 及以下）。但是这种认知的背后所表现出来的相似性，并没有促使这两位饱学之士相类似，而是反过来，让我们扪心自问两种实践性认知之间的关系，一种是政治与军事智慧（波吕达马斯），另一种是占卜

---

①　他仿佛赫克托尔的复制品，但却来自另一家族，潘托斯家族：波吕达马斯和赫克托尔生在同一天（XVIII，251）。两位英雄塑造了功能的两极：波吕达马斯通过口才占上风，赫克托尔则通过长枪（XVIII，252）。

认知（卡尔卡斯）。由于在这里没有任何占卜权威介入，征兆的含义留给了战士们自己去判断。更重要的是，赫克托尔弄错了。而且他的错误在全诗的发展中具有决定性和必要性地位：尽管波吕达马斯明智的观点与此相反，赫克托尔应该对阿开奥斯人阵营发起进攻，为了让事件照着宙斯所规定的那样发展：这一暂时性的胜利导致了帕特罗克洛斯重赴战场，而他的死又导致了阿基琉斯的胜利回归。根据叙述的逻辑，波吕达马斯正确的阐释于是乎便被取代了。

由此我们可以看到，神在这些征兆的语义层面巧妙运作：神，既要在一个综合的图像中发出警告，即预示着行为转折的征兆（指阿开奥斯人的胜利），又要同时改变特洛亚人合理的举动，这一举动同样是根据宙斯的征兆所做出的。诗歌给出了有关"真实"和期待之间差距的思考，前者是征兆所表现出来的"真实"，凡人比如波吕达马斯可以辨别出来；后者则是出乎意料的期待，甚至是亵神的，如同赫克托尔那般的期许。征兆并不造就历史。就算某一征兆正确地象征了某种结果，它也仅仅在这段历史的整体中代表了这段历史，而不是根据当时的具体情况。我们已经看到了这样一种距离的存在：同一个征兆，卡尔卡斯在奥利斯正确地破解了它，奥德修斯对它的重申却不适宜当时的情况。

16. 还是在第 XII 卷中，而且在一个与之前情节有着密切关联的地方，宙斯传递出另一种征兆，在此必须要提到它，因为这一征兆与之前宙斯传递的那个被蛇咬的鹰的征兆恰恰相反。就在赫克托尔对神圣征兆的批判之后，宙斯用一场风暴表露了他对特洛亚的支持，这场风暴和特洛亚的军队一样，打击了阿开奥斯人的阵营和船只（XII, 251—257）：

> 他 [赫克托尔] 这样说，继续带领队伍向前冲杀，
> 特洛亚人呐喊着跟随他。鸣雷的宙斯
> 从伊达山刮起强烈的风暴，扬起尘埃
> 直扑战船，扰乱了阿开奥斯人的心智，
> 255　[宙斯] 把巨大的荣耀赐给赫克托尔和特洛亚人。
> 特洛亚人信赖宙斯的征兆[①]和自己的力量，
> 开始攻击阿开奥斯人的高大的壁垒。

---

① 这一程式化短语也出现在阿伽门农对着狄奥墨得斯讲述后者的父亲提丢斯的战功这段叙述当中（IV, 398）：提丢斯宽恕了一个底比斯人，后者想要在提丢斯家中用诡计杀死他。相反，底比斯人则忽视宙斯的征兆（IV, 381）。这段赞美之词意在羞辱狄奥墨得斯，狄奥墨得斯在回答的时候重申自己与他父亲及其同盟者不同，正是依靠征兆攻克特拜（IV, 408）。在第 VI 卷第 183 行中，这一程式化短语再次出现，当柏勒罗丰当杀死客迈拉的时候。

这一征兆是罕见的（这并不是通常所见的雷鸣）：宙斯的举动，同时带着席卷阿开奥斯人阵营的尘埃，是一种换喻（type métonymique）（而并不仅仅是暗喻，如同鸟的暗喻那样）[1]：这一举动预示特洛亚人在进攻的时候所扬起的尘埃（请见下文第 22 点，这是一个相同类型但不是相同功能的征兆）。

如是，宙斯具有双重性：蛇与鹰的形象象征了整个故事，特洛亚终将失败；风暴所卷起的尘埃则有着短暂的象征，勾勒出了特洛亚人进攻的路线。我们可以把宙斯充满复杂性的意图，看做是辩证的，这两种征兆结合在一起，共同象征了这一意图。

17. 因此，从一个征兆到另一个征兆，神可以表现得与其自身矛盾。他实际上是分裂的。下文中所要讲到的两个传递给阿开奥斯人的征兆，在第 VIII 卷中，便明显地表现了出来。宙斯决定了要确保特洛亚人的胜利，以此来兑现他的许诺，在第 I 卷中他答应阿基琉斯对阿伽门农进行报复，尽管他还是给阿开奥斯人制造了一个有利的征兆。阿开奥斯人的王阿伽门农，刚刚向神哀求不要忘记过去自己是如何虔诚地给神奉上无数的献祭。阿伽门农害怕失败，他请求神点头向他示意，来表达对阿开奥斯人军队的支持。宙斯怜悯地答应了，尽管实际上他将给特洛亚人带去胜利。在这里神表明这场胜利将是暂时性的（VIII, 245—252）：

245　　　他这样说；父亲怜悯这流泪的人，
　　　　　点头答应保证他的军队的安全，
　　　　　他立即放出一只鹰，飞禽中最可靠的预兆鸟，
　　　　　爪子里抓住小鹿，快腿的花斑鹿的崽子。
　　　　　他把鹿扔在宙斯的美好的祭坛旁边，
250　　　阿开奥斯人给发预言的宙斯献祭的地方。
　　　　　他们看到飞禽来自宙斯那里，
　　　　　便向特洛亚人扑过去，打一场激烈的战争。

这一征兆并没有被理解：阿开奥斯人一心想着获胜并再次开赴战场，而他们自己将会被战胜。他们并没有进入到宙斯推理过程的复杂性中，而只能想象，神正在怜悯他们的命运。

---

① 这个征兆同时也是隐喻的，风暴提前具体化了特洛亚的进攻。

18. 在第 X 卷中（评论家们一般认为此卷相对较晚），雅典娜给夜探敌营的奥德修斯和狄奥墨得斯传递了一个吉兆：一只苍鹰从他们的右边飞过。他们并没有看到它飞，但却听到了它的鸣叫声（X, 274—276）。他们的阐释是迅速而准确的：他们了解女神的出手干预和她的支持，并用祈祷回敬，而女神接受了。事实上他们凯旋而归。这在《伊利亚特》中是惟一一处，征兆并不是由宙斯所发出（尽管雅典娜在这个场景中多次被提及是“宙斯的孩子”）。这一点突出了这一插曲的特殊性，这也是诗歌中惟一的夜间军事行为，埋伏而非决斗。

19. 鸟兆可能是人直接求来的征兆。在第 XXIV 卷中，普里阿摩斯准备前往阿基琉斯那里完成一项不可能完成的任务，他的妻子赫卡柏要求他首先请求宙斯给他送来神的鹰，以此作为一个好的征兆（第 292—295 行）：

> 求他放出一只显示预兆的鸟儿，
> 快速的信使、他心爱的飞禽，强大无比，
> 让它在你右边飞过，你亲眼看见了，
> 有信心到骑快马的达纳奥斯人的船寨去。

王如此做了，宙斯也将征兆传递给了他，而这一征兆是全特洛亚人都看得到的，并使他们欣喜若狂（第 315—321 行），与普里阿摩斯带回赫克托尔的尸首之时特洛亚人的极度悲痛造成强烈对比。

而其他种类的征兆，我们都已经看到了，体现的是神的意志。这涉及梦（正如在上文第 4 点和第 11 点中所指出的）、闪电和雷鸣。这样一种来自上天的征兆可能是清晰明了的，但也可能是含混不清的。

20. 当闪电在相关者的右侧显现，它的含义是明确的。在奥利斯集结的阿开奥斯人所领会到的征兆，和在第 II 卷中涅斯托尔所重申的征兆一样，都明确地表明了宙斯对阿开奥斯人的支持（请见上文第 8 点）。

21. 而没有闪电的雷鸣则是模棱两可的，在第 XV 卷中，涅斯托尔请求神不要让特洛亚人打败阿开奥斯人，宙斯回答王的祭司时便出现了这样的情况。涅斯托尔的理由是，阿开奥斯人往日在希腊万分虔诚地给宙斯奉上了献祭。宙斯“打了个响雷”，来表达自己对阿开奥斯人的支持，但是正处于获胜之际的特洛亚人则在雷鸣中感知到了对他们有利的征兆（XV, 370—380）。

22. 在史诗的叙述中，仅有一次宙斯制造了蔚为壮观的征兆，我们却惊讶地发现它并不有所针对；任何人类行为都不能被妄加推测是接受征兆的对象。它首先表达了神的精神状态，并预示了其所预言的事件。没有任何史诗里的人物要求对它作出阐释，而是留给了史诗的听众来理解其涵义：这便是宙斯在战场上降下濛濛血雨，当时宙斯被赫拉说服，决定让帕特罗克洛斯杀死他在《伊利亚特》中唯一参与到战事中的人类儿子萨尔佩冬（XVI, 457—461）：

> 女神这样说，天神与凡人之父不反对。
> 他立即把一片濛濛血雨洒向大地，
> 460　　祭祀儿子，因为帕特罗克洛斯就要
> 把他杀死在远离祖国的特洛亚沃土。

和上文第 16 点中所提到的尘土飞扬的狂风一样，血雨也提前展示了接下来的情节中所要发生的事情：在萨尔佩冬死去之前和之后所发生的一场大规模屠杀。宙斯之子的惨烈之死，配得上如此众多的英雄为其殉葬。这些来自天上的血表达了更为明确的含义，通过血，这一与死亡有关的方式来呈现，而这血将在后文继续出现，当神在照料萨尔佩冬尸首的时候。这一照料在《伊利亚特》中显得尤为特别。宙斯派阿波罗去"洗净"①"黑色的血污"（XVI, 667），并在遗体上抹上膏油，穿上不朽的衣袍，并将它交给两位夜神之子"睡眠"和"死亡"，他们会把它送到吕西亚，那个萨尔佩冬出生的地方②。这位宙斯之子将会在那里接受崇拜（XVI, 666—675）。宙斯对其子无尽的哀伤，与血雨相连，一同回应了通过阿波罗洗净所达到的不朽过程与其后的葬礼仪式。《伊利亚特》中任何一个英雄都没有如此礼遇。萨尔佩冬由此体现了血的双重含义：他既让血流冲刷他的遗体，同时又通过他的死得到了净化。在给宙斯之子所预留的净化仪式与叙述中所有其他战士的命运之间，存在着如此清晰的反差。《伊利亚特》由此突出了史诗叙述和英雄崇拜之间的区别。

六　自发性占卜

在很多非常明确的情况下，一些并非占卜师的人，没有对征兆阐释便预言了未来，尽管我们并不知道他们的这种技能和认知来自何处。战士临终

---

① 这一词仅仅用在为遗体准备葬礼的情景中。
② "吕西亚"这个词尤其意味着"光明"。

之际对战胜他们的对手所说的话正是如此。

23. 帕特罗克洛斯对赫克托尔预言后者的死期即将到来（XVI，844—854）；

24. 赫克托尔警告阿基琉斯，后者将死于阿波罗和帕里斯之手（XXII，358—360）[1]。这种濒死之人的预言是一种传统表现方式。

25. 最后，笔者将仅仅考察一个非常特殊的例子，那便是阿基琉斯的一匹不朽之马克珊托斯对它刚披上战袍的主人的预言（XIX，404—424）[2]。这一预言在史诗中尤为特别，并提出了很多问题，使得我们能更好地确定叙述、崇拜、预言和时间性这四者之间的关系。

首先要问的便是为什么一匹马能够进行这样的预言呢？由于克珊托斯对阿基琉斯预示了后者死期不远，一些学者强调这体现了冥王哈得斯与马之间的传统关联[3]。Gregory Nagy 则给出了更令人信服的观点，他在克珊托斯身上找寻到了"金色"，他认为这反映了不朽的英雄和太阳马之间的神话关联；手持闪耀武器的阿基琉斯，在这一段落中被比作了太阳神（XIX，398）；金色，也是阿基琉斯头发的颜色，这一色彩成为了几位英雄的特征[4]。如果这种推测是恰当的，则应该在此重新假定一个自相矛盾的场景：一匹不朽者的坐骑，来自海边的金色的神圣之马（试比较 XVI，150 及以下），宣告了阿基琉斯之死，仅此而已。为什么呢？文本给了我们答案：

首先是出现这一预言的语境。名唤克珊托斯的那匹马回应了阿基琉斯的指责：这位战士责备他的两匹马，不过非常简练，批评它们没有将他的伴侣帕特罗克洛斯平安地载回。他要求他的战马们在驮他的时候更加上心（XIX，400—403）。如果克珊托斯开口说话，那么首先是为了开脱指责，并告诉主人，它们会将他毫发无损地载回来（就算阿基琉斯不久之后将会死，这也不是它们的错）；

其次，文本告诉我们，是宙斯的妻子赫拉让马开口说人话（XIX，407）。女神的介入使得阐释者不知所云。但是在接下来的段落中，诗人煞费苦心地对此给出了解答（XX，115—131）。战役打响了，女神看到她所支

---

① 两个场景并不相似：帕特罗克洛斯告诉赫克托尔，后者将死于阿基琉斯手下；赫克托尔则不单单警告阿基琉斯，后者将被阿波罗和帕里斯所杀，而是说如果阿基琉斯虐待他的尸首，那么这位捷足的英雄将遭受神的愤怒。

② 克珊托斯和巴里奥斯是一个哈耳庇厄和泽费罗斯在环河边上结合生下的（试比较 XVI，150 及以下）。

③ 请见 Mark W. Edwards, *The Iliad: a Commentary*, vol. 5, Cambridge University Press, 1991, p. 283, 第404—417行评注。Edwards 强调了"哈得斯骑着荣耀的小马"这一程式化短语。

④ *The Best of the Achaeans. Concepts of the Hero in Archaic Greek Poetry*, Baltimore/Londres, The Johns Hopkins University Press, 1979, p. 209 及以下 (= §50n2)。

持的阿基琉斯，受到了她的对手阿佛罗狄忒之子埃涅阿斯的威胁，怂恿埃涅
阿斯的正是阿波罗。赫拉的目的在于支持阿基琉斯战胜特洛亚人。于是她要
求她的同盟，波塞冬和雅典娜，出手进行干预，来保证阿基琉斯毫发无损。
她补充道（XX, 127 及以下）：

> 今天；以后他将经受母亲生育他的时候，
> 命运为他纺织在线轴上的一切安排。

　　赫拉知道阿基琉斯大限将至。因此，十分迫切的是，阿基琉斯必须无
所畏惧，至少在那天来说，女神需要他对战斗充满信心（XX, 129—131）：

> 　　　如果阿基琉斯不从神明这里知道这一切，
> 130　　战斗中真有哪位神明和他对抗，
> 　　　他定会恐惧：神明原形显现很可怕。

　　这是神明的声音在使阿基琉斯对决战放心，尽管接下来他在劫难逃。
不过，克珊托斯做得很好，它保证阿基琉斯重返战场。赫拉虽然担心阿基琉
斯，但她更关心的是报复阿佛罗狄忒和赫克托尔之死，因此女神允许克珊托
斯给阿基琉斯传达消息，尽管（请见下文）战马再也未曾开口。
　　最后，文本告诉我们，接下来埃里倪斯（复仇女神）打断了克珊托斯
的话（XIX, 418）。阐释者再一次不知所云。为什么神改变了注意，不再让
一个牲畜说人话，而是让它缄默其口？与已经被提出的解释不同，复仇女
神埃里倪斯，并不被认为是要在英雄史诗中重建一种已经断裂的自然秩序，
这种情况要再往后才会出现[1]。没有温情的夜间神，"在黑暗中游荡"（IX,
571; XIX, 87），它首先是一种消失的力量，与时间联系在一起，指责抗命
的人或神。埃里倪斯恫吓背信的神（XIX, 259），并通过意志使得那个更古
老的神的法律得到遵循，而这一法律受到了另一个神的异议（XV, 204）。
我们也看到，一个受到侮辱的人所大声说出的诅咒，其有效性是得到确保的
（IX, 454）。在这一功能中，复仇女神明确地与对亡者的至高统治相连，
和哈得斯与佩尔塞福涅相连：在祈求的时候需要拍击大地（IX, 571 及以下）。

---

　　[1]　请见 Diels-Kranz 所编订的古希腊哲学家赫拉克利特残篇第 94 号："太阳神不会越
出他的能力范围。不然埃里倪斯，正义的助手，便会找到他"（ « Le soleil ne dépassera pas
les mesures. Ou alors les Érinyes, aides de Justice, le trouveront bien »，法文译自 Jean Bollack &
Heinz Wismann, *Héraclite ou la séparation*, Paris, Éditions de Minuit, 1972, p. 275）。这句话并
不说明对于埃里倪斯调解自然权力的简单相信；它给出了一个悖论：如果太阳神有些过头了，
发出了太多光芒，他将会被黑夜的力量所赶上。

因此埃里倪斯有着一种支配时间的力量，女神把这种毁灭之力强加于一切存在之上。这就是为什么在第 XIX 卷中，与阿基琉斯和解的阿伽门农，会说在第 I 卷中他所犯的错误，即和阿基琉斯所发生的过节，也就是那个导致大量阿开奥斯人丧生的过错，并不惟他一人负咎，而应归咎于宙斯、命运（摩伊拉，*Moira*）和"奔行于黑暗的"埃里倪斯（XIX, 87）。因此就这一灾难的程度而言，应当看到这些复仇女神在其背后的运作。

那么战马克珊托斯对阿基琉斯说了什么呢？它诉说了阿基琉斯那归咎于"某位大神"[①]和命运的将死之期（XIX, 410）。因此我们可以认为埃里倪斯打断战马的话，是为了证实那应当被听到的，也就是克珊托斯对阿基琉斯所讲话的要旨，即阿基琉斯难逃一死（这便是阿基琉斯所牢记的，XIX, 420）：这一陈述开启也关闭了克珊托斯的话语。这和我们通常认为的不一样，这并不是说战马没有把它要说的话全都说出来，或者说埃里尼斯阻止战马所要预示的；克珊托斯的话语是完整的，根据史诗常有的严密的环形创作（composition circulaire）技巧所构建[②]：埃里尼斯让战马说话，直到它道出了复仇女神所想要讲出的主旨。这更反映出阿基琉斯之死的不可抗拒性得到了印证，同时在这个场景中所出现的预言，为阿基琉斯开启了通向不朽未来的可能性，这种可能性将在《伊利亚特》之外的神话中实现。阿基琉斯肯定会死，但他却是一个潜在地可以知晓另一种命运的英雄，和史诗中的其他人物死亡都不一样。使阿基琉斯永远被铭记（不朽）的传统呈现了出来，但诗歌给他的死赋予特权。埃里倪斯划定了范围。而当战马说话的时候，其鬃毛从轭垫下披散到地面（XIX, 405），这一场景说明了复仇女神的临近，一种来自下方的神。

克珊托斯的预言并不仅仅局限于宣告阿基琉斯的结局，这对阿基琉斯来说并无新意。它向阿基琉斯彰显了后者并不知道的事情：一方面，帕特罗克洛斯之死是由于阿波罗和赫克托尔，这是阿基琉斯所不知的，另一方面，他自己的命运也是相似的，他将同样死于一位神与一个人之手，不过与战马诉说帕特罗克洛斯之死不一样的是，这一回它并没有向阿基琉斯说出具体的名字。阿基琉斯即将在死前着手于实现他最后一次获胜的决斗，克珊托斯给这位处在重大难关的英雄，提供了一个有关其存在的清楚而完整的图景，他的伴侣之死与他自己之死。阿基琉斯的人生，包含了这些劫难，获得了一种可感知的形式；在对帕特罗克洛斯命运的重复当中，阿基琉斯的人生变得相容而一致。《伊利亚特》中没有任何一个预言能实现如此的统一性，能够如

---

①　无疑这指的是阿波罗（试比较第 413 行），但并没有明说。这一短语并不能说明所指。垂死的赫克托尔道了那位神和有死的凡人，即阿波罗和帕里斯，他们将会杀死阿基琉斯（XXII, 359）。

②　参见 Mark W. Edwards 的评注。

此地聚焦于一个个人。

　　以上这些考察表明，谈论一个"荷马世界"实属不易，荷马史诗仿佛把我们带回到一个构建的社会当中，它实在，但同时或多或少又是虚拟的。诗歌中需要分析的并不是一些事物的状态，而是多种多样可能的与世界相关联的方式，对人而言同时也是对神而言。这一特定的荷马世界，只存在于作品中、诗歌中，涉及了对这些不同而矛盾关系的思考。因此，一种比如占卜那样的制度在荷马史诗中被用来突出与神的不同关系，以及与神的决定所打开的时间性之间的不同关系，同时也是为了展现那些神圣决定是如何被制定的。时间性各有不同，从不同的角度而言，对人类角色的期待而言，同样对神而言，对个体而言，都是不同：阿基琉斯的命运摆脱了所有制定出来的占卜，被描绘成一个绝对的特例。《伊利亚特》似乎正把这种不同当成了诗歌所要描述的对象。征兆和预言变化多端，并根据神传来的旨意，好像显得自相矛盾：要么这些征兆和预言事关整个故事，要么事关某一个特定的时刻，要么它们是模棱两可的，要么它们是单义的。征兆和预言，这些人神之间中介的工具，其实反倒加剧了人神间的距离。尽管专业人员或者非专业人员对它们尽力作出阐释，但实际上它们也能引向不合时宜的行为，而它们宣告的，实际上则是这些行为的失败。在征兆的真实性内容，即可以被人正确破解的，与当时的情况，即征兆被认为具有权威性并有着合理解释的时候，这两者之间似乎存在着某种反差。对于神谕征兆真实含义的认识，并不必然导致一种合理的行为。史诗叙述把诸如此类的不调和、不运作当成素材，并分析其中的缘由。

　　并非史诗诗人企图通过他对神的了解来和神相匹敌，或者说批判一种传统的宗教实践（批评多来自王，而且大多很过分，比如阿伽门农在卷 I 第106—108 行对卡尔卡斯的指责）。诗人所要做的和这些不同（同样也和其他诸如王、战士、祭司等等所做的不同）。问题在于更为根本的层面，有关呈现方式，或者用更专业的词汇来说，即象征形式。

　　占卜师和诗人工作时所使用的质料是不同的。征兆是一种图像，它把整个故事凝练在一个可见的或者可听的、不管怎样是可感知的事件之中。时间在那里并没有按照自然的进程被经历，而是在各个时代的混合中被经历。一个形象（鸟、梦）、一种来自天上的声响、或者说预言的言辞都仅仅汇集在一种对象上，并被明确划定，它有多个时间范畴：征兆出现的当下、过去（此即正在被实现的那个神圣决定）以及未来。对于卡尔卡斯，这一全诗唯一的有效占卜师，诗歌很好地做出了评价，说他知道"当前、将来和过去的一切事情"（I, 70）。当他被要求对一个特定的关键时刻进行占卜的时候，他知道在那一刻要将所有时间维度关联起来。而这一程式化短语在另一个文本中也存在，那便是全知的缪斯女神根据宙斯的意志在奥林波斯歌唱的时候。根据赫西奥德（《神谱》第38行）：缪斯女神诉说"当前、过去和将来的一切事情"。这与卡尔卡斯占卜之间的一大不同，便是缪斯女神的话语是在叙述铺展开的线性时间之内来展现其所知的。相反，占卜和其阐释仅仅浓缩在了一个单一时间段之内，或多或少持续了一段时间但却是未知的，并且立刻在不同的时间内首先建立起了一种不可被感知的联系。占卜和其阐释随着经验而变动，在时间中并不透露出它们的用途，同时它们还改变人物对可能未来的认知。征兆也可能会出差错，并不仅仅因为它们是错误的（比如在第 II 卷开头宙斯传递给阿伽门农的梦），而是因为征兆与那一刻现实之间的关联仅仅是过眼云烟，并不牵制征兆本身。征兆被凸显了出来，与事件发生的时间之流相分离，并作为一种前提，而这是违背时间性的，尽管这些征兆是正确的，或者说它们是能够引起带有错觉的行为的。征兆让阐释者自由发挥，任意地判断某一迹象与眼下需要做的事情之间的关联。

　　游吟诗人则不然，他们仅仅使用词语，而不是神圣的征兆。他们什么都看不见。他们以叙述（即用语言构建一个不在场的现实，这一现实逃脱我们的感知）为质料，并和占卜征兆的浓缩图像相反，在吟诵之流当中服从于一种时间上的不可逆的前后相续。征兆时常干预这一时间上的连续，因为它们是被叙述的故事中的一部分，但它们是故事中的突发事件，有着特别的地位。它们导致了断裂。情节以线性的方式从一个片段进入另一个，直至结局，与突然而至的征兆一起，与一个停止的非线性图像相对，后者在一瞬间将前者囊括到了其整体中，或者说后者突然给予前者一个短暂的指向。

　　因为游吟诗人让征兆和占卜师进入到故事中，诗人面临了语言上的一种双重可能性，而他们的职业便是掌控这种双重性。有时，当需要描绘一种征兆的时候，语言凝练成了一幅词语的图像，它几乎是即时的，并有关非常宏大（或多或少如此）的时间进程（这可能是整场特洛亚战争或者某一个特殊的段落，或者帕特罗克洛斯和阿基琉斯之死以后发生的故事，总之全都凝结成一幅图景）。而有时则相反，诗人在叙述时间内安排一些复杂的元素，这些元素构建了图像的含义。由此诗歌提供了一种有关时间和进程的多种书写可能，这种可能性按照行为的最终结果构建了这些行为，同时也作为史诗的理念，塑造了人们所言之命运，即那关乎个人、族群或者城邦的命运。诗歌在推迟的、不透明的、时而还自相矛盾的呈现（但这类呈现却简明扼要地表现出了命运）与占卜图像的综合呈现之间摇摆。

　　占卜图像和叙述之间的摇摆，或者说张力，无疑是史诗从多方面来分析人神之间关系的强有力工具，其他任何话语形式都无法做到。史诗叙述的特点是严格遵循语言特性的，因此也就是具有时间性的，它使得史诗拥有了完全不同的运作模式。由于这种特点，那些彰显命运的时刻就如同断裂或者惊喜一般，由此来勾连接下来所要发生的事件。这也能给史诗以缘由，来随着时间的推移不断地让神去创造令人瞠目结舌的画面。而缘由可以是自相矛盾的，可以改变的，一位神，比如宙斯，可以为了他已经定下并正在实现的命运而怜悯。对于听众而言，所有决断，都促成了这些命运的塑造，在聆听史诗叙述的时候，人类、神以及神谕的征兆都变成了可能的整体体验的对象，而这种体验是向时间开放的，是一种向矛盾与转变开放的体验，同时也是向情感开放的体验。不过有一点总是被确保的：被听到的事物，构建了一个混合的整体，一种命运，如同至高无上的神所希望的那样，就好像神能够在一个综合的征兆中将它展现出来。史诗并不传递任何信息，不试图说出神的世界和英雄的世界是如何的，也不试图讲出那些宗教制度究竟是怎样的。史诗展现了这些强大的、有时又令人瞠目的实例，在社会中，在呈现与崇拜的形式中，是如何受到这些实例自身暂时而又变化的特性所影响的。听众们的存在是不稳定的、不断变化的，与这些实例一起，获得了一种上述的共通点，而听众们并不仅仅作为一种认知的对象，而是作为一种既集体而又个人的亲身经历的对象，他们再次占据了这些真实，这些遥远却标准化的真实，它同时还编织了听众的世界。

毋庸置疑，比起文本所提供了证据的各种占卜实践而言，更能够成为文化之间比较对象的，应该是每一种文化以何种方式来处理占卜的征兆和语言（作为在时间当中渐次展开的话语）之间所存在的这种张力。

（周之桓 译，复旦大学历史系 / 高等研究实践学院，
宗教科学部古代地中海与近东方向）

诗言如神谕
——赫西奥德《神谱》序诗诗论新诠

张　巍[*]　著

　　倘若以古代中国为参照，古希腊的各种占卜方式当中，最引人瞩目者莫过于神谕。虽然在希腊所属的地中海文化圈内，神谕乃是普遍存在的现象，但它在古希腊诸多占卜术里独占鳌头，可视为其占卜文化的一大显著特色。自公元前八世纪以降，以德尔菲为代表的各处神谕就一直为希腊人所崇奉。尽管后起的智识之士（例如智术师和哲学家）对各类占卜方式有所论辩和批判，却鲜有人质疑神谕尤其是德尔菲神谕的权威[①]。据载，德尔菲神谕所的主要占卜方式为"神灵感应的预言"（inspired prophecy），即阿波罗的女祭司皮媞亚（Pythia），通过进入一种近乎疯狂的神圣状态而成为灵媒，直接向求卜者宣告神意。正是这种方式在古希腊各类占卜里享有最高的地位，此间情形恰如著名法国古典学家韦尔南（J.-P.Vernant）所言："希腊人看重诉诸话语的占卜方式，而非解释朕兆的技术，或是像投掷骰子那样有赖于偶然性的占卜程序，这些在他们看来属于低级的占卜方式。他们偏好 Crahay 所谓的神谕式对话，即神的话语直接向问卜者的提问做出回答。"[②]

　　现代学者（如韦尔南）强调早期希腊文化的口传性，并以此来解释"神谕"的重要地位。反观古人的论述，"神谕"同样被推尊，不过古人的解释颇为不同。例如，在古罗马演说家和哲学家西塞罗留下的一部西方存世最早的系统论述占卜的著作里，将古代的占卜术分为"神启式"与"归纳式"两大类型：前一类依靠神灵感应（adflatus divinus），如预言和梦占，从事此类占卜最重要的前提经验为"神灵附体"，卜者因神力的凭附得以进入另一种精神状态，用预言来来宣告神示或见到不可言喻的异象；后一类则依靠技艺（ars）与知识（scientia），以一套系统的方法阐释来自神灵世界的朕兆，

---

　　*　　张巍，复旦大学历史学系。
　　①　当然，对皮媞亚收受贿赂而歪曲神意的指控时有耳闻，例如希罗多德《历史》6.66.3, 75.3 等处所记载。
　　②　Vernant 1991, 311.

如飞鸟的行迹，牺牲的内脏以及各种天象 ①。此种两分法可上溯至希腊古典时期的哲学家柏拉图。在《费德若篇》里，柏拉图笔下的苏格拉底提出四种"神圣迷狂"的著名观点，"预言者的神灵附体"便居其一。苏格拉底对比"受神灵感应的预言术"（mantikē entheos）与通过观察各种朕兆而进行的占卜术，认为前者由于神力，来自阿波罗赐予的"神圣疯狂"，后者由于人力，靠"神志清醒"的卜师施行 ②。现代学术界依据西塞罗和柏拉图的分类，用现代术语做出进一步的澄清：在古希腊世界里，大略有两种不同人员从事占卜（divination），一种是基于"神灵感应"（inspiration）的体验来宣告"神谕"的"先知"（seer）或"预言家"（prophet），另一种是运用各种方法获取并解释朕兆的"占卜师"（diviner）。"先知"或"预言家"在古希腊的占卜文化里享有比"占卜师"更高的威望，前者主要以两种形态出现，一是机构化的神谕所（oracle），如德尔菲或多铎那，二是单个的先知，其中尤以德尔菲神谕所地位最为崇高。

与其他类型的占卜相较，神谕的特殊之处在于，它在语言的领域内运作，语言本身被用来作为神人沟通的朕兆以传达神意。故而，古希腊人将此类占卜者称作 mantis，本义为"在一种特殊的精神状态下言说之人"。这便使神谕极易与另一种特殊的语言使用即诗歌发生关联。事实上，在古希腊，神谕可以用诗体表达，德尔菲的神谕甚至使用了最为庄严的史诗格律，并且不乏史诗的语汇、意象与程式化手法。在此种意义上，神谕是诗，先知在对语言的使用上与诗人相类。反过来看，在古希腊思想的早期历史进程中，不仅先知还有诗人也接受神灵的启示，沟通神界与人世。神对于诗人，像对于先知和预言家一样，夺去他们的平常理智，感发他们，引他们进入迷醉的境界，用他们作昭示神意的代言人。由是之故，希腊古风诗人的一种自我呈现方式，便以神谕为原型。我们可以在品达那里，找到最为经典的表述："缪斯女神，赐我以神谕（manteueo），我来为你宣告预言（prophatasō）③"。品达径直使用了德尔菲神谕的术语，将自己比作颁布神谕的"宣告者"（prophētēs），将缪斯女神比作赐予神谕的阿波罗。这意味着，诗并非人的制作而是神的诏语，诗的语言与神谕、诗的真理与神谕的真理在性质上存在种种重叠之处。

那么，作为古希腊最为典型的占卜方式，神谕究竟如何形塑了古希腊思

---

① 　西塞罗，《论占卜》（De Divinatione）I, 12。

② 　柏拉图，《费德若篇》（Phaedrus），244b-d。

③ 　品达，残篇 150（Snell-Maehler）。德尔菲神谕所区分 mantis 与 prophētēs，前者为神灵附体的灵媒即皮媞亚，后者为襄助她的神职人员，据传是他们将皮媞亚口中"语无伦次的"神谕改写成史诗诗体，并将之宣告出来。不过，在品达那里，两者合而为一了，他作为诗人既是 mantis 又是 prophētēs。同样的观念见品达《阿波罗颂歌》（Paean）6.6，诗人自称为 aoidimon Pieridōn prophatan，"皮埃里亚山上的女神【按：缪斯女神】门下的著名先知"。

想尤其是诗学思想的根本特征？"诗言如神谕"得以发生的思想机制与运行
理路为何？从现存材料看，诗人与先知的关联最早可上溯至赫西奥德《神谱》
的序诗。《神谱》约作于公元前 8 世纪与 7 世纪之交，其序诗为现存希腊早
期诗歌里篇幅最长的关于诗的论述，故而享有希腊诗论的开山纲领之誉。其
中的第 22—34 行描写诗人如何受到缪斯女神的眷顾，被授予圣职并成为能
够言说"真理"的诗人，这是早期希腊存世最重要的关于"诗的真理"的呈现。
本文即以《神谱》的序诗为线索，来考察诗言与神谕、诗的真理与神谕的真
理发生交涉浑融的思想过程。对这首序诗的诠解主要围绕三个问题：诗人在
何种意义上成为先知？"诗的真理"如何以"神谕的真理"为原型并从中转
化而来？在众神护持的宇宙秩序当中，有如先知的诗人何为？本文认为，正
是由于诗人与先知都诉诸语言通达真理，诗的真理才以神谕的真理为模本，
进而发现其本已固有的内在特质。从源头上探讨这一现象的发生，深入考察
两者相互交涉的运作，有助于我们在希腊文化的情境里理解诗言与神谕之间
的关联，并从诗的角度反观预言[1]。

一　诗人的先知面相

揆诸史料，存世最早的古希腊典籍里，诗人与先知已判然两分[2]。诗
人被称作 *aoidos*（"歌者"），而先知则为 *mantis*。《伊利亚特》（2.68—
72）里希腊人的随军卜师卡尔卡斯（Kalchas）是一位"最高明的鸟卜师"
（*oiōnopolos*），掌握了来自阿波罗的预言术（*mantosunē*）。正是依凭此术，
他在全军大会上昭示了阿波罗降下瘟疫的缘由，并因此触发了阿基琉斯与阿
伽门农的争吵。交战的另一方，特洛伊城的主要先知名为赫勒诺斯（Helenos），
他既是卜师又是战士。特洛伊人认为他才是"最高明的鸟卜师"（《伊利亚
特》6.76），他能听到"神的声音"，知晓阿波罗与雅典娜商定的计划（7.44—
53）。卡尔卡斯与赫勒诺斯是两位典型的先知，与荷马史诗里的诗人形象相
去甚远。在《奥德赛》（17.381—385）里，此一区分更为显明。诗中提及，
萍踪无定但到处受到欢迎的有四种人，他们是"掌握某种技艺而为公众服
务的行家"（*demiourgoi*），其中包括预言者（*mantis*）、医师、木工和歌

---

[1]　有关诗与预言，可参考两本同名论文集，其一为 Kugel（ed.）1990；其二为 Leavitt
(ed.) 1997，但此书仅有 Gregory Nagy 的一篇短文涉及早期希腊。更早的文化人类学角度的研
究有 Chadwick 1942。

[2]　参本辑皮埃尔·朱代·德·拉·孔波教授的论文。不过，在更早的印欧传统里，很
可能存在一个时期，诗人与先知尚浑然一体，同一人承担了这两种社会功能。拉丁语里的
vates，同时指代"预言者"与"诗人"，便是著例。

者（*aoidos*）。可见，诗人（歌者）与先知已分属两种掌握不同技艺的"职业"。同一部史诗里描绘的两位"歌者"，费米奥斯 (Phemius) 与德墨多克斯 (Demodokos)，亦很难说具备先知的特征。

　　然则，在稍晚成形的赫西奥德《神谱》（尤序诗）里，先知成为诗人的一个重要面相，诗言与神谕、诗的真理与神谕的真理多见重叠之处。有学者推测，这是早期观念的遗存，反映了"尚未分化的诗人 - 先知"形象[①]。本文的论析将会指出，这恰恰是《神谱》诗论的意旨所寄，其中透露了古希腊思想史上一个重要转变的发生。

　　《神谱》序诗长达 115 行，意涵深远，层面甚广。序诗以赞美缪斯女神的颂歌形式出现，与荷马颂歌（*Homeric Hymns*）有极大的相似性。这一点最早由德国古典学家弗里得兰德（Paul Friedländer）指出，他在 1914 年发表的一篇论文里对此给出了有力的证明。据该文分析，《神谱》序诗可分成前后两部分，后一部分从第 36 行到第 115 行，是一首典型的敬神颂歌。这首缪斯颂歌将见于荷马颂歌的各种典型元素以典型的方式加以呈现，具体来说就是：第 36 行向女神们祈告，随后用一个关系从句来形容她们最根本的特征，引发出对这一特征更为详尽的阐发以及对她们歌唱主题的描述（至第 52 行）；第 53 行至 74 行为一段叙事，叙述了她们的诞生，登临奥林坡斯山，以及在那里的活动；颂歌在咏唱九位女神的芳名时达到高潮（第 75—79 行），之后转向对她们的职能范围（*timai*）的具体描述（第 79—103 行）；第 104 行向女神告别，给出整个"神谱"的纲要（第 105—115 行）。弗里得兰德认为，赫西奥德在这首传统性质的缪斯颂歌之前添加了另一首更为个人化的颂歌，即序诗的第一部分（第 1—34 行），以便将自己与这些女神的相遇纳入其中[②]。从形式上辨识序诗的两个部分对于诠解工作至为关键，下文的论析亦立足于此。

　　整首序诗里最不寻常的段落出现在第一部分的第 22—34 行，赫西奥德自述如何受到缪斯女神的眷顾，获得她们的赐赠成为诗人。此段描写具有特定的宗教性质，与入教密仪（*initiation*）相仿佛，因而以德国学界的术语 *Dichterweihe*（"诗人的圣职授予"）称之最为适当[③]。"圣职授予"的过程虽则简短，却不失为一个完整的仪式，由两部分组成，即缪斯的"话语（*muthos*）"部分（第 24—29 行）和缪斯的"动作"（*ergon*）部分（第

　　①　Nagy 1990, 56.

　　②　详见 Friedländer 1914。另有学者（例如 Walcot 1957, Minton 1970）主张，序诗应分为三部分，由第 80-103 行构成的第三部分既是针对第一部分（第 1—34 行）也是针对第二部分（第 35—79 行）的结束语。

　　③　Latte 1946。West 在《神谱详注》（West 1966, 158—161）里列举了"宗教体验"和"文学惯例（即虚构或模仿）"两类解释，本文取前者。

30—34 行），其中赫西奥德的身份转变发生在"动作"部分，缪斯女神的
奥义传授发生在"话语"部分，两者共同完成了诗人的入教仪式。让我们从
后者着手讨论，可以更为便捷地把握这一场景的密仪性质。

　　诗人告诉我们，"曾有一天，当赫西奥德在神圣的赫利孔山山麓牧羊
之时"，缪斯女神飘然而至，向他显圣并授予诗艺（第 22—23 行）[1]。这
一奇遇使赫西奥德立即从尚未开化的牧人转变为技艺娴熟的诗人。为了将诗
人的圣职授予牧人，缪斯们以两件礼物相赠（第 30—32 行）：

> καί μοι σκῆπτρον ἔδον δάφνης ἐριθηλέος ὄζον
> δρέψασαι, θηητόν· ἐνέπνευσαν δέ μοι αὐδὴν
> θέσπιν, ἵνα κλείοιμι τά τ᾽ἐσσόμενα πρό τ᾽ἐόντα,

> 她们从一棵茂盛的月桂树上摘下一根奇妙的树枝，
> 给我做权杖（skēptron），并把一种神圣的声音（thespis audē）
> 吹入（enepneusan）我的心扉，使我能颂赞 (kleioimi) 将来与过往之事，[2]

　　缪斯女神赐赠的第一件礼物从两方面来说非同一般。首先，这是一柄
权杖（skēptron），并非通常授予诗人的弦琴。就此，荷马史诗里的描写可
兹参照。在荷马世界里，持有权杖者，除神明而外，主要为祭司（例如《伊
利亚特》1.15）、先知（例如《奥德赛》11.91）、国王（例如《伊利亚特》
2.46）、传令官（例如《伊利亚特》7.277）以及会场上的发言人（例如《伊
利亚特》1.245），这些人在某些特殊的场合手持权杖，以志威权。口诵诗
人则手握一把弦琴，作为自己的标志，边弹边唱，例如《奥德赛》里的两位
歌手，费米奥斯（1.153—155；22.330—343）和德摩道科斯（8.67—69）。
古希腊历史上的第一位抒情诗人阿基洛克斯（Archilochus），也曾叙述自己
在梦境里被授予诗人之职，提到乔装的缪斯女神先是取笑了他的牛倌身份，
随后赠给他一把弦琴，此后他便以诗为职志，成为诗人[3]。相较之下，赫西
奥德获得的权杖显然具有不同的意蕴。

　　其次，缪斯们赐予的权杖本身十分奇特，乃临时制作之物，是"从一
棵茂盛的月桂树上摘下的树枝"。权杖的材质，"月桂树"，为它的涵义添

---

　　① 值得一提的是，第 22—23 行的第三人称到了第 24 行突然变成第一人称，据此，古
今皆有学者提出，《神谱》的作者与赫西奥德并非一人。本文认为，在这里诗人是以强调的
方式给出自己的姓名，故不必将《神谱》的作者与赫西奥德判为两人。
　　② 本文使用的《神谱》希腊文本为 West 1966。中译文由作者译自原文，同时参考了
张竹明、蒋平译，《工作与时日、神谱》，北京：商务印书馆，1991 年第 1 版。
　　③ 参阿基洛克斯评述辑录（Tarditi 版）第四条。

加了清晰的指向。如所周知，月桂乃阿波罗的圣树，此树尤其与德尔菲的阿波罗神谕密不可分。《致阿波罗的荷马颂诗》（*Homeric Hymn to Apollo*）便说："他【按：阿波罗】用生长在帕纳索斯山中幽谷里的月桂树颁布神谕"（第 396 行）。以阿波罗的月桂树为诗人的权杖，这个不同寻常的意象表明，赫西奥德所获得的威权，在某种意义上与属于神谕之神的预言能力有关。

　　此种理解在第二件赠礼上得到进一步印证。在赐予权杖之后，缪斯女神"把一种神圣的声音（*thespis audē*）"吹入赫西奥德的心扉。这可以视作对发生"神灵感应"体验（*inspiration*）的形象描述（*inspiration* 一词来自拉丁语 *in* + *spirare*，本义即为"吹入，呼入"），意为缪斯们把"声音"如"气"（*pneuma*，比较第 31 行使用的动词 *enepneusan*）一般呼入赫西奥德的心中。而且，这种"声音"并非任何寻常之物，其修饰语 *thespis* 与"神谕"密切关联。该词的本义为"来自神的话语"，后来派生出了表示"预言"的动词 *thespizō* 和表示"预言、神谕"的名词 *thespisma*①。故而，"神圣的声音"赋予赫西奥德一种预言能力，使得他能够"颂赞将来与过往之事"（《神谱》32 行）。这里的表述"将来与过往之事"指向数行以后，缪斯女神自己歌唱"当前、将来及过往之事"（《神谱》38 行）。　　许多学者指出，"将来与过往之事"以及"当前、将来及过往之事"这两个相似的短语表达了诗歌与预言的共通之处②。最典型的例子是荷马史诗里的先知卡尔卡斯，他知晓"当前、将来与过往之事"（《伊利亚特》第一卷，70 行），措辞与《神谱》38 行完全一致。有必要提及，在古风希腊社会里，预言并不仅仅针对将会发生的事情，而且也包括当前发生及业已发生的事情。譬如，传说克里特岛的先知与诗人埃皮美尼德斯（Epimenides）所擅长的预言，便是针对已经发生但晦暗不明的过往之事③。另据希罗多德的叙述，吕底亚国王克洛伊索斯向各处的神谕所征询的事情乃是他当下的所作所为④。故而，"当前与过往"同"将来"一样，属于预言的范畴。

　　从荷马史诗的传统来看，缪斯女神赐予灵感的诗人几乎单单颂唱"过往之事"，他的身份乃是"故事（即过往之事）的歌手"，而"将来之事"属于阿波罗赐予灵感的先知的领域。故此，赫西奥德的缪斯女神把"将来之

---

①　参 Chantraine 1999 的 θεσπέσιος 词条。

②　第 32 行的"将来与过往之事"与第 38 行的"当前、将来与过往之事"在涵义上有无差别？West（1966: 166）认为两者相同，只是前者更为精简而已。Clay（2003: 65—67）试图加以区分，她主张，第 32 行的"将来与过往之事"涉及的是同一类对象，即作为"永恒之存在"的众神；而 38 行的"当前之事"则增添了另外一类，即作为"当下之存在"的凡人。两者共同囊括了赫西奥德诗歌的内容，即主要涉及众神的《神谱》与主要涉及凡人的《农作与时日》。此说甚有见地。

③　根据亚里斯多德《修辞学》（卷三，1418a21）的记载。

④　《历史》卷一，46—9 节。

事"纳入诗的范畴显然表明,诗人的歌唱以预言为模本,既能"知往"亦能"知来"。诗人有如先知,能超逾一己存在的当下,将整个的时间维度在宇宙大全里化为一体。之所以如此,是由于两者具有一种共通的体验,此即源自缪斯或阿波罗的神灵感应,它让诗人或先知在神凭的体验中神游方外,深入到理智清醒的时刻无法触及的层面,例如神圣力量的世界或者人的无意识领域。

综上所论,缪斯女神授予诗人圣职,使他成为她们的"先知",正如阿波罗的神谕经由他择选的先知传达世人。以阿波罗的月桂树枝为权杖乃是诗人被授予有如先知之圣职的外在表征,而"神圣的声音"则是与之互为表里的内在质素,明确地指向类似"神灵感应的预言"(*inspired prophecy*)的宗教体验。

二 真理的言说

诗人凭靠"神灵感应"获得了一种像先知那样贯通神界与人间的能力,得以谙悉神圣真理,赫西奥德称之为"颂赞(*kleioimi*)将来与过往之事"的能力。这里的用词"颂赞"(*kleioimi*,动词原形 *kleō*)点明诗人与先知不同的言说方式,下文再作讨论。此处需要指出,诗人与先知的共通之处在于,两者皆言说神圣真理。诗是言说神圣真理的一种方式,这在缪斯女神授予诗人圣职的仪式里,已经由女神们自己展演。她们在施以赠礼的"动作"(*ergon*)之前,首先诉诸真理的言说,此即"话语"(*muthos*,第24行)的部分,透显出对于这些女神而言后者的重要性。从这个场景的脉络来看,"话语"与动作一起构成了完整的授职仪式,但只有首先经由"话语"的效力,"动作"才能顺其自然地展开。

缪斯们的"话语"虽然短短三行,却着实费解,引起后人聚讼纷纭。一个重要的原因在于,缪斯们的"话语"具有"神谕"的性质,她们向仍是牧人的赫西奥德直接宣谕,随后通过"动作"授予其诗人的圣职,使他成为能够领解"神谕"的"先知"。缪斯们的"话语"以召唤开始,但出人意料的是,召唤旋即伴以斥责(《神谱》26行):

> ποιμένες ἄγραυλοι, κάκ' ἐλέγχεα, γαστέρες οἶον
> 荒野里的牧人,一无是处,肚腹(*gasteres*)而已

其实,在神明向凡人显圣(*epiphany*)的场景里,这样的谴责并非罕见,

其作用往往是为了突出圣凡两界的对立，即神的存在与人的存在之间不可逾越的鸿沟。譬如，《致德米特的荷马颂诗》（*Homeric Hymn to Demeter*）里提到，女神德米特幻化成老保姆，试图以神力改造初生婴儿得摩丰，令其长生不老，正当接近成功之际，却被窥伺的母亲美塔奈拉破坏了天机而功亏一篑。女神便向她显现真身，并以谴责之词呵斥凡人的愚鲁，说他们无法认识神的安排（第256—262行）。与此相类，在《神谱》序诗里，缪斯女神称呼貌似无辜的牧人"一无是处，肚腹而已"，意在突出赫西奥德转变前后的反差：在还未接受缪斯女神的恩赐之时，他在荒郊野外逡巡度日，与徒知果腹的牲畜无异；然而此刻，缪斯女神前来引领他"受戒"成为诗人，谴责之语正是为了让他从无所用心的牲畜般的生存状态里醒觉[1]。醒觉的刺激，是紧接下去如谜题一般的两行诗句（《神谱》27—28行）：

ἴδμεν ψεύδεα πολλά λέγειν ἐτύμοισιν ὁμοῖα,
ἴδμεν δ' εὖτ' ἐθέλωμεν ἀληθέα γηρύσασθαι.

我们知道，如何讲述（*legein*）许多酷似事实（*ētuma*）的假话（*pseudea*）；
我们也知道，如果愿意，如何宣告（*gērusasthai*）真理（*alēthea*）。

缪斯女神在这里向诗人宣告了"诗的奥义"，此即诗的言说与诗的真理的本质之谜。这引发了历来学者的争议纷纭，归纳而言，各家的解说可分作两大类。第一类解说认为，缪斯女神言说的"真理"（*alēthea*）与"假话"（*pseudea*）正相对立，前者指的是赫西奥德自己的诗作，后者则指向他人的诗作[2]。如此一来，议论的焦点转变为，赫西奥德影射的竞争对手为何许人？对于信奉进化模式的古希腊诗歌研究者而言，既然与荷马的匿名与客观性相较，赫西奥德的个性与自我意识体现了希腊精神的进一步发展，"假话"无疑指涉他的前辈荷马，或者至少泛指当时流行的英雄史诗。针对这一观点，韦斯特（Martin L. West）指出，"不曾有希腊人把荷马史诗看作完全是虚构荒唐之作"，因此他认为，"假话"与"真理"并非指称"英雄史诗"

---

[1] 针对此行诗，Katz & Volk 2000 提出了新解，他们将gasteres（"肚腹"）与一种特殊形式的占卜即*eggastrimuthoi*（"腹语占卜"）联系起来，认为缪斯女神的用词貌似辱骂，实则隐射诗人将成为神的媒介，因为他的"肚腹"（*gastēr*）将成为神灵感应发生的场所。这种解释的困难在于：缪斯女神用"肚腹而已"称呼赫西奥德之时，他还是"野外谋生的牧人"，而非转变后的"诗人"，应该说更显明地指向他与牲畜无异的生存方式。

[2] 主张第一类解说的学者不胜枚举，主要有Latte 1946, 159—163; Verdenius 1972, 234—235; Neitzel 1980, 390; Thamlmann 1984, 146; Arrighetti 1996, 53—60。

与"神谱史诗"这两种诗歌类型，而更多地指向赫西奥德的神谱与其他神谱之间的对立 ①。纳什（Gregory Nagy）则运用"泛希腊化"（Panhellenism）的解释模式，更进一步地具体说明，"假话"所指并非泛指其他的神谱诗歌，而是特指那些地方性的因而充满舛误的版本 ②。

另一类学者无法从这两行诗里读出竞争或辩难的涵义，而更多地品味出它们之间的互补性质 ③。这些学者强调，每一行诗起首对于"我们知道"（*idmen*）这个动词的重复使用（*anaphora*），可以从早期史诗里找到其他类似的诗句进行比较。例如，《奥德赛》卷十二，第 189—191 行，塞壬女妖向奥德修斯所言：

> ἴδμεν γάρ τοι πάνθ' ὅσ' ἐνί Τροίῃ εὐρείῃ
> Ἀργεῖοι Τρῶές τε θεῶν ἰότητι μόγησαν·
> ἴδμεν δ' ὅσσα γένηται ἐπί χθονί πουλυβοτείρῃ.

> 我们知道，在辽阔的特洛伊城，阿尔戈斯人与特洛伊人
> 按照神明的意愿所忍受的各种苦难，
> 我们也知道，丰饶的大地上所发生的一切事情。

值得指出的是，这里的说话人塞壬女妖与缪斯女神有着不一般的相似性，以至于她们有时被称作"冥府的缪斯女神" ④。她们诱人的歌声将缪斯女神所代表的诗歌的魅力引向极端，释放出的魔力能使所有为之吸引的过往旅人遭受灭顶之灾。为了蛊惑奥德修斯中止归家的旅途，塞壬们承诺，自己不仅知晓特洛伊战事的本末，而且知晓大地上所发生的一切。正是这双重的"知识"决定了塞壬之歌的致命力量，而她们也用句首重复的动词"我们知道"（*idmen*）来加强歌声的魅力。同样道理，《神谱》序诗里缪斯女神重复使用"我们知道"一词来引起注意：她们的"真理"有着非同一般的神圣力量。

此外，赫西奥德的听众仅仅凭借"许多假话"（*pseudea polla*）的说法很难确定，这里影射的争辩对象便是荷马。此种解释与赫西奥德诗歌文本的

---

① West 在《神谱详注》的"导论"里（1966，12—16），概述古希腊除赫西奥德以外其它的神谱诗歌，例如俄耳甫斯、埃皮美尼德斯（Epimenides）与费瑞居德斯（Pherecydes）所作的神谱，这几种神谱可能都独立于赫西奥德的传统而各自成形。他认为，赫西奥德的"假话"正是影射诸如此类的其他神谱诗歌。

② Nagy 1990, 45.

③ 此类解说的代表有 Otto 1952, 51—52; Kraus 1955, 尤见 72-73; Stroh 1976, 尤见 86—97; Clay 2003, 59 及以下。

④ 参见 Buschor 1944, Pollard 1952, Gresseth 1970。罗德岛的阿波罗尼乌斯（《阿尔戈英雄远征记》，卷四，第 892—896 行）甚至说，塞壬女妖乃某位缪斯女神的女儿。

若干内证也有出入。在序诗稍后的一个段落里（第99—101行），赫西奥德并无异议地将诗歌的内容归纳为"古代英雄的光荣业绩"与"居住在奥林坡斯的快乐神灵"，而这恰恰分别是荷马史诗与神谱史诗的主题。再者，在赫西奥德的另一篇诗作《农作与时日》里有两处提及史诗传统，也并没有清晰可见的争辩意味①。

　　基于上述理由，本文认为，第二类解说更符合这两行诗句的意旨。于是，问题的关键在于，如何适恰地诠解这两行诗的互补性。首先，我们来看缪斯女神所谓的"许多假话"（*pseudea polla*）。女神言说的这些"假话"非同寻常，拥有"酷似事实"（*etumoisin homoia*）的性质，亦即，这是些"逼真的假话"。这里的形容词 *homoia* 既表示"相似、酷似"，亦表示"相同，一致"②。也即是说，"假话"与"事实"是如此相似，以至于两者已相互交融难分彼此。这恰恰是缪斯女神引以为豪的本领：她们的"假话"是如此巧妙，竟与事实"相同"，或者是对"事实"惟妙惟肖的"摹仿"而几可乱真。经常拿来与之比较的是《奥德赛》（第十九卷，203行）里非常相似的一行诗：

　　ἴσκε ψεύδεα πολλά λέγων ἐτύμοισιν ὁμοῖα
　　他述说许多假话（*pseudea polla*），使之与事实酷似（*etumoisin homoia*）

　　这里形容的是奥德修斯，他有如一位口诵诗人，正在对佩内洛佩讲述自己的历险，而后者并未认出此人便是长年离散的丈夫。奥德修斯讲述的是"克里特谎言"，其间充斥着从未发生但又真实无比的细节。史诗诗人对奥德修斯的描述似乎满怀对他本人诗歌表演的自豪之情：史诗诗人在表演奥德修斯的歌唱时往往与其合二为一，因此对史诗主角的赞美亦是对诗人自己的褒奖。《奥德赛》诗人与缪斯女神同样，称道自己讲述"逼真的假话"的本领。在这里，古希腊人于数世纪以后提出的对于"虚构"的正面理解已初露端倪，虽然 *pseudea* 一词仍具负面涵义③。

――――――――――――

　　①　《农作与时日》，第161—165行：忒拜与特洛伊史诗传统；第651—653行：特洛伊史诗传统。

　　②　Heiden 2007 认为，早期希腊史诗里，*homoios* 只表示"相同，（在某方面）一致"，而没有"相似，类似"的含义，故而将此处的短语译作"与真理相同的谎言"。

　　③　对于"虚构"的正面理解最早见于公元前六世纪的诗人西蒙尼德斯（Simonides）与前五世纪的智术师高尔吉亚（Gorgias）。在赫西奥德那里，*pseudea* 本身（或 *pseudeis logoi*）具备负面涵义，例如，《神谱》（226—232）里，Pseudea 与其它负面力量诸如"争斗"、"争端"、"违法"和"毁灭"等等，同为"不和女神"（Eris）的子嗣。《农作与时日》（77—78）讲述，赫尔墨斯把"谎言"（*pseudea*）同"哄骗之词以及一颗狡黠的心灵"一起放入了潘多拉的胸膛。

　　其次，有必要在 *etumos* 和 *alēthēs* 两个对举的近义词之间做出细致的区分，这对互为表里的概念对于澄清这里所蕴含的"诗的真理"观念至为重要 ①。*etumos*（以及字母重叠的异形词 *etētumos*）指的是实际存在或发生之事 ②，借用德国学者克里舍（Tilman Krischer）的定义："*etuma* 意为事实，或者更确切地说，符合事实的陈述；相应的，*etumoisin homoia* 意为貌似实际发生的事实，貌似现实"。与此相对，*alētheia* 为"说话者对于所经历之事无所保留的如实叙述" ③。这种语义层面的区分大致可以成立。但我们知道，在早期希腊的神话思想世界里，*alētheia* 的概念要比传统语文学所给出的释义更富意蕴。法国古典学家戴地安师（Marcel Detienne）有关这一概念的前哲学史研究表明，它属于一套宗教观念的系统，其中最重要者还包括 Lēthē（"遗忘"）、Mnēmosynē（"记忆"）、缪斯女神以及 Dikē（"正义"）。Alētheia 源自 *lēth-* 词干，这一词干出现于常见的动词 *lanthanō*（"不被注意，不被发觉"）；表褫夺的 *alpha* 前缀通过否定词干 *lēth-* 的涵义而与 *mnēmē* 和 *mnēmosynē* 的概念联结起来，使之与"记忆"密切关联。

　　alētheia 所指向的"记忆"在希腊文里为 *mnēmosynē*，此即缪斯女神的母亲涅莫绪涅。赫西奥德告诉我们，涅莫绪涅乃地母盖亚与天父乌拉诺斯之女，为十二位提坦神之一（《神谱》，第 135 行）。她的名字意为"记忆"，毫无疑问记忆隶属她的职司范围。就古风希腊的历史情境观之，在一个几乎完全依赖口耳相闻来传承文化传统的社会里，"记忆"的重要性自然不言而喻。但是，涅莫绪涅作为缪斯女神的母亲，并非通常所谓的"记忆"之人格化，而是代表了"记忆"的神圣属性。韦尔南（Jean-Pierre Vernant）从文化人类学角度对古风时期记忆的神话面向做出的开创性研究表明，神化了的记忆不是现代意义上的一种心理功能，用来历史性地重构过往之事；涅莫绪涅的功能赋予她的女儿们歌唱"过往、现在与将来之事"的能力，从而与预言的无所不知差相仿佛。这种能力由缪斯女神传授给诗人，诗人掌握了最终来自"记忆女神"那与先知相仿佛的全知，使他得以逃脱人的时间性而参悟神的知识。缘此，诗人的话语才获得法力广大的有效性 ④。

　　从这个角度来考察缪斯女神所谓的"宣告真理"（*gērusasthai alēthea*），正是诠解诗句的枢纽之所在。她们使用了罕见的动词 *gērusasthai*，指代一种

---

　　①　Clay（2003, 60—1; 78）甚至将这种区别运用到对赫西奥德诗作的整体性理解当中，可供参考。

　　②　Chantraine 1999，见 ἐτεός 词条。

　　③　Krischer 1965, 167。另参见《早期希腊史诗词典》（*LfrgE*）里由 H. J. Mette (1955) 撰写的 ἀληθής 词条。Mette 指出，在早期希腊史诗当中，*alēthea*（形容词的中性复数形式）几乎总是与表示言说的动词连用。

　　④　Vernant 2006，第 IV 章。另参阅 Detienne 1996，第 41 页及以下。

与俗常话语有别的神圣话语。该词与前一行更常见的动词 *legein* 形成反差，指向更高语域的话语，拥有圣言属性的 *alētheia*。这样，*gērusasthai* 指向有如神谕，将真理下达人间的言说方式；与之相比，*legein* 的语域虽属人间，但这些"酷似事实的假话"也能将听众上引至真理的圣域。

　　缪斯女神区分并浑融了诗歌话语言说真理的两种不同方式：诗既能如神谕般"宣告真理"（*gērusasthai alēthea*），又能以其独有的方式"讲述酷似真实的谎言"（*pseudea polla legein etumoisin homoia*）。不过，值得再次提及的是，在受职仪式的"话语"部分，缪斯女神对"诗的真理"的言说乃以神谕出之。女神向赫西奥德道出诗言与诗的真理的本质之谜，由诗人自己对谜团中的玄机与奥义心领神会，而恰恰是这番参悟的工夫构成了赫西奥德"受戒"入诗仪式的核心部分。此处，对于缪斯女神的"话语"（*muthos*），诗人并无回答，只是说（第 29 行）：

　　　　ὣς ἔφασαν κοῦραι μεγάλου Διὸς ἀρτιέπειαι
　　　　伟大宙斯的女儿们，能说会道的（*artiepeiai*）缪斯女神如是说

　　"能说会道"（*artiepeiai*）这个修饰词显示，缪斯女神的话语不可捉摸。事实上，诗人对"诗的奥义"的参悟体现在从第一部分叙述的诗人的圣职授予转向第二部分的缪斯颂歌 ①。在序诗的第二部分里，缪斯女神透过一种奇特的方式向诗人授受完整的神谱之歌，引领诗人上达真理的圣域，并以此展示如何将神圣真理的神谕式言说转化成诗的言说。

---

　　①　值得一提的是，序诗从第一到第二部分的过渡，也是一行自古以来难以索解的诗句："但是，这些关于橡树和岩石之事与我有何相干？"（《神谱》第 35 行）。通常的解释是，诗人自问，为什么要说这些离题的话？但困难在于，序诗第一部分尤其是此行诗之前的第 22—34 行包含了缪斯女神授予诗人圣职的重要叙述，怎能称作"离题的话"？因此，O'Bryhim 1996 提出的新解耐人寻味。他认为，"橡树和岩石"其实指的是用来进行占卜特别是求问神谕的地点，例如多铎那的宙斯神谕据说是通过橡树树叶的飒飒之声来求问，而在德尔菲也有传说，瑞娅让克罗诺斯吞下的那块巨石（见《神谱》第 498—500 行），被当作具有预言力能的圣石矗立在该地。所以，诗人的意思是，"这些发生在橡树与岩石周围的事情【按：指神谕】与我有何相干？"所要表达的是，赫西奥德对自己被缪斯女神赋予特殊的预言能力，从牧人一变而成先知般的诗人感到十分诧异。在此意义上，此行诗恰恰是对第 22—34 行整个段落的收束。

三 诗言与辞令的分野

在《神谱》序诗的第一部分里，如上所述，诗言与预言存在若隐若现的融合，而在第二部分里，具有神谕性质的诗言又明确地与王者（*basileus*）的话语发生关联。由此可见，序诗诗论突出诗人、先知与王者三种特殊人物对于话语的掌握，展现了戴地安在其名著《古风希腊的真理主宰》一书里所勾勒的历史情景：在早期希腊，"真理"（*alētheia*）实为一种特殊的言说，诗人、先知与王者这三种人乃是"真理的主宰"，因为他们能够使用具有法术－宗教力量的有效话语 [①]。序诗诗论的内在理路便建立在此一布景之上，而这三种话语之间的分合恰恰是序诗里最重要的诗学策略。

先知－诗人的话语与王者的话语发生联系，出现在第二部分的缪斯颂歌的高潮，即缪斯女神的"命名式"，在此赫西奥德一一列举九位女神的芳名，特别突出她们当中的最后一位（《神谱》，第77—80行）：

> Κλειώ τ' Εὐτέρπη τε Θάλειά τε Μελπομένη τε
> Τερψιχόρη τ' Ἐρατώ τε Πολύμνιά τ' Οὐρανίη τε
> Καλλιόπη θ'· ἡ δὲ προφερεστάτη ἐστὶν ἁπασέων.
> ἡ γὰρ καὶ βασιλεῦσιν ἅμ' αἰδοίοισιν ὀπηδεῖ.

> 克里奥、欧忒尔佩、塔利亚、美尔坡美涅
> 忒尔普西霍瑞、埃拉托、坡吕姆尼亚、乌拉尼亚
> 以及卡莉奥佩（Kalliope），她在所有缪斯女神当中最享尊荣
> 因为她还陪伴让人敬畏的王者（*basileusin*）

卡莉奥佩得以在众缪斯中享有最高的地位，是由于她对王者亦特别垂青，这一点当然凸显了王者的重要性。之所以是卡莉奥佩而非其他的缪斯，是因为她的名字最突出地代表了所有缪斯女神的特征，此即"美妙的歌声"：Kalliope 是完美话语的化身，是她将诗人与王者在话语的层面上联系起来。但实际上，诗人紧接着说，缪斯女神作为一个群体对王者青眼有加（《神谱》，第81—4a行）：

> ὅντινα τιμήσουσι Διὸς κοῦραι μεγάλοιο
> γεινόμενόν τε ἴδωσι διοτρεφέων βασιλήων,

---

① Detienne 1996.

$$τῷ\ μὲν\ ἐπὶ\ γλώσσῃ\ γλυκερὴν\ χείουσιν\ ἐέρσην,$$
$$τοῦ\ δ᾽\ ἔπε᾽\ ἐκ\ στόματος\ ῥεῖ\ μείλιχα·$$

在宙斯抚育的王者当中，凡是伟大宙斯的女儿们

尊重的那一位，并看着他出生

她们便用甘露浇灌他的舌尖

从他的嘴里便流淌出甜蜜的话语

    王者在这里被冠以"宙斯抚育的"这一饰词，彰显他们与天庭的王者宙斯之间的传统关联。换言之，王者在执政与司法上的威权源自宙斯，不过他们若是受到缪斯女神们（此处特别点明她们是"伟大宙斯的女儿们"）的眷顾，同样能获得她们的赐赠："甜蜜的话语"。如果更仔细地审视，他们得到缪斯女神赐赠的方式，却有别于诗人。擅于辞令的王者在降生时便获得一种与生俱来的能力，而非依靠"神灵感应"的经验，如诗人的圣职授予里所描述。相反，缪斯女神对赫西奥德的赐赠发生在他生命中的某个时刻，使他从牧人转变为诗人，获致"神圣的声音"。

    即便如此，赫西奥德将缪斯女神的庇护从诗人延伸至王者，仍属出人意料[1]。从传统上看，王者与缪斯女神之间的关联至多是间接的，须通过诗人的中介，主要体现在诗人歌颂王者的荣耀之时。在荷马史诗当中，某些国王滔滔雄辩的话语偶尔被形容为有如诗歌的话语[2]，诗人虽然经常将国王的话语归功于某位神明，但从来不曾将之归于缪斯女神的灵感。那么，如何解释赫西奥德在王者的话语与诗人的话语之间构筑的平行关系？有学者提出，赫西奥德此举实际上服务于一个特殊目的，即《神谱》这篇诗作表演的特定场景，因为该诗乃为王者而作[3]。他们认为，如果置放到古代近东的神谱类诗歌传统中，赫西奥德的《神谱》属于歌颂王权（以宙斯为天界代表）的史诗类型，诗人服务于君王。另有学者试图从诗歌与王权的联系窥见赫西奥德背后更古老的传统。他们推测，赫西奥德的诗句指向一个史前时期，那时诗人需帮助王者"将政令和法规转化成韵语"[4]；抑或，作为司法官的王者，曾经依赖一个口头传统，其中传承的法律条文使用了韵语以助记忆，就此而

---

    ①   对此学界多有评述，Solmsen（1954: 5）所云可谓一语中的："这看来是赫西奥德唯一一次将承自传统的某位神的职司范围加以扩展，因为他惯常的做法是，宁可创造新神来涵盖那些荷马世界的众神所不曾顾及的人类生活的面向"。

    ②   例如《伊利亚特》卷一，第 249 行这样描述捏斯托："从他的舌尖流淌出比蜜更甜的话语"（τοῦ καὶ ἀπὸ γλώσσης μέλιτος γλυκίων ῥέεν αὐδή）。

    ③   例如 West 1966, 182；另参 Bradley 1975。

    ④   Havelock 1963, 108.

言，王者与诗人一样受到了缪斯女神的协助 ①。本文认为，这两种解释都失
之牵强，而未充分考虑文本自身的脉络。细寻本诗文理，赫西奥德将诗歌的
话语与王者的话语共同托于缪斯女神的庇护之下，正是为了在相互参照之中
发现差异，突出诗对真理的言说具备独有的效用。

　　诗人设计了两个相映成趣的场景，来分别透显两者的运作和效力 ②。前人
已指出，将这两个场景对观，可以发现许多措辞上和主题上的呼应 ③。本文
认为，这些呼应的意图恰恰是为了在诗人与王者的话语之间彰显同中之异。
让我们先来看第一个场景（《神谱》，第 84b—93 行）：

οἱ δέ νυ λαοὶ

πάντες ἐς αὐτὸν ὁρῶσι διακρίνοντα θέμιστας
ἰθείῃσι δίκῃσιν· ὁ δ᾽ ἀσφαλέως ἀγορεύων
αἶψά τι καὶ μέγα νεῖκος ἐπισταμένως κατέπαυσε·
τούνεκα γὰρ βασιλῆες ἐχέφρονες, οὕνεκα λαοῖς
βλαπτομένοις ἀγορῆφι μετάτροπα ἔργα τελεῦσι
ῥηιδίως, μαλακοῖσι παραιφάμενοι ἐπέεσσιν·
ἐρχόμενον δ᾽ ἀν᾽ ἀγῶνα θεὸν ὣς ἱλάσκονται
αἰδοῖ μειλιχίῃ, μετὰ δὲ πρέπει ἀγρομένοισι.
τοίη Μουσάων ἱερὴ δόσις ἀνθρώποισιν.

所有的民众

都注视着他，当他用公正的判决（ *dikai* ）
做出裁定（ *themistes* ），而他准确无误的言说（ *asphaleōs agoreuōn* ）
哪怕是一场不小的争端，也能迅速地、机智地平息。
因此，王者聪明睿智，轻而易举地在广场上
为遭受损害的民众做出补偿 (*metatropa erga*)，
以轻柔温厚的话语进行劝说。
当他步入民众大会，人民敬他如神
对他谦恭有礼，而他在人群里引人瞩目。
这便是缪斯女神给予凡人的神圣礼物。

---

　　① 　 Roth 1976.

　　② 　 关于诗的话语与王者的话语在此处的复杂关系，Laks 1996 的评论虽然扼要，但极
富洞见，本文从中获益良多。顺带提及，这两个场景还与第 22-34 行遥相呼应：之前缪斯
们对赫西奥德的个人赐赠在此处被纳入对整个人类社会（经由王者与诗人）的赐赠，详见
Thalmann 1984，第 135—143 页的结构分析。

　　③ 　 详见 Maehler 1963，第 44 页及以下；Duban 1980，第 13 页；Gagarin, 1992，第 64 页。

　　这位受民众瞩目的王者出现在市政广场上，运用他的话语，"用公正的判决（*dikai*）做出裁定（*themistes*）"①。如何来理解这样一位王者的形象及其话语的效验？《伊利亚特》第十八卷（行497—508）里的一个著名段落可兹参照。在火神赫淮斯托斯为阿基琉斯锻造的神盾盾面上，描绘了这样一个场景：许多民众聚集在市政广场上，那里有两人正为一起命案的赔偿事宜发生争执。两人各执一端，围观的民众大声呐喊拥护各自的一方。他们同意将争执交由长老们（*gerontes*）仲裁，这些长老已围成一个神圣的圆圈，手握传令官递来的权杖。双方向他们诉说，由他们依次裁决，地上摆着两塔兰同的黄金，谁给出最公正的判决（*dikē*），黄金就归谁。虽然在这个场景里，"长老们"并没有被称作"王者"，他们无疑像王者一样，在公共空间里，在众目睽睽之下履行了法律的职责。他们由传令官陪伴，起立发言之时，便从后者手里接过权杖，而他们的责任是"给出最公正的判决（*dikē*）"。

　　同样，《神谱》里出现在广场上的王者也是一位仲裁，一位正义的主持者。由于他在出生的一刻获得了缪斯女神的赠礼，他能够"准确无误的言说"（*asphaleōs agoreuōn*）。针对*asphaleōs*一词，格尔哈特（Y. Gerhard）的解释最为明了："当副词*asphaleōs*用来形容表示'言说'动词*agoreuō*时，关乎的是达到目的所使用的手段……话语被视为箭矢，飞射后直中鹄的。"②因此，王者使用他的话语从来不会无的放矢，"准确无误的言说"（*asphaleōs agoreuōn*）这一说法充分表明了王者话语的功效。但是，王者的话语发生效验是通过劝说（*paraiphamenoi*第90行），而劝说之辞所能达致的效验，诗人称为"metatropa erga"，字面意思为"倒转的行动"，通常训释为"补偿"。也即是说，王者的话语最终导致一种行动上的转变，使得争端得以平息。统而观之，王者的话语最重要的功效为劝说（*peithō*），它裁定判决，关乎群己之利害，隶属于社会政治层面，服务整个共同体之福祉。可以说，王者的话语在此已初现古典希腊蔚为大观的"演说与修辞之术"（*rhetoric*）的雏形，不妨与"诗言"相别而称之为"辞令"。

　　（随后出现的第二个场景，展露了诗歌话语的不同效力（《神谱》，第98—103行）：

　　　　εἰ γάρ τις καὶ πένθος ἔχων νεοκηδέι θυμῷ

---

　　①　当然，出现在这幅图景里的是理想中的王者，与《农作与时日》里"吞噬礼物"的"王爷"大相径庭。从《神谱》序诗诗论的视角观之，两者之间的差别很重要地取决于缪斯女神的眷顾，她们是否赠与他"甜蜜的声音"，即有效话语。

　　②　《早期希腊史诗词典》（*LfrgE*）该词词条（Y. Gerhard 撰写）："il s'agit des moyens employés pour atteindre un but…le mot est conçu comme une flèche, qui…atteint son but."

ἄζηται κραδίην ἀκαχήμενος, αὐτὰρ ἀοιδὸς
Μουσάων θεράπων κλεῖα προτέρων ἀνθρώπων
ὑμνήσει μάκαράς τε θεοὺς οἳ Ὄλυμπον ἔχουσιν,
αἶψ' ὅ γε δυσφροσυνέων ἐπιλήθεται οὐδέ τι κηδέων
μέμνηται· ταχέως δὲ παρέτραπε δῶρα θεάων.

如若有人因新遭受的创伤而感到痛苦
心灵因悲伤而枯寂，一旦歌手，
缪斯女神的随从，颂唱古代英雄的光荣业绩
以及居住在奥林坡斯的快乐神灵
他立刻会忘记忧伤，不再回想起任何苦恼，
缪斯女神的礼物会迅速将其转移。

　　这个场景没有明言诗人表演的场合，但强调诗人的歌声对人的心灵具有巨大的效用。诗人的听众是人世间的芸芸众生，对于这样的听众，诗歌的效用不仅仅依靠记忆，而需将记忆与遗忘混合，使得听众在回忆起英雄与众神的光荣业绩的同时，遗忘自己的苦恼与悲伤。故此，诗人话语的效用不同于王者的辞令，它作用于忧伤和苦恼所属的个人情感世界，造成一种心理的转变（paretrape）。这里第 103 行的 paretrape 一词，与前文形容王者话语的第 89 行的 meta-tropa 与第 90 行的 parai-phamenoi 相呼应，表明两者既具有同样的"转变"效力，又有着不同的运行机制。质言之，诗的话语运行在心理的层面，通过记忆与遗忘的交融来造就一种特殊的精神状态，引领凡人转向无关一己的"神话"世界即"古代英雄的光荣业绩以及居住在奥林坡斯的快乐神灵"的世界，亦即真理的圣域。
　　在两个场景的接榫处，赫西奥德点明了诗人与王者的同中之异（《神谱》，第 94-7 行）：

ἐκ γάρ τοι Μουσέων καὶ ἐκηβόλου Ἀπόλλωνος
ἄνδρες ἀοιδοὶ ἔασιν ἐπὶ χθόνα καὶ κιθαρισταί,
ἐκ δὲ Διὸς βασιλῆες· ὁ δ' ὄλβιος, ὅντινα Μοῦσαι
φίλωνται· γλυκερή οἱ ἀπὸ στόματος ῥέει αὐδή.

大地上人世间的歌手与弦琴手

> 来自缪斯女神与远射神阿波罗，①
> 而王者来自宙斯：凡是缪斯女神钟爱的那一位，
> 便成为有福者，从他的嘴里流淌出甜蜜的声音

　　最后两行诗称道的"有福者"不仅包括诗人，还包括王者，只要他们受到缪斯女神的钟爱，因为拥有"甜蜜的声音"是其福分的重要标志。不过，此处强调诗人与王者有着不同的神性来源，虽然他们在"话语"层面上存在交叠之处，但是诗人的话语（诗言）还与阿波罗的"预言"发生关联，王者的话语（辞令）则服务于政治和司法权力的终极源头，即宙斯。如此一来，诗言与辞令在共同领受缪斯女神的庇护之时，亦开始分野。两者虽皆具效验，但各自的功效及其运行机制却迥乎不同②。

四　从缪斯颂歌到宙斯颂歌

　　前文已论及，在《神谱》序诗里，诗与神谕相类，是言说真理的一种方式，而两者之间的相似体现在"颂赞（kleioimi）将来与过往之事"（第 32 行）这一短语。此处进一步要追问："颂赞"的言说方式如何与神谕有别，得以昭示宇宙大全的终极意义？在《神谱》所构筑的众神护持的宇宙秩序当中，诗人何为？对于这番追问，序诗里指称诗歌的关键词语以及描述的诗歌内容可提供重要线索。

　　赫西奥德最常用来泛指诗歌活动的词语为 aoidē。例如，诗人如是引出缪斯女神授予他圣职的场景（《神谱》第 22 行）：

> αἵ νύ ποθ' Ἡσίοδον καλὴν ἐδίδαξαν ἀοιδήν
> 曾有一天，她们授予赫西奥德美妙的诗艺（aoidē）

　　在《农作与时日》里，诗人提及同一个事件时说（第 659 行）：

> ἔνθα με τὸ πρῶτον λιγυρῆς ἐπέβησαν ἀοιδῆς
> 在那里，她们首次让我踏上了优美动听的歌唱（aoidē）之路

---

①　这里的意思并非说，歌手与弦琴手分别来自缪斯和阿波罗，而是说两者乃诗人的两个侧面，由缪斯与阿波罗共同管辖，参见 West 1966, 187 的解说。

②　这一场景也为《农作与时日》里的诗人与宙斯联手取代王者埋下了"伏笔"，但需要强调的是，赫西奥德是以诗人－先知的身份取代王者。

同样的词语 *aoidē*，出现在《神谱》序诗尾声，诗人向缪斯女神告别并向她们再次祈祷（第 104 行）：

χαίρετε τέκνα Διός, δότε δ᾽ ἱμερόεσσαν ἀοιδήν·
再会，宙斯的女儿们！请赐我美妙的歌唱（*aoidē*）

在古风时期，*aoidē* 主要指诗与歌和合的表演活动[①]。当时的口诵诗人最常见的称号便是 *aoidoi*，他们的歌唱称作 *aeidein*。这类传统的口诵诗人，可以《奥德赛》里的费米奥斯与得摩多克斯为代表，他们乃是"故事的歌手"，最重要的社会功能是通过歌唱（*aoidē*）赋予荣光（*kleos*）。赫西奥德与这样的传统诗人有着共通之处，他也强调自己的歌唱"颂赞（*kleioimi*）将来与过往之事"（《神谱》第 32 行），这里的动词 *kleioimi* 源自 *kleos*，本意为"通过歌唱赋予荣光"。

赫西奥德的"歌唱"能够"赋予荣光"，正因为缪斯女神自己也是如此[②]。不过，与荷马史诗主要以英雄为颂赞对象有所不同，《神谱》歌颂的是众神，尤其是以宙斯为首的奥林坡斯诸神，这使之与《荷马颂诗》更相类。在《农作与时日》（第 662 行）里，诗人如此提及缪斯女神当初授予他的诗艺："缪斯们教我歌唱一首神奇的颂歌"（*hymnos*）（Μοῦσαι γάρ μ᾽ ἐδίδαξαν ἀθέσφατον ὕμνον ἀείδειν），也就是说，整部《神谱》被称作一首"颂歌"（*hymnos*）。值得注意的是，赫西奥德经常使用的词语 *hymnos* 和 *hymneō*，在荷马那里仅出现一次，见于《奥德赛》卷八第 429 行的短语 *aoidēs hymnos*。对这一奇特的短语历来诸说纷纭，但一般认为，*hymnos* 限定了具有更宽泛涵义的 *aoidē* 的某个方面，这与赫西奥德的用法相符[③]。除此而外，*hymnos* 和 *hymneō* 主要出现在赫西奥德和荷马颂诗，因此也加强了两者在诗性特质上的相似性。宗教功能为其中最显著者：颂歌通过歌颂某位神明而令受众在诗歌表演的当下感领该神明的特殊力量；换言之，诗人在颂歌里召唤神明的在场，而神明的出场显示为将其特具的神性灌注于诗人的颂唱。

---

① 参见《古希腊早期史诗词典》（*LfrgE*）*aoidē* 条目 2 的释义："诗歌作为一种活动，该词……总是保有行为名词的特征（而非"作为作品的诗歌"）"（"Gesang als Tätigkeit, wobei…der Charakter des nom. act. jedoch immer gewahrt bleibt (nicht 'Werk')"）。即是说，*aoidē* 用来指称动作的过程，而非动作的结果或产物。

② 例如《神谱》第 44 行与《农作与时日》第 1 行，明言缪斯女神通过歌唱赋予荣光，另见《神谱》第 67 行。

③ Ford 1992，第 24 页注 29 对此提出另一种见解，可备一说。

据此可见，序诗将《神谱》之歌界定为一种特定的"歌唱"（aoidē），一首"颂歌"（hymnos），其功能是赋予众神的种族以荣光（kleos）。这样，诗人以"颂赞"来发挥言说的效能，对"真理的言说"转化为"颂赞（kleioimi）将来与过往之事"（第32行），亦即《神谱》之歌。那么，以神谱为形式、具有"颂歌"性质的"真理的言说"究竟发生何种效力？从《神谱》一诗的内在诗论着眼，诗人的颂唱实际上在关键的意义上完成了宇宙秩序。这层意蕴可从细致分析序诗里描述的诗歌内容加以领会。

首先要指出，在《神谱》序诗和正文里，两首颂歌极为绵密地交织在一起，分别是诗人的缪斯颂歌与缪斯的宙斯颂歌。缪斯女神将这种规定预设在了授予诗人圣职的仪式当中（第33—34行）：

καί μ' ἐκέλονθ' ὑμνεῖν μακάρων γένος αἰὲν ἐόντων,
σφᾶς δ' αὐτὰς πρῶτόν τε καὶ ὕστατον αἰὲν ἀείδειν.

她们吩咐我歌颂（hymnein）永生至福的神的种族
但是总要在开端和收尾时歌唱（aeidein）她们。

女神们要求赫西奥德做的事，正是她们自己在整篇序诗里所作之事：歌颂（hymnein）众神的种族，尤其是宙斯。然则，与女神们不同的是，诗人必须以缪斯女神开始和结束自己的歌唱。根据缪斯们的这种设计，《神谱》序诗遂成为缪斯的颂歌，而《神谱》正文部分将成为众神尤其是宙斯的颂歌。如此一来，在"缪斯的颂歌"之外套上一首众神及宙斯的颂歌，而后面这首更宏大的颂歌将会在某种意义上返回缪斯们，以她们为终曲。这样巧妙的安排便是缪斯们所说的"总要在起首和收尾时歌唱她们"的涵义。虽然我们不能过于拘泥地理解"在收尾时歌唱她们"这一表述，但必须指出，缪斯女神们在《神谱》正文里再次出现，是在临近尾声时，宙斯登基后迎娶第五位女神即涅莫绪涅之际（第915—917行），这里的三行诗简短地概述了序诗里关于缪斯们的谱系与诞生的叙事[1]。如此一来，缪斯女神的诞生与谱系在《神谱》的首尾遥相呼应，联结成一首宙斯颂歌的巨大圆环。

如果说人间的歌手赫西奥德以缪斯女神为开端和结束，众神的歌手缪斯女神的歌唱则以宙斯为开端和结束，有如《神谱》第48—49行所言："女神们在歌曲开始和结束时歌唱宙斯，诸神和凡人之父，称赞他在神明之中最

---

① 当然，《神谱》的通行版本共有1022行，但至少从第963行往下为一首新诗的开端，由后人黏附于原作，为了便于和另一首赫西奥德的诗作即《名媛录》顺利衔接。《神谱》本身应当结束于何处，历来没有定论。依愚见，以宙斯及其儿女即奥林坡斯诸神收尾（约第950行），最为可取。

为卓越、最强有力。"实际上，缪斯女神的宙斯颂歌便是她们授受赫西奥德的《神谱》正文。因此，有必要进一步分析序诗里对缪斯们颂歌内容的描述，以及这些描述与诗人接下去将要颂唱的神谱正文之间的关联，进而了解整首《神谱》之歌的本质。

《神谱》序诗里提及缪斯们在四个场合上的歌唱：从赫利孔山降临之际（第10—21行）、在奥林坡斯山巅宙斯的宝殿里（第36—52行）、在她们自己位于奥林坡斯山顶的居所里（第63—67行）以及当她们离开皮埃利亚的出生地登临奥林坡斯山之际（第68—75行）。尽管她们在这四个场合里的歌唱都在赞颂不朽的众神一族，但她们歌唱的内容却不尽相同。一些学者推断，缪斯们在这四个场合唱了四首不同的歌曲[①]。本文认为，更合理的解释是将其视作同一首神圣歌曲向诗人的不同显现，以层层推进之势塑形了序诗尾声里诗人向缪斯们祈告的歌唱纲领（即《神谱》第104—5行）。

最令评说者棘手的是缪斯们的第一次歌唱，即她们从赫利孔山飘然而下时所唱之歌（第11—21行）。这里一一列举了十九位神明：始于宙斯，然后是赫拉，雅典娜，阿波罗，阿尔忒弥斯，波塞冬，忒弥斯，阿芙洛狄忒，赫柏，狄奥涅，勒托，亚佩托斯，克罗诺斯，最后是一系列自然神，包括黎明女神，太阳神，月神，地母，环河神以及夜神。令人费解的是这份清单里出现的某些神明以及众神的排列次第。德国学者阿列（W. Aly）曾称之为"以反向顺序给出的神谱目次"[②]，施奈尔（B. Snell）则认为："这并非以谱系而是以尊荣与神圣性为序"[③]。近来，纳什颇具影响力地提出，这份清单里所描述的歌唱内容反映了缪斯女神们的地方性身份，即赫利孔的缪斯。与她们下一首歌的内容（第36—52行）进行比较，纳什认为，"缪斯们从赫利孔山的地方性的女神转变为奥林坡斯山的泛希腊的女神"[④]。不过，纳什的解释难以自圆其说，因为就在同一个场景里，当缪斯们来到赫利孔山麓与赫西奥德相遇，已经被称作"奥林坡斯的缪斯"（第25行）。依笔者之见，发生转变的与其说是缪斯们，不如说是赫西奥德自己。听闻缪斯们从赫利孔山飘然而下时歌唱的赫西奥德，尚未被授予诗人之圣职；也就是说，接受缪斯歌唱的第一次显现的赫西奥德，仍属于"荒野里的牧人"，他还没有获得"神圣的声音"以及随之而来的先知能力，故而无从按照神谱的有序次第来理解

---

① 参见 Clay 1988; Hamilton 1989, 第11页及以下；Nagy 1990, 第57页及以下；Rudhardt 1996, 第32页及以下。

② Aly 1913 (Heitsch, ed. 1966, 第 54 页 注 1): "eine Inhaltsangabe der Theogonie in umgekehrter Reihenfolge."

③ Snell 1975, 55: "dies ist nicht die Ordnung der Genealogie, sondern die der Würde und Heiligkeit."

④ Nagy 1990, 57.

缪斯们的神圣之歌。正因为此，缪斯之歌的第一次显现并非一首神谱之歌，众神的排列次第"以反向的顺序给出"，并且，除了雅典娜被称作"持神盾的宙斯之女"而外，没有提及众神之间的谱系关系。这都与随后的几次显现形成鲜明的反差。

只有在赫西奥德与缪斯们相遇之后，缪斯之歌的真正显现才能发生。第二次显现从第44行开始，她们"用不朽的歌声从头（*ex archēs*, 45）唱起"，首先（*prōton*, 44）歌唱可敬的神的种族，由地母与天父结合生下的那些神明；其次（*deuteron*, 47）歌唱宙斯，众神与凡人之父；再次（*autis*, 50）歌唱人的种族和巨人的种族。这里开列的清单比《神谱》包含的内容更为丰富，因为现存的《神谱》版本并未涉及最后一个主题。第三次显现，缪斯们"赞美万物的法则和不朽众神的美妙生活"（第66—67行）。第四次显现发生在缪斯们诞生后不久，她们歌唱的内容是此前最重要的事件："宙斯用武力推翻了父亲克罗诺斯，那时正统治着天宇。（中略）他公平地给众神分配了一切，宣布了他们的尊荣"（第71—74行）。值得注意的是，这几次歌唱的内容并不重复，而是符合各自的场合。有鉴于此，我们不妨视之为同一首歌在不同场合的显现，把这些断片似的不同显现组合起来便构成了缪斯女神的颂歌，也就是诗人在最后向女神们祈告时，乞灵赐予他的那首完整的《神谱》之歌。

序诗尾声的祈告（第104—115行）向缪斯们恳求恩惠，赐予一首神圣的歌曲。诗人为即将歌唱的神谱之歌给出了概括性的纲领，其中吸纳了缪斯们所唱之歌的内容，包括主题和用语。更重要的是，这个纲领强调，要从万物创生之初开始歌唱（第114—115行）：

$$\text{ταῦτά μοι ἔσπετε Μοῦσαι Ὀλύμπια δώματ' ἔχουσαι}$$
$$\text{ἐξ ἀρχῆς, καὶ εἴπαθ', ὅτι πρῶτον γένετ' αὐτῶν.}$$

关于这些，居住在奥林坡斯山上的缪斯女神们啊，
请从头（*ex archēs*）开始歌唱，告诉我，他们之中哪个最先产生。

这首颂歌以特定的顺序展开，即从万物之初到宙斯的登极。透过它追本溯源与整全无遗的特征，诗人得以引领凡众上达神谱构成的神圣真理之域。这样，神谕启示真理的片段式言说被转化为诗的整全言说，来昭示宇宙大全的终极意义。

古风颂歌诗人的这种功能可以从两个旁证来进一步了解。其一是《致赫尔墨斯的荷马颂诗》（*Homeric Hymn to Hermes*）。赫尔墨斯甫一降生便偷

偷屠宰了阿波罗的两头圣牛，为了平息同父异母兄长的怒火，他取出自己不久前发明的弦琴并唱了一首神谱之歌①。有如赫西奥德，赫尔墨斯的神谱对众神以及他们各自所分得的尊荣追本溯源，从而"实现了（krainōn）不朽的众神与幽暗的大地"②。这里译作"实现"一词的希腊文动词，krainōn，与诗歌话语的效验有着紧密联系③。作为一首颂歌，赫尔墨斯的神谱"实现"众神，正如阿波罗与他交换的神杖能够"实现（epikrainousa）"宙斯的规条，或者就像"蜜蜂神女"啜吸了蜂蜜后，能够"宣告真理"并且"实现（krainousin）每一件事"。在同样的意义上，赫尔墨斯通过歌唱神谱得以"实现"的是宇宙万物的有序排布。诚如戴地安所云："借助诗歌话语的法力，他【按：赫尔墨斯】创设了属于不可见世界的诸种超凡力量，巨细无遗地阐发了诸神的体系，在其中每一位神明按等级拥有自己的位置，分配到属于自己的尊荣。诗的赞颂创设了同一种现实的秩序。"④

第二个旁证来自品达的《宙斯颂歌》（Hymn to Zeus），更加明了地透显了神谱诗歌的效验话语。在亚历山大里亚学者辑录的品达诗集里，开篇便是这首伟大的颂歌，可惜时至今日只有残篇存世。从这些零星的篇什可以得知，颂歌的主题包含卡德摩斯（Kadmos）与哈尔墨尼亚（Harmonia）著名的婚礼，在那个场合，阿波罗与缪斯女神们在全体众神的面前演唱一首神谱之歌⑤。据猜测，这首神谱如同赫西奥德的《神谱》叙述了众神的起源，并以宙斯的胜利为高潮，证据是存世的一个残篇里提到了宙斯与忒米斯的婚礼⑥。生活于公元二世纪的智术师阿里斯提德斯（Aristides）留下的一段重要文字，很可能与《宙斯颂歌》里提及的这场婚礼有关，他写到："在《宙斯的婚礼》里，品达说，当宙斯询问其他众神，他们是否还缺少什么，众神们恳求他为自己造出一些神，这些神会用话语和音乐完成（<kata>kosmēsousi）他的伟大业绩和他所设置的整个宇宙秩序。"⑦于是，宙斯生育了缪斯女神，来满足他们的要求。缪斯们的歌唱所实现的功能正寓于<kata>kosmēsousi一词当中：通过赞颂宙斯的"伟大业绩"和"他所设置的整个宇宙秩序"，她

① 《致赫尔墨斯的荷马颂诗》，第427—433行。
② 同上，第427行：κραίνων ἀθανάτους τε θεοὺς καὶ Γαῖαν ἐρεμνήν。
③ 参见Vergados 2013, 18—19; 507—508; 关于这首颂歌的"诗论"与《神谱》序诗诗论之间的诸多相似之处，参考Vergados 2013,12—13。
④ Detienne 1996, 71.
⑤ 参见品达残篇32（Maehler辑本），另见Snell 1975，第五章的讨论。
⑥ 品达残篇30（Maehler辑本）。
⑦ Aristides, or. 2. 420 = Pindar, fr. 31 (Maehler辑本)：Πίνδαρος...ἐν Διὸς γάμῳ καὶ τοὺς θεοὺς αὐτούς φησιν ἐρομένου τοῦ Διός, εἴ του δέοιντο, αἰτῆσαι ποιήσασθαί τινας αὑτῷ θεούς, οἵτινες τὰ μεγάλα ταῦτα ἔργα καὶ πᾶσάν γε δὴ τὴν ἐκείνου κατασκευὴν κατακοσμήσουσι λόγοις καὶ μουσικῇ.

们最终完成了万物从混沌之初向有序宇宙的整个进程。

由此可见，神谱并非单纯的赞颂，而是旨在揭示万物创化的内在意义，从而完成宇宙秩序的确立。当缪斯女神把神谱赐予诗人，这构成了一种神圣的真理，凡人只有通过诗人的中介才可获得的真理。与缪斯们一样，诗人在赞颂众神尤其是宙斯的统治之际，为凡人的世界最终完成了宇宙的秩序。

五　结语

在《神谱》的序诗里，缪斯女神以先知为原型授予诗人圣职，使诗人由于神灵的感应而拥有洞见神圣真理的能力（*vision*），像先知那样谙悉主宰凡人生活的不可见世界之奥秘。序诗同时也完成了一种翻转，诗人对于真理的言说比先知更胜一筹，前者从后者转化而来但返归本原，以便揭示我们生活于其中的宇宙大全的终极意义。如果说神谕将神意下达人间，诗则从相反的方向运作，即通过促成一种特殊的精神状态，将凡人引领至真理的圣域。这一翻转对于后世希腊乃至整个西方的诗学传统发生了定型的影响，成为西方诗性思维的一个基本特征。

诗在古希腊思想从宗教向哲学的转化进程里占据了至关重要的中间位置。神谕的真理经由诗人转化提升为诗的终极真理，这直接催生了以哲学为典范的理性思维，哲学以诗的真理为对照，试图构建更"高"一级的哲学真理。然而，诗人上承先知下启哲学家，诗言居于神启预言与哲学论辩之间，在神的智慧与人的理性中间开辟两者兼备的自由之境，以其独有的方式言说神圣的真理。

【征引文献】

Aly, W. 1913. "Hesiodos von Askra." In Heitsch 1966 (ed.): 50-99.

Arrighetti, G. 1996. "Hésiode et les Muses: Le don de la vérité et la conquête de la parole." in F. Blaise, P. Judet de la Combe, P. Rousseau (eds.) 1996: 53-70.

Benveniste, E. 1969. *Le vocabulaire des institutions indo-européennes. 1. Economie, parenté, société. 2. Pouvoir, droit, religion.* Paris: Les Editions de Minuit.

Blaise, F., Judet de la Combe, P., and Rousseau, P., (eds.). 1996. *Le Métier du mythe: Lectures d'Hésiode*. Lille: Presses Universitaires du Septentrion.

Bradley, E. M. 1975. "On King Amphidamas' Funeral and Hesiod's Muses." *La parola del passato* 30: 285-288.

Buschor, E. 1944. *Die Musen des Jenseits*. Munich: F. Bruckmann.

Chadwick, N. K., 1942. *Poetry and Prophecy*. Cambridge: Cambridge University Press.

Chantraine, P. 1999. *Dictionaire étymologique da la langue grecque: histoire des mots*. Nouvelle edition mise à jour. Paris: Klincksieck.

Clay, J. S. 1988. "What the Muses sang: *Theogony* 1-115." *Greek, Roman and Byzantine Studies* 29: 323-333.

———. 2003. *Hesiod's Cosmos*. Cambridge: Cambridge University Press.

Detienne, M. 1996. *The Masters of Truth in Archaic Greece*. tr. J. Lloyd, New York: Zone Books.

Duban, J. M. 1980. "Poets and kings in the *Theogony* invocation." *Quarderni Urbinati di Cultura Classica* 33: 7-21.

Ford, A. 1992. *Homer, the Poetry of the Past*. Ithaca: Cornell University Press.

Friedländer, P. 1914. "Das Proömium der Theogonie." *Hermes* 49: 1-16.

Gagarin, M. 1992. "The Poetry of Justice: Hesiod and the Origins of Greek Law." *Ramus* 21: 61-78.

Gresseth, G. K. 1970. "The Homeric Sirens." *Transactions of the American Philological Association* 101: 203-218.

Hamilton, R. 1989. *The Architecture of Hesiodic Poetry*. Baltimore: Johns Hopkins University Press.

Havelock, E. A. 1963. *Preface to Plato*. Cambridge, Mass.: Harvard University Press.

Heiden, B. 2007. "The Muses' uncanny lies: Hesiod, Theogony 27 and its translators." *American Journal of Philology* 128: 153-175.

Heitsch, E. 1966 (ed.) *Hesiod*. Darmstadt: Wege der Forschung.

Katz, J. T. & Volk, K. 2000. "Mere bellies? A new look at *Theogony* 26-28." *Journal of Hellenic Studies* 120: 22-131.

Kraus, W. 1955. "Die Auffassung des Dichterberufs im frühen Griechentum." *Wiener Studien* 68: 65-87.

Krischer, T. 1965. "ΕΤΥΜΟΣ und ΑΛΗΘΗΣ." *Philologus* 109: 161-74.

Kugel, James L. (ed.), 1990. *Poetry and Prophecy: the Beginnings of a Literary Tradition*, Ithaca: Cornell University Press.

Laks, A. 1996. "Le double du roi. Remarques sur les antécédents hésiodiques du philosophe-roi." in F. Blaise, P. Judet de la Combe, P. Rousseau (eds.) 1996: 83-91.

Latte, K. 1946. "Hesiods Dichterweihe." *Antike & Abendland* 2: 152-163.

Leavitt, John (ed.), 1997. *Poetry and Prophecy: the Anthropology of Inspiration*. Ann Arbor: The University of Michigan Press.

Maehler, H. 1963. *Die Auffassung des Dichterberufs im frühen Griechentum bis zur Zeit Pindars*. Göttingen: Vandenhoeck and Ruprecht.

Minton, W. W. 1970. "The Proem-Hymn of Hesiod's *Theogony*." *Transactions of the American Philological Association* 101: 357-377.

Most, G. W. 2006. *Hesiod: Theogony, Works and Days, Testimonia*. (Loeb Classical Library) Cambridge, MA: Harvard University Press.

Nagy, G. 1990. *Greek Mythology and Poetics*. Ithaca: Cornell University Press.

Neitzel, H. 1980. "Hesiod und die lügenden Musen." *Hermes* 108: 387-401.

O'Bryhim, S. 1996. "A new interpretation of Hesiod, *Theogony* 35." *Hermes* 124: 131-139.

Otto, W. F. 1952. "Hesiodea." in *Varia Variorum: Festgabe für Karl Reinhardt*. Köln: 49-57.

Pollard, J. R. T. 1952. "Muses and Sirens." *Classical Review* 66: 60-63.

Roth, C. P. 1976. "Kings and Muses in Hesiod's *Theogony*." *Transactions of the American Philological Association* 106: 331-338.

Rudhardt, J. 1996. "Le préambule de la *Théogonie*. La vocation du poète. Le langage des Muses." in F. Blaise, P. Judet de la Combe, P. Rousseau (eds.) 1996: 25-39.

Snell, B. 1975. *Die Entdeckung des Geistes*. Göttingen: Vandenhoeck und Ruprecht.

Snell, B. et al. (eds.) 1955-2010. *Lexikon des frühgriechischen Epos*. Göttingen: Vandenhoeck und Ruprecht.

Solmsen, F. 1949. *Hesiod and Aeschylus*. Ithaca: Cornell University Press.

——. 1954. "The 'Gift' of Speech in Homer and Hesiod." *Transactions of the American Philological Association*: 1-15.

Stroh, W. 1976. "Hesiods lügende Musen." in H. Görgemanns and E. A. Schmidt (eds.), *Studien zum antiken Epos*, Meisenheim am Glan: 85-112.

Thalmann, W. G. 1984. *Conventions of Form and Thought in Early Greek Epic Poetry*. Baltimore: Johns Hopkins University Press.

Verdenius, W. J. 1972. "Notes on the Proem of Hesiod's *Theogony*." *Mnemosyne* 25: 225-260.

Vergados, A. 2013. *A Commentary on the >Homeric Hymn to Hermes<*. Berlin: De Gruyter.

Vernant, J.-P. 1982. *The Origins of Greek Thought*. Ithaca: Cornell University Press.

——. 1991. "Speech and Mute Signs", in *Mortals and Immortals: Collected Essays*. ed. Froma I. Zeitlin, Princeton University Press: 303-317.

——. 2006. *Myth and Thought among the Greeks*. Second Edition. Tr. J. Lloyd and J. Fort., New York: Zone Books.

Walcot, P. 1957. "The Problem of the Prooemion of Hesiod's *Theogony*." *Symbolae Osloenses* 32: 37-47.

West, M. L. 1966. *Hesiod: Theogony*. Oxford: Clarendon Press.

——. 1978. *Hesiod: Works and Days*. Oxford: Clarendon Press.

——. 2003. *Homeric Hymns, Homeric Apocrypha, Lives of Homer*. (Loeb Classical Library) Cambridge, MA: Harvard University Press.

由巫史到孔子：《周易》文本的经典化
—— 一种基于经学进路的探讨

邓秉元[*]　　著

引　言

　　占卜或预言，乃是人类文化史上一种司空见惯的现象，小言之或许只是解决疑难的心理需要，大言之则是沟通天人，或者说沟通个体与超越性存在的方式之一。不同时空下的占卜具有各种各样复杂的形式。在传统中国，最主要的占卜形式便是卜筮。一般认为，殷商（约 BC1600—BC1027）以前重"卜"，西周（约 BC1027—BC771）以后重"筮"。前者通过龟甲或兽骨上的兆纹判断事物的吉凶休咎，晚清以来始为世人所知的甲骨文大多便是殷人的占卜记录。后者通过对一种专门用于占卜的蓍草加以排列变换，根据所产生的不同卦象判断卦时的顺逆否泰，而其典型形式则是《周易》的筮占。

　　当然，所谓"殷人重卜，周人重筮"亦只是大概而言，在今天不仅周原甲骨的发现可以作为周人仍然使用龟卜或骨卜的证明，而且文献本身便有"筮短龟长"的说法[①]，周代王室贵族在遇到重大疑问的时候仍然会乞灵于龟的通神能力。甚至直到西汉（BC202—AD8），依然可以看到龟卜的大量使用，《史记·龟策列传》便记载了许多这方面的史料。一直到清代（1644—1911），依然有所谓"吴中卜法"流传于世[②]。不管怎样，可以说，至少在汉代，龟卜的传统还没有断绝。另一方面，目前已经发现商代晚期的数字卦

---

　　*　邓秉元（本名邓志峰），复旦大学历史学系。

　　①　《左传》僖公四年："初，晋献公欲以骊姬为夫人，卜之，不吉。筮之，吉。公曰：'从筮。'卜人曰：'筮短龟长，不如从长。'"孔颖达《春秋左传正义》卷12，中华书局影印阮元《十三经注疏》本，1980年，第1793页。

　　②　可参清胡煦《周易函书》所附《卜法详考》卷三，《吴下卜书》，程林点校，中华书局，2008年。

符号，无疑把筮法的使用从西周初年追溯到了晚商或者更早的时代①。随着考古学与历史学的发展，今天我们已经看到比过去更为丰富的占卜形式，学者们可以此为基础拟测相应的占卜方法，尽管我们尚且难以保证这种拟测的正确性。

　　大概地说，二十世纪以来主流的经学史研究，仍然继承清代乾嘉考据之学的基本传统，以语言学和历史学方法进入传统的经学文本，于是上古时代经学或经学史的研究便被置换为语言文字之学或上古史研究。这种研究在取得不少新颖成果的同时，一个重要缺陷便是由于缺少"经学维度"（特别是其中的义理维度）的观照，使得原有古代先哲的问题意识反而被遮蔽②。这正像某些研究福音书的历史学家可能完全不理会福音书本身的宗教立场一样。

　　这种现象在有关《周易》的研究中体现得淋漓尽致。在诸多传统经典之中，《周易》具有卜筮之书与经典著作的双重角色，甚至在传统的五经或六经之中还具有奠基性意义。汉代以来，"人更三圣，世历三古"的说法深入人心③，那以后，虽然争议声此起彼伏，但争议内容却仅止于三圣、三古之具体所指，依然是就经学内部的问题意识进行讨论。近代以后，随着以科学自命的历史学派特别是疑古派崛起，经学的问题意识被从根本上予以消解，除了"十翼"或者说《易传》尚因其显而易见的深邃性得以保持经典地位，《周易》上下经已基本上被视作古代占卜材料的汇编。在这种观点看来，除了其中有限地保留了商周以来的历史材料之外，《周易》本经几乎没有太大的思想价值④。因此，《周易》不再是一部具有深邃内涵的学术及文化经典，而只是一堆有待经过科学整理的杂乱无章的历史材料。从那以后，对《周易》本经的解释变得极其随意，因为既然缺乏内在的系统性，许多猜测都无法被证伪。譬如，《周易》所谓"有孚"之孚，便被望文生义解释为"俘虏"之俘，但却并无坚实的证据可言。特别是同音通假等训诂方法的滥用，导致类似的

---

　　① 具体例证见下。按商代筮占《尚书·洪范》已经提及，但近世以来，因为疑古的原因，许多学者都把《尚书》诸篇的写作年代后推，或对其中内容不敢采信。
　　② 清代学术最重要的成就一般认为是乾嘉汉学，虽然清人仍自称为经学，但本质其实是经学史。这一观点不同于时下许多学者所认为的，经学史是民国以后出现的新学科，并以为后者是"超经学研究"。此观点发自于柳诒徵《中国文化史》第三编第十章《考证学派》，周予同《五十年来之新史学》一文曾予以特别指出。参邓秉元《新文化运动百年祭》，载拙编周予同《中国经学史论著选编》附录，复旦大学出版社，2015年。
　　③ 《汉书》卷30，《艺文志》："易道深矣，人更三圣，世历三古"。中华书局，1962年，第1704页。
　　④ 这方面的作品可以李镜池《周易探源》（中华书局，1978年）为代表，其中一些论文完成于1930年代。

研究在民国以来可谓比比皆是①。不少学者试图跳出原有汉宋经学解释体系的意图甚为显明，但立论之横绝武断却也令人叹为观止。

　　经学在二十世纪的曲折命运固然有着极为复杂的历史原因，但现实的情况却是，经学的缺位不仅导致新的文化建构能力的严重不足，同时也影响了对传统文化的历史理解。因为作为华夏传统知识体系的基石，经学也是人类理解宇宙人生的基本进路之一，传统文化及学术实践本身一直建立在经学的思维方式基础上。因此，笔者多年来所一直试图倡导的"回归经学"，便不仅具有经学意义，同时也是经学史研究的内在诉求。不过，鉴于"经学思维"本身已被污名化的现实，必须指出，"回归经学"首先应该重返经学的学术视域及根本进路，具体来说，便是回到经学自身的问题意识，并在当下的历史情境中重塑传统知识体系。应该着重指出的是，这里所谓经学思维并非某些学派所理解的，为了现实统治术的需要而杂凑起来的一套说辞，而是指一种通达天人宇宙的基本方式。正是在这个意义上，经学不仅远未死亡，而是仍然与佛学、哲学、神学等学科一样，可以为人类文明提供理解宇宙人生的基本的真理性建构②。在此，通过对作为众经之本的《周易》其经典文本的形成或者说《周易》的经典化问题予以探讨，无疑具有根源性意义。

　　1. 不同流派的《周易》观

　　所谓《周易》的经典化，是指通行本《周易》如何在众多《周易》文本中脱颖而出，成为共同承认的经典。讨论《周易》的经典化，必须触及《周易》的根本问题，而不仅仅是罗列所有与《周易》有关，但却缺乏根本义理联系的种种历史性因素。换言之，从经学角度看，《周易》到底是一部怎样的著作？对《周易》作者的设定其经学意涵何在？作为经典的《周易》与各种试图通达天道的占卜著作有何关联？《周易》经与传之间究竟是何种关系？《周易》作为一部经学的奠基性著作，到底有无内在的系统性？如果有，如何体现并理解这一系统性？以上这些问题，都是传统易学的核心问题，但在二十世纪却被有意无意地淡化了。当然，这一淡化的历史背景是，仍然坚持从传统经学视角思考问题的许多著作并没有针对具有理性精神的新学术的质疑，提出能够被时代理解的新的合理的经学诠释，而常常表现为故步自封与抱残

---

　　①　譬如徐复观先生便称这些学者为"摆测字摊式的训诂学者"。氏著《中国人性论史·先秦篇》第一章，李维武编《徐复观文集》第三卷，湖北人民出版社，2002年，第18页。事实上，顾颉刚主编《古史辨》第一册甫一出版，对其研究极表赞叹的周予同即撰文评论，直言这种解释字义的方法"有点危险"，"是方法本身的问题"。周予同，《顾著〈古史辨〉的读后感》，收入顾颉刚主编，《古史辨》第二册，1982年上海古籍出版社重印本。

　　②　必须指出的是，笔者所谓经学与经学史，特别是传统经学的学术史有着严格的区分，在目前汉语学界的语境中，许多从事经学学术史研究的学者往往自称从事经学研究，在我看来是有问题的。

守缺。而极少数做出创造性成就的经学研究，却在时代大潮的裹挟中近乎失语。这表明，包括宋明理学与清代汉学在内的传统经学表述已无法餍足时代需要，对理性或知性的融摄成为经学在未来发展所必须面对的向度。譬如意欲跳出今古文之争，倡导诸子学复兴的章太炎，便曾激烈批评中国传统学术其失在于"汗漫"[①]，所针对的便是包括历代《周易》注疏在内的许多经学诠释缺乏基本的逻辑一致。在易学史上，这种逻辑不一致主要体现为不同学术流派无法互相对话，同时每一流派的研究路数又无法做到"一以贯之"，而"吾道一以贯之"恰恰是孔子的自我定位。

关于《周易》研究的不同学派，历代有过不同的理解。在近代，《四库总目提要•经部总序》所概括的义理与象数"两派六宗"之说影响巨大。但假如从经学义理的角度看，把传统易学流派划分为义理、象数、图书、考据四派应该更具有合理性，因为前三者分别以《周易》最核心的理、象、数三者为中心，而考据派代表了对三者的历史理解。前三者属于经学研究，而考据则是经学史。这也是笔者在拙作《周易义疏》中对历代《周易》研究予以派分的基本理据[②]。

用今天的流行术语说，义理的进路毋宁是一种哲学式的研究，在这里我们不打算卷入几年前又被重新挑起的"中国有无哲学"这样的无谓争论。中国传统固然没有特别开出（尽管并不缺少）知性意义上的"爱智之学"，但却不乏德性（或者用其不易流于歧义的写法"得性"一词）意义上的"道德性命之学"，或者说"义理之学"。所谓德性之学，以分有的方式与宇宙总体相契入，并在这一契入中彰显事物的内在条理（或者说"天理"）。《易传》、王弼《周易注》、程颐《程氏易传》等都是其中的代表性著作。在义理派眼中，《周易》富于清明的理性精神，是一部通达天人宇宙的法天之作，尽管具体理解言人人殊，但最高的智慧却可以通过德性的接契得到证悟或理解[③]。

相较而言，汉唐的象数易学则更像是宗教式的，譬如佛学或基督教神学的研究进路。对于象数派来说，《周易》经文是一部给定的著作，是文王或周公、孔子等圣人"口含天宪"的产物，版本流传容或有别，但在总体上是一部信仰的对象。这一信念的精神背景应该与谶纬的流行有关，在谶纬中，

---

① 章太炎，《论诸子学》，收入朱维铮、姜义华主编，《章太炎选集》，上海人民出版社，1981 年，第 354 页。

② 《周易义疏•自序》，上海古籍出版社，2011 年，第 1 页。

③ 证悟与理解有别，证悟犹理学家所谓有德，理解犹所谓造道。《河南程氏遗书》卷18，程颐云："有有德之言，有造道之言。有德之言说自己事，如圣人言圣人事也。造道之言则知足以知此，如贤人说圣人事也"。王孝鱼点校，《二程集》，中华书局，2004 年，第196 页。

孔子端门受教，得天书而"为汉制法"，经书便是天意的体现①，不同经书代表了天人关系的不同向度。因此，象数易学的一个典型模式便体现在对经文的膜拜，因文求象，在文句的穿凿中来触摸经文表达背后的象数关系。这些象数关系很难构成内在的一致性，大多是为了解释经文的权宜之计②。可以说，汉唐的象数易学最集中地体现了章太炎所谓的"汗漫"特征。

图书派则代表中国文化的数理传统，最初与道教有关，当理学兴起以后，又为后者所接受。其代表人物如陈抟、邵雍、朱熹等人。图书派对经文没有杰出的见解，譬如以占卜及撰写《皇极经世》知名的邵雍便强调"用《易》"，所谓"知《易》者，不用引用讲解始为知《易》，……人能用《易》，是为知《易》"③。至于朱熹，则从义理派的见解中解放出来，还原《周易》作为卜筮著作的原始之"用"。在后者看来，《周易》经文是与占筮内容相关的一部占书。于是"《易》爻辞如签解"④，经文可变，而其背后之大义不变，这是一种很深刻的见解。纯粹的图书派所关注的是《周易》所发现的有关宇宙不同层次的基本图式，譬如太极图、河图洛书、先后天图等等。笔者所画六十四卦两仪图、生成显化图、八卦五行图、坎离图等也与此派的关怀相同⑤。所谓基本图式类似于宇宙不同层次的数理模型。在二十世纪西方学术的刺激下，若干倡导"科学易"的学者其工作可以视作图书派在本世纪的最新进展。图书派的末流喜欢关注数字与图形的巧合，穿凿附会，耽于戏论。

三个流派的来源并不相同，但却都以通行本《周易》为共同经典，其故可能与对孔子的认同以及秦始皇焚书以后的文化形势有关。随着贵族时代结束，对夏商周三代荣光的追缅成为士大夫阶级的共同诉求。西汉中期以后，"罢黜百家，表彰六经"，崇重删述六经的孔子，逐渐成为统治集团与士大夫的共识。在汉代征召传经名儒的过程中，田何成为官方认可的易学大师，后来诸家往往都愿意溯源于田氏。考虑到马王堆帛书出土以后一系列新出土文献所揭示的战国时代《周易》版本的复杂面貌，可知正是经过西汉官方文化政策的洗礼，以及用被称为今文的隶书对古典的重新写定，官方所认可的《周易》文本才逐渐取代不同易学流派各自的经典文本。

事实上，在传世文献中，学者们早就注意到《周易》文本的歧义以及

---

① 周予同，《纬谶中的孔圣与他的门徒》，收入前揭《中国经学史论著选编》。

② 汉唐象数易学经惠栋、张惠言、李道平等学者相继研究，其义例渐趋明晰，可参惠栋《易汉学》、张惠言《周易虞氏易》、李道平《周易集解纂疏》等著作。

③ 邵雍，《观物外篇》下之中，收入郭彧整理，《邵雍集》，中华书局，2010 年，第159 页。

④ 黎靖德编，王星贤校点，《朱子语类》卷 67，《易三·纲领下·读易之法》，中华书局，1986 年，第 1661 页。

⑤ 前揭《周易义疏》卷首，第 6—7 页。

不同卜筮方法的存在。在《左传》、《国语》所记载的春秋时代的筮法中，不仅当时的占法不同于后世流行的各种卜筮方法，而且在占卜中所依托的繇辞也不尽相同，这表明春秋时代一些占卜活动所依托的《周易》并非通行本《周易》。这样，我们可以明了以下基本事实：

1. 春秋时代通行本《周易》并没有成为共同认可的经典；

2. 通行本《周易》得到普遍承认最晚是到汉代实现的；

3. 不同学术渊源的学派由尊奉不同经典转而尊奉同一经典，势必形成对后一经典的扭曲性解释，这是此后的经学学术流于汗漫的根本原因[①]。

4. 通行本《周易》的权威得到确立的同时，孔子也正式凌驾于先秦诸子，成为道脉之所系。孔子通过《易传》的撰述，被理解成文王的继承者和阐释者。

可以说，从历史学的角度来看通行本《周易》被确立为经典的过程并不复杂，当然目前史料也无法给出更详细的叙述。但从经学的角度来说，许多问题不仅尚未提出，而且即便提出，历史学也很难给出实质性的答案。特别是在疑古思维的笼罩下，即便有明确的历史记录，也可能根本不予采信。

譬如，在二十世纪居于主流的《周易》研究者中有一个奇怪的现象，在反对经传一体性的同时，一方面间接承认文王与《周易》的关系，很少有人怀疑《周易》上下经作于周初或西周；另一方面则直接否认《易传》乃至整个《周易》文本与孔子的关系，于是置司马迁所言孔子"晚而喜《易》，……韦编三绝"的明文于不顾[②]，《论语》中凡是可能证明孔子与《周易》有关的材料皆被努力证伪[③]。同样，《易传》则顺着欧阳修《易童子问》的思路

---

① 当然许多外在原因也是不可忽视的因素，譬如前揭章太炎《论诸子学》所云罢黜百家后诸家"强相援引，妄为皮傅"，便无疑有着政治原因。此外如因不同学派相互争胜而依草附木以及学术传承中不断误读等的例子也颇为常见。尽管外在原因随着时过境迁可以变化，但汗漫的机制却一直存在，这与经学作为知识体系与现实意识形态的分野有关。参前揭拙作《新文化运动百年祭》。

② 《史记》卷 47，《孔子世家》，中华书局，1982 年，第 1937 页。

③ 《论语》中可证明与《周易》有关联者：1)《论语·述而》："加我数年，五十以学《易》，可以无大过矣。"据《经典释文》《鲁论》"读易为亦"，后代多从《古论》。2)《论语·子路》："子曰：'南人有言曰："人而无恒，不可以作巫医。"善夫！''不恒其德，或承之羞。'子曰：'不占而已矣。'"其中"不恒其德，或承之羞"乃《恒卦·九三》之文，反对者多以为不是直引《周易》。3)《论语·宪问》："曾子曰：君子思不出其位。"与《艮卦·大象》相同。较早且系统反对者是钱玄同，见 1923 年 5 月 25 日其《答顾颉刚先生书》，《古史辨》第一册中编，1926 年北平朴社印行。钱氏所论其实并未将传统意见驳倒，虽极牵强，但因其疑古倾向被学者接受，在二十世纪影响极大，至今尚有宗之者。实则"大过"当读为大过卦，在《周易》本为死亡之象。黄宗羲云："'养生者不可以当大事，惟送死可以当大事。'送死不嫌于大过也。孔子曰：'五十以学《易》，可以无大过矣。'言可以无死也。"（《易学象数论》卷三）予尝引此文并王闿运《论语训》以驳斥"五十以学"之说与孔子本人思想不合，参前揭《周易义疏》第 182—183 页。

被分割得支离破碎，其中一些篇章的作者甚至被晚推为西汉中叶。这一现象多少表达了学术活动背后的某种隐衷，即否定孔子与《周易》的关系，在某种意义上也是"打倒孔家店"运动的一个组成部分。只是令这些武断的考据至上主义者始料不及的是，下半叶出土的简帛文献中连篇累牍的出现关于孔子与《周易》关系的记录，于是几乎所有孔子与《周易》无关论者都成了相反观点的拥趸。事实上，这些主要是战国以后的记录并不比传世文献中关于孔子与《周易》关系的那些材料更为权威。

因此，讨论《周易》或者说经学领域的基本问题，必须回到基本事实的清理与根源问题的重新阐释。仍然需要追问的是，通行本《周易》上下经真是文王所撰吗？如何从历史与经学的意义上理解文王与《周易》的关系？孔子是《易传》的作者吗？经传之间的关系如何理解？通行本《周易》被确立为经典，到底只是一种历史的偶然，还是因其不容置疑的经学义理使然？

2. 经传一体性与孔子易的再发现

讨论《周易》经典化问题的关键在于弄清《周易》经传之间的相互关系，或者说，经传一体性问题。清代以前，主流的经学传统都承认司马迁所谓孔子"序《彖》、《系》、《象》、《说卦》、《文言》"，即孔子是《易传》的实际或主要作者[①]。汉代去古未远，考虑到西汉所继承的战国时代的师法传统[②]，且《周易》的文本与传承在秦代并未遭到毁灭性打击，从代际关系的角度来说，汉人所言应该去事实不远。唯一可能的是当时人为了论证孔子与《周易》的关系集体作伪，但在独尊儒术尚未成为国策，黄老之学仍然居于意识形态统治地位的西汉初期，有什么理由让儒家以外的学者也参与到这一作伪之中？何况汉代所谓儒家也已是韩非子所云"儒分为八"之后的局面。这显然是不可能的。

不过，在主流以外，反对的声音也有，主要就是在中唐至北宋疑经的风气之中，欧阳修所提出的《易童子问》。欧阳修的主要理由是，既然《系辞》、《彖》、《象》等在某些具体问题上的讲法不同，假如是同一位作者又为什么会有相异的观点呢？这一观点到了近代依然被不少学者所认同。不过，这些人并没有注意欧阳修观点的明显漏洞，那就是假如强求《易传》在所有问

[①] 前揭《史记·孔子世家》。此"序"字，或以为即指《序卦传》。明人丰坊云："蒙泉何氏曰：《史记·孔子世家》朱子取附《论语》卷端，曰'序《易》、《彖》、《系》、《象》、《说卦》、《文言》'。序《易》者，今《序卦传》二篇是也。"见氏著《古易世学》卷十二上，《说卦》，四库全书存目丛书本。

[②] 清儒已强调汉儒讲究师法，师法概念在《荀子》时代已正式提出。我曾指出，其渊源实本诸孔门传经一派文学之儒，与德行科传道之儒讲究自得有别。此处所谓自得与师法乃就两派为学的进路而言，是经学所以体现为经学的关键所在。参邓志峰，《王学与晚明的师道复兴运动》导言，社会科学文献出版社，2004年。

题上字面或表述的一致性，《十翼》不同篇章的撰写便显得毫无必要。事实上，《易传》各篇本来便针对《周易》的不同层次，问题意识因此各异①。关键是我们是否有能力看出这些歧异表述背后的相互关联。对于后者来说，《十翼》的互相矛盾之处与其说是文本问题，不如说是解释问题。

　　此外，关于《易传》在传承中存在不同版本，或者在传世文本中许多具体表述可能有战国以后人的风格，而非孔子的言说方式，这些也都仅仅属于技术性问题。因为考虑到古典文献学家所特别指出的"古人不自作书"的传统②，先秦诸子的经典文本大都是某一学派门人弟子根据祖师思想不断展开的文献汇编，所谓"作"也主要是创始之意，似乎无法强求《易传》完全是孔子所写定③。但这并不说明《易传》不能代表孔子的思想。清代以来的辨伪思潮固然产生了不小的学术成绩，但学者判断历史文献宁晚勿早的学术心态产生了颇为恶劣的影响，譬如按照这一逻辑，定稿年代已经到汉代的《论语》似乎也无法代表孔子本人的思想，那就未免走上了某种历史虚无论。其结果是，追问史料背后的历史过程或许只能表现为学者们的穿凿想象，其所谓历史本身往往成为居高临下的一种口实。

　　也正是因此，无论从考据或义理的角度，怀疑《易传》与孔子的关系都很难自圆其说。何况这种观点把差不多整个汉代的重要学者都置于不利的道德境地，在这里，康有为《新学伪经考》那种武断的指斥言犹在耳。

　　当然，如何论证经传一体性涉及经学的具体解释。放弃这种一体性诉求的观点固不必论；承认这一基本立场的历代学者在具体的解释中也易于采取种种虽然方便但可能是附会的论证方式。譬如有关《周易》的具体注疏，自从王弼作《周易略例》以来，几乎所有重要学者都会提出自己的"例"以求贯通经传全书。但遗憾的是，包括汉儒与王弼在内，几乎历代学者都未能实现"例"的完全贯通，于是变例因之大量存在，这也是传统经学特别是易

---

　　①　前揭《周易义疏·杂卦传义解》："十翼各有所明，其关乎卦者，《序卦》言卦序，《彖传》言卦德，《象传》言卦象，《说卦》言卦理，《杂卦》则言卦势者也。"前引书，第461页。
　　②　先秦诸子多不自著书，今所流传者多其后学所附益，见章学诚撰《文史通义》卷4，《内篇四·言公上》。其后吕思勉《先秦学术概论》（上海世界书局，1933年）、余嘉锡《古书通例》（上海古籍出版社，1985年）等皆本此为说，足破清儒以来执其一端即判某书为伪之谬。
　　③　如上文所言，学者早就注意到《周易·艮卦·大象》："君子以不出其位。"《论语》记载为曾子所言。这表明《象传》的写定可能晚于孔子再传弟子编订《论语》之时。钱玄同云："崔述曾据此以为《象传》出于孔丘以后之证。这岂非反足以证明孔丘与《易》无关吗？"（前揭钱氏《答顾颉刚先生书》）曾子是孔子重要弟子之一，认为曾子思想完全与孔子无关，是不符合历史的。

学流于汗漫的主要原因之一 [①]。也正是基于这个理由，近代的疑古派学者才敢于索性宣称经传缺乏内在的一体性联系。

在这一问题上提出最新解决方案的是拙撰《周易义疏》，本书可以视作新儒学在相论方面予以拓展的尝试。大概地说，在《新唯识论》、《体用论》等著作中，熊十力先生通过还原《易传》的基本视域，由此建构了一套以"体用不二，翕辟成变"为宗旨的生命哲学，代表了新儒学在本体论方面的重新确立。但由于未尝透入具体的经文解析，所以除了体、用两个层次之外，相论尚有未弘，生命宇宙体用相三者如如的理境尚未如实地呈现出来。在《周易义疏》中，通过卦爻的展开，生命宇宙示现了自我显相的基本形式，并因而昭示出一个"体用不二，用相一如"的义理世界 [②]。在这个世界中，语义浑沦的"翕辟成变"方才不止于功能意义上的指点，而是真正具有了现实性的内容。在笔者看来，《周易》通过三才五行与六十四卦三百八十四爻的象征系统，提供了具体事物在宇宙系统中的映射关系（所谓观象），并因此为占卜或者说具体事物的自我理解提供理论依据。从经学的角度，本书基于《易传》提出了三才五行六位的新例，以数理象为根据来考求文义，与经文符合完好，没有变例，避免了因文求义之弊。也正是在这一意义上，经文的系统性与经传的一体性得到了证明。同时，本书通过对《序卦》的重新诠释，揭示了卦序依四德顺逆展开的基本结构，指出卦序与天道之生成及显化有着极为绵密的对应关系。这证明了《周易》在义理上的系统性。此外，通过经文的疏解，我们可以看到《周易》经传与《论语》、《孟子》、《老子》、《庄子》以及其他百家经典的大量密合之处，而在精神上与孔孟的思想尤其相契。这表明，通行本《周易》本身的学派归属并非是近些年许多学者所力证的道

[①] 譬如一个被义理派接受最广泛的例便是所谓"乘承比应"，是指同一个卦内不同爻位间的相互关系。但四者在许多时候甚至是并存的，在具体解释某一爻义的时候为什么在某处用的是这一关系，而非其他关系，这在大多数时候是无法解释的。解释者更多地是从方便诠释经文的角度决定例的选取。这同样也是汗漫的一种表现。

[②] "用相一如"是笔者所提出的基本观点之一，此处所谓相论与熊氏欲作而未成的量论有一定关联。熊氏弟子牟宗三先生其后欲通过融摄西学特别是康德哲学的方式完成量论的构建，在义理上极有贡献，惜尚未返之于经，体用尚未兼备。所谓以内圣开出新外王，终不免"以中学之头嫁接西学之身"，但亦不可苛责，盖已得其本矣。笔者对牟氏的简评，可参《周易义疏·说卦传》第五章疏证【9】，前引书，第440页。关于相论与熊氏学术之关系，拙作《德性与工夫：孔门工夫论发微》业已指出，收入杨乃乔主编：《中国经学诠释学与西方诠释学》，中西书局，2016年。

家，而只能是孔孟一系的儒家①。

经文假如有其内在的系统性，那么所谓经文是不同时期占卜记录汇编的讲法便不攻自破。同样，经传一体性的证明也为经文的撰写提出了新的疑问。如前所述，在近代，《周易》经文尽管未必出自文王，但被视作西周文献这一观点为多数学者所接受。其原因主要是在没有义理与象数思想凭借的情况下，仅仅从因文求义的角度来看，《周易》经文显得极为难于理解。这种由于言语模棱以及历史神秘性所形成的古奥错觉，是许多人坚信通行本《周易》年代甚古的根本原因。同时，像顾颉刚等人指出的那样，《周易》经文还保存了一些可以视为较为古老的商代与周代早期的历史材料②，似乎也为经文的古老提供了证明。

反对的声音首先来自对经文语言的研究。譬如陆侃如便曾指出《周易》经文的许多语言习惯与《论语》、《左传》等东周时代的作品更为接近③。同样，假如不带偏见，也可以很容易感觉到，《尚书》中一些韩愈所谓"佶屈聱牙"的作品与出土西周金文文献颇为相似，也许因为《尚书》中此类篇章本来渊源甚古或者拟撰者颇能神似；但在《周易》经文中却很难看到真正与西周金文同样费解的句子。这表明，《周易》经文的古奥是理解上的，而不是因为历史时代的久远。

当然，许多学者可能援引上面有关孔子与《易传》的关系来反证经文

---

①　关于《周易》出于道家的观点，可以陈鼓应《易传与道家思想》（三联书店，1996年）一书为代表。本书的问题在于没有意识到道家本出于周代王官学，本来可以视作经学的一翼。此外也没有意识到儒家特别是其德行科与道家在根源上本有相通之处，便轻易把相关思想归入道家学派。关于诸经密合之处，除了散见于《周易义疏》的大量讨论之外，可参拙作《孟子章句讲疏》，华东师范大学出版社，2011年。

②　在《周易卦爻辞中的故事》（《古史辨》第三册，1931年初版，1982年上海古籍出版社重印本）一文中，顾颉刚考证了王亥、高宗伐鬼方、帝乙归妹、箕子明夷、康侯等的相关事迹，并认为"著作时代当在西周初叶，著作人无考。"此结论在逻辑上似嫌武断，故李学勤认为从严格的意义上说，这些材料"只能确定其形成年代的上限，而不能作为其下限的证据"，不过李氏仍认为"经文的形成很可能在周初，不会晚于西周中叶。顾颉刚先生的观点，看来是可信的。"引文分别见李学勤《周易溯源》第2、18页，巴蜀书社，2006年。朱伯崑则认为，"关于《周易》经文形成的年代，近人虽有不同的看法，但大多数认为，其基本素材是西周初期或前期的产物。因为卦爻辞所提到的历史人物和事件，其下限没有晚于西周初期的。"《易学哲学史》第一卷。华夏出版社，1995年，第8—9页。事实上，作为历史学家，三位学者都没有能注意到通行本《周易》渊源可能很古老与通行本《周易》的最后成书区别何在，这尤其证明了缺少义理维度在经学史研究中会造成怎样的学术盲点。

③　陆侃如在《论卦爻辞的年代》一文中曾举三证，证明《周易》卦爻辞成文不能早于东周中叶以前，其一曰"《易》卦爻辞与八世纪的诗句相袭"，二是"《易》卦爻辞在前六世纪初年尚无定本"，三为"《易》卦爻辞更含有前五世纪的语法"。《清华周刊》第37卷第9期，1932年。收入刘大钧主编，《百年易学菁华集成》初编，上海科学技术文献出版社，2010年。

的渊源甚古。这当然不错，因为无论从文献还是考古材料来看，《周易》思想的形成都不是一蹴而就的。但如果考虑到《周易》经传的密合程度以及《周易》经传与孔、孟、老、庄思想的呼应，那么一个合理的问题便是，产生时代较早的《周易》经文何以能够与后世中国文化思想发煌期的学术相吻合？如果只是后世因袭成说，那么这种在东周早期踪迹皆无的思想其承载者是什么人？要知道，义理上的密合绝非事实层面的密合可以简单相袭。假如作为周代柱下史的老子真是孔子那个问礼的对象，甚至可能向之问《易》①，而令孔子产生了一种与老子之前某一名不见经传的学者的思想密合与精神契合，那么这个隐秘的作《易》圣人究竟是何许人也？事实上，综合这所有的疑问，如果满足经学与历史学双重标准检视的话，一个最为合理的解释其实是，这个通行本的《周易》经文是在《易传》的思想产生之后，由孔子本人或者受其影响的门徒如商瞿、馯臂子弓等人加以系统修改润饰的结果②。而且除了某些卦、爻辞的更定以外，孔子可能做过的最重要工作是为《周易》最终排定卦序，理由见下。由目前可以看到的材料可以考知，战国初年这一《周易》文本已经传到了魏国③。

　　也正是在这个意义上，我们可以清晰地理解孔子及其门徒所理解的作、述之别。"述而不作，信而好古，窃比于我老彭"，熟谙"维天之命，於穆不已"、"天德不可以为首"之义④，不欲以圣人自居的孔子，其以"述"自命固然不难索解；而门徒因为熟知孔子在删述经典过程中的伟大贡献，而以"作者"目之，亦理所当然。从这个意义上说，孔子之所以被目为圣人，一方面固然是由于其删述经典系统地隐括了上古三代的文化总体，更重要的是在这一过程中孔子展示了一个天人一体的完备的义理架构，并"从心所欲不逾矩"地对此天道予以践行。汉代古文经学家强调孔子之"述"与今文经

---

　　①　《左传》昭公二年："春，晋侯使韩宣子来聘，且告为政而来见，礼也。观书于大史氏，见《易象》与《鲁春秋》，曰：'周礼尽在鲁矣，吾乃今知周公之德，与周之所以王也。'"前揭孔颖达，《春秋左传正义》卷42，第2029页。然则《易象》亦可称礼。

　　②　《史记》卷67，《仲尼弟子列传》："孔子传《易》于瞿，瞿传楚人馯臂子弘。"《汉书》卷88，《儒林传》："自鲁商瞿子木受《易》孔子，以授鲁桥庇子庸，子庸授江东馯臂子弓。"按《周易》义理及卦爻辞与孔子言论行迹相应者极多。兹举二例。如六位之例，二、五得中，三过而四不及，与孔子所谓"过犹不及"相应。此固可视为孔子阐发《周易》，然如《周易·睽卦》初九"见恶人，无咎"及九二"遇主于巷，无咎"二爻，与孔子往见阳货之事极合，或即孔子门徒所改。参《周易义疏》第240—241页。

　　③　全晋之时的《周易》面貌应该与通行本互有异同。据《晋书·束晳传》记载，至汲冢《周易》（战国时魏襄王墓所藏）已经"与《周易》上下经同"，可知通行本的定本及广泛传播即在孔子以后，魏襄王之前。战国初期，儒学传播以魏为最早且盛，孔门高弟如子夏曾为魏文侯所优礼，魏惠王、襄王之际孟子亦在魏国周游，子夏、孟子皆深于《周易》，则《周易》通行本之西传或即与二氏有关。

　　④　引文分别见《论语·述而》、《诗·周颂·维天之命》、《周易·乾·象》。

学家强调孔子之"作"，不应该成为彼此在经学领域势同水火的理由。

在此，我们得出了一个基于《周易》系统性与经传一体性的经学结论，也就是说，作为《易传》的实际作者，孔子也应该同样是《周易》经文的删订者，或者说最终作者。所谓"人更三圣"，到了孔子，通行本《周易》的经典化已经走出决定性的一步，即因其义理的完备与绵密而真正成为经典之作，这是使《周易》成为经典的内在原因，此后的传播与被承认都只能说是外在因素而已。近世以来，一些学者把后者视为经典形成的主要依据，无疑是本末倒置了。

3. 文王易的忧患精神

讨论《周易》的经典化，不能只关注经典的最终形成以及孔子作为圣人的出现，因为依照《周易》或者说天道的核心理念，圣人与经典亦势必被置于一个"於穆不已"的在时间中显现的文化传统之中。所谓"易以时为大"，经学的一个核心观念便是"时"，即因时或者随时。所以经学反对成型的圣人，孔孟皆不以圣自居①，圣人总是在离世以后才从历史文化传统中被指认出来。天命靡常，《易》终未济，天道便体现在无限开放的可能性之中。

通行本《周易》的诞生也有其具体的历史渊源。不过可惜的是，目前的考古材料中尚未发现春秋结束以前的《周易》文本，有些学者根据陕西长安西仁村出土一件西周陶拍上有师、比、小畜、履四卦的相连，试图证明通行本《周易》在此时业已存在，应该说言之尚早②。根据《左传》，春秋晚期鲁国宫廷藏有《易象》，为富于周易卜筮传统的晋国贵族韩宣子所惊诧，可知鲁国《易象》与《左传》、《国语》所见三晋《周易》版本不同，惜尚无法确知是否与通行本《周易》之经传有何关联。然由韩宣子之言或可以推知，鲁国《易象》与西周王官所藏《周易》文本应该具有直接的历史渊源，故以"周礼"目之。在周代，《连山》、《归藏》与《周易》号称"三易"，掌于太卜，其渊源当即本诸对《周易》撰作有关键贡献的文王。周代王官之学已经是由太史主掌，此一文化系统多以史官文化名之。

文王与《周易》的关系，《系辞下》所谓"《易》之兴也，其于中古乎？作《易》者，其有忧患乎？"又云："《易》之兴也，其当殷之末世，周之

① 孔孟皆不以圣人自居，可参拙作《孟子章句讲疏》卷三，《公孙丑章句上》第二章。

② 另一件有既济、未济两卦相连，皆数字卦。李学勤云："由师至履、既济至未济两处局部卦序，不难推想当时所用的卦序大同于今本卦序。换句话说，传本《周易》那时业已存在。"前揭《周易溯源》第三章第七节，《新发现西周筮数的研究》。予曾指出，"此论虽似，尚难称实证。盖此陶拍之存在惟可言其时已有序卦之意，完整之卦序是否已定，尚属未知。而卦爻之辞在传承中是否有更动，尤不可知。然则径云'传本《周易》那是业已存在'，亦未必可。以此为西周占筮家求索卦序之实录，或当不谬。"前揭《周易义疏》第7页。

盛德邪？当文王与纣之世邪？"虽未指实，但文王已呼之欲出[①]。至汉代，太史公所谓"文王拘而演《周易》"应该已是当时学者共同承认的常识，只是演卦的内涵未必相同而已[②]。而在具体的《周易》文本中，《坎卦·六四》"纳约自牖"[③]，《明夷·六二》"顺以则也"[④]，皆被视作与文王相关。

不过，单纯从历史的角度说明文王参与了《周易》的撰作，尚远远不够。文王到底可能完成哪些工作？按照司马迁的观点，文王是重卦之人，即将伏羲所画三画卦变成通行本《周易》的六画卦[⑤]。这一点虽然可以用考古材料否证，譬如河南安阳出土商代晚期（康丁）甲骨，中有"七八七六七六、八六六五八七、七五七六六六"字样，今人以为数字卦，皆六画[⑥]；但如果像汉唐时代许多经学家那样，认为文王甚至周公可能参与了卦、爻辞的撰写，也是不无道理的。这样，司马迁所谓"文王拘而演《周易》"，便意味着推演卦德而为之系辞。当然，假如我们承认通行本《周易》可能晚至孔子才最终定本，那么为卦爻系辞之人可能也包括西周以后王官系统中的各类卜人或瞀史，"吾非瞀史，焉知天道"，在这一王官体制之内便有许多试图通达天道的智者深藏其间[⑦]。因此，所谓文王易，并非是指文王个人完成了所有的演《易》工作，而只是意味着由文王创始并经过周代王官体制之内的历代史官所实践并发展了的史官易学。后者才是孔子易最直接的历史渊源，但二者显然有着各自不同的时代使命，并因此有着相异的精神气质。

透彻地理解文王易，需要解决两个问题。一是，周代以前的历史时代，特别是商代，可能为其留下什么样的历史遗产；一是，文王所生活的时代，以及他所需要面对并处理的是怎样的宇宙、族群及人生的基本问题。

① 参《周易义疏》第418页疏证所引虞翻、李道平之说。
② 孔颖达，《论卦辞爻辞谁作》："其《周易》系辞凡有二说。一说，……史迁云'文王囚而演《易》'……郑学之徒并从此说。二以为验爻辞多是文王后事。……验此诸说，以为卦辞文王、爻辞周公，马融、陆绩等并同此说，今依而用之。"《周易正义》卷首。
③ 崔憬曰："内约，文王于纣时行此道。从羑里内约，卒免于难，故曰'自牖终无咎'也。"李道平，《周易集解纂疏》坎卦六四条云："《史记·周本纪》'帝纣乃囚西伯于羑里'，《汉书·景十三王传》'文王拘于牖里'，是牖、羑古字通也。"潘雨廷点校，中华书局，1994年，第302页。崔憬原文误作崔觊。
④ 《周易·明夷·象传》曰："内文明而外柔顺，以蒙大难，文王以之。"此即指六二言。
⑤ 参孔颖达，《周易正义》卷首，《论重卦之人》。
⑥ 数字卦一说系张政烺提出，本文有关数字卦资料，可参濮茅左，《楚竹书周易研究》，第三章。上海古籍出版社，2006年。
⑦ 《国语·周语下》，徐元诰《国语集解》，王树民、沈长云点校，中华书局，2002年，第83页。熊十力云："孔子作《易》，其辞及象，必多采用夏、殷、西周以来诸术数家之卜辞及筮法等记载，而有所修正，乃另赋以新义。《论语》'温故而知新'，此孔子所以自况也。"《读经示要》卷三，《略说六经大义·易经》，中国人民大学出版社，2009年，第225页。

　　在商代末期，被后人视作仁人的是比干、箕子与微子，孔子所谓"殷有三仁"。当纣之时，比干因谏而死，箕子佯狂，微子逃亡。武王伐纣以后，"释箕子之囚，封比干之墓，表商容之闾"[1]，箕子授其《洪范》一篇，后来收入《尚书》。《洪范》：

　　"箕子乃言曰：我闻在昔，鲧堙洪水，汨陈其五行。帝乃震怒，不畀洪范九畴，彝伦攸斁。鲧则殛死，禹乃嗣兴，天乃锡禹洪范九畴，彝伦攸叙。初一曰五行，次二曰敬用五事，次三曰农用八政，次四曰协用五纪，次五曰建用皇极，次六曰乂用三德，次七曰明用稽疑，次八曰念用庶征，次九曰向用五福，威用六极。"[2]

　　由箕子所言，所谓《洪范》九畴乃源出大禹的传统，而其核心则是五行。据《尚书·甘誓》，夏启征伐有扈氏的一个关键理由便是"威侮五行，怠弃三正"，可知五行确实与夏代传统有关。至于五行的传统可以上溯于黄帝[3]，也是夏人的渊源所自。这些早已为以往的经学史所熟知。

　　据传说，上古时龙马负图出自黄河，后世流传所谓十数图的《河图》其生成次序与《洪范》五行"一曰水，二曰火，三曰木，四曰金，五曰土"的次序相吻合。此次序历来聚讼纷纭，但以附会者居多。近代以来，梁启超等学者则根本不承认这一五行观念与阴阳五行理论的关系[4]。笔者则在《周易义疏》中通过对坎、离两卦的疏解，业已揭示，《洪范》五行的次序实与《周易》有关阴阳分化的次序及老子所谓"道生一，一生二，二生三，三生万物"之序相同，表明《洪范》五行的思想已经为通行本《周易》及老子所继承[5]。当然，目前尚没有证据证明周人此一思想是来自箕子，还是文王时代已经从殷人接触到此类学术。文王在殷时号为西伯，其父季历亦曾担任殷人的牧师，殷周文化的关系绝不始于易代之际。考虑到周人与夏人同一发源，或许是殷周二者在很长时间共同继承了同一文化传统，而殷人保存了自身的特色。

　　殷人的特色是龟卜或兽卜，但据《洪范》所言，应该有了筮法。《洪范》云：

　　"七，稽疑。择建立卜筮人，乃命卜筮。曰雨，曰霁，曰蒙，曰驿，曰克，

　　①　《逸周书·克殷解》，黄怀信《逸周书汇校集注》卷四，上海古籍出版社，2007年。
　　②　按，《尚书·洪范》近人多以为乃春秋甚至是战国时代的作品，但理据并不充分。根据周代传统，《诗》、《书》皆贵族所熟习，以周人对历史的记述以及对商代的了解程度，没有理由认为此篇的思想完全出自东周以后，而非是对商代文化的历史记录。
　　③　《史记》卷26，《历书》："黄帝考定星历，建立五行。"
　　④　梁启超，《阴阳五行说之来历》，《饮冰室合集》第四册，《饮冰室文集》之三十六，中华书局1989年影印1936年版。
　　⑤　参前揭《周易义疏》坎离二卦义解及卷首《易范合图》。

曰贞，曰悔，凡七。卜五，占用二，衍忒。"

　　雨、霁、蒙、驿、克是指龟卜兆纹的形状，贞、悔在后来的《周易》中被理解为内外两卦，假如箕子所指也是如此，表明当时已经确实有了重卦，如前述考古材料所揭示的那样。

　　假如文王、周公或者其后的周代史官只是照搬商朝的成法，那么也不会有《周易》及其背后一整套深邃思想的形成。文王有关《周易》思想的形成不仅宣告了殷周思想之异，不仅奠定了一个新王朝的立国之基，而且为一个新文明的开辟提供了精神基础。倘若探究其关键所在，便是在文王身上所集中体现的周人的忧患意识。忧患意识甚至被徐复观先生提炼为中国文化走向自觉的精神动力①。

　　从历史的角度看，周人的忧患长期来自于"大邦殷"的压力。最初，公刘迫于戎狄的压力而迁豳，昭示着早期周人的艰难处境。然而，随着周人势力的增长，一方面成为殷人倚仗的对象，譬如未济卦所言"震用伐鬼方，三年，有赏于大邦"，历来解者多把震视作协助殷高宗武丁征伐鬼方的周人②；另一方面却难免招来殷人的疑忌。季历虽被任命为牧师，但仍然被商朝杀害，文王"三分天下有其二"③，虽小心事殷，还是被囚于羑里。

　　因此，对于周人而言，现实的际遇不仅远非一帆风顺，而是充满了苦难。与商人对人群与自然的控制（后者如高度发达的青铜器制造水平）以及由此而来的自信甚至狂妄（如武乙和殷纣）不同④，在《诗经》中文王身上所集中体现出的是"小心翼翼，昭事上帝。聿怀多福，厥德不回"的谦卑与

──────────

　　①　徐复观云："周人革掉了殷人的命（政权），成为新的胜利者；但通过周初文献所看出的，并不像一般民族战胜后的趾高气昂的气象，而是《易传》所说的'忧患'意识。忧患意识，乃人类精神开始直接对事物发生责任感的表现，也即是精神上开始有了人地自觉的表现。"前揭《中国人性论史·先秦篇》，第 32 页。

　　②　李道平《周易集解纂疏》此条云："既济称'高宗伐鬼方'，此不言高宗，高宗，殷主也，又何大邦有赏焉。考《后汉书·西羌传》曰'高宗征西戎鬼方，三年乃克'，此即既济'高宗伐鬼方'是也。又曰'武乙暴虐，犬戎寇边，周古公踰梁山而避于岐下，及子季历，遂伐西鬼戎'，章怀引《竹书》注之曰：'武乙三十五年，周王季历伐西落鬼戎，俘二十翟王。'据此则'震用伐鬼方'，当指季历无疑。"

　　③　《竹书纪年》曰："太丁四年，周王季命为殷牧师。"又云："文丁杀季历。"方诗铭、王修龄，《古本竹书纪年辑证·殷纪》第三二、三五，上海古籍出版社，1981 年，第 26—27 页。《论语·泰伯》："子曰：三分天下有其二，以服事殷，周之德，其可谓盛德也已矣。"

　　④　《史记》卷 3，《殷本纪》："帝武乙无道，为偶人，谓之天神。与之博，令人为行。天神不胜，乃僇辱之。为革囊，盛血，卬而射之，命曰'射天'。"又，纣王无道，大臣进谏，纣曰："我生不有命在天乎！"按，"我生不有命在天"乃纣王拒绝大臣祖伊的言论，见于《尚书·西伯勘黎》。祖伊，近人王国维以为或即"纣之诸父兄弟"。参刘起釪，《尚书校释译论》，第二册，中华书局，2005 年，第 1049 页。关于此问题当然还可以由其他的因素来解释，但此处的理由也是显而易见的。

随顺①。而在其子周公的心目中，"文王惟卜用，克绥受兹命。……天明畏，弼我丕丕基。""天降威，用（宁）【文】王遗我大宝龟绍天明。"②尽管这里强调的是文王使用龟卜，但敬畏天命的基调却是若合符辙。

如前所述，在《周易》中，文王的这一形象，可能体现在两处。

一是坎卦六四所谓"樽酒，簋贰，用缶。纳约自牖，终无咎。"在历来的理解中，这是文王在羑里与殷纣屈辱媾和之象。坎卦卦时意味着险难，如何渡过艰险，不同的爻位需根据不同时位的关联选择自身的因应之道。对此我曾给予如下解释：

> 所谓刚柔之际，是非难明，故终不可咎也。其象如人于囚牢之中，与敌自牖定约，故获樽酒、簋贰、用缶之遇，虽似无谋，然实莫测其所以。此文王居于羑里之象。另如外敌入侵，不敌而败，是隐忍媾和，抑或激愤而族灭？正未易言也。故但许无咎，不言有它，是非其惟天知。③

此爻含义甚深，爻义虽是非难明，但天道自有济险之道，从经学的立场来说，以文王之盛德，自能法天无疑。

二是明夷卦。明夷之象地在火上，为太阳落山、世界黑暗之象。对于周人来说，纣王的时代无疑就是明夷的体现，所以六爻分别借文王、箕子、微子、比干、武王等的行迹讨论不同时位之人如何身处黑暗及摆脱之道。六二"明夷于左股，用拯马壮"，用自残其马的方式比喻隐忍自守，自晦其明，故自《象传》以下，历代都视作文王之象④。

综上所述，可以说，在《易》、《书》、《诗》以来经学传统中的文王，其形象是一以贯之的。不过，这种谦卑隐忍绝非仅仅是恭顺的表示，周人在这种谦卑中寄了一种对天道进行理解的渴望。《系辞》所谓"天地之大德曰生"，《诗》云"维天之命，於穆不已"，周人心目中的宇宙一开始便是一种生生不息的宇宙。周人的现实苦难，文王的忍辱负重，与天道的生生不息在羑里之难中水乳交融，这是文王拘而演《周易》的精神背景，借用《中庸》的话，文王也是"困而知之"⑤。而在与天道沟通的技术上，与龟卜的单一占问不同，周人需要对未来事物的发展变化给出明了清晰的预见。也正是在

---

① 《诗经·大雅·大明》。

② 《尚书·大诰》。天明即天命。按《尚书》原文后一句作"宁王"，自晚清以来王懿荣、吴大澂、孙诒让等皆以为即"文王"之误。参前揭刘起釪，《尚书校释译论》第三册，第1266—1267页。

③ 《周易义疏·坎卦·六四》，前引书，第193页。

④ 《周易义疏·明夷卦·六二》，前引书，第230页。

⑤ 《中庸》："有生而知之，有学而知之，有困而知之，及其知之，一也。"

这一背景下，一种能够精巧地表达天道的象征模式，即以天地人三才及内外卦相耦合为模式的精巧结构在此前被开发出来①，文王可以在此基础上思考生命展开的具体情境与意象，并通过精纯的德性修养与之契合，最终走出困境。"於乎丕显，文王之德之纯"②，诗人以文王德性之精纯象征其法天之诚，故以此咏歌之。

因此，由文王所推演并为其后史官所发展的《周易》，如果说要概括其基本精神，主要表现在两个方面：一方面，和巫者通过龟卜与天道沟通的直接方式不同，《周易》的筮占借助一个精巧的象征结构，这种象征甚至还表现在占卜方式上③。加之卦德的推演与卦爻辞的系定，"由此则《易》由卜筮之具一变而为著作，虽亦用为卜筮，而其与天道之相应乃日趋于自觉，此文王易所以有别于伏羲易也"④。另一方面，与龟卜相同的是，二者"固皆以趋吉避凶为蕲向，以无咎自存为旨归"，仅可云小成，与孔子易的精神尚有一间之别⑤。换言之，由文王所代表的"忧患意识"尽管标志着某种程度的精神自觉，但与孔子所体认的"发愤忘食，乐以忘忧"⑥，与天德浑然一体的精神境界仍然有着根本的区别。

4. 伏羲易与易学系谱的自我建构

上文已经提及的伏羲易，对应着所谓"人更三圣，世历三古"的最初源头。在以往的经学史叙述中，作为人文始祖的伏羲，同时也是《周易》思想的创始者。《系辞下》：

"古者包犧氏（即伏羲）之王天下也，仰则观象于天，俯则观法于地，观鸟兽之文，与地之宜。近取诸身，远取诸物。于是始作八卦，以通神明之德，以类万物之情。"

历代经学家对此并无异词。近代以来，自别于经学立场之外的许多经学史家鉴于伏羲可能只是一位传说中的人物，往往将这一观点视为戏论，务欲摧陷而廓清之。不过，就本文来说，在经学的维度上探讨伏羲在《周易》形成史上的角色，仍然具有不可或缺的意义。

在上古圣王的不同谱系中，伏羲一直是所谓"三皇"之首，堪称华夏文明的始祖。由伏羲至孔子，构成了源初的道统谱系。尽管道统论蔚兴于中唐时代，但道统的观念却渊源甚古。在传统经学的两翼中，道家属于文明退

---

① 此问题可参前揭《周易义疏·说卦传》义解。
② 前揭《诗经·周颂·维天之命》。
③ 参《周易义疏·系辞上》"大衍之数五十"章义解。前引书，第386—388页。
④ 《周易义疏》第427页。
⑤ 同上，第4页。
⑥ 《论语·述而》。

化论者，因此，时代愈降则文明愈趋于卑下。老子所谓"失道而后德，失德而后仁，失仁而后义"，在分别与道德仁义诸精神相对应的三皇、五帝、三王、五霸之中，无疑是三皇的境界最高，而伏羲便代表着宇宙初判而尚不失其浑沦的时代。儒家则分为两支，由传经一派文学之儒发展为荀子的"法后王"，隐含着文明进化论的端倪；由传道一派德行之儒演化为孟子的"法先王"，以尧舜孔子为极则，秉持著文明判分的中庸之道。在后世儒家经学中，具有道家色彩的学者仍会强调伏羲的不可企及，譬如图书派的邵雍与朱熹。在后者看来，

"文王之心，已自不如伏羲宽阔，急要说出来。孔子之心，不如文王之心宽大，又急要说出道理来。所以本意浸失，都不顾元初圣人画卦之意。"[①]

此论无疑置伏羲于孔子之上，实为与强调孔子集群圣之大成的孟子立异[②]。事实上，尽管强调述而不作的孔子不欲自我表暴，但孔子在圣人中的阶位问题一直是经学史上的关键问题之一[③]。

当然，儒道诸派的观点也并非不可以调和。道家者流强调的是与天道沟通的具体能力和实践，这种沟通既可以体现为巫的通神活动，如龟卜、筮占以及不同的卜筮形式，甚至也包括圣人的法天践履。《庄子·天下篇》所谓天神至圣四个阶位，从道的角度固然无所谓高低，但从道家的角度来看，所处的境界仍然高下有别。老子所谓"为学日益，为道日损"，文化与知识的日益增长增加了道被遮蔽的可能性。在这个意义上，伏羲易代表了文明开启之后最简捷的通向道体的方式。对于儒家而言，"学之为言觉也，以觉悟所不知也"[④]。儒家是从人而非天的立场来体认天道，学则是通向天道的基本功夫。对于证悟者如孔子来说，其体认道体与前圣未尝不同，其学则集群圣之大成。孔子以后，言学则容有过之者，言圣则未能企及，所以孔子在道统谱系中仍然有其不可或先的地位[⑤]。

问题是从经学的角度怎样去理解伏羲易，及其与文王易、孔子易的关

---

①　《朱子语类》卷 66，《易二·纲领上之下·卜筮》，前引书，第 1630 页。

②　《孟子·公孙丑章句上》曾引宰我、子贡、有子之言，讨论孔子之不可企及。予业已指出，孟子之论隐含政治、历史、社会人群三个维度，以此揭示孔子之圆满。参前揭《孟子章句讲疏》卷三，第二章。

③　另如王阳明曾有精金之喻，以尧舜为万镒，文王孔子为九千镒，其弟子王艮便深致不满，以为孔子犹如点铁成金，为无尽藏。参前揭邓志峰，《王学与晚明的师道复兴运动》，第 206—208 页。

④　《白虎通·辟雍》，陈立《白虎通疏证》卷 6，吴则虞点校，中华书局，1994 年，第 254 页。

⑤　"由孔子学而知之，遂有中国文化之自觉。故孔子与此前群圣有别，在其学；孔子与此后学者有别，在其圣。此所以孔子为贞下起元、继往开来。"前揭《德性与工夫：孔门工夫论发微》。

系呢？《易传》所谓伏羲作八卦之说，从历史学的角度极难理解，很难想象远古源出海岱泰族的伏羲作了三画八卦，直到几千年后才由不同族群的文王重为六画卦，历代所谓神农或者黄帝重卦之说也都很难从史学角度予以征信。一些学者借助民俗学的研究，认为可能与金川彝族传统掷八段牛毛绳的方式判断吉凶相类，所谓八卦或即上古所传八索之术[①]。然而，即便后一说法不误，也只能反证上古所传八卦不同于《易传》所指。因此，伏羲作八卦之说仍然需要从经学角度加以理解。

从通行本《周易》来看，除了具体的象征结构如三才六位、内外往来以及卦时、卦德诸义之外，《周易》的系统性主要体现在三个层次，即阴阳、四德与卦序。如前所述，通行本《周易》卦序体现了宇宙万物的生成及基本条件，此序发端于文王易而大成于孔子。阴阳与四德久为前人所熟知，但对四德的理解尚流于形式。《庄子·天下篇》所谓"《易》以道阴阳"，当是晚周以来学者的基本见解。从天道的角度来说，阴阳体现着宇宙的判分而非无差别的浑沦状态。而在《周易》那里，阴阳不止体现为不同的阴阳爻符号形式，体现在内外卦的贞悔[②]，而且体现在卦序之中。《周易》六十四卦，上经三十，下经三十四，分别可以视作上下各十八个覆卦（如屯蒙）与变卦（如乾坤）的耦合。孔颖达所谓"二二相耦，非覆即变"[③]，邵雍所言"三十六宫都是春"[④]，因其直观，已经为学者所广泛承认。但"非覆即变"只讲了一重耦合关系，其实每对覆卦与变卦是一重耦合，上下经是一重耦合，这两个层次都是阴阳的体现。《系辞》所谓"一阴一阳之谓道"，不仅体现于宇宙生命的消长平衡，也体现在《周易》的卦序结构之中。如前所述，《周易》可以视作模拟天道生成与显化的数理模型。

四德又称四时，最直接体现于乾卦的彖辞之中，所谓"乾，元，亨，利，贞。"元亨利贞代表生命宇宙在阴阳基础上示现的进一步深化。倘以天道或大《易》总体为太极，那么阴阳如同两仪，四德则如同四象。四德在时间的意义上，以一年的周期为例，可以理解为春夏秋冬，在德性的意义上则对应仁礼义信，在五行的意义上则属于木火金土。我曾经指出，四象即是五行的脱落或坎陷[⑤]。不过，这种四德仍然是对宇宙生成的直接理解，从《周易》

---

①　于省吾，《周易尚氏学序言》，载尚秉和，《周易尚氏学》，中华书局，2008 年。

②　此义宋儒司马光、林栗、朱熹等论之已详，参《周易义疏·说卦传》第一章义疏，前引书，第 432—433 页。

③　孔颖达，《周易正义·序卦》："今验六十四卦，二二相耦，非覆即变。覆者表里视之遂成两卦，屯蒙、需讼、师比之类是也；变者反覆惟成一卦，乾坤、坎离、大过颐、中孚小过之类是也。"

④　《伊川击壤集》卷 16，《观物吟》，前揭《邵雍集》，第 435 页。

⑤　参《周易义疏·说卦传》第五章义疏，前引书，第 439—440 页。

文本的角度来看，《周易》上经代表生命示现的基本过程，乾坤屯三卦、由蒙至泰八卦、由否至至剥十二卦，由复至离七卦，四节分别对应四德之元亨利贞。同样，下经则代表天道生成万物的基本条件，我称之为"显化"。下经亦分四节，分别对应四德之义礼仁信。上经顺生，下经反成，相互耦合而成八卦的基本结构 ①。

四德的思想既然与五行相通，而五行已经为殷人所掌握，则文王易中四德的思想当已有所体现 ②。文王之时已经意识到天道生成的四象结构，只是出于趋吉避凶的考虑，尚未能达到天人融合无间之境。这一点往往体现为象辞与《象传》之别，我曾指出：

> "如豫卦卦辞惟言'利建侯行师'，《象传》乃恢廓其道，言天地、日月、四时、圣人之豫，是进之矣。另如贲卦，象辞惟言'不利有攸往'，《象传》乃补出天文、人文之别。惟人道有利有不利，以天道言，则乾以美利利天下而不言所利，无所谓不利也。予故云文王易乃巫史易，以趋吉避凶为蕲向，必待孔子之经学易，始能泯人我之对待，而进乎天德矣。"

类似的情形还可以从随、剥、颐、大过、坎、遁、睽、蹇、解、姤、革、艮、归妹、旅、未济的象辞与《象传》之异中看出 ③。在如此众多的卦中都体现出象辞与《象传》思想的相异，而且这一相异指向的又是同一思维模式，说明此现象绝不是偶然的。象辞很可能继承了文王以来的传统，而《象传》则是孔子思想的体现。

综上所述，假如说文王易代表了由阴阳（两仪）向四德（四象）的转化，孔子易代表了由四象向八卦的转化以及卦序的最终完成，那么从经学的意义上，为阴阳观念的形成寻找一位道统的承载者便绝非无的放矢。阴阳观代表着宇宙的基本判分（即太极向两仪的判分），而这一判分的开始即意味着文明的出现。如果是这样，那么，其创始者如果不是华夏的人文始祖伏羲又会是谁呢？理解了这一点，才能明了《易传》所云伏羲"仰则观象于天，俯则观法于地"的真实义，所谓仰观俯察即是阴阳观的体现，俯仰犹如负抱，老子云："万物负阴而抱阳"。从这个意义上说，所谓"世历三古，人更三圣"，三圣的设定实与通行本《周易》"太极生两仪，两仪生四象，四象生八卦"这一内在的展开方式相应。其中，文王与孔子既

---

① 参《周易义疏·序卦下》及卷首《序卦图》，前引书，第202—203页。

② 举一个旁证，《尚书·尧典》所反映的春夏秋冬四时的天象，近代许多学者都指出乃是殷周之际的天象，上古惟有春秋两季，四季的分化也在此时。从本文的角度来看，从两季分化为四时，便是阴阳观向四德（即五行）观念发展的产物。

③ 《周易义疏·豫卦·象传》，前引书，第120—121页。并参各卦《象传》义解。

是经学上的道统承载者，同时也是对《周易》具有关键贡献的历史人物。伏羲的设定尽管出于经学的大义，但在根本上却并未违背历史，因为这里所谓伏羲不过是华夏人文始祖的代称。《周易》被视为众经之首，代表着经学对天人之道最根本的体认，并与华夏文化的精神传统相应，其创始人被设定为伏羲，应该是再合适不过的了。

结　语

以上我们根据通行本《周易》的思想还原了《周易》文本经典化背后所蕴含着的经学义蕴。所幸的是，这一还原或者重构可以与出土文献材料中孔子的自述相应。《帛书周易·要》：

> 子曰：《易》，我后亓（其）祝卜矣，我观亓德义耳也。幽赞而达乎数，明数而达乎德，又仁守而义行之耳。赞而不达乎数，则亓为之巫；数而不达于德，则亓为之史。史巫之筮，向之而未也，好之而非也。后世之士疑丘者，或以《易》乎？吾求亓德而已，吾与史巫同涂而殊归者也。君子德行焉求福，故祭祀而寡也；仁义而求吉，故卜筮而希也。祝巫卜筮亓后乎！①

由此可知，所谓易道，其源初形态为巫，以直接的方式与天道沟通，体现了《周易》的宗教性，所谓"幽赞于神明"而不知其数；其次则为史，以数理的方式拟测天道，虽数理已明而尚未切实体会天德；其次则是孔子，既通巫史之道，又能如实体证"於穆不已"之天德，所以为集大成。三派分别彰显了《周易》的象、数、理三个维度，也是后世易学史象数、图书与义理三大流派的渊源所自。从历史角度来说，所谓巫即指伏羲易，所谓史即指文王易，由巫史而孔子，正合"易历三圣"之义。在孔子之后，天德既已自觉，则已经有能力消解宗教性的筮占。这也就是荀子所说的："善为《易》者不占。"② 可见，由通行本《周易》的经典化所体现的，其实是以孔子为代表的新的经学形态正式摆脱宗教性的依傍，克服数理性的静观，实现人文自觉的过程。从德性论的角度来说，由巫卜所传达的天道是一种绝对律令，是义的体现；从筮占所彰显的天道是一种知性静观，是智的体现；而经天德所证会的天道则泯除人我之隔，是仁的体现。由义而智而仁，德性由浑朴至于分立，并经静观

① 廖名春，《马王堆帛书周易经传释文》，续修四库全书本。
② 《荀子·大略篇》，王先谦《荀子集解》卷19，沈啸寰、王星贤点校，中华书局，1988年，第507页。

而臻于圆融。这既是易道本身的体现，也与黑格尔的辩证法相通[①]。由此说来，孔子之所以成为中国文化新的人文始祖，并被赋予贞下起元的历史地位，应该说绝非偶然。

[①] 近世以来许多中国学者都意识到《周易》思想与黑格尔辩证法的相似之处，但由于震于唯物辩证法的官方权威地位，大多以《周易》思想为朴素的辩证法相附会。实则辩证法表征了易道的一种简单形态。关于此问题，拟另文详述。

上海博物馆藏战国《卜书》研究

林志鹏[*] 著

　　《卜书》刊布于《上海博物馆藏战国楚竹书（九）》，存简十枚，包括完简四枚（简1、2、7、8）及残简六枚（简3-6、9、10）。完简的正面简尾有标记简序的数字，可据此编联。其他几枚残简，则可依文意及简背划痕排定简序[①]。经整理者李零先生细心编联、释读后，全篇竹书得到较好的复原。李先生指出："这篇卜书是目前发现最早的卜书"，可与褚少孙为《史记》所补之《龟策列传》相比较，"对研究早期卜法是不可多得的史料"[②]。

　　竹书刊布后，程少轩先生发表《小议上博九〈卜书〉的"三族"与"三末"》[③]，提出许多富有新意的释读意见，尤其对于简文关键的贞卜术语"三族"、"三末"有精要的考证。本文即在李、程二位先生的研究基础上对全篇竹书重新校释、辨析其结构及性质，并尝试将《卜书》放在先秦数术史的脉络中考察。

---

　　*　林志鹏，复旦大学历史学系。

　　①　李零先生在本篇竹书考释的"说明"中指出：残简的位置主要"据简文内容系联，并参考了简背划痕。"可惜上博简未公布简背照片，无法进一步覆核。

　　②　马承源主编，《上海博物馆藏战国楚竹书（九）》，上海古籍出版社，2012年12月，页291。

　　③　程文刊布于复旦大学出土文献与古文字研究中心网站，2013年1月16日。

一　《卜书》校释①

（一）释文

肥叔曰："兆仰首出趾，是谓闢（1）。卜人无咎，将去其里，而它方焉适。"

季曾曰："兆九〈勹（俯）〉首纳趾（2），是谓【简1】臽（沈）（3）。处宫无咎，有疾乃壐（痕）（4）。"

郪（蔡）公曰（5）："兆如仰首出趾，而屯（沌）不（背）困（混）廍（膚），是谓狋（蔽）卜（6），炮（赭）龟其有咎（7）。处【简2】不沾（占）大污（洿），乃沾（占）大浴（谷）（8）。"

曰："兆小陷，是谓簇（昧）（9）。小子吉，丈人乃哭；用处宫〔室〕，□□□□。"

〔曰："兆〕□【简3】渎（10），禽（肸）高上（11），卟（偃？）屯（纯）深（12），是谓开。妇人开（浅）以饮食（13），丈夫深以伏匿。一占□□□□□□□【简4】〔唯〕吉，邦必有疾（14）。"

凡三族（簇）有此（疵），三末唯吉（15），如白如黄，贞邦□□□□□□□□□□□□□【简5】夫（16）。贞卜邦，兆唯起句（钩），毋白毋赤，毋〈女（如）〉卒（萃）以易（逊）（17），贞邦无咎，殹（抑）将有役（18）。如□□□□□□□□【简6】食墨（19），亦无它色。

困（渊）公占之曰："三族（簇）之敓（脱），周邦有咎，亦不绝（20）；三末食墨且袜（昧），我周之子孙，其【简7】蓥（迁）于百邦（21），大贞邦亦凶。"

困（渊）公占之曰："若卜贞邦，三族（簇）句旨（指）而惕（逊）（22），三末唯败，亡大咎，有【简8】咎于外。如三末唯吉，三族（簇）是采（萃），

① 本节先列释文，其后依序考释疑难字词。释文采宽式，常用通假字直接破读，并依文意分段（竹简上的校读及分段符号省略不录）。凡涉文字校读处，将改释字以括号夹注于简文下，假借字以（）表示；讹误字以〈〉表示。简文残缺处以□表示（一格代表一字）；可依文例拟补之缺文外加〔〕标志。各简末原有竹简序号，释文省略，改以【简1】、【简2】……标示。

亦亡大咎，有吝于内 (23)。如三族（簇）□□□□□□□□【简9】凶，兆不利邦贞 (24)。"【简10】

（二）考释

（1）兆仰首出趾，是谓闢：李零先生解释前句云："指卜兆的上端上扬，下端向外延伸。"① 鹏按，李先生所谓"卜兆"指的是兆干（即卜兆之竖画）。他在简1的注释中指出：《卜书》所述兆体"似以竖画为主，有头有脚，有胸有腹，分成四段。其上出之端曰首，上部近中曰膺，下部近中曰胗，下出之端曰趾"②。关于本篇竹书所涉卜法及术语，详见下节之讨论。简文"兆仰首出趾"讲的是兆象，后句称此种兆象"是谓闢"，"闢"就是"仰首出趾"这种型态的兆名。这条占辞后面说"卜人无咎，将去其里，而它方焉适"，这是这种卜兆代表的占卜结果。李先生认为"闢"有远离之意，"将去其里"、"它方焉适"（焉训作是）与之呼应③。其说是。

（2）兆九〈勹（俯）〉首纳趾："九首"原为合文，李零先生释为"頯首"，并疑此字所从"九"为"兆"之形讹，又认为"九"（见母幽部）亦可能音近通假为"兆"（定母宵部）④。鹏按，"兆"、"九"字形并不相近，二字当是声音通假。何有祖先生指出，简文所从"九"乃"勹"之形讹，"勹"（帮母幽部）读为"俯"（帮母侯部）⑤。按，楚文字"旬"、"匀"所从"勹"有写作"九"者，二者易混讹。"俯首纳趾"（"俯"，古书或作"頫"、"俛"）依李零先生的理解，是指兆干的上端低垂，下端内敛⑥。

（3）是谓臽（沈）：李零先生将兆名"臽"读为"陷"，解释为"堕入深坑、困而不出之象"⑦。鹏按，简文"臽"，上从"尤"声，下从"臼"乃坎陷之形，当为"陷"字异体。古音"尤"为定母侵部，"陷"为匣母谈部，

---

① 马承源主编，《上海博物馆藏战国楚竹书（九）》，页292。
② 同前注。
③ 同前注，页293。
④ 同前注。
⑤ 何有祖，《读〈上海博物馆藏战国楚竹书（九）〉札记》，武大简帛网，2013年1月6日。
⑥ 马承源主编，《上海博物馆藏战国楚竹书（九）》，页293。
⑦ 同前注，页294。

侵、谈二部旁转，声音相近。匣母上古读如舌根塞音 [1]，与定母（舌尖塞音）发音方法相同，从"臽"得声之"啗""萏"即为定母。简文"陷"将上部所从人形改换为"尤"，当为声化之结果。楚文字中这类从"尤"声的"陷"字往往读为"沈"，如信阳简 2-023 "㒭"读为"枕"，包山简 193 "㒭"读为姓氏"沈"，上博竹书《庄王既成》简 1 "㒭尹子茎"读为"沈尹子茎"，均其例。整理者释此兆名为"陷"虽可通，但也可以考虑读为"沈"。《左传》哀公九年载"晋赵鞅卜救郑，遇水适火"，史龟占之曰："'是谓沈阳，可以兴兵，利以伐姜，不利子商。' [2] 伐齐则可，敌宋不吉。"可见兆象有以"沈"命名者。简文"沈"即沈滞、陷溺之意。

（4）处宫无咎，有疾乃蠤（痕）：李零先生认为二句所占皆与居处有关，并读"有疾乃蠤"之"蠤"为"适"，将此句解释为"有病才搬到其他地方" [3]，鹏按，前句谓宜静居而不宜于行动，后句与疾病有关，当别为二义。清华大学所藏竹书《保训》简 2 "朕疾蠤甚"，辞例与此相近。苏建洲先生谓"蠤"字上部所从为"帝" [4]，笔者进一步读为"痕"。《说文》训"痕"为"病"，王筠《说文句读》："言病重也。"邢昺《尔雅疏》引孙炎："痕，滞之病也。" [5] 简文"有疾乃痕"谓疾病沈滞，合于前述兆象"沈"。

（5）鄰（蔡）公曰：前文肥叔与季曾的占辞以墨点区隔，季曾与鄰公占辞之间亦有类似分段符号。"鄰公"疑读为"蔡公"，"鄰"所从"戈"上古音为从母元部，"蔡"为清母月部，月、元对转，清、从旁纽，音近可通。程少轩先生已引吴良宝、沈培说指出：楚简中作为地名之"鄰"例读作"蔡" [6]，

----

[1]　龚煌城，《从汉藏语的比较看上古汉语若干声母的拟测》，《汉藏语研究论文集》，北京大学出版社，2004 年 9 月，页 45。

[2]　杨伯峻，《春秋左传注》："四语疑卜书之辞，阳、兵、姜、商为韵，古音同在阳唐部。下文乃断语。"

[3]　马承源主编，《上海博物馆藏战国楚竹书（九）》，页 294。

[4]　苏建洲，《〈保训〉字词考释二则》，复旦大学出土文献与古文字中心网站，2009 年 7 月 15 日。

[5]　参看拙著《清华大学藏战国竹书〈保训〉校释》，载《出土文献文字与语法研读论文集》第一辑（台北，万卷楼图书公司，2013 年 9 月）。

[6]　程少轩，《小议上博九〈卜书〉的"三族"与"三末"》，复旦大学出土文献与古文字研究中心网站，2013 年 1 月 16 日。

其说是。《卜书》中所见蔡公占辞当有三条（释文分段表示），此条明言"蔡公"所占，第二、三条蒙上而省，仅以"曰"字更端。

（6）屯（沌）不（背）困（混）鄘（膺），是谓狒（蔽）卜：二句之前的"仰首出趾"已见于简1肥叔占辞，唯兆象描述上多"屯不困鄘"句。李零先生将此句读为"纯不困膺"，训"纯"为皆，"膺"指兆干中部偏上（首下胯上）的位置①。程少轩先生读为"沌背混膺"，认为指卜兆背膺部位状貌混沌②。鹏按，结合下句"狒（蔽）卜"之释，当以后说为是。"沌背混膺"乃兆象模糊之形容，下句"狒卜"疑读为"蔽卜"。"狒"所从"市"与"蔽"皆为帮母月部字，《诗·召南·甘棠》"蔽芾甘棠"，一本作"蔽蔽甘棠"③；清华简《程寤》简2"敖王"、"敖太姒"、"敖太子发"之"敖"，裘锡圭先生读为"蔽志"之"蔽"④，皆从"市"之字读为"蔽"之例。"蔽卜"之"蔽"即隐翳、昏闇之意。

（7）炮（赭）龟其有咎：简文"炮"原作"𤆡"，李零先生隶定为"煚"，释为"覢"字之省，即"廉察"之"廉"，训为察视⑤。陈剑先生指出，此字右部所从为"色"，当隶作"炮"。程少轩先生据后说进一步读为"火"，并将上句"卜"字属下读，认为"卜火龟"即用火龟占卜之意，"火龟"之名见《尔雅·释鱼》⑥。鹏按，此字当从陈说隶定作"炮"，从火从色会意，疑即"赭"字异体。楚简"赭"字或作"𧆜"（包山简261）、"𧆜"（信

---

① 马承源主编，《上海博物馆藏战国楚竹书（九）》，页294。
② 见武汉大学简帛网"简帛论坛·简帛研读"讨论区"《卜书》初读"栏位，2013年1月6日。文中自注："困读为混，又见于马王堆帛书《老子》。"
③ 王先谦，《诗三家义集疏》，北京，中华书局，1987年2月，页86。
④ 裘锡圭，《说清华简〈程寤〉篇的"敖"》，《出土文献与古文字研究》第4辑，上海古籍出版社，2011年12月，页139-143。
⑤ 马承源主编，《上海博物馆藏战国楚竹书（九）》，页294。
⑥ 见武汉大学简帛网"简帛论坛·简帛研读"讨论区"《卜书》初读"栏位，2013年1月6日。陈剑说亦转引自此。文中并引裘锡圭先生《释〈子羔〉篇"铦"字并论商得金德之说》谓："上博三《子羔》有'铦'，读为'金'，与五德转移说之'商得金德'有关。……周为火德，此言火龟，或与周人尚火有关。"

阳简 2.15），从色，者声，与"炮"皆从色表意①。"赭"字本义为赤土，引伸有"使成赤褐色"之意，如《史记·秦始皇本纪》："始皇大怒，使刑徒三千人皆伐湘山树，赭其山。"简文此处是说：占卜时遇到"沌背混膺"的兆象（兆名为"蔽"），龟版的兆色又呈现赤赭（疑灼龟火力过强所致），这是有咎的预兆。下文简 6 云"毋白毋赤"，"赤"亦指此类兆色。"赭龟"犹云"焦（爐）龟"，《左传》哀公二年："卜战，龟焦。"杜预《注》："兆不成。"《说文》："爐，灼龟不兆。从龟、火。……读若焦。"

　　（8）处不沾（占）大污（洿），乃沾（占）大浴（谷）：简 2 末字"处"与简 3 首句当连读，所记为蔡公第一条占辞的结果。李零先生读"沾"为"占"，训为居处，并认为此种用法的"占"与"廛"字有关。简文"大污"、"大浴"，李先生分别读为"大洿"、"大谷"，并指出：此处"不占……乃占……"句式表示两种或然性的选择，而这两种选择都不好。"大洿"指污秽处、积水不流的池塘或低下潮湿处，"大谷"指山谷，都是古人认为不宜居住之处②。此从之。

　　（9）兆小陷，是谓旐（昧）：前句从李零先生读为"兆小陷"，指兆纹较浅。"旐"字原作""，李零先生认为"上从㐱，下从末，疑读'灭'或'蔑'"③。高佑仁先生则指出：此字上部所从见郭店《成之闻之》简22""及上博《曹沫之陈》简52""。鹏按，禤健聪曾据李零先生说将""释为"旐"，并将《成之闻之》及《曹沫之陈》的""、""皆读为"冒"④，其说可从。简文""从旐，末声，疑读为"昧"，即昏暗不明之意，此指兆象而言。简7"三末食墨且袜（昧）"，"昧"亦指兆

　　　　———————————

　　①　孙合肥先生来信指出：简文从火从色，与包山简190""字形构同，可释作"烾"。《说文新附》："烾，大赤也。从赤、色，色亦声。"楚简"炮"即"烾"之异体，意符"赤"、"火"义近通用。可备一说。

　　②　马承源主编，《上海博物馆藏战国楚竹书（九）》，页 295。

　　③　同前注。

　　④　高佑仁，《〈上博九〉初读》，武汉大学简帛网，2013 年 1 月 8 日；又见"简帛论坛·简帛研读"讨论区"《卜书》初读"栏位，2013 年 1 月 5 日。

象不明晰。《书·洪范》述"经兆之体"所谓"蒙"（或作"蟊"、"雾"）[1]，亦是形容此种兆象。

（10）〔曰：兆〕□渎：简3"用处宫"之下竹简残断，李零先生估计缺八字，其释文作"□□□□□，是冑"，下与简4首字"渎"连读。简文"渎"，李先生解为《易·蒙》"再三渎"之"渎"，训为侮慢、冒犯[2]。程少轩先生读作"用处宫〔室，不沾大泽，乃沾大〕渎"，"渎"字属上读，求与前文"丈人乃哭"之"哭"为韵（二字皆屋部）[3]。鹏按，简文"宫"字后可依程说补"室"字，但简4开端的"渎"未必即是与"大涝"、"大谷"性质类似的居处之地。"渎"可训为败乱，又有相续不绝之意，疑形容卜兆。若依此说，简3下部的缺文可补"曰兆"二字，下启蔡公的第三条占辞。

（11）禽（胗）高上：简文"禽"，原作从凶（象坎穴上有标志），今声，即"禽（擒）"字异体，李零先生引《史记·龟策列传》读作"胗"，训为腹（《玉篇》："胗，牛腹也"），在此指卜兆的腹部[4]。鹏按，《龟策列传》"胗"字屡见，多用为"开"之反义词，可视为"敛"之借字（此点李零先生已指出）。李先生所引《龟策列传》"胗"作为"兆腹"之辞例见于该传论"卜禁"之前，作"首仰、足开、胗开"。此六字与"正月"、"二月"等月名杂列，疑本为表格之标题，且"足开、胗开"疑有衍讹（一本无上"开"字），张文虎认为"胗开"当作"足胗（敛）"[5]。不过，简文此处若训"胗"为敛，下与"高上"连读，仍颇费解，存疑待考。

（12）卟（偃？）屯（纯）深：简文"卟"，左半字迹模糊，李零先生隶定为从兆从卜之字，读此句为"兆纯深"（训"纯"为完全）[6]。程少轩先生则据单育辰说将"卟"隶定为"卧"，读为"瘿"，认为是卜兆头颈部

① 关于二字的讨论参考高佑仁，《〈上海博物馆藏战国楚竹书（四）曹沫之阵〉研究》，台北，花木兰出版社，2008年3月，上册，页260—266。
② 马承源主编，《上海博物馆藏战国楚竹书（九）》，页296。
③ 程少轩，《小议上博九〈卜书〉的"三族"与"三末"》。
④ 马承源主编，《上海博物馆藏战国楚竹书（九）》，页296。
⑤ 参考泷川龟太郎，《史记会注考证》，台北，洪氏出版社，1986年9月，页1346。
⑥ 马承源主编，《上海博物馆藏战国楚竹书（九）》，页296。

隆起的裂纹①。鹏按，若依单先生之隶定，"卧"或读为"偃"，指兆纹倒卧不正直。"屯深"从李先生读为"纯深"，指兆纹较深较显。

（13）是谓开。妇人开（浅）以饮食：李零先生将二句"开"字皆释为"开"②。程少轩先生则据侯乃峰、孟蓬生说将下句"开"读为"浅"（求与下句"深"相对），又疑"浅"与"饯"音近（与本句"饮食"联系）③。鹏按，程说是。下句"开"读为"浅"，上句"开"则如字读。《说文》："开，平也。"段玉裁《注》指出："开"即歧头而平。简文"开"疑指兆干顶端与兆枝齐平之兆象。

（14）一占□□□□□□□□〔唯〕吉，邦必有疾：此段残缺较甚，从篇章结构（详下节）来看，疑仍属蔡公占辞。简4简末尚有"一占"二字，其下竹简残断，约有九字缺文。简5上下皆残，首字"吉"前，李零先生补"虽"字。鹏按，简5首端依文例补"唯"字。程少轩先生指出，下文屡见"唯"，皆为语气助词。凡用"唯"者，多为凑成四字句而添④。

（15）凡三族（簇）有此（疵），三末唯吉：二句前有小墨块，又以总括之词"凡"发端，当别为一段。从文义上来看，此段总论"三族"、"三末"，下启其后两段"困公"占辞。"三族"、"三末"又见于简7至10，李零先生认为"三族"是指"周人的三族"，"三末"指"三族的支裔"⑤。鹏按，下文简7称"三族之敚（脱）"、"三末食墨且袜（昧）"，乃指卜兆而言，"三族"、"三末"疑为占卜术语。程少轩先生已引《卜法详考》"三起"、"三伏"、"三合"之说，谓"三"指兆首、兆足、兆枝所代表的三条兆纹，"三末"指三条卜兆裂纹的末端，"三族"指三条卜纹的汇聚处⑥。其说是，"族"当读为"簇"（"三簇三末"示意图见下节）。简文"此"，亦从程

---

① 程少轩，《小议上博九〈卜书〉的"三族"与"三末"》，注释11。
② 马承源主编，《上海博物馆藏战国楚竹书（九）》，页297。
③ 见程氏前揭文，注释12。
④ 同前注，注释15。
⑤ 马承源主编，《上海博物馆藏战国楚竹书（九）》，页297。
⑥ 见程氏前揭文。

说读为"疵"①，疑指三簇部位的裂纹有瑕疵。下句"三末唯吉"之"吉"，指三末裂纹吉善。

（16）如白如黄，贞邦□□□□□□□□□□□□□夫：简文"如白如黄"，疑指卜兆整体颜色或白或黄。"贞邦"即卜问国事，以下简文残去，缺文约13字，所记当为此种兆象代表的结果。"夫"字下有墨点，当属上读。这条简文是说：凡是三簇有瑕疵，三末吉善，兆色或白或黄，卜问国事者，将得到某某结果。

（17）兆唯起句（钩），毋白毋赤，毋〈女（如）〉卒（萃）以易（逖）：简文"起句"，从李零先生读为"起钩"，指兆纹出现弯曲。"毋白毋赤"指兆色未出现白或赤。"毋卒以易"当校读为"如萃以逖"。萃者，聚也，指三簇处兆纹汇聚在一起，没有歧纹。以者，而也。"易"读为"逖"，上古音"易"为余母锡部，"逖"为透母锡部，典籍中"逖"字往往写作"逷"，如《诗·大雅·抑》"用逷蛮方"、《左传》襄公十四年"岂敢离逷"。简文"逖"训为远离，即前引《左传》"离逷"之意。"萃而逖"盖指兆枝穿过兆干，逸出三簇之外。简文"毋"疑本作"女"，二字形近，又涉上句"毋白毋赤"而讹。"女"读为"如"。

（18）贞邦无咎，殹（抑）将有役："殹将有役"之"殹"，李零先生读为"繄"（语词，训为是或惟），此从陈剑先生说读为"抑"②，在简文中作为转折连词，即"不过"、"可是"之意。"役"，指行役、戎役。"役"乃远行之事，与兆象"萃而逖"之"逖"相应。这条简文是说：卜问国事，兆纹弯曲不直，但兆色没有出现白色或赤色（即简7所谓"亦无它色"），如果兆枝突出于兆干（形成"萃而逖"的形态），贞问国事虽然没有灾祸，不过将有行役之事。

（19）如□□□□□□□□□食墨：简6下端残断，所缺约九字，其后接简7"食墨，亦无它色"。简文"墨"，李零先生引《周礼·占人》"君

---

① 同前注，注释14。
② 陈剑说引自程氏前揭文，注释16。

占体，大夫占色，史占墨，卜人占坼"，郑玄注："墨，兆广；坼，兆璺"，认为"墨是兆纹延伸范围的大小，璺是兆纹裂痕的粗细深浅"[1]。鹏按，孙诒让《周礼正义》云："墨盖谓龟兆所发之大画，如以墨画物之界域明显；坼则大画之旁坼裂之细文。"并引《史记·龟策列传》"大者身也，小者枝也"为据[2]。依其说，占卜时由直凿所引起的裂纹较大，称之为"墨"，而横裂的纹路较细小，称之为"坼"。后说以兆干、兆枝分别"墨"、"坼"，似较合理（二字对文则异，散文亦通）。李零先生解释简文"食墨"又说："指灼龟前，先在龟板上起稿，画出兆形，如果兆纹与墨稿吻合，就叫'食墨'"，并引《书·洛诰》"惟洛食"伪孔《传》及孔《疏》为说[3]。复按，前人对于伪孔《传》之说颇有怀疑者，如孙诒让解释《周礼·占人》"史占墨"曾引陈祥道、江永说予以驳斥。陈氏谓："《卜师》'作龟致其墨'，则后墨也。孔以为先墨画龟乃灼之，误。"江永则说："墨者，火灼所裂之兆，非先以墨画而后灼也。兆之体不常，安能必如人所画。"[4] 殷墟甲骨有刻兆、涂兆的实例，但都是占卜后所作。刻兆为武丁时期特有的风格，即为了使卜兆明显，还用刀刻划。在殷墟第十三次发掘中出土的龟甲上，常可看到此类经过加工刻划的卜兆。董作宾认为刻兆的目的是为了使其显明，以求美观[5]。张光远先生则指出，灼兆之后，被灼部位会因冷却而逐渐收缩，恢复原状，以致兆纹复合而隐失，所以在灼兆之后需要以刀刻兆，甚至有些还填入墨色，使其更加明显[6]。伪孔《传》所说先以墨画龟而后灼龟的说法与先秦文献不尽吻合，也未得到殷墟出土甲骨的支持，故本文将"食墨"释为兆纹显现。《素问·阴阳应象大论》"壮火食气"，张志聪《集注》训"食"

① 马承源主编，《上海博物馆藏战国楚竹书（九）》，页 299。
② 孙诒让，《周礼正义》，北京，中华书局，1987 年 12 月，页 1961—1962。
③ 马承源主编，《上海博物馆藏战国楚竹书（九）》，页 299。
④ 孙诒让，《周礼正义》，页 1962。
⑤ 见董作宾，《殷墟文字乙编序》，《殷墟文字乙编》，台北，"中研院"历史语言研究所，1948 年，上辑，页 6。
⑥ 张光远，《从实验中探索晚商甲骨材料整治与卜刻的方法（下）》，《汉学研究》第 2 卷第 2 期，1984 年 12 月，页 451。

为"入"，可移作简文之解①。

（20）困（渊）公占之曰：三族（簇）之敓（脱），周邦有吝，亦不绝：此条记"困公"占辞。简文"困"，李零先生隶作"罘"，此从程少轩先生释，"困"即"渊"字异体②。"三族（簇）之敓"，李零先生读"敓"为"夺"，训为衰落③。鹏按，"三族"为占卜术语，"敓"疑读为"脱"，"三族之脱"谓卜兆的三条纹路不连属，未能汇聚在一处，"脱"与上文"卒（萃）"相对。"周邦有吝"之"吝"即"悔吝"之"吝"，训为恨惜。这三句是说：卜兆纹路未能汇聚，代表周邦有遗憾之事，但子孙不致绝嗣。

（21）三末食墨且袜（昧），我周之子孙，其䢠（迁）于百邦："食墨且袜"之"袜"，当从李零先生释为"昧"④，指兆纹不清晰。程少轩先生引魏宜辉说，谓此字中间所从乃"丰"，并改读为"蒙"⑤，但细审放大图版⑥，此字墨迹虽稍残，但从笔势看，中间所从当为"末"字。"䢠于百邦"之"䢠"，李零先生读为"残"，解为"周之子孙散居各国，逐渐衰落"⑦。此处从陈剑先生说将"䢠"读为"迁"⑧。简文从止，戈声，即"迁"之异体，在此作为迁居之意。

（22）三族（簇）句旨（指）而惕（逖）：李零先生读为"三族句（苟）旨（栗）而惕"，训"栗"、"惕"为忧惧⑨。程少轩先生断读为"三族句（钩），旨（窒）而惕"，谓"句"即前文简6"兆唯起句"之句⑩。鹏按，此句疑读为"三簇句旨（指）而惕（逖）"，"句指"即弯曲之貌，《说苑·君道》

①　关于《卜书》的"食墨"可参考大野裕司《上博楚简〈卜书〉的构成及其卜法》（载大阪大学中国哲学研究室编：《中国研究集刊》第58号，2014年6月）页112至115的讨论。
②　程少轩，《小议上博九〈卜书〉的"三族"与"三末"》，注释17。
③　马承源主编，《上海博物馆藏战国楚竹书（九）》，页300。
④　同前注。
⑤　程少轩，《小议上博九〈卜书〉的"三族"、"三末"》，注释19。
⑥　马承源主编，《上海博物馆藏战国楚竹书（九）》，页135。
⑦　马承源主编，《上海博物馆藏战国楚竹书（九）》，页300。
⑧　陈氏说引自程少轩，《小议上博九〈卜书〉的"三族"、"三末"》，注释20。
⑨　马承源主编，《上海博物馆藏战国楚竹书（九）》，页301。
⑩　程少轩，《小议上博九〈卜书〉的"三族"、"三末"》。

"北面拘指逡巡而退以求臣"，刘台拱《经传小记》云："案《淮南·脩务训》：'弟子句指而受。'拘指即句指。"蔡伟先生指出：上博九《禹王天下》简31描写禹之劳苦，有"首丩旨，身鱗鱛"二句，当读为"手句指，身鳞皵"，文献中"句指"或倒言为"稽稜"、"枳椇"、"枳枸"、"枳句"、"枝拘"、"迟曲"，大抵皆"诘诎不得伸"之意①。《卜书》谓三簇"句指而逡"，即兆纹聚集处弯曲，且兆枝穿过兆干。

（23）三族（簇）是窣（萃），亦亡大咎，有咎于内：简文"窣"，李零先生读为"瘁"，训为劳病。程少轩先生认为此"窣"字与前文简6"毋卒以易"之"卒"或皆读作"卒"（训为尽），或皆读作"萃"（训为聚）。鹏按，程氏后说是，"窣"读为"萃"，指兆纹汇聚在一起。"有咎于内"与前文"有咎于外"相对，李零先生认为："外指王畿外，是三末所居；内指王畿内，是三族所居。"②鹏按，《史记·龟策列传》文末论龟卜占断的一般性原则，有"外者，人也；内者，自我也。外者，女也；内者，男也"之说，或可移为简文之解。

（24）如三族（簇）□□□□□□□□□凶，兆不利邦贞：简9下残，缺约九字，中间李零先生拟补"三末"二字，求与前面文例一致。简10下残，共有六字，作"凶，兆不利邦贞"，后有表示全篇结束之墨块，其下留白，可知此简当置于全篇之末。李零先生认为简尾应有简序编号"十"。鹏按，由于简9、10下部皆残，简序编号脱去，所以两简是否能连读仍存在疑问，除非二简的简背划痕紧密衔接（惜李先生对这点并未说明），否则无法排除简9、简10中间可能有缺简。此暂依李先生说将简9、简10视为接续的两简。

---

① 蔡伟，《释"百丩旨身鱗鱛"》，复旦大学出土文献与古文字研究中心网站，2013年1月16日。
② 马承源主编，《上海博物馆藏战国楚竹书（九）》，页301。

二　《卜书》的结构及性质

（一）结构

依据前节释文，可以将全篇简文分为两大部分及五个段落，条列如下：

第一部份：以人体为喻的兆象为主

　　第一段：肥叔占辞（一条）

　　第二段：季曾占辞（一条）

　　第三段：蔡公占辞（三条）

第二部分：以兆纹之三簇、三末为主

　　第四段：总论三族三末（以"凡"领章）

　　第五段：渊公占辞（二条）

程少轩先生在前揭文中已敏锐地指出：《卜书》前三位卜人的五条占辞彼此联系，构成一个有机整体，其所用术语属于同一体系，此为第一部份；从简4后段开始的渊公占辞则属于第二部分，他所用的术语主要是"三族三末"。他并留意到"有无"之"无"，前三位卜人都用"无"字表示，而渊公的占辞有时则用"亡"字表示①。此外，两部份的占卜事类亦有明显差异：前一部份主要卜问居处或个人吉咎；后一部份则集中在"贞邦"（卜问国事）。

本篇竹书的第四段（从简5后半到简7前半），李零先生认为仍属第一部份的蔡公占辞，程少轩先生则将简4末"一占"以下，都视为渊公占辞。鹏按，简4至5"一占□□□□□□□□〔唯〕吉，邦必有疾"疑仍为蔡公占辞，其下"凡三簇有疵"至简7"食墨，亦无它色"当别为一段，总论另一套占卜术语，并下启第五段的两条渊公占辞。

（二）性质

竹书前后两部分可能来源不同，疑杂抄自不同的卜书，或有地域、家派的差异。《汉书·艺文志·数术略》蓍龟类著录五部龟卜书（皆亡佚）：

---

① 程少轩，《小议上博九〈卜书〉的"三族"、"三末"》。

《龟书》五十二卷

《夏龟》二十六卷

《南〈商〉龟书》二十八卷

《巨龟》三十六卷

《杂龟》十六卷

《史记·龟策列传》所载龟卜术,或本于《汉志》所录《龟书》。王应麟《汉志考证》云:"《隋志》有《龟经》一卷,晋掌卜大夫史苏撰。《崇文总目》三卷,而五十二卷之书亡矣。《史记·龟策列传》,褚先生所补,亦其大略也。"① 《夏龟》指夏代之卜书(疑后人依托),《墨子·耕柱》载夏后开使翁难乙卜于白若之龟,占辞有"逢逢白云,一南一北,一西一东;九鼎既成,迁于三国〈邦〉②",提及夏之九鼎,或以为即《夏龟》之遗③。《汉志》"南龟"书措于《夏龟》后,刘师培疑即"商龟"之误④,其说是。《杂龟》疑杂抄前代卜人占例,集纂而成。

竹书的结构如上所述,分为两部份。第一部份的术语近于《史记·龟策列传》,皆以人体为喻的兆象为主,将兆纹别为首、足等部分为占。此一占卜体系的来源不明⑤。

从《卜书》第一部份的占者来看,首列"肥叔",李零先生指出:"肥",乃是以地为氏,东周时肥邑有三,二处在赵(地望在今河北藁城及邯郸)⑥,故肥叔可能即战国时期赵人。往上推溯,其卜法疑源于春秋时期晋国。前引《隋志》所著录《龟经》即托晋大夫史苏所撰,其掌卜见《国语·晋语》"献公卜伐骊戎,史苏占之"。晋国史官多掌龟卜,如《左传》哀公九年"赵鞅

---

① 引自陈国庆,《汉书艺文志注释汇编》,北京,中华书局,1983 年 6 月,页 213。

② 刘师培指出,"国"当作"邦",与"东"叶韵。汉人避"邦"为"国",遂失其韵。

③ 顾实,《汉书艺文志讲疏》,台北,广文书局,1988 年,页 233。

④ 刘师培,《连山归藏考》,《刘申叔遗书》,南京,江苏古籍出版社,1997 年,下册,页 1201—1202。

⑤ 褚少孙自言其补纂《龟策列传》的经过:"臣往来长安中,求《龟策列传》不能得。故之大卜官,问掌故文学长老习事者,写取龟策卜事,编于下方。"而西汉之太卜乃"高祖时,因秦太卜"而设,故传中所云卜例可能源自秦地,但也无法排除有其它地域输入、交流的可能。

⑥ 马承源主编,《上海博物馆藏战国楚竹书(九)》,页 292。

卜救郑，遇水适火，占诸史赵、史龟、史墨"。而春秋时代著名的卜偃亦为晋掌卜大夫，《左传》中记其事迹颇多。从这些线索来看，东周晋地有深厚的龟卜传统，竹书所录肥叔占辞或钞自三晋卜书。

《卜书》前半部份以蔡公所占内容最多，而"蔡"亦属以地为氏，蔡公当为楚人，《卜书》所录蔡公占辞即流行于东周楚地的卜法。进一步比较肥叔及蔡公的占辞，前者仅言"仰首出趾"，后者所论较繁，除同类兆象外，并兼涉兆色及兆纹深浅，颇疑蔡公卜法可能受晋系（以肥叔占辞为代表）之影响而有进一步的发展。

《卜书》第二部分渊公占辞称"我周之子孙，迁于百邦"（简7至简8），二句反映的是东周之后王室衰颓的景象，可侧面推知此部分的编纂亦不早于春秋时代，而渊公或为当时周之卜官。

整体来看，《卜书》杂抄晋、楚、周等不同地域的龟卜家占例，前后部分的术语亦有差异，未对占卜方法作统合性的说明，其性质与前述史志中的《龟书》、《龟经》相异，而近于《汉志》所录《杂龟》一类。

三　《卜书》中的占卜术语

（一）以人体为喻的兆象术语

前文校释中曾引李零先生之说，指出《卜书》第一部份所述兆体以竖画为主，从上到下分为四段，其名称多能与《史记·龟策列传》对应。他说："上出之端曰首（《龟策列传》同），上部近中曰膺（《龟策列传》未见），下部近中曰胗（即腹，见《龟策列传》），下出之端曰趾（《龟策列传》称足）。"①谨按，李零先生在《中国方术考》已主此说。他认为卜兆的判断以兆干（即竖画）为主，将《龟策列传》讲兆象的术语分为两类：一类是以"首"、"身"、"足"称之，疑指兆干的上、中、下三段；一类是以"内"（又称"中"）、

---

① 马承源主编，《上海博物馆藏战国楚竹书（九）》，页292。

"外"称之，疑指兆枝的内、外两段。并绘图示意如下：

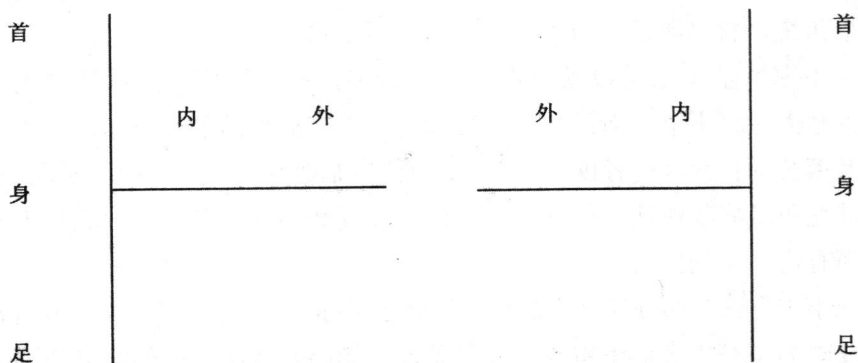

对《龟策列传》中卜兆各部位的描述，他也作了较全面的解释，如"见"是指兆干的头部上露，"仰"是指兆干头部向外倾斜，"俯"则是向内倾斜，"正"指身正直，"折"指身弯曲，"长大"指兆干身部较长，"挫折"则身较短，"发"（又称"作"或"诈"）指兆干的足下露，"开"指足向下延伸，"胗"则指足向上收敛。有关兆枝的，如"有内无外"指兆枝短，"内外相应"指兆枝平，"内高外下"及"外高内下"指一头高一头低，"内外自桥"指两头翘，"内外自垂"指两头垂，"内自桥，外自垂"及"内自垂，外自桥"指兆枝一头翘一头垂①。

李先生对于《龟策列传》及《卜书》术语的解释自成系统，董作宾也曾参考《史记·龟策列传》及清人胡煦所辑《吴中卜法》推测：决定卜兆吉凶的依据是兆枝（即卜兆横画）的型态变化。兆枝（坼）分首、身、足，观其俯仰平直以卜吉凶②。《吴中卜法》之卜兆可示意如下：

① 李零，《中国方术正考》，北京，中华书局，2006年5月，页196—197。
② 参考董作宾，《商代龟卜之推测》，《安阳发掘报告》第一册，"中研院"历史语言研究所，1929年12月。

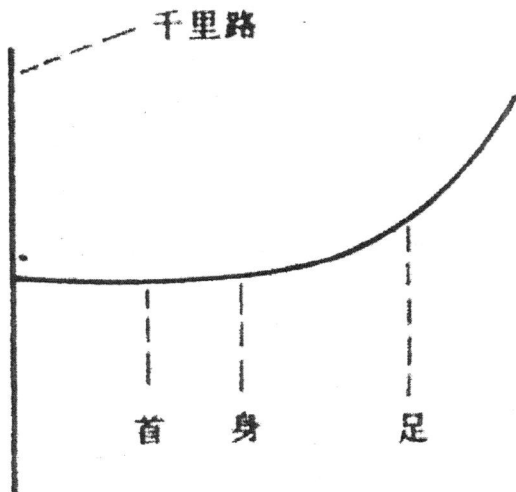

　　董氏言吉凶视兆枝为准，有一定的道理，因为兆干为兆纹主体，有较固定的形状；兆枝由兆干裂出，形状颇多，可作为判断吉凶的依据。兆枝变化虽然多，但它们与烧灼的位置及火候的控制有直接关系。许进雄先生在研究钻凿形态时已发现：长凿旁的圆钻不但能使兆坼易于显现，也易于控制兆纹的走向。如烧灼在圆钻的上部，则兆枝斜上；烧灼靠下，则兆枝斜下[①]。如果烧灼的火力过强，兆纹自然会增裂枝桠，甚至断裂。

　　张秉权曾将殷墟卜甲中有标明"吉"、"大吉"等判断吉凶的兆侧刻辞配合其兆枝横裂角度，分别测量，发现兆枝横裂角度在 70 至 100 度者，被认为吉兆的可能性较大，惟此项统计结果例外情形仍多，角度与兆的吉凶没有必然关系[②]。兆坼的呈象除角度外，兆纹是否分歧断裂、呈象是否清楚

　　① 许进雄，《钻凿对卜辞断代的重要性》，《中国文字》第 37 期，1960 年；《钻凿研究略述》，《屈万里先生七秩荣庆论文集》，联经出版公司，1979 年。
　　② 张秉权，《殷虚卜龟之卜兆及其有关问题》，《"国立中央"研究院院刊》第一辑，页 231；《甲骨文的发现与骨卜习惯的考证》，《"中研院"历史语言所集刊》第 37 期，1967 年，页 859。

（如纹路的深浅）、兆色如何，在《卜书》中亦为占卜的变量，都是需要纳入考虑的因素。

综上所论，上博《卜书》所言的首、膺、胤、趾是否如李零先生所说以兆干为主，应该结合殷墟甲骨及周原甲骨作进一步的考察①。

（二）"三簇三末"

前文校释中已引程少轩先生说解释《卜书》第二部分的占卜术语"三簇三末"，此不赘述。兹将简文所称"三族"、"三末"图示如下：

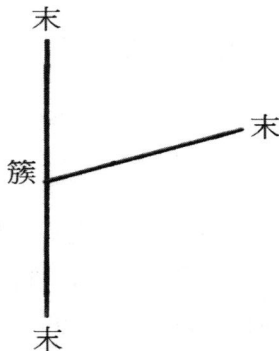

四　余论：卜法向日者之术靠拢

李零先生曾举阜阳双古堆汉简《周易》为例②，说明战国秦汉之际存在

---

① 按，殷墟与周原甲骨在钻凿型态上的差异，应予以关注。殷墟甲骨的钻凿形态，许进雄先生已有分期的系统研究，见《甲骨上钻凿形态的研究》（艺文印书馆，1979 年）。周原甲骨方面，徐锡台《周原出土甲骨的字型与孔型》、王宇信《西周甲骨探论》及李学勤《西周甲骨的几点研究》、《续论西周甲骨》曾论及西周甲骨的钻凿形态，但归纳并不全面。他们指出：西周卜甲多数有排列整齐而密集的方凿，李学勤认为这类方凿即《周礼·卜师》"掌开龟之四兆"之一的"方兆"。

② 李先生引韩自强《阜阳汉简〈周易〉研究》指出：双古堆汉简《周易》最大的特点是在卦爻辞后有许多卜问具体事项的卜辞，内容包括疾病、婚嫁、产子、军旅、出行、商贾、居官、住处、气象等，其占辞与睡虎地、放马滩秦简《日书》的用语类似，与《史记·龟策列传》所列卜问事项更接近。

筮占脱离龟卜而向民间日者之术（以日书为代表的选择术）靠拢的过程，而此一占卜格局的变化适与《易传》的出现同步①。值得注意的是，上博所藏《卜书》及最近发表的清华大学所藏战国竹书《筮法》亦出现卜筮受选择术影响的趋势②，说明此一演变至迟在战国中期已经萌芽③，而且此一趋向不仅存在于筮占，龟卜本身也经历了向日者之术转化的过程。

《卜书》第一部份中肥叔、季曾及蔡公的占辞格式可归结为"兆象描述／兆名／占卜结果"。第二部分中渊公的占辞格式前后不同：第一条是"兆象（三簇或三末）的状态／占卜结果"，第二条则是"占卜事项（贞邦）／三簇及三末不同的样态／占卜结果"。取之与晚商繁复琐碎且强调巫者神秘力量的卜法相较④，《卜书》无疑趋向简易化，此一发展与龟卜由王朝流向贵族、民间的过程有关，同时也受到战国时期新兴的日者之术影响。

卜法之"日书化"，可举《史记·龟策列传》作为典型例证。褚少孙在传中所述卜法可以分为五个部分⑤：

（1）龟卜禁忌与被龟、灼龟方法

（2）龟卜祝词

（3）各项占卜事类中不同呈兆所代表的结果：占辞格式为"贞卜事类／结果／兆象"

（4）各种呈兆样态与不同事类的配合：分为前后两段。前段格式作"命曰某某（兆象描述或兆名）／占问事类1的吉凶／占问事类2的吉凶……"。后段略同，作"此某某（兆名加兆象描述）／占问事类1的吉凶／占问事类

① 李零，《死生有命，富贵在天——〈周易〉的自然哲学》，北京，三联书店，2013年1月，"写在前面的话"，页21—25。
② 关于此一论题，笔者拟写《战国中期卜筮的转向及〈周易〉的哲理化》一文详谈，此处所说仅为粗略的思路。
③ 按，前述两篇竹书《卜书》、《筮法》的抄写时代在战国中期，其撰作早于此时。
④ 参考拙著，《殷代巫觋活动研究》（台湾大学中国文学研究所硕士论文，2003年1月），第三章第四节"殷代甲骨文中所见巫觋活动（四）占卜"，页196—201、页213—216。
⑤ 参考前揭拙著附录一"先秦文献所见巫祝、占卜资料汇编"（页453—462）对于《龟策列传》之整理。

2 的吉凶……" ①

（5）总论占卜术语（以"内"、"外"为主）及一般原则

第三、四部分专论辨兆，为此传卜法之主体，李零先生指出："《龟策列传》讲兆象分两种情况，一种按卜求之事排列吉凶之兆，一种是按兆象排列举事宜忌，与日书分为'以日类忌'和'以忌类日'两种相似。" ② 其所说两种情况分别对应《龟策列传》的第三、第四部分。值得注意的是，上博《卜书》中渊公的占辞也可别为"以兆类事"、"以事类兆"两类，已略有"日书化"的倾向。

从理论上来说，筮占与选择术的匹配较龟卜容易，这似乎也决定了龟卜在汉代之后逐渐淡出历史舞台的命运。把握住这条战国中期到秦汉之际卜筮方法的演变线索，对于了解《周易》哲理化的过程亦有所助益。战国时期开始萌芽的《易传》提倡"不占"，突出义理，不仅仅是儒家面对道家的挑战时寻找一条形上学或天道论的出路，亦是对于卜筮通俗化、简易化的反向。如果《周易》没有历经这个深化的过程，势必如龟卜逐渐僵死，而无法以亘古常新的姿态流传久远。

参考文献

马承源主编，《上海博物馆藏战国楚竹书（九）》，上海古籍出版社，2012年12月

程少轩，《小议上博九〈卜书〉的"三族"与"三末"》，复旦大学出土文献与古文字研究中心网站，2013年1月16日

何有祖，《读〈上海博物馆藏战国楚竹书（九）〉札记》，武大简帛网，2013年1月6日

高佑仁，《〈上博九〉初读》，武汉大学简帛网，2013年1月8日

---

① 《史记会注考证》引张文虎谓"命曰某某"及"此某某"之前当有卜兆形，今本传写失之。鹏按，"此横吉"以下与前面"命曰某某"，疑分别采自二占书，或为不同时期增入。

② 李零，《中国方术正考》，页196。

高佑仁，《〈上海博物馆藏战国楚竹书（四）曹沫之阵〉研究》，花木兰出版社，2008 年 3 月

裘锡圭，《说清华简〈程寤〉篇的"敄"》，《出土文献与古文字研究》第 4 辑，上海古籍出版社，2011 年 12 月

林志鹏，《清华大学藏战国竹书〈保训〉校释》，《出土文献文字与语法研读论文集》第一辑，万卷楼图书公司，2013 年 9 月

蔡伟，《释"百丩旨身鮶䲁"》，复旦大学出土文献与古文字研究中心网站，2013 年 1 月 16 日

董作宾，《商代龟卜之推测》，《安阳发掘报告》第一册，"中研院"历史语言研究所，1929 年 12 月

董作宾，《殷墟文字乙编序》，《殷墟文字乙编》，"中研院"历史语言研究所，1948 年

许进雄，《钻凿对卜辞断代的重要性》，《中国文字》第 37 期，1960 年

张秉权，《甲骨文的发现与骨卜习惯的考证》，《"中研院"历史语言所集刊》第 37 期，1967 年

张光远，《从实验中探索晚商甲骨材料整治与卜刻的方法（下）》，《汉学研究》第 2 卷，第 2 期，1984 年 12 月

刘师培，《连山归藏考》，《刘申叔遗书》，江苏古籍出版社，1997 年

李零，《中国方术正考》，中华书局，2006 年 5 月

李零，《死生有命，富贵在天——〈周易〉的自然哲学》，三联书店，2013 年 1 月

林志鹏，《殷代巫觋活动研究》，台湾大学中国文学研究所硕士论文，2003 年 1 月

孙诒让，《周礼正义》，中华书局，1987 年 12 月

泷川龟太郎，《史记会注考证》，洪氏出版社，1986 年 9 月

陈国庆，《汉书艺文志注释汇编》，中华书局，1983 年 6 月

顾实，《汉书艺文志讲疏》，广文书局，1988 年

隋唐之际阴阳学说与占卜实践

余欣[*]   著

　　阴阳五行之学，为数千年来中国学术与政治之基底。以往学者涉及这一问题时，多以哲学或思想史为研究进路，或视其为一哲学体系与思维模式，重在考察阴阳思想的起源及其发展过程[①]；或循"学术－政治文化研究"之理路，寻章摘句，敷陈附会，意在将阴阳灾异、谶纬谣言与政治事件之间建立起映射关系[②]。详其究竟，仍属外联性研究，故叙事虽颇为引人入胜，却令人难免有"其言论愈有条理统系，则去古人学说之真相愈远"[③]之隐忧。积年以来，笔者致力于重绘阴阳五行学说在中古时代的学术发展脉络及其技艺进化与场域扩张的生成方式，探寻学理和"表象"如何缔结与离散[④]，尝试从知识内核和文本语境出发，原始要终，绅绎其绪，深入把握阴阳观念与占卜实践如何交织成力量纽带这一核心命题，希冀通过"知识的内圣外王史"

---

　　*　复旦大学历史学系。

　　①　二十世纪九十年代末出版的一部论文集，可以说是从上述向度出发讨论的代表。艾兰、汪涛、范毓周主编《中国古代思维模式与阴阳五行说探源》，南京：江苏古籍出版社，1998 年。

　　②　关于中国古代祥瑞灾异的"书志学"和政治文化史研究的学术史，笔者在拙文《符瑞与地方政权的合法性构建：归义军时期敦煌瑞应考》（《中华文史论丛》2010 年第 4 期，第 325—378 页）中有详细的回顾，敬请读者参看，此处不赘。新见研究成果，则有金霞，《两汉魏晋南北朝祥瑞灾异研究》，北京师范大学博士学位论文，2005 年；胡晓明，《符瑞研究：从先秦到魏晋南北朝》，南京大学博士学位论文，2011 年；李瑞春，《中古〈瑞应图〉的文献学研究》，首都师范大学硕士学位论文，2014 年。

　　③　陈寅恪《冯友兰中国哲学史上册审查报告》，收入《金明馆丛稿二编》，北京：生活·读书·新知三联书店，2001 年，第 280 页。

　　④　语出《史记·龟策列传》："卜筮至预见表象，先图其利。"然此处所谓"表象"之含义，非仅止于此。在笔者看来，"象"与"数"是传统中国理解一切意义的基本范式，也是"科学"与"迷信"分野之前的复合知识，"表象"即"象"与"数"表征于外者并作用于内之"理"。

和"民生宗教社会史"研究[1]，理解中古中国的知识 —— 信仰 —— 制度结构的"生态过程"[2]。

本文以《五行大义》相关诸篇为基盘史料，同时利用敦煌所出《七星人命属法》等禄命文书，论析中古时代干支、星占与禄命的关系，揭示其在命理信仰实践中的应用，讨论汉唐间阴阳五行之"学与术"的知识社会史。

一　阴阳五行知识谱系再思

阴阳五行观念起源的确切时间，虽不可考，然由河南濮阳西水坡遗址M45 号墓中所发掘的蚌塑龙虎、星象图案观之，至晚在仰韶文化时期已经颇具雏型[3]。阴阳五行作为学说而真正成立，战国晚期整合而使之成型的思想家邹衍无疑是核心人物。此为学界之共识，毋庸赘言[4]。问题在于邹衍的著述虽然甚丰，却无一流传至今，其生平事迹及学术旨归的原貌，我们并没有清晰的图景[5]。邹衍言行的吉光片羽主要依赖《史记》的记载而见存，换言之，我们对于邹衍形象的了解，是建立于太史公的历史书写之上。即便如此，《史记》毕竟还是提供了其学根柢所在的一些线索。《史记·孟子荀卿列传》云：

> 邹衍睹有国者益淫侈，不能尚德，若《大雅》整之于身，施及黎庶矣，乃深观阴阳消息而作怪迂之变，《终始》、《大圣》之篇十余万言。其语闳大不经，必先验小物，推而大之，至于无垠。先序今以上至黄帝，学者

① 所谓"知识的内圣外王史"，是笔者提出之概念，要旨在于探求知识如何经由经典化确立其关于天命解释的神圣性与权威性，而又如何作用于观念体系、信仰实践与政治结构，造设一时代之制度元素和政治文化，并成为弥漫于社会的氛围。这一往复交结历程，转喻为"内圣外王"。"民生宗教社会史"的方法论阐释，则请参看拙著《神道人心 —— 唐宋之际敦煌民生宗教社会史研究》，北京：中华书局，2006 年，第 4—26 页。

② 此语借自环境科学术语，生态过程是生态系统中维持生命的物质循环和能量转换过程，相关研究是阐明生态系统的功能、结构、演化、生物多样性等的基础。

③ 冯时《中国天文考古学》，北京：社会科学文献出版社，2001 年，第 278—301 页。

④ 李零认为："这种（阴阳五行）学说在战国秦汉之际臻于极盛，虽然遇有新的思想契机，也包含了许多添枝加叶，整齐化和系统化的工作，但它绝不是邹衍一派的怪迂之谈所能涵盖，而是由大批的'日者''案往旧造说，取材远古，以原始思维为背景，从非常古老的源头顺流直下。"参看李零《中国方术考》（修订本），北京：东方出版社，2001 年，第 175 页。李零强调大批"日者"的贡献，固然有其合理性，但此与邹衍的灵魂人物作用并非绝然悖离。

⑤ 关于邹衍学说及其影响，较为系统的考述，参看王梦鸥，《邹衍遗说考》，台北：商务印书馆，1966 年。

所共术，大并世盛衰，因载其禨祥度制，推而远之，至天地未生，窈冥不可考而原也。先列中国名山大川，通谷禽兽，水土所殖，物类所珍，因而推之，及海外人之所不能睹。称引天地剖判以来，五德转移，治各有宜，而符应若兹。①

传云邹衍"深观阴阳消息而作怪迂之变"、"禨祥度制"，这值得留意，表明阴阳五行与祥瑞灾异实为同体异相②，而阴阳学说的构建源于天文、律历、占候之术的阴阳家理论化，其基本造作方法为"先验小物，推而大之，至于无垠"。

与上述表述相近的还有《史记·历书》：

> 其后战国并争，在于强国禽敌，救急解纷而已，岂遑念斯哉！是时独有邹衍，明于五德之传，而散消息之分，以显诸侯。③

又《汉书·艺文志》：

> 五行者，五常之形气也。《书》云"初一曰五行，次二曰羞用五事"，言进用五事以顺五行也。貌、言、视、听、思心失，而五行之序乱，五星之变作，皆出于律历之数而分为一者也。其法亦起五德终始，推其极则无不至。而小数家因此以为吉凶，而行于世，寖以相乱。④

以上皆表明阴阳五行概念导源于上古时序认知，是对时空与人事关系的理解。阴阳五行、祯祥变怪的知识—观念—信仰体系，与早期方术—博物传统具有谱系性渊源，可视为统合于博物之学固有基盘之一部分⑤。有些研究者认为应当区分为祥瑞、灾异和精怪，但是从博物学传统来看，《山海经》所谓"祯祥变怪"是一个集合概念，主要是指征应之物象，并未以吉凶祸福

---

①　《史记》卷七四《孟子荀卿列传》，北京：中华书局，点校二十四史修订本，2014年，第2848页。

②　陈槃较早注意到谶纬、祥瑞研究的价值，撰有相关解题和考证文字，颇有发明，现在学界的论题、架构及史料运用，基本上不出陈槃的讨论范围。关于诸本《瑞应图》，参陈槃，《古谶纬研讨及其书录解题》，上海古籍出版社，2010年，第597—628页。

③　《史记》卷二六《历书》，第1504页。

④　《汉书》卷三〇《艺文志》，北京：中华书局，1964年，第1769页。

⑤　参看拙著《中古异相：写本时代的学术、信仰与社会》，上海古籍出版社，2011年，第7—22页；《敦煌的博物学世界》，兰州：甘肃教育出版社，2013年（实为2014年5月出版），第5—8页。

加以分类①。此犹如巫术与占卜，均具黑白两面。故《汉书·艺文志》著录此类图书，书名即题为《祯祥变怪》。博物学实际上是一个关于外部世界图式的整体架构，其中祯祥变怪与博物学知识系统的关系有必要特别指出，博物学本包含祯祥，是博物学知识实用性的一个主要层面，而祥瑞的发现和类目的增加，其实也与博物学著作所塑造的自然观有很大的关系②。

阴阳、占卜、谶纬、祥瑞，应该置于知识谱系中考察，方能窥探其源流同分之腠理③。诸学之渊源，以《后汉书·方术列传》叙之最为精要：

> 仲尼称《易》有君子之道四焉，曰"卜筮者尚其占"。占也者，先王所以定祸福，决嫌疑，幽赞于神明，遂知来物者也。若夫阴阳推步之学，往往见于坟记矣。然神经怪牒、玉策金绳，关扃于明灵之府、封縢于瑶坛之上者，靡得而阘也。至乃《河》、《洛》之文，龟龙之图，箕子之术，师旷之书，纬候之部，钤决之符，皆所以探抽冥赜、参验人区，时有可闻者焉。其流又有风角、遁甲、七政、元气、六日七分、逢占、日者、挺专、须臾、孤虚之术，乃望云省气，推处祥妖，时亦有以效于事也。而斯道隐远，玄奥难原，故圣人不语怪神，罕言性命。或开末而抑其端，或曲辞以章其义，所谓"民可使由之，不可使知之"。④

此类学术之辨章，源流之考竟，唐人孙思邈仍是极为清楚的，并堪称最为典范之身体力行者。《备急千金要方》卷一《论大医习业第一》云：

> 凡欲为大医，必须谙《素问》、《甲乙》、《黄帝针经》、明堂流注、十二经脉、三部九候、五脏六腑、表里孔穴、本草药对，张仲景、王叔和、阮河南、范东阳、张苗、靳邵等诸部经方，又须妙解阴阳禄命，诸家相法，及灼龟五兆、《周易》六壬，并须精熟，如此乃得为大医。……至于五行休王，

---

① 袁珂校注，《山海经校注》，成都：巴蜀书社，1993年，第540—541页。

② 前揭拙著《中古异相》，第10—11页。

③ 金霞主张，祥瑞灾异思想从根本上说起源于占卜。胡晓明则将符瑞思想之渊源归为占卜、物占和图腾崇拜。此二说容有未谛。金霞说，见前揭《两汉魏晋南北朝祥瑞灾异研究》，第11页；胡晓明说，见《符瑞研究：从先秦到魏晋南北朝》，第18—34页。

④ 《后汉书》卷八二上《方术列传》，北京：中华书局，1965年，第2703页。关于《方术传》的研究，参看坂出祥伸，《方术传の成立とその性格》，山田庆儿编，《中国の科学と科学者》，京都大学人文科学研究所，1978年，第627—641页。Kenneth J. DeWoskin, Doctors, Diviners, and Magicians of Ancient China: Biographies of Fang-shih, New York: Columbia University Press, 1983.

七曜天文，并须探赜。若能具而学之，则于医道无所滞碍，尽善尽美矣。①

　　陈槃著《古谶纬研讨及其书录解题》第一章《秦汉之间所谓"符应"论略》，对于理解古代符应起源很有帮助。该文末尾附有"符应说源于古代史官"表，讲到符应最重要的来源就是"邹衍书"。史官实际上是承袭古代巫觋而来的。邹书符应之说，为阴阳五行学说理论具象化之产物，其造作渊薮或出于古之史官。自古在昔，史官实为一切"知识"之藏府，神怪之说，亦从此说，故载籍中一切人神变怪之说，大都托之史官氏。古史官符应之说，当考之于：一巫祝，二占候，三史典②。李零认为卜赌同源，药毒一家，从另一角度提供了对占卜源流的认识③。笔者在此基础上，提出"中国古代知识——信仰——制度统一场论"：史官为神秘文化、技术之传承者和执掌者，故礼典、博物、方术、阴阳、瑞应之学可统合于史。阴阳之学只有放在这一网格中考察，才能在知识谱系图上有更为清晰的呈现。

　　这是从学理层面对阴阳五行说的学术源流，提出一点浅见。从学人层面，我们也可以有一些新的认识。顾颉刚曾提出战国秦汉之际"儒生方士化"和"方士儒生化"的命题④。实际上这并非指替代趋向或主流支流的问题，而是互为表里的问题。被目为方士者，仍以"术"为"弘道"之策略与工具。即如被视为阴阳家鼻祖的邹衍，传云："然要其归，必止乎仁义节俭，君臣上下、六亲之施，始也滥耳。王公大人初见其术，惧然顾化，其后不能行之"⑤。也就是说，其显于外的闳大不经和奇谈怪论，只是为了推行其政治伦理教化之"术"而已，其自我身份认同绝不可能为方士，而必以儒者自许。复次，概而言之，中国传统士人具有复杂而多重的知识结构和人生抱负，既有士大夫一面，显示其儒生性格，也有追求知识、技术与兴味的一面，甚或希求其

---

　　① 孙思邈，《备急千金要方》，高文柱、沈澎农校注，北京：华夏出版社，2008 年，序例，第 21 页。

　　② 陈槃，《秦汉之间所谓"符应"论略》，氏著《古谶纬研讨及其书录解题》，第 1—96 页；"符应说源于古代史官"表，第 96 页。

　　③ 李零，《中国方术续考》，北京：东方出版社，2000 年，第 20—38 页。

　　④ 顾颉刚先生云："我觉得两汉经学的骨干是'统治集团的宗教'——统治者装饰自己身份的宗教——的创造，无论最高的主宰是上帝还是五行，每个皇帝都有方法证明他是一个'真命天子'；每个儒生和官吏也就是帮助皇帝代天行道的孔子的徒孙。皇帝利用儒生们来创造有利于他自己的宗教，儒生们也利用皇帝来推行有利于他们自己的宗教。皇帝有什么需要时，儒生们就有什么来供应。这些供应，表面上看都是由圣经和贤传出发的，实际上却都是从方士式的思想里借取的。试问汉武帝以后为什么不多见方士了？原来儒生已尽量方士化，方士们为要取得政治权力已相率归到儒生的队里来了。"氏著《秦汉的方士与儒生》，上海：群联，1995 年，第 9 页。

　　⑤ 《史记》卷七四《孟子荀卿列传》，第 2848 页。

神异功能，二者并非不能"和衷共济"，因为在他们看来，"小术"中往往蕴含着"大道"。从上述所论对所谓"阴阳家"进行重新定位，或许对于理解阴阳五行说成立的渊源与"格调"不无裨益。

二　《五行大义·论七政》解读

阴阳五行之学的研究取径，实际上有两种差异甚大的分野存在：作为诸子学说与作为占验理论。前者将其看作诸子百家之一家，以往相关成果多集中于先秦时期阴阳观研究[①]。后者将其看作指导占卜与选择的形而上学，但是对于理论与占验技艺之间究竟存在何等关系，语焉不详。尽管庞朴较早便提出阴阳五行作为深嵌于生活一切方面的图式的观点[②]，关于阴阳五行的"行容"，尤其是魏晋隋唐之际"变容"的探讨，甚为寂寥[③]。

隋萧吉所著《五行大义》，其为阴阳五行理论之划时代纲领性文件，向为学界所公认。其中《论七政》一章条贯诸家，纵论星占、干支与禄命，乃汇集董理有关类目之鸿篇巨作，似尚未引起足够之重视。其中述星占者尤多，究其缘由，乃因星辰运移本为阴阳观念产生之重要资源，阴阳五行说即起源于与天文历法有关的知识，而星占又被理解为阴阳义理的实际操作，故亦可藉此而见星占与阴阳五行之渊源有自[④]。

星占与阴阳的"互文关系"，唐人对此也有清晰的认识。潘智昭是事瞿昙悉达和一行的历生，墓志中述其学术由来，称："晓阴阳义，通挈壶术。事瞿昙监，侍一行师，皆称聪了，委以腹心。君之德也，君之能也。掌历生事，习业日久，勤事酬功，授文林郎转吏部选。"[⑤]

---

① 例如井上聪，《先秦阴阳五行》，武汉：湖北教育出版社，1997年。谢维扬指导完井上氏完成此项研究之后，又指导彭华完成同题博士论文，也已经出版，彭华，《阴阳五行研究（先秦篇）》，长春：吉林人民出版社，2011年。

② 庞朴云："一般都承认，五四以前的中国固有文化，是以阴阳五行作为骨架的。阴阳消长、五行生尅的思想，迷漫于意识的各个领域，深嵌到生活的一切方面。如果不明白阴阳五行图式，几乎就无法理解中国的文化体系。"参看庞朴，《阴阳五行探源》，《中国社会科学》1984年第3期，第75页。

③ 刘国忠撰有《〈五行大义〉、〈阴阳书〉与隋唐时期的阴阳五行理论》，收入氏著《唐宋时期命理文献初探》，哈尔滨：黑龙江人民出版社，2009年，第31—46页。然此文流于概论。较为专门的论考，有罗桂成，《唐宋阴阳五行论集》，台北：文源书局有限公司，1983年。

④ 班大为认为"看起来与五行相关的思想最后被吸收到汉代的理论中以及汉代显赫巨富的反叛运动都可以在极大的程度上归因于由三代星占家和宇宙论者作出的天象观测。"班大为，《天命的宇宙——政治背景》，氏著《中国上古史实揭秘——天文考古学研究》，徐凤先译，上海古籍出版社，2008年，第230—231页。

⑤ 王昶，《金石萃编》卷八八，嘉庆十年刻同治钱宝传本，叶一六。

本节先对文本内容做出解读，近乎章句之学①。

《论七政》开篇先述"七政"与"治政"之关系，其文曰：

　　夫七政者，乃是玄象之端，正天之度，王者仰之，以为治政，故谓之政。

"七政"之"政"，实与"正时"之"正"有关。因为此"正"与政治之"政"有关，故天道与人道可因之对应。星之"正"与治之"正"，其理同一。"正"与"政"本字亦通。经典文本亦经常用星之"正"来隐喻人伦治理之"正"，《论语·为政》："为政以德，譬如北辰。居其所而众星共之。"②即是用"众星共之"来比喻"为政以德"治理之"正"。

继而对"七政"做出详解，综合诸家观点，列出三种解释。
其一云：

　　七者，数有七也，凡有三解：一云，日月五星，合为七政。

其二云：

　　二云，北斗七星为七政。

其三云：

　　三云，二十八宿，布在四方。方别七宿，共为七政。

第一种讲法，即"日月五星合为七政"，在中古时代是最为常见的。第二种讲法，即"北斗七星为七政"，则兴起比较晚，尤其是受道教兴起以后的影响比较深。北斗崇拜虽然甚古，在中国初民社会，北斗就是时间和空间的指标，由此引发崇祀北斗的信仰，相信北斗是天地造化的枢纽，主宰人

---

① 《五行大义》之影印本，有穗久迩文库藏本，东京：汲古书院，1989 年。整理与译注本众多，主要有中村璋八，《五行大义校注》，东京：汲古书院，1998 年；刘国忠，《五行大义研究》，沈阳：辽宁教育出版社，1999 年，第 145—301 页；梁湘润，《五行大义今注》，台北：行卯出版社，2001 年；钱杭点校，《五行大义》，上海：上海书店出版社，2001 年；马新平、姜燕点校，《五行大义》，北京：学苑出版社，2014 年；Marc Kalinowski, *Cosmologie et divination dans la Chine ancienne. Le Compendium des cinq agents (Wuxing Dayi,VIe siècle)*, Paris: École Française d'Extrême-Orient, 1991. 本文所引《五行大义》文字，皆据影印本并参考中村璋八、刘国忠校注本，校注本释文及标点有误者，一般径改，特殊之处出校说明。为免行文繁琐，不一一出注。
② 阮元校刻，《十三经注疏》，北京：中华书局，1980 年，第 2461 页。

间四季变化和人的命运①。前引西水坡遗址 M45 号墓中所发掘的蚌塑龙虎、星象图案，即被认为是北斗崇拜的最早考古学证据。放马滩秦简乙种《日书》"禹须臾"所谓"向北斗，质画地"②，大概是面向北斗而画地之意。马王堆《五十二病方》中还见到直接以瓢象征北斗的例子③。但是真正同北斗相关的礼拜仪式、信仰仪轨，则是比较晚的事情了，至于星神供奉以及北斗出现在道教符箓之中，绝不早于魏晋之际④。佛教与星命紧密结合的例证，最早见于北凉时期的石塔，图像由塔身的七佛一弥勒、龛额的八卦与塔顶的北斗七星等构成，从中可以看到本土的周易术数、星斗崇拜与外来的佛教思想交汇和融合⑤。但是此时的北斗七星仍是传统的星象图形式，尚未演变成神像。总之，北斗之形象、概念出现虽早，但其真正成为一种崇拜仪式还是和道教兴起有很大关联的。至于第三种说法，以"二十八宿布在四方，每方分得七宿"来指称七政，其兴起应该更为靠后。

萧吉对三种讲法做出总结："此三种七政，皆配五行。"可见萧吉终究是要讲阴阳五行，因此三种讲法均需与五行相配。

萧吉所阐释三种讲法，尤以第一种最为详细，开篇先引纬书《尚书考灵曜》阐明七政内涵：

> 并三辰之首也，日月五星为七政者，《尚书考灵曜》七政曰：日月者，时之主也。五星者，时之纪也。故曰：在璇玑玉衡以齐七政。七政：五政谓五行之政，七政即日月五星也。

《尚书考灵曜》以日月为时之主，即与阴阳五行与时令之关系有关。"五星者，时之纪也。"表明五星在古代是纪时的重要工具。

先述日月：

> 日者，《河图汙光篇》云：日为阳精，始日实也。《元命苞》云：阳以一起，故日月行一度，阳成于三，故有三足乌。

---

① 萧登福认为中国星斗崇拜，始见于《尚书尧典》，秦汉时，列入国家祀典。参看萧登福，《道教星斗符印与佛教密宗》，台北：新文丰出版公司，1993 年，第 5 页。

② 甘肃省文物考古研究所，《天水放马滩秦简》，北京：中华书局，2009 年，第 95 页。

③ 马王堆汉墓帛书整理小组编，《马王堆汉墓帛书》（肆），北京：文物出版社，1985 年，第 38 页。裘锡圭主编，《长沙马王堆汉墓简帛集成》（五），北京：中华书局，2014 年，第 221—222 页。

④ 关于道教与北斗的关系可进一步参看梁发、潘崇贤，《道教与星斗信仰》，济南：齐鲁书社，2014 年。

⑤ 殷光明，《北凉石塔上的易经八卦与七佛一弥勒造像》，《敦煌研究》1997 年第 1 期，第 81—88 页。

　　关于"三足乌"，有很多研究乌鸦崇拜或者鸟崇拜的学者讨论过这一问题[①]。

　　　　乌者，阳精，其言偻呼，俗人见偻呼似乌，故以名之。又云：火精阳气，故外热内阴，象乌也。日尊故满，满故施，施故仁。

　　从此句可以感受到，萧吉时刻把天象与"仁政"联系起来，不脱儒者本色。

　　　　仁故精，精在外，在外，故大，日外暑，外暑，故阳精外吐。天有三百六十五度四分度之一，布在四方。

　　此语与天文测量有关，古代天文测量重要的一项功能便是测年之度数以定历日，而颁行历日则为王朝正统所在与王化所及之重要象征[②]。

　　　　日日一历，无差迟，使四方合如一，故其字四合一也。《白虎通》云：日径千里，围三千里，下于天七千里。

　　此句援引《白虎通》，乃因《白虎通》为古代总括三纲六纪之书。陈寅恪极重《白虎通》纲纪之说，认为中国古代所有秩序及精华均统摄于此，云："吾中国文化之定义，具于《白虎通》三纲六纪之说，其意义为抽象理想最高之境，犹希腊柏拉图所谓 Eîdos 者。"[③] 这固然与其遗老情节有关，而事实上所有传统士人无不重视以《白虎通》为代表的三纲六纪之说。

　　　　《太玄经》云：日一南，万物死；日一北，万物生。《物理论》云：夏则阳盛而阴衰，故昼长而夜短；冬则阴盛而阳衰，故昼短而夜长。

　　古人没有今人之回归线理论。上述现象对于今人乃为常识，是太阳直

---

　　① 王晖，《从曾侯乙墓箱盖漆文的星象释作为农历岁首标志的"农祥晨正"》，《考古与文物》，1994 年第 2 期。饭冢胜重，《三足乌原像试探》，《アジア文化研究所研究年报》第 48 期，2013 年。T. Volker, *The Animal in Far Eastern Art and Especially in the Art of the Japanese*, Leiden: Brill, 1975 p. 39.
　　② 陈侃理，《秦汉的颁朔与改正朔》，余欣主编，《中古时代的礼仪、宗教与制度》，上海：上海古籍出版社，2012 年，第 448—470 页。
　　③ 陈寅恪，《王观堂先生挽词并序》，陈美延编，《陈寅恪集·诗集》，北京：生活·读书·新知三联书店，2001 年，第 12 页。

射点在南北回归线间移动之缘故，若纬度超过 65 度，则会出现"白夜"现象。古人虽无回归线概念，但对这种天文现象仍有观测，所以夏至定在 6 月21、22 日左右。夏至移动点就是通常在一两天之间，但是其他的节气有时候会移动得非常大，而夏至和冬至则不会相差太远。萧吉用阴阳消长来解释这一天文现象，说夏天的时候昼长而夜短，这是用阴阳来解释一切的一个表现。

> 行阳道长，出入卯酉之北；行阴道短，出入卯酉之南。春秋阴阳等，故行中道，昼夜等也。《考灵曜》云：春一日。日出卯入酉，昴星一度，中而昏，斗星十二度，中而明；仲夏一日，日出寅入戌，心星五度，中而昏，营室十度，中而明；秋一日，日出卯入酉，须女四度，中而昏，东井十一度，中而明；仲冬一日，日出辰入申，奎星一度，中而昏，氐星九度，中而明。

此段讲日月行度问题。天文学史和阴阳术数研究者多会计算行星行度，然后作成图表，可供我们参考 ①。

> 卯酉阴阳交会，日月至此为中道，万物盛衰出入之所，故号二八之门，以当二八月也。故《诗推度灾》云：卯酉之际为改政。《汉书·天文志》云：日者，君之象，君行急，则日行疾；君行缓，则日行迟。迟疾失其常，则蚀。蚀在交道也。蚀者，阴侵阳，臣凌君之象也。故日蚀修德以禳之。

这段讲日蚀有很多象征，其中之一就是臣凌君，然后有很多攘日蚀法。

> 月者，《春秋元命苞》云：月者阴精，为言阙也。中有蟾蜍与兔者，阴阳两居相附托，抑诎合阳结治，其内光炬中气似文耳。兔善走，象阳动也。兔之言僖呼，僖呼，温煖名也。月，水之精，故内明而气冷。阴生不满者，诎于君也。

"诎于君"之"诎"与"屈"，意思一样。

> 至望而应盈者，气事合也。盈而缺者，诎向尊也。

这些都包含"下凌上"之义。下凌上，还有下服从于上，跟月之盈亏

---

① 例如武田时昌，《太白行度考：中国古代の惑星运动论（一）》，《东方学报》（京都）第 85 册，2010 年，第 1—44 页。

有关系。

> 其气卑。卑，故修表成纬。阴受阳精，故精在内，所以金水内景。内景，故阴精沈执之不动。月为阴精，体自无光，籍日照之乃明。犹如臣自无威，假君之势，乃成其威。

此段讲月之光来源于日，同理，臣之光亦来源于君。这一理论也是今人研究政治制度史的一个基本理论。政治史研究有两条主线：第一，官僚体制。第二，皇帝制度。皇帝制度最重要的内容跟内侍有关，朝官最初就是皇帝身边的近侍转化而来的。中国制度史研究的主要关注点，是官僚体系的演变，核心是内廷和外朝的权力分配关联式结构，包括权力的互相牵制、侵蚀和消长，权力中枢的流转。这种解释在制度史研究中似乎是常识，《五行大义》中的表述与此十分相近。比如说某一个权臣，他之所以得势，是内侍出身，就是皇帝的近臣出身的，不是靠士大夫出身的这种身份，那么即使他表面上看上去是权倾一时，实际上威权的来源于皇帝制度，是从君权而获得，他自身并不具有独立的权力合法性，所以说臣犹如月光，借自皇帝的日光，"犹如臣自无威，假君之势，乃成其威。"

> 月初未政对日，故无光缺；月半而与日相对，故光满；十六日已后，渐缺，亦渐不对日也。《汉书·天文志》云：月，日行十三度四分度之一。立春、春分，东从青道；立秋、秋分，西从白道；立冬、冬至，北从黑道；立夏、夏至，南从赤道；季夏行中道。赤青出阳道，白黑出阴道。晦而见西方，谓之朓。

这句是他对与月有关之名词的解释。月暗见于西方，叫做"朓"，朓这个词主要是用于月日的盈亏，偶尔也用于人名，例如谢朓。

> 朔而见东方，谓之朒。

"朒"字也是专门用于讲月之盈亏，指朔日前后月见于东方，实际上是一个同体合成字。"月"和"肉"虽本非一字，但可互通。《正字通·肉部》："月，'肉'字偏旁之文，本作'肉'，《石经》改作'月'，中二画连左右，与日月之月异。"[1]

---

[1] 《正字通·未集下》，《续修四库全书》第235册，上海古籍出版社，2002年，第299页。

　　若君舒缓，臣骄慢，故日行迟，而月行疾。

这句话是讲月为臣之象，日为君之象。

　　君肃疾则臣恐惧，故日行疾，而月行迟，不敢迫近君位也，其行迟疾失度，亦蚀。

这句话讲日月行度之失度，它与君臣礼法失度有关，君臣失度就会有日蚀或月蚀发生[1]。

　　蚀者，当日之冲有暗虚，暗虚当月，则月蚀，当星，则星亡。月蚀者，阳侵阴也。董仲舒云：于人，妃后、大臣、诸侯之象。月为刑，故月蚀修刑以禳之。

从这句话可以看出，月象征大臣、妃、皇后、后宫、诸侯之象。
以上讲日月，继而讲五星：

　　五星者，《说文》云：星者，万物之精，或曰，日分为星。故其字日下生。

此句先引《说文》讲"星"之构字，以"星"为"日下生"，认为星是从日分出来的。不过《说文》的说法正误难断，祗能代表东汉以后的解释。

　　《史记》云：星，金之散精，星陨为石，此金是也。《春秋》云：陨石于宋，陨星也。又云：星者，阴精，金亦阴也。别而言之，各配五行，不独主金。

本段是讲五星与五行相配。

　　岁星，木之精，其位东方，主春，苍帝之子，人主之象，五星之长，司农之官，主福庆。凡有六名：一名摄提，二名重华，三名应星，四名缠星，五名纪星，六名修人星。其所主国，曰吴、齐。超舍而前为盈，退舍为缩。

---

　　[1]　关于日蚀的理论与实践变化，可以参看陈侃理，《天行有常与休咎之变——中国古代关于日食灾异的学术、礼仪与制度》，《"中研院"历史语言研究所集刊》，第八十三本第三分，2012年，第389—433页。

　　岁星即木星，五行中为木之精。舍为停留之意，乃天文星占专有名词。实际上"舍"、"传舍"，就是一个停留之地。还有包括成语退避三舍，都是停留之义，用来记程，可以记陆地上的行程，也可以记天上星之行程。

　　　　行邪则主邪，行正则主正。政急则行疾，政缓则行迟。

　　这句话把治政和星辰运行完全对应起来。政治上的行政缓急和星辰都有对应。

　　　　酷则行阴，和则行阳，行阳则旱，行阴则水，治则顺度，乱则逆行，以其主岁，故名岁星。

　　《开元占经·岁星占二》引了多条占辞来讲阴阳和，天下宁。例如：

　　　　石氏曰：岁星守心，王者得天心；阴阳和，天下大丰，五谷成熟，有庆赐，贤士用，皆有令德。

　　又：

　　　　《荆州占》曰：岁星守心，七日以上至七十二日，名曰母覆其子，阴阳和平，王者得天心，忠士皆用，四夷服，天下安。[①]

　　这些占辞的本土色彩极浓，可以看作五行说在理论和星占中具有共同"话语系统"的体现。

　　　　荧惑，火之精，其位南方，主夏，赤帝之子，方伯之象，五星之伯。上承太一，下司人君，谓天子理也。伺无道，出入无常。为天伺察，所往主兵乱贼丧饥疾。凡有二名：一名罚星，二名执法。其所主国，曰荆越。是太白之雄，出南为荧惑，居西为天理，在东为县息。以其出入无常，故名荧惑。

　　荧惑出入无常，不易观测，且"荧惑守心"有臣凌君之象。黄一农曾撰文专门讨论过历史上有关"荧惑守心"的记载，指出所谓的"荧惑守心"

------

　　① 　《开元占经》卷三十九，复旦大学图书馆藏陈鳝抄本。

百分之八十都是假的[①]。实际上，许多天象与灾异被大肆宣传与敷陈，其中人为的因素不可小觑，与政治权力的争斗及权力和制度的重新分配以及各个利益集团之间的平衡有着密不可分的联系。但也不可武断地将其一概视之伪造。

> 镇星，土之精，其位中央，主四季，女主之象，主德，为五星之王。一名地候。伺女主之邪正，入阳则为外，入阴则为内。四星皆失，镇星乃为动。以其镇宿不移，故名镇星。

此段讲土星。土居中央，故有"地候"一说。土星"入阳则为外，入阴则为内"可见其亦有主外主内之说。土星看上去是不动的，故又称镇星，即镇守之意。

> 太白，金之精，其位西方，主立秋，白帝之子，大将之象，以司兵凶。日南方太白居其南，日北方太白居其北，曰盈；日南方太白居其北，日北方太白居其南，曰缩。未可出东方而出东方，名重华。未可下东方而下东方，名少岁；未可出西方而出西方，名太白；未可下西方而下西方，名白肖。凡有六名，一名天相，二名天政，三名大臣，四名大皓，五名明星，六名大嚣。《诗》云：东曰启明，西曰长庚。其所主国，曰秦、晋、郑。太白是岁星之雄，太白主兵。兵，西方，金，色白，故曰太白。

此段讲金星。先阐明金星之盈缩。又讲到太白不应该出于东方的而出于东方，名曰重华。因为金星也是不容易观测到的，通常大概只是在黄昏的时候比较容易在西方看到。又引《诗经》"西曰长庚"，"长庚"也写成"常庚"，"庚"与"更迭"之"更"意思相近。

《汉武洞冥记》之类"小说家言"，均渲染东方朔为太白之精[②]。《开元占经》亦多有征引：

> 巫咸曰：太白下为壮公，止于山林。案《风俗通》云：东方朔者，太白星精。黄帝时为风后，尧时为务成子，周时为老聃，在越为范蠡，在齐

① 黄一农，《星占、事应与伪造天象——以"荧惑守心"为例》，《自然科学史研究》，第10卷第2期，1991年，第120—132页。后改写为《中国星占学上最凶的天象："荧惑守心"》，收入氏著《社会天文学史十讲》，上海：复旦大学出版社，2004年，第2—48页。但也有不同的说法，见刘次沅《隋唐五代天象记录统计分析》，《时间频率学报》，第3卷，2013年，第181—189页。

② 王国良，《汉武洞冥记研究》，台北：文史哲出版社，1989年，第31页。

为鸱夷。言其神圣，能兴王霸之业，变化无常。《列仙传》及《汉武故事》
并云：朔是岁星精。应劭云：是太白精。①

但《五行大义》并不取此说，可见其在理论严密性上取舍较严。

> 辰星，水之精，其位北方主冬。黑帝之子，宰相之象，主刑。政酷则不入，
> 政和则不出。凡有六名：一名安调，二名细极，三名熊星，四名钩星，五
> 名司农，六名勉星。其所主国，曰赵代。辰星主德，是天之执政，出入平时，
> 故曰辰星。

《论七政》所述日月五星，看上去都是中国传统星占的理论，但是我
们不清楚所谓的中国传统星占到底有多少是真正本土的，有多少是外来的。
这些讲星占分野、所主、性格、执政等内容，用的字句好像很传统，似乎没
有外来的成分掺入，或者说至少没有明显的痕迹。但是在观念和技术层面，
可能还是有一些外来的星占成分，比如说源于波斯或者印度的渗透进去，有
时候很难厘清。

> 《星经》云：五车西北第一星，曰太白，次北一星，曰辰星；次东北一星，
> 曰岁星；次东南一星，曰镇星；次西南一星，曰荧惑；此当五星分气也。
> 又云：岁星变为彗星，云欃、云枪、云天狗；荧惑变为彗星、蚩尤旗、格泽；
> 镇星变为狱汉、天沸、旬始、虹蜺；太白变为彗星即扫。

"即扫"就是我们通常所讲的扫帚星。

> 辰星变为狂失、天枪、天棓。

此处中村璋八录文有误，他录为"狂失"，实际上应该校正为"枉矢"。
提手旁和木字旁，在写本里面字形经常是一样的，俗字研究者往往称之为"才
手旁"。所以有些录文，包括有些刻本，把"天棓星"误为"天掊星"，而
"掊"有"剖"之义。天枪和天棓是相对应的，把这些星名全部改成木字旁，
也是类化的一种形式②。所谓辨星和异名都是术士齐整化努力所致，即我们

---

① 龚丽坤，《相星与占书——以〈开元占经·太白占〉为中心的五星占研究》（指导教师：
余欣，复旦大学学士学位论文，2014年6月），研究编以《开元占经》为中心讨论了中古时
期五星占的知识背景，资料编为〈开元占经·太白占〉点校，以四库文渊阁本为底本，以陈
鳝旧藏本、大德堂本、王氏旧藏本为参校本，是目前较好的整理研究工作，本节引文据此引录。

② 参看张涌泉，《汉语俗字研究（增订本）》，北京：商务印书馆，2010年，第63—73页。

现在称为知识的经典化和重新整理格式化后的结果，原先应该没有这么整齐划一的命名形式。

> 并是五星气，乱见妖星也。王者视之，以知得失。《考灵曜》云：岁星为规，荧惑为矩，镇星为绳，太白为衡，辰星为权。权衡规矩绳，并皆有所起。

所有的五种名称都是规矩权衡之意，实际上就是"定位"之意。正是因为可以用五星来定，所以五星之正，可以用来正万物，五星之正万物，也就是"正"，用于人伦治道，即为"政"也。

> 周而复始，故政失于春，岁星满偓，不居其常；政失于夏，荧惑逆行；政失于季夏，镇星失度；政失于秋，太白失行，出入不当；政失于冬，辰星不效其乡。五政俱失，五星不明。春政不失，五谷孳；夏政不失，甘雨时；季夏政不失，时无灾；秋政不失，人民昌；冬政不失，少疾丧。五政不失，日月光明。此则日月五星共为七政之道，亦名七耀，以其是光曜运行也。

在中古以前，将七曜之"曜"作"耀"的写法比较少见，此处的"耀"可能是后来传抄迭改所致。

以上是第一种有关"七政"的讲法，接下来是第二种讲法，即北斗七星为七政。

> 北斗为七政者，北斗，天枢也。天有七纪，斗有七星。第一至第四为魁，第五至第七为瓢。合有七也。

这是讲北斗如葫芦一般的魁和瓢。

> 《尚书纬》云：璇玑斗魁四星，玉衡拘横三星，合七。齐四时五威，五威者五行也。五威在人为五命，七星在人为七端。北斗居天之中，当昆仑之上。
>
> 运转所指，随二十四气。

这句是讲北斗的运行随二十四气。

> 正十二辰、建十二月。又州国分野年命，莫不政之。故为七政。

这句讲北斗何以为七政。

> 《虞录》云：北斗七星，据璇玑玉衡，以齐七政。政者天子所治天下。故王者，承天行法。《合诚图》云：北斗有七星，天子有七政。斗者居阴布阳，故称北斗。其七星各有四名。

本段萧吉援引《虞录》，这一文献并不常见，《虞录》应是托名虞仲的一本书。

> 《合诚图》云：斗第一星名枢。

枢之名，其他场合亦用之，如官僚制中，为何称枢密使，同于此义。

> 二名璇，三名玑，四名权，五名衡，六名开阳，七名标光。《黄帝斗图》云：一名贪狼，子生人所属。二名巨门，丑亥生人所属。三名禄存，寅戌生人所属。四名文曲，卯酉生人所属。五名廉贞，辰申生人所属。六名武曲，己未生人所属。七名破军，午生人所属。

这段引《黄帝斗图》也不常见。这一段是和敦煌的七星人命法是有直接的对应。贪狼对应的仅有"子生人"，破军对应的仅有"午生人"，其余皆对应两个地支。一方面是因为十二地支，分配给七星，祇能五星各对应两个地支，另二星对应一个地支，另一方面，又可显示子午的基准性。

> 《孔子元辰经》云：一名阳明星，二名阴精星，三名真人星，四名玄冥星，五名丹元星，六名北极星，七名天开星。

这段引《孔子元辰经》，托名孔子而作，道教意味颇浓。星名中的真人、玄冥、丹元皆道教习用名字。

> 《遁甲经》云：一名魁真星，二名魁元星，三名权九极星，四名魁细星，五名魁刚星，六名魁纪星，七名飘玄阳星。第一水，二水土，三木土，四金木，五金土，六火土，七火。所以子午各独属一星，其余并两辰共属者，子午为天地之经。

这段文字中所引用《遁甲经》，当亦与道教有关，在《道藏》中，我们可以找到关于遁甲术、遁甲经乃至一些相关的仪式类文本。由于子午是天地之经，此处还提到子午各属一星，余者两者对应一星。

> 斗第一及第七魁刚两星，亦是斗之经。建所用指也。自余非所指者。故并两属。

此段又解释为什么其他的星为两属。

> 故六十甲子从第一，起甲子以配之，往还周旋，尽其数矣。北斗领二十八宿，一星主四时。魁起室，刚起角，以次分属。

三 敦煌占卜文献的"表象"与"数理"

"禄命"一词，今人多以"算命"称之。但"算命"一词似为后起，其在唐前文献中很少被提及。"禄命"之称应同中国官本位文化传统中仕禄的观念有关，例如敦煌禄命文书通常会讲"食多少"，表面来看是讲一个人的食料多少，但深层含义出自官秩的"多少石"。

中古术士，如吕才、李淳风等人，其著作亦多用"禄命"一词，当然，其中托名之书不少。以《新唐书·艺文志》为例，所著录图书以"禄命"为题者，即有《杂元辰禄命》、《澄河禄命》、《禄命书》（两卷本）、《禄命书》（二十卷本）、《禄命人元经》、《杨龙光推计禄命厄运诗》等多种，由此可见"禄命"一词在唐代使用之普遍[1]。

关于禄命在占卜体系中的分类，黄正建将"禄命"列入"杂占卜"，采用较为宽泛的定义："举凡以人之生年（或月或日）来推算人之富贵贫贱、寿夭病厄的，无论是用五行八卦，还是用七曜九宫，均属此类。"[2]

从技术上分析，中古禄命术，实有两端：其一，禄命与星占结合；其二，禄命与干支、八卦、五行结合。前者即禄命与七政（包括日月五星占、二十八宿占、北斗占等多种形式）结合，并包含外来星命学的因素。禄命同星占发生关联，源于二者原理同一，所占察的实质即"生命进入时空的切入

---

① 《新唐书》卷五九《艺文志》，北京：中华书局，1975 年，第 1554、1558 页。

② 黄正建，《敦煌占卜文书与唐五代占卜研究（增订版）》，北京：中国社会科学出版社，2014 年，第 94 页。

点"；后者往往与十二支结合，此类占验方法似乎中国传统色彩更浓一些。

上述两种占验方法时常并存，即在同一种禄命术里，既有与星占有关的内容，又有与十二支有关的内容。但后者所占比重往往更大，即十二支占在禄命术中的应用更加普遍。下文将讨论的敦煌《七星人命属法》，即更多地应用十二支占，特别是时辰占。

时辰占在禄命术中应用更加普遍，这一现象值得留意。一种占卜术若能得到人们普遍信奉，则必须在技术上具有可操作性，同时又需要掌握受众心理，对预兆所作出的解释，应与人们的心理预期有多数相合，以此来确保较高程度的灵验。若占卜方法过于简单（如民间流行的所谓以生肖推流年之法，众人仅划分为十二种命运），以其便于操作故，采用者多，但真正信从不疑者寥寥无几。相反，若占卜方法过于复杂，能解之人必少，操此术者与受众皆寡，则缺乏相应群众基础。因此，占卜在学理和体用上，都需要在简约和复杂之间寻找一个均衡，在精简的同时进行繁化，即人为的技术复杂化，也就是说，在素朴的原理之下，造作繁复的理论，再据以制造具体卜法的"产品差别化"①。故而中古时代的禄命术往往推重时辰，认为时辰才是真正决定人一生命运的主干。古代记时准确到时辰，已称得上精密科技，因此它具有"技术复杂化"的优势。更为重要的，时辰真正代表了一个人进入某一空间的时间交界点。而像年、月、日，时段太长，这类粗疏划分就不具备"技术复杂化"的优势了。仍以敦煌《七星人命属法》为例，其基本上以时之十二支来推禄命。但问题随之出现，时有十二，而星则只有七，如此就会出现星辰分布不均。因此会出现有些星辰祇分布一个时，有些星分布三个时的情况。总之，要把十二支用七星全部分完，而且这七星中有些星是不能用的，所以具体使用中还会有一些调整。

敦煌本《七星人命属法》，系两钞本粘合而成，皆两面书，故共有四层次，揭裱后现编号为 P.2675 和 P.2675bis。此卷同样反映了上述有关星占、干支和禄命的理论内容在敦煌民间的实际运用②。

这件写本十分有名，主要是其正面所抄《新集备急灸经》很受医史界

---

① "产品的差别化"乃现代工业名词，例如牙膏这种产品，本质上大同小异，但可以设计包装成很多牌子，或者添加所谓独特的成分，从而人为地制造出成千上万种个性化产品，让消费者产生不同的功能和选择的"错觉"。占卜术亦是同理，必须使人看上去更加精确一些，且具有多种复杂的可能性，并尽可能地扩展可能性，从而建立起相对完美的解释体系，使之具有更高可信度。

② 关于《七星人命属法》主要研究成果，主要有黄正建，《敦煌占卜文书与唐五代占卜研究（增订版）》，第94—96页。赵贞，《敦煌文书中的"七星人命属法"释证——以 P.2675bis 为中心》，《敦煌研究》2006年第2期，第72—77页；王晶波，《敦煌占卜文献与社会生活》，兰州：甘肃教育出版社，2013年，第315—317页；郑炳林、陈于柱，《敦煌占卜文献叙录》，兰州：兰州大学出版社，2014年，第126页。

的关注①。禄命书与针灸书抄于同一写本之上，这一现象值得深究。针灸有很多禁忌，最常讲的就是人神，哪一天哪一个时辰可以施针灸，有不同的时辰所对应的"人神方点阵图"。因为古人认为人身体的各个部分都有人神分布，人神是在不断游走，如果针扎在人神所行游的位置，是要出大问题的。所以除了专门的《灸经》之外，"人神"也成为具注历上必备的常规栏目，就是为了便于速查，以避开人神所在的方位②。针灸的人神方位和星辰的命理方位，在人体——宇宙论上似乎存在某种对应关系，而这正是占星术起源的知识——信仰背景③，此点或许可以从功能主义方面解释钞本的物质形态。

　　《新集备急灸经》，题目含"新集"两字，历代典籍中，冠以"新集"者不少，即从以前诸家典籍摘抄精要言论重新编纂汇集。敦煌有很多题为"新集"的书，比如《新集文词九经抄》即是一例，系撷取九经诸子之要言与圣贤文章之粹语，摘抄辑录以资研读检索的编著④，为写文章、应科举而修饰文辞、运用典故提供一个便利的工具书。题目又含"备急"二字，这和隋唐之后备急还有单验之类的思想兴起有关⑤。孙思邈的《千金方》为什么题为《备急千金药方》？就是立刻可以取用之意。所以隋唐以后这种应急的，或者说实时可用的，我们今天所讲的立等可取的，这类技术得到大量的重新的组织和推广。《新集备急灸经》即可以立刻应急的灸法新汇编。敦煌占卜文书中，也有所谓《孔子马头卜法》，又称《立成孔子马坐卜法》，也是取立占可成之意。唐代以降，学与术有趋于更加实用化和功利化的倾向，大量的类书及小手册被编纂。敦煌也有很多此类册子本，内容十分博杂，涉及经典、医药、占卜、诗文等各个层面⑥。

---

　　①　马继兴主编，《敦煌医药文献辑校》，南京：江苏古籍出版社，1998年，第514—528页。

　　②　邓文宽，《敦煌吐鲁番历日略论》，氏著《邓文宽敦煌天文历法考索》，上海古籍出版社，2010年，第97页。

　　③　桥本敬造指出："古代人想预见将来的尝试不久就托付给了更为客观的操作方式。认为围绕着我们的大宇宙，即赋予宏观的宇宙和人或人体这一微观宇宙相对应的精密体系被创立了出来。于是，对用宏观世界发生的现象就可以预知微观世界将要发生的事情或命运的占卜，即占星术就产生了。"参看氏著《中国占星术的世界》，王仲涛译，北京：商务印书馆，2012年，第2页。

　　④　郑阿财、朱凤玉，《敦煌蒙书研究》，兰州：甘肃教育出版社，2002年，第298—303页。

　　⑤　参看陈明，《备急单验——敦煌汉语医学文献中的单药方》，氏著《殊方异药：出土文书与西域医学》，北京大学出版社，2005年，第142—156页。

　　⑥　藤枝晃指出，敦煌文献中册子本有数百件，多为九、十世纪。册子本比起卷子本的好处是小型、便携，因而其内容多是供个人使用的。参看藤枝晃，《文字の文化史》，东京：岩波书店，1971年，191页。中译见藤枝晃，《汉字的文化史》，李运博译，北京：新星出版社，2005年，第140页。

　　本件文书下方还有一行文字"京中李家于东市印"，表明灸经原是一个雕版印刷的刻本，刻于长安的东市。长安西市应该比东市更繁荣一些，但东市可能有一些专事刻书的书坊。印刷术发明以后，最先运用的当然是在佛经（尤其是陀罗尼）[①]、历日等领域，其次便是这些实用的医药文献[②]。《新集备急灸经》有雕版刊行，表明当时是作为民间实用手册而流通，而且需求量相当大。

　　从文书整体来看，底本是刻本，传到敦煌时，因为没有这么多刻本，所以有从刻本再进行传抄。以往我们的关注点总是集中于由写本到刻本的转化，但实际上还有从写本到刻本，再由刻本返回到写本的情形。了解写本时代物质书写的变化，对于研究知识制造、流通、复制和再生产的过程，具有特别的意义。

　　文书前面部分都是《灸经》，针灸须画人神图、明堂图，还有用红色的引线来标注每一部位的说明，原来标成肯定是这样一块一块的。钞本用了双色，原刻本的情况不清楚。当时有没有双色套印，还很难讲。

　　背面的内容和正面的《灸经》是相关的，原来肯定是一个关于人神在不同时间游走的表格，表格之后是说明。"月一日，人神在足"，是说人神在身体的不同部位，所以这个地方是不能扎针的。这部分讲人神分布的内容，和正面文书应该是同一性质。由此我们对这个文献的构成就有了一个比较全面的理解，这些内容之所以汇聚在一个卷子上，都是因为与人神游走、时日择吉有关。

　　在人神部分之后，即是《七星人命属法》。起首论"午时生人"。关于"午"，因为子午，子对应一个星，所以它和《五行大义》的理论完全是相符的，而且文字都差不多，同《五行大义》引《黄帝斗图》完全一致，可见在民间是用于实际操作的。

　　为什么这么说呢？我们现在虽然找不到用这个方法进行实际占课的例子，并不等于它不存在。在实际操作层面，用西方星命术为某人占验的，我

---

　　①　关于陀罗尼的最新研究，参看 Paul Copp, *The Body Incantatory: Spells and the Ritual Imagination in Medieval Chinese Buddhism*, New York: Columbia University Press, 2014。

　　②　印刷术的起源，是一个众说纷纭的老问题。我认为商业利润（包括宗教上的功德）的追求和民间实用文本的需要所建立的供求关系，是促使印刷术大规模推广的根本性驱动因素。为商业利润而印刷，绝不是晚至前近代才出现的现象。关于宋代以后的商业印刷，已有专题研究论著出版，例如 Lucille Chia, *Printing for Profit: The Commercial Publishers of Jianyang, Fujian (11th-17th Centuries)*, Cambridge: Harvard University Asia Center, 2003; Pei-yin Lin and Weipin Tsai ed., *Print, Profit, and Perception: Ideas, Information and Knowledge in Chinese Societies, 1895-1949*, Leiden: Brill, 2014. 早期的商业出版，同样需要关注。

们有一件极为难得的珍贵记录，就是 P.4071《康遵批命课》①。这件文书出于北宋初年地方术士康遵之手，不仅真实，而且完整，使我们得以窥探当时术数的真实面貌。从这个意义上讲，其价值远远高于保留在传世文献中那些往往缺乏操作性的卜法论述。左娅对其"宫"的概念、技术结构和学术传统进行了考察，倾向于认为，无论是镶嵌着星星具体动向和入宿度的实测式判据、与该盘据配合使用的太阳历，还是"宫"（Hause）概念的使用，都指向一个结论，即：这种外来星术远起于托勒密希腊星学，途经中亚，在实际操作中与琐罗亚斯德历法形成相配合之整体，随后流播于中国，展现在北宋初期术士康遵的一次实际占课中②。

　　然而这样的材料是可遇而不可求的。用传统的七星来占的实例似乎不可能发现。古代占验记录很难非常完整地保留下来，一方面是涉及个人的隐私，另一方面，这种占验记录留存的几率本来就很少。通常找一个术士占卜，他就给你大致讲一通，不会把整个命盘的占验记录，像写古代的医案那样一一记述（其实医案也是宋以后才真正兴起的，唐以前未见专著），和盘托出。

　　退而求其次，有可能被用于"教学实践"或日常占验而抄写的文献，也应予以特别的重视。从《七星人命属法》的性质来分析，正面和背面主体的内容是一个实用文书，就是它要用于实际备急的应用。所以背面所抄人命属法应该是他实际中经常要用到的，所以他顺便抄在这后面，而且这两部分的内容本身就有关联性。每条文字上方有一个符号，表示一条占辞的起首，格式和前面的《灸经》有所不同。

　　"午生人属破军星，日食□三石八斗，受命九十五"。"日食"某种食料的讲法，跟官员的食禄是多少石，意思是差不多，实际上也是对官僚制的模仿。占辞下画有一个符篆，受到道教影响的痕迹极为明显。《五行大义》文内很多星名，应该也都出自道教的命名系统，从中可以看到道教和星命的结合还是很深的。"受命"用"受"，寿命写成接受之"受"，也是有渊源的。"受"和"寿"之所以可以相通，不仅因为同音，而且因为"受"含有受命于天的意思，即人的寿矢乃天命注定。

　　"己未生人属武曲星"，"日食"后食的是什么，字迹漫漶，但依稀可辨是"大豆三石八斗，受八十七"。

　　"辰申生人属廉贞星，日食麻（糜）子五斗，受命八十三"。写本中"斗"和"升"的字形相似，此处有些是接在"石"下面，应该录为"斗"。当然，此处"日食"多少粮食云云，计量单位大都是象征性的，不是指真正的食量。

　　①　饶宗颐，《论七曜与十一曜——敦煌开宝七年（974）康遵批命课简介》，*Contributions aux études sur Touen-houang*, ed. par Michel Soymié, Genève-Paris: Librarie Droz, 1979, pp.78—86。
　　②　左娅，《〈康遵批命课〉再研究》，未刊稿。

这条占辞，很有敦煌当地的特色。糜子是和高粱差不多的一种粮食作物，高启安曾撰文专门讨论过这一问题 ①。有意思的是，糜子应该是敦煌当地栽培的农作物，在古代的农产品分类知识体系中，糜子并不属于与五行有对应关系的五谷之一，而是属于杂谷 ②。虽然典籍中关于五谷的说法各有不同，但其他七星人命所属的食料，小麦、稻、大豆等则一般属于五谷系统，为何辰申生人有异，原因未详。

"卯酉生人属文曲星"，这里"卯"字写法比较特殊，"日食小麦"之后好像是"三"，"受命九十五"。

"寅戌生人属禄存星，日食稻米一石六斗，受命八十五"。后面有一个七星符箓，值得留意。

最后还有一个题记："咸通二年岁次辛巳十二月廿五衙前通引并通事舍人范子盈，阴阳氾景询二人写记"。"子盈"在敦煌文书中是常见人名，有"悬泉镇遏使行玉门军使曹子盈"（S.619V），"节度押衙兼右二将头浑子盈"（S.5448《浑子盈邈真赞》），范子盈不见于其他归义军时期文献，生平不详。阴阳氾景询，阴阳应该是指阴阳生，敦煌也有专门的阴阳博士、阴阳生，专门学习阴阳，所以这些有可能都是他们当时学习的主要内容。医卜、星象本来就是方伎之本，阴阳生既要学医药，也要学天文、占卜，所以它们会被抄在一起。《七星人命属法》之所以抄在后面，有可能前面的人神、针灸抄得差不多了，看到后面还剩一些纸，就把这个顺便抄在后边。本文书其实并不完整，因为我们看它有午、己未、辰申、卯酉、寅戌，但缺了子、丑、亥。所存部分与《五行大义》卷四所引《黄帝斗图》比对，完全一致：

> 《黄帝斗图》云：一名贪狼，子生人所属；二名巨门，丑亥生人所属；三名禄存，寅戌生人所属。四名文曲，卯酉生人所属；五名廉贞，辰申生人所属。六名武曲，己未生人所属。七名破军，午生人所属。

除了《黄帝斗图》讲子属于贪狼星，丑亥属巨门星。敦煌本此二部缺失外，都是对应的，这可能跟抄写或者具体应用有关。

黄正建讨论过这件文书，但是录文有点问题，把"己未"录成了"丑未"，认为"从排列规律看，怀疑是本卷抄手在抄写过程中写错了。"然原卷正作"己未"，所以此推测无法成立 ③。

---

① 高启安，《唐五代敦煌饮食文化研究》，北京：民族出版社，2004 年，第 16—18 页。
② 小林清市，《齐民要术における五谷と五木》，山田庆儿编，《中国古代科学史论》，京都大学人文科学研究所，1989 年，第 589—614 页。
③ 可能是由于研究时间较早，未能看到原卷或清晰的 IDP 照片的缘故。但新出《敦煌占卜文书与唐五代占卜研究》（增订版），仍未改正。

汉到盛唐，主流还是军国五星占，但是在《开元占经》里面，虽然好像主体还是中国传统星占，也有外来的影响渗透的痕迹。我们很难厘清哪些一定是外来的，哪些一定是本土的。只能有一个大致的概括，就是主流的军国星占之外，也有跟禄命相关的星占，开始逐渐的流行。像《七星人命属法》这样的占法，肯定受到外来的影响，只是我们无法准确地区分不同的来源。

P.3398 敦煌《推十二时人命相属法》也有同十二支、七星相关的内容，而且相较 P.2675 更加详细一些①。

这件文书也是册页装，可见都是原来常用的手册型实用书，遇有犹疑，翻阅立等可查，可以直接用来占验。

"子生，鼠相人，命属北方黑帝子，日料黍三石五斗一升。"计量单位石、斗、升是完整的，比《七星人命属法》更加详密一些。禁忌也讲得更为细致。"宜着黑衣。有病宜复（服）黑药。"服药要和五行所对应的五色相合。"大厄子午之年，小厄五月十一月。"大厄、小厄，现在仍流行的紫微星命占流年常讲大运、小运。"不得吊死问病。不宜共午生人同财出入。"不能和午时生的人"同财"，同财就是一起做生意，或者有经济上的往来，与兴易有关，也跟出行有关，古代所谓出行往往和所谓兴易是联系在一起的。从敦煌文书来看，凡是讲出行出使的，基本上肯定和贸易相联系，所以文书讲到不能同财出入。

"亥生，猪相人。命属巨门星。"丑和亥都是巨门星，是相对应的。

"北方黑帝子。日食粟米一石四斗一升。宜着黑衣，有病宜服黑药。春夏生富贵，秋冬生自如。""大厄己亥之年，小厄四月十月，忌吊死问病。"这些看上去都是中国传统星占，但也有一部分外来星占元素渗透进去。文中"此人元是波提国人"，应该是受佛经的影响，波提应该是梵文翻译的结果。当然，波提国到底在什么地方难以确知，它可能是一个虚拟的国家。"此人元是波提国人，前身性多不净，遂来此生为人。有文武之性，位宽心行，先贫后富，三男二女，力贵夫，资产不少，得三子力。""三子力"应指第三子的力量，也就是说子嗣对父亲是有帮扶作用的。古人比较讲究这些，如妻会不会旺夫，子能不能助父。"年十八小厄，廿五官厄，卅大厄。过此寿命八十三。"意谓此人人生有三关，十八岁、廿五岁、四十岁，过了这三关，寿命可以活到八十三。"宜修福，即得长命。一世之中，衣食不少。"后面这句非常的有意思，也很突兀："一生不得向西北方大小便。慎之则吉也。"

① 主要研究可参考黄正建，《敦煌占卜文书与唐五代占卜研究》（增订版），第96—97页；陈于柱，《区域社会史视野下的敦煌禄命书研究》，北京：民族出版社，2012年，第120—137页。王晶波，《敦煌占卜文献与社会生活》，兰州：甘肃教育出版社，2013年，第328—329页；郑炳林、陈于柱，《敦煌占卜文献叙录》，兰州：兰州大学出版社，2014年，第127页。

我们知道人神也在游走，还有年神，在具注历里面有年神方点阵图，还有太岁方点阵图，比如说要盖屋、修井灶，均要看这些方位，不能触犯太岁、黄幡、豹尾这些所谓的星神。因为他们一年之中在不同方位游走，所以说这也是五行跟方位对应的关系，因为此人是亥年生，猪相人，所以说"不得向西北方大小便"。从这句话来看，确有外来的元素渗入。波提国肯定是外来的，"大小便"的说法也是从佛经翻译过来的。所以本件敦煌文书很有意思，从整体表述来看似乎很本土，但其中小部分，如波提国、大小便肯定有外来成分，祇是很难进一步分析。

结语：中古时代占卜的理论根柢仍是阴阳五行

　　张广达先生指出："敦煌卷子中大量阴阳五行、五姓、禄命、堪舆、解梦作品杂卷的存在也提示，已往研究唐代社会缺少对社会下层的考察，对人数众多、文化层次低、社会地位低的平民百姓着眼甚少。与研究唐代诗人的雅文化相比，对社会下层的俗文化的研究显得非常欠缺。涵盖着人数最广大的平民百姓阶层的俗文化有什么内涵？下层百姓抱有何种价值观？他们是否已经有了某种自我主体意识？《太平广记》中大量的神怪故事、敦煌斋文中大量的祈望乃至颂圣语句产生于何种心理动机？都是非常值得研究的题目。现在研究佛教、道教的专著较多，但将这种研究纳入唐代社会的较少，佛、道信仰只是宗教史的组成部分，而不是唐史的组成部分。学术发展有它的路数，今后将会有人填补这些社会史的空白，扭转宗教史研究与社会史和思想史研究脱节的现象。"[①] 张先生的卓见，是我早年选定敦煌宗教社会史作为博士论文的缘起之一，在将民生宗教置于中古社会变迁的背景下加以考察的过程中获益良多。今重新审视中古时代阴阳五行、干支、星占与禄命关系，再度吟味此语，又有些许领会。
　　关于传统的星占，尤其是与五行紧密相关的五星占，我有一个大体的概括：汉唐之际，主要还是军国星占为主，但是到唐以后，无论是以传统的七曜的形名，还是以西方的七曜或九曜面目出现，占个人禄命的书大量增加。这与唐以后星占分野灾异说的地方化和具体化有关，此外，星占与道教符箓的结合也更加趋于紧密。这一影响主要是魏晋以来随着密教经典的翻译（有些可能不能说是翻译，其实找不到原典，有些说是编译，实际上就是新造的，有可能是一行或其他人造的，当然有些是连编带译）。波斯、粟特、印度的天文术士入华，源自希腊、罗马并且经改造的天文星命技术的传入，进入到一个官方的历法体系，也进入到民众的日常生活。所以我们特别强调它是印本或册页，应该是日常生活中实际运用的文本，主要是在这个意义上来讲的。本土星占渗入了外来影响，大量运用于占个人命运的西方星命术在魏晋以后组建生成，真正大规模地推演开来，得到广泛崇信，大概要晚到晚唐五代。外来因素深刻地融入五星占以及相关的星曜信仰，成为常识和习俗，新五星占与本土五星占并行不悖，成为中古以降星占学发展的两条主线[①]。大体来看这样的论述是可以成立的。为什么不从两者的互相渗透来讲？因为很难说哪些成分是固有的，哪些成分是渗透进来的。渗透的过程是怎么样的？怎么样融合在一起的？均不易清晰界定，所以作了这样一个看上去似乎有些保守的论述。

　　《史记・天官书》"北方，水，太阴之精，主冬，日壬癸"[②]云云，《五行大义》所讲与此多有契合。《开元占经》卷八很多文字都与《五行大义》非常相似，比如说"五星者，五行之精也。五帝之子，天之使者，行于列舍，以司无道之国，王者施恩布德，正直清虚，则五星顺度。"后文所举的星有天狗、枉矢、天枪、天棓、欃云、格泽，在《五行大义》里面也都有列举。《五行大义》很少论及灾异，也没有讲到川竭、雨血之类。诸如"主死国灭，不可救也，余殃不尽，为饥旱疾疫"云云，也有提到一些，但并不是太多，而且较为笼统和简略。这是一个值得注意的现象。

　　总体来看，自汉至唐，传统星占与外来星命术交相辉映，构成了中古时代星占学五色斑斓的图景，不论呈现的光影如何变幻，仍深深植根于阴阳五行之底色。诚如中村璋八所云，中国占卜的根柢在于"根据地球的各种物质（动物、植物、无机物、自然现象、人类）的异常运动和变化，按阴阳五行之间的辩证关系，预测未来"[③]。

　　① 　Yu Xin, "Personal Fate and the Planets: A Documentary and Iconographical Study of Astrological Divination at Dunhuang, Focusing on the Dhāraṇī Talisman for Offerings to Ketu and Mercury, Planetary Deity of the North", *Cahiers d'Extrême-Asie* 20 (2011), pp. 163-190. 余欣，《唐宋之际"五星占"的变迁——以敦煌所见辰星占辞为例》，《史林》2011 年第 5 期，第 70—78 页。

　　② 　《史记》卷二十七《天官书》，第 1576 页。

　　③ 　安居香山、中村璋八辑，《纬书集成》，石家庄：河北人民出版社，1994 年，第 4 页。

臓卜初探：一项图像学研究 *

[法] 让－路易·迪朗、弗朗索瓦·利萨拉格 ** 著

周之桓 译

献给 Pierre Vidal-Naquet
"人们最爱在鸡蛋中找寻关节。"
H. Michaux（《面对门栓 III：学问的剖面》）
(Face aux verrous, III : Tranches de savoir)

  本文的研究始自两项平行而又独立的考察：古希腊时期血腥祭祀的肖像学研究和有关蛮族的肖像学研究。由这些祭祀的图像构成的研究材料，我们已在别处展开对其机理的认识[1]。同样，在对蛮族的表现中，斯基泰弓箭手由于其自身所具有的一致性，而形成了一个重要的整体[2]。一组少量的图像，包含了一些具有决定性的图像元素，同时进入了这两组材料：可以说，这组图像居于两组材料的交叉点。正是在那一交叉点上，这些图像凸显出了这两组研究材料的不同，好比是一条线上的节，或是一个能带来多重含义的网络上的节，或者说，在某种意义上，可称之为"图像的交叉口"（images-carrefour）。

  在此，围绕着这些臓卜场景，我们提出一种研究的可能：古希腊人设

---

  * 本文曾于 1979 年刊登在汉堡出版的德国艺术史与考古学期刊 *Hephaistos* 第一期；在此，笔者在方括号内按照参考书目的顺序增加了一些补充的参考文献。

  ** Jean-Louis Durand, François Lissarrague，法国社会科学高等研究院。

  ① 请见 J. L. Durand 的论文 « Bêtes grecques : propositions pour une topologique des corps à manger » 和 « Du rituel comme instrumental »，收于 M. Detienne & J.P. Vernant éd., *La cuisine du sacrifice en pays grec*, Paris 1979。[同样参见 J. L. Durand, *Sacrifice et labour en Grèce ancienne. Essai d'anthropologie religieuse*, Paris-Rome, 1986 和 F. Lissarrague, *L'Autre guerrier. Archers, peltastes, cavaliers dans l'imagerie attique*, Paris-Rome, 1990]

  ② 参见 M.F. Vos 非常详尽而有用的博士论文：M.F. Vos, *Scythian archers in archaic Attic vase-painting*, Groningen, 1963。

计出了这样一种仪式性操作，当他们审视献祭用牺牲的内臟时[①]，确切而言这并不是一种指向未来的预言性占卜活动，而是对某一行动所蕴含之机运的提问。因此，在这两组图像相互影响的区域内，我们的研究通过一系列对图像的操作，尽可能多地处理这些图像元素，并将这两组图像间的元素相联系，当然，做出这种联系的是我们，而不是希腊人。说到底，是我们所得到答案的有效性，才能验证这样一项图像研究。

一　材料

这一组未收尽的图像形成了一个同质的整体[②]。下面的列表中首先展示了有作者归属的陶瓶，然后则是按照类型划分而作者未知的陶瓶。

黑像陶：

图 1　BRUXELLES R 291 - 窄颈双耳瓮 - ABV 270 (52) Antiménès 画家
（背面：赫拉克勒斯 - 欧律斯透斯）- BAPD 320062

---

① 关于臟卜，请见 A. Bouché-Leclercq, *Histoire de la divination dans l'antiquité*, I, p. 166 及以下。J. Defradas 在 A. Caquot 和 M. Leibovici 所编的文集中的总体论述并没有直接涉及臟卜：A. Caquot 和 M. Leibovici éd., *La divination*, Paris, 1968, t. 1, p. 157-195。我们能在两本指南手册中找到相关信息：M. Nilsson, GGR, pp.164-174, 特别是 p.167, 以及 W. Burkert, *Griechische Religion der archaischen und klassischen Epoche*, 1977, pp. 180-190。"古代社会比较研究中心" (Centre de recherches comparées sur les sociétés anciennes) 出版了一系列研究论文组成的专著：J.P. Vernant éd., *Divination et rationnalité*, Paris, 1974。

② 此处给出的列表可能并不完全，同时新材料在不断被发掘；目前所列出的材料仅仅包括断代在公元前 530 年到 490 年的双耳瓮：10 个是黑像陶，2 个是红像陶。J.D. Beazley 对笔者所引的陶瓶了如指掌；他认为仅有几个陶瓶出自 Antiménès 画家。有两个绘有红像陶的陶瓶应当出自 Kléophradès 画家和 Nikoxénos 画家之手，但他们都是画黑像陶的画家。[这份列表在不断扩充；我们可以在 F. Lissarrague 的书中找到这些增加材料的详情，这丰富了本项研究并对之提出修正：F. Lissarrague, *L'Autre guerrier*, pp. 55-69；我们能在那里找到如下两个新增的陶瓶：BAPD 320049 与 BAPD 9025740]

图 2　BOULOGNE sur MER 100 - 窄颈双耳瓮 - ABV 271 (71) Antiménès 画家
（背面：埃阿斯 - 卡珊德拉） - BAPD 320082

图 3　FLORENCE 3856 - 窄颈双耳瓮 - ABV 278 (30) 属于 Antiménès 画家的风格
（背面：帕里斯的抉择） - BAPD 320194

图 4 PARIS, Louvre CA 3277 - 窄颈双耳瓮 - 作者未知
（背面：狄奥尼索斯、两个萨提尔）- BAPD 5730

图 5（A） 图 5（B）

图 5 HAIFA n° ? - 窄颈双耳瓮 – 作者未知
（背面：两个骑兵）- BAPD 5729

图 6　　TARQUINIA 640 - 窄颈双耳瓮 – 作者未知；CVA Tarquinia 2, pl. 31,4
（背面：雅典娜、赫尔墨斯、神坛）- BAPD 5728

图 7　　GÖTTINGEN Hu 548x – 窄颈双耳瓮 – 作者未知 ；VOS pl. 13 a
（背面：酒神狂女？萨提尔？）- BAPD 5727

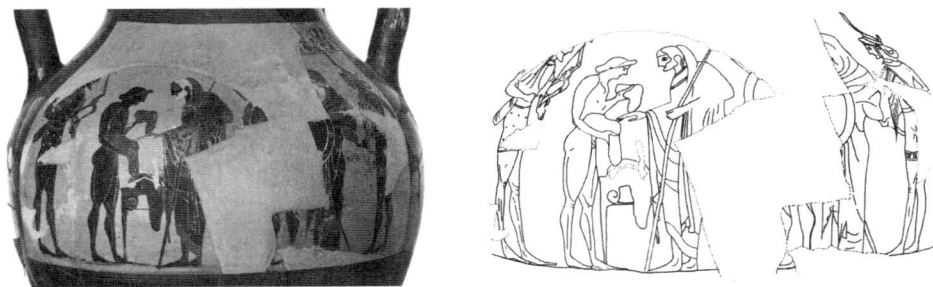

图 8　COPENHAGUE M.N. 3241 - B 型双耳瓮 – 作者未知
CVA Copenhague 3, pl. 102, 2a
（背面：宙斯、赫尔墨斯、阿波罗、四位缪斯女神） - BAPD 8570

图 9　LONDRES B 171 - B 型双耳瓮 – 作者未知，CVA Londres 3, pl. 31,4
（背面：帕里斯的抉择） - BAPD 5725

图 10　CAMBRIDGE 5/17 - 泛雅典娜双耳瓮 - 作者未知 , CVA Cambridge 1, pl. 15, 1
　　　（背面：雅典娜、巨人） - BAPD 12716

红像陶：

图 11　WÜRZBURG L 507 - A 型双耳瓮 - ARV2 181(1) Kléophradès 画家
　　　（背面：酒后狂欢） - BAPD 201654

图 12　PARIS, Louvre G 46 - A 型双耳瓮 - ARV2　220(3) Nikoxénos 画家
（背面：狄奥尼索斯、萨提尔、酒神狂女）－ BAPD 202097

二　开启、关闭：图像与空间

　　在图像的中央，总是不断地出现一种相同的表现：一个年轻的裸体少年（*paîs*），持着一堆深色物体，呈献给他对面的一个重装步兵。这一堆物体时而用紫色衬托，比如图 (1) (2) (3) (8)，时而被标上切口，如图 (4) (5) (9) (10)，或者被标上黑色线条，如图 (11)。可以确定这堆物体性质的是图 (8)，上面有一张桌子（*trápeza*），位于少年和重装步兵中间，供献祭使用。这张桌子可以移动，指示着献祭空间，它进入这空间，尤其作为献祭用肉的支撑者，这一元素确保仪式性的阐释：少年所持为神圣之物，这是献祭的惟一产物，被公认为是仪式进程中所献出的 [1]。

　　这些图像元素不断出现：少年 - 神圣之物 - 重装步兵，并总是根据同样的关系加以组织，尽管在图像 (8) 中他们是分离的，这一整体图像元素具有特征性并形成了一个系列。这种图像排布，最简约的形式便是图 (4)：如此呈现的元素群构建了最小意群，整个图像围绕着后者组织起来。那块肉自身也位于整个图像的中央，是那些身体转向和视线汇集的焦点。

　　从形式角度来看，所有这些图像都是封闭的，比如图 (1) 到 (7) 是被棕榈枝封闭的，再如图 (8) 到 (12) 是被背景人物封闭的。通过图像被形象化的

---

[1]　因此，这堆物体并不像 CVA Tarquinia 2 的评说中所假设的，是衣物（CVA Tarquinia 2, pl. 31, 4 ; texte p. 8）。

空间，其自身同样也常常是封闭的：辅助人物全都静止不动，都转向那神圣之物（*hierà*）。这种汇聚将神圣之物变为整个场景中的关键性区域，却在某些场景中变得松散。以图(10)和图(5)为例，末端的人物，都注视着中央位置，但却朝着不一致的方向。这表现了布景的生动，不再是展现图像，而是展现空间，并指向臓卜空间之外的另一个空间，关于这一外部空间，我们将另文探究。

围绕着这最小意群／少年－神圣之物－重装步兵／（/*paîs-hierà-hop-lite*/)，图像被线条化地构建，通过在左边和右边的附加物：老人、女人、斯基泰弓箭手，有时则加倍：图(1)有两个重装步兵、图(6)和(10)有两个老人、图(8)有两个斯基泰人，因此图中人物的数量从两个到六个不等。尽管他们都是同样的人物，但却没有两个完全相同的图像[①]。指示动作发生的场域元素付诸阙如，这就进一步加强了图像的线条化特质，除了图(5)鸟的飞行，将场景确定在一个不封闭的地方，处在开放空间，就如同献祭本身一样。

线条化的场景构建，运用了两种描绘方法，来改变不同元素间所维系的空间关联。当两个呈现出来的元素几乎重叠的时候，我们称之为"堆叠"，而不完全"堆叠"则称为"相互干扰"。完整的"堆叠"在图(1)是由第二个重装步兵表现的，在图(8)则是通过一张桌子（*tràpeza*）在老人的后面来表现，在图(5)(6)(7)(12)则是由一条在重装步兵后面的狗来表现的。"相互干扰"发生在人物之间：在图(2)老人的手没有出现在少年（*paîs*）的头顶上，而是在后面；在图(1)(3)(7)(8)(10)(12)，重装步兵的盾牌部分地遮住了第二个人物：一个女人或斯基泰弓箭手。我们将要试着表明，这些"相互干扰"是有其意义的。在此，只需简单指出，在图(1)图像的左部，当意群／少年－重装步兵／不作为任何附加物时，通过"相互干扰"，在图像的右部，有一个指向意群内部的紧缩，相反，当意群没有向右部扩展的时候，在图(2)中，这一紧缩则存在于图像左部。这种围绕着意群的图像不平衡，似乎在某种程度上被图像元素的紧缩所补偿。

根据这些初步判断，我们可以如此系统地整理出这些元素在图像中的位置：

1 – Bruxelles R291	[PH/H	S	
2 – Boulogne 100	V	[PH]	
3 – Florence 3856	V	[PH]	F
4 – Louvre CA3277		[PH]	

---

① Antiménès 画家的一组陶瓶画值得我们从这种角度去思考；在极端重复的整体中，我们可以发现很多组合以及种类繁多的图像，从来没有一个相像的体系。

5 – Haifa	S	V	[PH]		
6 – Tarquinia 640		V	[PH]	F	S
7 – Göttingen Hu 548x	F	V	[PH]	S	
8 – Copenhague 3241		S	[PV H]	F	S
9 – Londres B171		V	[PH]	F	Jh
10 – Cambridge 5/17		V	[PH/S	V	
11 – Würzburg L507		S	[PH]	F	
12 – Louvre G46		V	[PH]	F	S

图例：

P：少年（*paîs*）– H：重装步兵（hoplite）– V：老人（vieillard）– F 女人：（femme）– S：斯基泰弓箭手（archer scythe）– Jh：年轻男人（jeune homme）。方括号"[ ]"中，则是按照序列的一组最小元素。"/"则标记出了两个人物的堆叠。

三 位置与类型分析

一系列如此形式化的陶像，引发了更多的考察。由此，在图像志研究中，我们将进一步推进对人物的位置及其类型的推测性解读。

A. 少年和重装步兵总是面对面的。这是一个绝对的规则，在双耳瓮 (8) 中，尽管它的特征有点例外，但不构成任何问题：在意群内部，在少年和重装步兵之间，有一个老人位于桌子前。但是画面右侧的这个老人并不让画面左侧位于少年后方的重装步兵通过。第二个重装步兵直接地留在了老人身后，这个人才是臟卜的对象，是他将要出发，正在直接求教神圣之物（*hierà*）。

这一求教必须同时以视觉（目光）和触觉（触摸）作为前提。所有图像中都如此，除了图 (12) 例外，重装步兵要么用手指的末端触碰了肉，如图 (1) (2) (4) (5) (6) (10) 所示（图 (8) 的老人有着同样的动作），要么整只手触碰，如图 (3) (9) 所示；只有一次，如图 (11)，重装步兵腾空拿着神圣物的一部分，并拿到脸的高度仔细审视。通常，为了方便审视，重装步兵撩起了头盔，如图 (2) (4) (5) (6) (7) (11)；这便是图 (1) 中区分两个重装步兵不同的地方：撩起头盔为了前倾去审视神圣之物，而他同伴的头盔则盖下，他在旁边等待，一动不动。

在所有图像上，重装步兵都朝向左边，并使得其盾牌上的纹饰得以显现。而在战士出征这一平行场景中，大都也有着相类似的朝向，尽管这并不是一个绝对的规则[①]。然而，盾面的出现不允许画家对臟卜操作的细节过分讲究。比如在图 (10) 中，应当更加拉长重装步兵的手臂，以此来更清晰地表现出其对神圣物的触碰。我们唯一肯定的是，支配着出征场景的构图，比支配着献祭场景的构图，显然更能突出臟卜场景。这有必要让我们对两个绘有红像的陶瓶上那些互为变体的细节进行考察[②]：

首先，在图 (12) 中，重装步兵还正在戴上他的头盔，而别的场景中他都已经戴好头盔了；这一举动明显妨碍了他触碰神圣之物，而老人也没有做出任何手势，女人也回过头去，而非注视着画面中央。

其次，在图 (11) 中则相反，盾牌并没有出现，而重装步兵的手势是不同的：他把一部分的神圣之物拿到眼前；而右侧的女人拿着一个仪式用具，一个浅底碗。很明显，这一图像中对重装步兵手势的限制，在处理仪式场景的时候，能带来更丰富的内涵。

通常而言，是全副武装的重装步兵进行臟卜并且只有他一个人；这种宗教操作是在出发之时进行的，并且仅仅在战争背景下。

B. 在意群中，狗通常伴随着重装步兵，但这并不是必须出现的。当狗出现的时候，它要么在重装步兵的两腿之间，如图 (6) (7) (12)，要么在他身后，如图 (5) 和 (11)。好像对它而言，它也用它的方式参加到了仪式进程中：在图 (6) 和图 (7) 中，它伸向了神圣之物，抬起爪子或者吻，而在图 (11) 中它则转向了一个手持浅底碗的女人。

有两次，狗朝着图像主体位置的反方向，似乎和一种不同的人物排列相契合。在图 (5) 中，狗的步态开启了陶瓶的另一面，那里骑兵们由狗陪伴着。在图 (12) 中，我们看到，在场人物并不和我们在别的陶瓶上看到的一样：重装步兵没有触碰神圣之物，人物们目光分散，狗也朝着反方向走。

根据重装步兵和战争这两个因素，很难确定狗的角色[③]。似乎动物在战斗中并没有一个积极的角色，战狗这一推测仿佛也经不起推敲。狗通常和骑兵在一起（在双耳瓮 (5) 的 B 面），从来都不和重装步兵一起作战。因此更有可能将它放回到家居空间。但是这种解释仍然是推测性的，并且需要放在所有场景中考察。

C. 老人通常出现在少年后面，几乎排成队列，在臟卜者旁边。非常多见的是，他借助手势，靠近少年，要么居高临下，如图 (5) (7) (9) (10)，要

---

① 　比如在这两个双耳瓮上：Würzburg 179 - ABV 290 (1) 与 Gotha Ahv. 28 - ABV 277 (22)，战士朝着右边，他的盾牌从内部被看到。

② 　必须指出，从理论上说，无法假定黑像陶和红像陶这两个不同的系统在处理征兆时是严格平衡的。

③ 　比如可参见 C. Albizzati, *Vasi antichi dipinti del Vaticano*, Roma, P. Sansaini, 1924, n° 397, p. 176，作者认为是"战狗"（cane da guerra）。

么如同我们所看到的，通过他的侧影进行干扰，如图 (2) 所示。

重装步兵触碰神圣之物和老人手势间关联性是显而易见的。在图 (12) 中，没有触碰神圣之物，老人完全裹在了他的大衣里。老人所作出的手势，根据对神圣之物的操作，有两种形式 [①]：

1. 伸出的手臂及张开的手掌（如图 (9) (10)，左臂抬起，在少年后面；图 (2) 右臂在少年旁边）：这是一种发表陈述的手势，意味着臟卜正在进行的场景乃是图像的焦点。同时，这一手势将老人和 / 少年 - 重装步兵 / 意群相结合，并在干预重装步兵对圣物解读的同时，说明了他在仪式操作过程中的角色。

2. 伸出的右臂及手的背面，如图 (5) (7)：这一打招呼的手势可能表示正在等待神圣的答案，并彰显了解读时刻的重要性 [②]：这一决定重装步兵是否启程的答案，是既期盼又肯定的。图 (5) 中意群之上出现的鸟，也好像有着同样的含义，如同一个鸟兆，其出现增强了对臟卜的解读。

因此老人在图像的左侧处于一个明确的仪式性位置。在 Copenhague 双耳瓮上，即图 (8) 上，其操作性的角色是更积极的，因为他先于重装步兵触碰了神圣之物。

双耳瓮 (10) 和 (6) 展现了这一范式的某一重要变体，因为在图像中出现了两个老人。在这两种情况中，有一个明显的图像元素区分了左侧的老人和右侧的老人：在图 (10) 中他持有一根长拐杖；所有老人都有那么一根拐杖，通常被画成饰有花卉，如图 (3) (10) (12)，这表现出了在仪式中对老人的尊重。在图 (6) 中，两位老人手持拐杖，头发的对比也有着相同的作用：左边的老人被画成白色的头发而右边的则是棕色头发 [③]。

第二个老人并不具有和第一个老人相同的作用。第一个老人在仪式中有着更为主动的地位，面对着将赴战场的重装步兵，他代表了城邦的永存，而在重装步兵后面的老人则和斯基泰弓箭手联系在一起，如图 (6) 和 (10) 那样。在图 (10) 中，老人的运动远离图像中心，边走边回头，而一个斯基泰人则走向图像中央并回眸而视，在这个斯基泰人身上，找寻到了一个老人形象的准确而翻转的对称形象；这一双重运动（我们已将其系统整理成为 S V）彰显了两个围绕着臟卜而相遇的不同空间之间的张力：一个是要赶赴的战场，一个则代表了全体民众。在图 (6) 中，同样的并置，但翻转了过来，将一个老人和一个不动的斯基泰人联系在一起。这好像说明在一个类似的关联中，两个已经混合的空间还有可能分离。

---

① 关于这些手势，参见 G. Neumann, *Gesten und Gebärden in der griechischen Kunst*, Berlin, 1965。

② 参见 J. L. Durand, Le centre splanchnique in « Bêtes grecques »。

③ 在重现图像的时候，很难区分白色或紫色的浅色笔触。我们可以在 CVA Tarquina 2 中进行比对核实（CVA Tarquinia 2, pl. 31,4）。

对老人形象的类型分析，通过深入研究老人和重装步兵面部轮廓之间的不同，让我们能更加系统地对比图像中的不同年龄阶层。当陶瓶的状况允许进行更为细致的解读的时候①，老人和重装步兵之间总是至少会有一种程度上的差别：如果重装步兵长着胡须，老人则是长着白色的胡须，如图 (2) (7) (9)；如果重装步兵没有胡须，老人则仅仅长着胡须，如图 (5) (12)。在图 (9) 中，这种情况得到了验证，我们可以看到三种不同的年龄阶段：头发花白的老人、长着胡须的重装步兵和没有胡须的少年。

D. 女人较少出现在图像中，如图 (3) (7) (8) (9) (11) (12)。除了图 (7) 以外，她都是被直接地安排在重装步兵的后面。我们可以想到她在那里是作为妻子，这就很明确地表现出了家庭空间（*oikos*），因此她确保了家的永久性。这是一个非常重要的作用，面对一个出征到城邦之外的战士，她通过与老人一起，在图像中形成了一个留下的群体。

她的手势是非常含蓄的：包裹在长大衣下，我们经常可以看到她从衣服下抬起的右手，如图 (3) (7) (9)。我们能给予这一手势一种明确的涵义吗？这好像② 至少表达了一种凝思，一种张力，伴随着臓卜的时刻。

在图 (11) 中，出现了两个新的元素：一方面是一个仪式的器具，一个浅底碗，另一方面是一个手势，用手臂表达出惊讶③。此处女人在仪式中扮演了一个更重要的角色，而同时相应地，老人并没有出现在图像中。 我们通常能看到，在重装步兵即将出发的时刻，一个女人参与到了奠酒中，但并没有任何臓卜出现。同样，在 New York 双耳瓮④ 上，图 (13)，我们看到一个女人将葡萄酒倒入一个重装步兵所持的浅底碗中；相反，献祭空间在这个场景中出现，尽管其表现方式并不引人瞩目：狗在嘴里叼着一块肉；这还是仪式／出发所构成的关系，组织了整个画面，然而却和臓卜无关，因此这出现在另一个场景中。

---

① 我们在这里要再次感谢 A. Pasquier，他非常愿意"打扮"卢浮宫的 G 46 双耳瓮上的老人，并使其显露出稀少的胡须（被稀释的黑色）。

② 参见 G. Neumann 的前引著作，p. 125 及以下。

③ 参见同上著作，p. 39，图 17，作者在另一种语境中解释这同一个手势为表达惊恐的手势。

④ New York 41.162.189 - ABV 405 (17). 正如这一系列中的第 11 号，这个陶瓶被归为 Kléophradès 画家的作品。

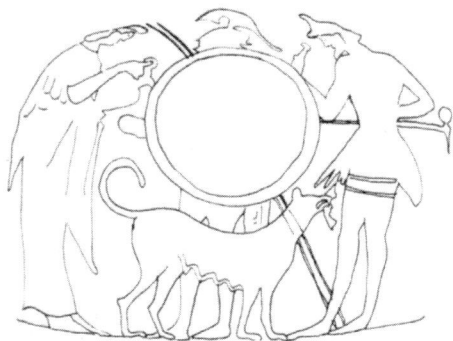

图 13　　New York，41.162.189

　　同样在图 (7) 中，女人不再出现在重装步兵后面，而是在老人后面，从仪式那一方面脱离出来；她的头被帽子盖住，而她将手抬到脸的前面，细节的宗教意义在这里似乎表现得比其他地方更强。

　　总的说来，最通常的情况是女人与重装步兵联系在一起，展现出了家庭空间。在留下来的人物群中，她可以和老人联系在一起，而如果老人也不出现在图像中，女人可以在一定程度上代替老人，以便在仪式中扮演一个更重要的角色。因此通过这种变动，她从家庭空间来到了仪式空间。更确切地说，仪式出现在公共和私人空间的相接之处，处在由重装步兵的实践所表征的城邦空间之中。

　　E. 斯基泰弓箭手在图像中的位置多变，这是所有在场的人物中最不固定的：我们可以在意群的左侧遇到他们，比如图 (5) (8) (11)，也可以在右边找到，如图 (1) (6) (7) (8) (10) (12)，但总是在图像的边缘，除了我们已经见过的图 (10)，在这里他的位置和老人的位置相关联，标示出两种不同空间之间的张力。

　　在图 (5) 中，斯基泰人注视着神圣之物，并同时朝着外部移动，其姿态显示出存在一个空间，也就是陶瓶另一面的图像；我们看到右边的狗也扮演着同样的角色，在背面，狗和骑着马的斯基泰人，在一个既与仪式又与城邦无关的空间中。

　　因此可以认为这一举动在斯基泰人中间是例外的，因为它仅仅出现在图 (5) 和 (10) 中。但如果我们在整体有关斯基泰人的材料中重建臟卜体系①，

①　我们将在其他地方提到弓箭手的整体艺术表现；此处所给出的仅仅是一个粗略的研究概貌 [参见 F. Lissarrague 的前引著作，*L'Autre guerrier*]。

更有可能的是相反的情况：当斯基泰人被表现为正在出发的时候，他可以被视作那些离开者和留下者的图像中介。相反，在臓卜中，他总是处在相同的边缘地位，斯基泰人完全转向神圣之物，转向由其他辅助人物构成的画面。

同样地，斯基泰人在臓卜中从不完全与重装步兵堆叠在一起，而重装步兵／弓箭手组合则时常出现在出发场景中。在臓卜操作中，斯基泰人总是和重装步兵相分离，只有后者才会干预操作过程。试比较 Würzburg 202 双耳瓮（图 (14)）^①和图 (6)：参与者相同，但位置却不同。斯基泰人弓箭手和重装步兵一起，共同构成了图像的核心区域，而在图 (6) 中，他则处在边缘地带，而且个头缩小了。很明显，少年－重装步兵组合被替换成了重装步兵／斯基泰人组合，我们还可以拿这个 Würzburg 202 双耳瓮与 Florence 双耳瓮即图 (3)，比较一下。中央人物组周围的附加物并没有改变；只是这个人物组有所变化，并因此而使整体的意义发生了变化。

图 14　Würzburg 202

就城邦里的各类群体而言，斯基泰弓箭手在臓卜中有着特殊的位置。他在即将离开的重装步兵旁边，面对着那些留下来的人：老人和女人。然而，面对老人和重装步兵这两个实际操作者，斯基泰人和女人一样，仅仅是旁观者；图 (11) 中，女人的特别手势，和一个斯基泰人同样特别的手势联系在了一起。斯基泰人既在场又边缘化，他在城邦的框架内，指代边缘的世界。他全副武装，与上战场的重装步兵站在一起。相反地，在这组人物的内部，斯基泰人的武器（弓箭、斧头）将他自己和重装步兵的武器相互对照，就如同近距离作战的武器和远距离作战的武器之间的对比。

---

① 　Würzburg 202 : ABV 341 下方。

图像借助不同的人物类型，即构成古希腊社会的各年龄分层[①]，做出选择。在这一系列中，斯基泰弓箭手，将边缘世界明确地聚焦于他自身之中，在此边缘世界里，斯基泰人处于中心地位，故其他人物在这一边缘世界中都处在边缘地位，这种带有浓烈边缘色彩的表达，将古希腊世界自身内部所熟知的图景，排除在了这一图像之外："刚成年的青年男子"（*éphèbes*）不在其中[②]。拿着神圣之物的少年，他们有时完全是年纪尚小的儿童，有时则如图 (9) 所示，是一个在女人右后方披着长袍的少年，他们都不能被列入"刚成年的青年男子"（*éphèbes*）这一特殊群体当中。好像这一切都在表明，重装步兵的作战方式所传达的价值观念把"刚成年的青年男子"（*éphèbes*）排除在臟卜之外，用他们来表现臟卜显得格格不入，因为臟卜是纯重装步兵的世界。

根据这种推测，斯基泰人的出现，使得边缘群体，和我们现在所称作的城邦的舞台布景法，联系在了一起。就当"刚成年的青年男子"被排除出他所应归属的群体之时，斯基泰人则被包含在这个群体中，而他在其中还是个局外人，并在某种程度上，是刚成年的俊美男子的一个相反的对应者[③]，这从内部说明了他不是这个群体中的人。斯基泰人确保了自己在所有空间中的移动，可以说他并没有自己的明确位置，并由此作为过渡状态中的"优越"特征而存在。

这种种图像上的操作，反映出了一个整体的位置关系，虽然多种多样但却精确。从来没有两个图像是相同的，也从来没有无缘无故的偶然增补。产生含义的，并非某一元素的出现或缺失，而是图像上元素之间的相互关联性。在臟卜中，没有什么"经典"或者说不变的舞台布景，但是，不同的布局标示了多重空间之间存在的张力。可以说，家庭（重装步兵、女人）和城

① 关于对古希腊社会这方面的考察，参见 P. Vidal-Naquet, « Une civilisation de la parole politique », in *Encyclopædia Universalis*, t. 7, pp. 1009—1018。

② 有关青年男子的成年仪式，参见 H. Jeanmaire, *Couroi et Courètes*, Lille-Paris, 1939, 及 A. Brelich, *Paides e Parthenoi*, Rome, 1969。请见 P. Vidal-Naquet 同样重要的研究：« Le chasseur noir et l'origine de l'éphébie athénienne », *Annales ESC* 26, 1971, pp. 623-638, 重印于 P. Vidal-Naquet, *Mythe et tragédie en Grèce ancienne*, Paris, 1972, pp. 159—184 ; « Le cru, l'enfant grec et le cuit » 收于 J. Le Goff 和 P. Nora 所编的 *Faire de l'histoire*, Paris, 1974, t. 3, pp. 137—168。[该论文重印于 P. Vidal-Naquet, *Le Chasseur noir. Formes de pensée et formes de société dans le monde grec*, Paris, 1981, pp. 151—207]

③ 关于斯基泰人和"青年男子"之间的这种模棱两可的关联性，我们需要进一步考察 Berlin 2268 (ARV² 153 及以下) 的画家所画的一系列圆筒杯（mugs），以及 Pithos (ARV² 139 及以下) 画家的部分作品。同样参见 Pothius, Lexicon s.v. *sunephebos* (C. Pélékidis 在其论著中引用：*Histoire de l'éphébie attique*, Paris 1962, p. 42, n. 5)："埃利亚人称呼那些刚成年的青年男子为斯基泰人"。[参见 F. Lissarrague 前引著作, *L'Autre guerrier*, pp. 164—172]

邦居民（女人、老人）、留下来的居民（女人、老人）和上战场的居民（重装步兵、弓箭手）、重装步兵的阶层（重装步兵）和边缘人物（斯基泰人），这几组关系之间相辅相成而又形成反差。

臟卜空间所上演的，就如同所有这些张力都同时在运作。

从仪式的角度看，臟卜所表现出的特征，如同一个暂停的瞬间，这一瞬间和另一瞬间相似，即一头猛兽正要死亡，但臟卜还没有开始之时[1]。我们忍不住要考察这些图像，怀着对其基于仪式的序列排布的期待，其中的多重细节，展现出了之后所接续的时间：仪式的秩序在那里重塑。但是，并没有相类似的东西在系列中产生：问题的关键恰恰不在于仪式。

在图(12)中，仪式的仅有元素是神圣之物；手持头盔的战士无法进行任何求教。因此图像是两种场景的粘合：左边的是臟卜，右边的是重装步兵的启程。它并不是一张快照，并不反映现实，而是呈现图像构建的"真实"。问题是要知道什么构建了呈现出来的"真实"，它和"真实"的距离又有多远，以期找寻其所指。

在图(8)中，桌子上盛着一大块肉，且垂到地上。这块肉已经被切割过了[2]，因此在臟卜的求教之后，正常地放在那里，它和盛着它的器具一起被安排在了后景。肉／桌子这一整体，标示了仪式的临近，但并不具有组织呈现的功能。少年所持的两块东西，并不是要转交之物，而是要求神问道之物。左边的老人，腾出一只手，用手指末端轻轻触碰它，以此来检视。这一大块肉只属于它自身，在献祭的流程中通过特殊方法，作为用具和仪式的对象，聚焦了它所组织的那个场景。

除了图(8)和图(12)，一系列意群的基础，正如我们所见，重装步兵的手势，与少年手持的那块松软之物关联在一起，而且最常见的便是那块东西超出手掌而下垂，比如从图(1)到图(3)和从(5)到(11)。如果这些神圣之物是通常人们最先要检视的[3]，这很有可能是肝臟，它在解读中具有优先性。在图(11)中被抬高到面前的那一小块东西，应该是一个患有肝病的团块上的一个分离出的囊肿，得以用来细致研究。在图(10)中，重装步兵的手好像抬起了肝臟的表层部分。我们猜测他在那里观察肝叶，这一部分是最先需要查看的[4]。当图(3)和图(9)中的重装步兵用整只手拿起肉，我们推测，这一占卜时刻是明确加以区分的，要求主人公真正地把某些内臟器

---

① 参见J.L. Durand前引著作，« Bêtes grecques »，图9 = 红像陶双耳蛋型酒罐（Stamnos），Paris Louvre C 10.754, ARV² 228 (32)。

② 参见同上著作，图8 = 酒壶（Œnochoé）（黑像陶）， Boston MFA 99.527, ABV 430 (25)。

③ 欧里庇得斯，《厄勒克特拉》，第826—828行。

④ 同上，第827行。

官"拿在手里"。

最后，何不大胆地作出如下假设：如果肝臟本身就是某种献祭空间，那正是因为对古希腊人而言，它是祭祀得以呈现的地方，处于死去的动物的中心。在臟卜中，肝臟的各个部分被分别称为"makhaira"（刀）、"kanoûn"（筐）、"trapéza"（桌子）、"hestia"（祭坛的炉灶）。我们由此进入到了"pulai"（门）内，来到了一个全新的仪式空间，该空间被肝臟隐藏，故而仪式的顺序是至关重要的，以求让献祭真正地发生。

肝臟处于动物的核心，通过臟卜，肝臟又成为了献祭的中心，城邦居民围绕着它，来设定秩序。诚然，这是一种多变的秩序，不过，我们坚持认为，它是严密而自洽的。

（周之桓 译，复旦大学历史系／高等研究实践学院，
　　　　　宗教科学部古代地中海与近东方向）

重新瞩目中亚 *

[法] 葛乐耐** 著

庆昭蓉 译

开场白——法兰西学院院长塞尔日·阿罗什（Serge Haroche）教授致辞

　　中亚草原与山岳形成的广袤空间，由于种种文明的历史，或者单纯由于探险与旅行，而激起所有热心人士的向往。这片处于波斯、印度、斯拉夫与中国影响的交汇点的辽阔地域，含括了今日阿富汗以及所有后苏联时期信仰伊斯兰教的共和国，而从远古以来就是拓殖与迁徙之地。正是这片地区孕育了琐罗亚斯德教，也就是波斯在前伊斯兰时期的宗教。也正是穿过这些邦国，商人络绎于那条著名的，将罗马、拜占庭与遥远中国连结起来的"丝绸之路"。就是在这片古典世界的边陲地带，希腊人建立他们最遥远的殖民地。稍后，这片神秘土地上形成嚈哒帝国，它在中古时代早期威胁着萨珊波斯。也是经由这里展开了蒙古征服者的汹涌攻势。撒玛尔罕与布哈拉的名字总能令人想起辉煌的往昔，就算人们总是不太清楚该把这段过去放在什么年代，又该归诸哪个文明。说到　"索格底亚那"这个名字，只能让人想到一个早已在时代暗夜中消逝的神祕国度，就算对方是深具教养的知识分子。

　　要研究这片地区的历史，并且将事实从传说、神话与夸饰叙述分离出来，乃是一项艰辛的任务。两百年来，历史学者与考古学者努力以赴，尤其是俄国、法国学者。对于历史学者而言，其困难往往在于多数资料来自波斯、印度或中国文献，令人必须透过其他文化的视点来观照前伊斯兰时期中亚。然而在这样的观点之中，中亚乃是异域，甚至是敌邦。现在，随着当地语言，也就是粟特语与大夏语的发现，这个情况正逐渐改变。用这些语言写成的文

---

　　* 本文译自葛乐耐（Frantz Grenet）教授 2013 年 11 月 7 日在法兰西学院（Collège de France）举行的"前伊斯兰时期中亚历史与文化"讲座就职演讲，讲稿出版为 F. Grenet, Re-centrer l'Asie centrale, Paris, Collège de France/Fayard, 2014. 本译文属于法兰西学院与柏林—勃兰登堡科学院（Berlin-Brandenburgische Akademie der Wissenschaften）联名成果，译文中以方括号表示根据上下文脉或汉语说法补充的内容。

　　** Frantz Grenet, 法兰西学院。

献以碑铭或羊皮文书的形式接踵而至，这让我们得以名正言顺地宣称"从内在"来探索该地历史。

对于考古学者来说，由于一些人所共知的政治因素，开赴田野乃是长年以来的难题，在某些特定地区甚至是始终不可撼动的障碍。在苏联时期信仰伊斯兰教的中亚地区，发掘工作一直是俄国考古学家的禁脔。至于阿富汗，当地的战争与政治动荡到现在仍使田野工作险象环生。考古学家常常必须在盗掘或塔利班的狂热破坏之前，率先抵达前伊斯兰时期的遗迹。

纵使如此，勇敢、热情而奋发的研究者仍自愿投入遗迹抢救，向我们阐明这段丰盈而复杂的历史。葛乐耐，您是法国中亚考古学界杰出的一份子，而我们应当将许多研究发现归功于这座学界。那些发现让我们更加了解这片地区的往昔，而这片地区曾经如此活跃于世界史的舞台，不论东方史或西方史。您说过，您的志向部分源自童年时期对于格鲁塞（René Grousset）有关十字军东征、成吉思汗与蒙古征服撰作的阅读。在座的我们也有许多人读过这些描述，梦想过它们提到的邦国。对您而言，梦想已然成真，而您为此奉献终身。您在探索历史遗绪的这段过程之中领会诸多惊喜与愉悦，而那正是给予研究者的最佳回馈。我特别想到的是那座阿富汗山岩上巍峨浮雕的偶然发现。它描绘萨珊国王沙普尔一世（Shāpūr Ier）在印度边境猎取犀牛的景象。即使是塔里班毁坏偶像的狂热运动威胁着要加以破坏，您还是能够善加描述又研究了它。

今天，法兰西学院有幸邀请您担任"前伊斯兰时期中亚历史与文化"讲座。藉由创设该讲座并授之予您，我们得以在人文领域方面对于学院的使命有所贡献。该项使命乃在于阐明滋养我们文化的伟大文明圈的往昔，以使我们能够更加理解当今的世界。这条研究路径不仅取道于田野研究以及对于遗迹、文献精细而实事求是的描述，同时也通过置之于历史文化脉络而得出的展望与诠释。

由于您的史学与考古学素养，您在任职法国高等研究实践学院（École Pratique des Hautes Études）教授及法兰西—乌兹别克索格底亚那考古队长期间应用了这种双重研究法，成果卓越。您今后将在法兰西学院继续向前，而我毫不怀疑，您的听众也将共享您对于前伊斯兰时期中亚迷人历史的热情。现在，我请您发表就职演讲，题目是《重新瞩目中亚》。

演讲正文

院长，
各位大使阁下，

敬爱的同事们，
女士们、先生们：

　　创设"前伊斯兰时期中亚历史与文化"讲座[①]——首先谨向福斯曼
（Gérard Fussman）与柯伦斯（Jean Kellens）的倡议致以谢忱——并非全为
法兰西学院革新之举。名称相近而未冠以"前伊斯兰时期"之名的讲座在
1965 至 1977 年间业已存在，任职者是韩百诗（Louis Hambis）。
　　当时以"中亚"（Asie centrale）为名的研究目标，与之后发展出来的
颇为不同。人们彼时还依循伯希和（Paul Pelliot）对于这片区域提出的研
究路线，这乃是该氏"中亚语言、历史与考古学"（Langues, histoire et ar-
chéologie de l'Asie centrale）讲座教学的一部分。然而那个"中亚"可以说
几乎仅仅是中亚显露给中国的一端视角，以及中国人因之而得以见识的中
亚。在那个年代，人们能够钻研的考古几乎只有佛教考古，包括法国驻阿富
汗考古代表团（Délégation Archéologique Française en Afghanistan，以下简称
DAFA）在阿富汗进行的考古以及新疆考古。后一片地区历经 20 世纪初年
欧洲大型探险队探寻，其中一支法国队伍便由伯希和亲自领导。苏联发掘成
果几乎不为伯希和所知；韩百诗早已知晓其重要性，但未与田野工作建立联
系。至于人们集结的文字资料也差不多全是汉文，包括史籍与佛教僧侣的巡
礼记述，这些是那时候人们认为惟一能提供可信编年史标准的材料。人们也
对 13 世纪欧洲旅行者的行纪投以高度重视，其观点是将蒙古帝国视为欧亚
隔阂的伟大破除［者］。展现这个观点的象征性事业便是马可波罗著作的编
注，伯希和与韩百诗都灌注了许多精力。
　　实际上，法兰西学院汉学讲座从未停止向中国人的陆上邻族投以特殊
关注，或者甚至可以说是独特的关注。在 1840 年起遭遇其他更加望而生畏
的、乘坐炮舰渡海而来的西方人之前，中国人业已将他们的西方邻族称为
"胡"[②]。而早在 1820 年，雷慕沙（Jean-Pierre Abel-Rémusat），也就是"汉、满、
鞑靼语言与文学"（Langue et littératures chinoises et tartares-mandchoues）讲
座首位任职者，便汇集汉籍而辑出其《于阗史》（*Histoire de la ville de Kho-
tan*）。稍后儒莲（Stanislas Julien）则主持巡礼僧玄奘所撰旅行见闻的首次
翻译，这是 7 世纪中亚与印度研究的主要材料之一。与此同时，原本为俄
国派驻北京的东正教传教士，教名乙阿钦特神父（Frère Hyacinthe）的比丘
林（Nikita Bitchourine）则出版了中国正史中与中亚有关的资料汇编，于是

---

① 译注：原文 chaire，本意指座椅、席次，亦宜译为"教席"。
② 译注：原文以引号标为 « Barbares d'Occident »，此处遵作者嘱译以"胡"人。

这部汇编便再也不曾从我们俄语系同事的书案上撤下，直到如今①。儒莲与乙阿钦特神父互通书信，这预示了俄、法两国学者友谊后来对于中亚研究发展的贡献。有一天我偶然碰上一场意见交流，其间人们一致哀叹那时候读马可波罗只能透过贫乏的颇节（Guillaume Pauthier）版本。这位学者之后被伯希和——大家知道他有时候是如此刻薄——评述道，这人一辈子都在尝试学习汉文，却从未达成目标。也是在圣彼得堡，沙畹（Edouard Chavannes）于 1903 年撰成其杰作《西突厥史料》（*Documents sur les Tou-kiue (Turcs) occidentaux*）②，而这部工具书至今仍未过时。接着到来的是沙畹弟子伯希和，他在新疆考察期间进行田野工作后成为法国首位中亚专家，不过他的主要功绩却是从敦煌获取大量文献。他从王道士［所示］藏经洞里置放的所有［物品］中意识到里面有使用汉文、梵文以外语文写成的写本③。多亏伯希和慧眼拣选，年青的邦旺尼斯特（Emile Benveniste）——此人后来在法兰西学院教授比较语法——得以运用这些带回巴黎的丰富粟特语材料建立其伊朗语言文献学事业的开端。于是邦旺尼斯特将一种文化导入当时的中亚研究，而许久以后人们知道这种文化在历史舞台上俯拾即是④。伯希和自己也藉 1916 年撰成的《〈沙州都督府图经〉及蒲昌海之康居聚落》（Le 'Cha Tcheou Tou Tou Fou T'ou King' et la colonie sogdienne de la région du Lob-nor）⑤这部先驱性作品宣示了研究的前景。粟特移民聚落这项主题直到战后的蒲立本（Edwin Pulleyblank）才又重新提起。今日，它稳居穿越亚洲道路研究的核心［议题］。

　　如此回顾法兰西学院汉学讲座在中亚研究方面的功劳，对于此刻我们筹备法国汉学二百年纪念活动是必要的。同时也值得回顾印度学讲座的贡献：它以该文化区的研究方法来教导我们，而这是一种由外缘探向内地的研究法。与之相关的学术取径还有历史地理学的初步研究，包括陶玛舍克（Wilhelm Tomaschek）与舒瓦兹（Franz Xaver von Schwarz）主要运用希腊罗马史家所述亚历山大史而建立的学问，以及马夸特（Joseph Markwardt）与巴托尔德

　　①　Bitchourine, N. Ja., *Sobranie svedenij o narodakh, obitavshikh v Srednej Azii v drevnie vremena*, 3 vols., Moskva-Leningrad, 1950—1953（1851 年版之再版）。［作者注：以下必须重复引述多次的书名将列于本册结尾核心书目］

　　②　Paris, A. Maisonneuve, 1900（1973 年于巴黎再版）。

　　③　译注：原文作 le capharnaüm à manuscrits du moine Wang. Capharnaüm 原指耶稣讲道的村落迦百农（又译迦弗农、葛法翁，希伯来文 Kfar Nahum, "Nahum 村"），法语转义为散乱堆置各种杂物的小房间。

　　④　译注：此处比喻粟特文化，字面翻为"自己在舞台众多脚灯的照耀下出现"（se trouver sous les feux de la rampe）。

　　⑤　*Journal Asiatique*, série 11, n° 7, janvier-février 1916, p. 111—123.

（Wilhelm Barthold）基本利用阿拉伯、波斯与亚美尼亚地志所草创者 ①。对于中亚诸民族的适当描述，不论是文学性或艺术性的，都历经了相当长时间才从各种混杂影响的覆盖下剥离出来。

中亚是较晚为人所知的文化区，因为"中亚"概念的形成与［人们对于此方］地理的［认识］一样迟缓。直到如今，当人们向一位饱学之士说起撒马尔罕，仍不免要补一句"撒马尔罕——一个引人遐想的名字"，接着便立即引起对方对于在现有地理学、政治学与语言学版图上如此说明的种种提问。"中亚"一词创造于 1825 年前后，同时为俄国官员麦恩道夫（Georges Meyendorff）与身在法国的学者柯恒儒（Julius Klaproth）②——一位性格颇具争议的汉学家——所提出，而为《萨拉戈萨手稿》（*Manuscrit trouvé à Saragosse*）作者波托奇（Jan Potocki）所倡导。此人毫不迟疑地杜撰旅行见闻，却并未具备其师傅的文学才能。这一词语在俄国的推展也不落人后，尽管相较之下其变化说法"中部亚细亚"（Asie moyenne）有时更受欢迎 ③。当人们阅读 19 世纪的地理学撰著，可以很快察觉在气候或者所谓天然屏障的合理化叙述之下，发挥作用的是一种深刻误解，而这使欧洲人与俄国人的看法彼此对立。从［当时］欧洲人的观点来看，中亚既非俄罗斯、亦非中国、不是波斯也不是逐渐变成英属印度的那片地区。它是某种保留给若干缓冲国家的间隙地带，其最终惟一成形的是阿富汗。相反地，就俄国方面来说，自彼得大帝以来的观点便是将中亚看成与之接壤的地理空间，是俄属西伯利亚草原的天然绵延，也是沙皇派遣使团以图控制、兼并以至于殖民的地区。这项以各种形象现身的计划 ④，［即使］当它［在某些历史时刻］不是［出于］泛斯拉夫主义阵线重新征服雅利安人发祥地的梦想，［也］由于某些战略必要性、某种文化优越感或某种伟大意识形态的擘画而茁壮。而那个重征雅利

---

① 译注：此处巴托尔德（Barthold）即指德裔俄国东方学家瓦西里·弗拉基米洛维奇·巴托尔德（Vasily Vladimirovich Bartold, 1869—1930），知名著作包括《蒙古入侵时期的突厥斯坦》（张锡彤、张广达中译，2007 年，上海古籍出版社）等。马夸特（Markwardt）则指撰写《伊兰考》（*Ērānšhar*）等名著的约瑟夫·马夸特（Joseph Marquart），在葛乐耐原书采德式拼法。其余学者之代表性著作包括 Wilhelm Tomaschek, "Zur historischen Topographie von Persien", *Sitzungsberichte der philosophisch-historischen Classe der Kaiserlichen Akademie der Wissenschaften zu Wien*, Band 102 (1883) 和 108 (1885); Franz X. von Schwarz, *Turkestan, die Wiege der indogermanischen Völker,* 1900, Freiburg, Breisgau Herder。

② 译注：柯恒儒（Julius Klaproth，1783—1835），著名德裔突厥—回鹘学者，长居巴黎。其老师便是波兰学者、探险者兼作家波托奇（Jan Potocki，1761—1815）。

③ 译注：俄文对于"中央亚细亚"（Asie centrale）的准确对译是 Центральная Азия，但也用 Средняя Азия 称之。这里为了区别，拟将后者译为"中部亚细亚"。

④ 译注：原文用歧义词 avatar，"化身、权变、变异、灾变"，本义为印度神灵的各种降临与变化（梵语 ava-tāra-），最近则用指网络世界的虚拟分身等新义，也成为科幻电影"阿凡达"的名称。

安人发祥地的梦想，在塔吉克斯坦共和国自立以后，又再次在该国若干知识分子之间流行起来。事实证明，这块缺乏足够科学根据加以界定的空间［概念］，便利地庇护了帝俄以至苏联跨出其［所领中亚地区］的各种企图，不论是数度夺占新疆，二战期间占领伊朗呼罗珊地区，或者之后对阿富汗的染指①。长期以来，学界对中亚形状的看法也是分歧不一。致力于西伯利亚与蒙古研究的韩百诗给出相当宽泛的语义，而在我的教学之中，我以为应该重新对准中亚的中心，把它限制到更狭窄的范围之内。数十年来，考古学家已经彼此取得了关于这个范围的共识，也就是在"中亚"这个名称之下纳入后苏联时期的五个共和国——土库曼斯坦、乌兹别克斯坦、塔吉克斯坦、哈萨克斯坦以及吉尔吉斯斯坦——还有阿富汗，另外再加上对于中国新疆维吾尔自治区的关注，尤其是过去它与帕米尔西边诸国文化关系密切而活跃的几个历史时期。然而我并非不关心伊朗，尤其是萨珊伊朗这个有时也以征服者面目出现的强邻。它在一些领域里是用来参照的典型，我稍后还要回到这一点。而我也不认为前伊斯兰时期与古典伊斯兰时期的划分总是那么泾渭分明。

　　首先，虽然略嫌简略，我们有必要反省一下这片地区在"中亚"一词尚未创造以前，在西方是如何定义的。在我们的地图上，"中亚"取而代之的其实是鞑靼（Tartarie）或大鞑靼（Grande Tartarie）这样的概念［彩版XVI，图二十三］。它延续了一种准确的史观，而按照这种史观，这一整片地带在前殖民时期的政治结构可以上溯到成吉思汗子孙对蒙古帝国的瓜分。然而由于该地各族居民长期以来被看待的方式，这项旧名并非清白无瑕。鞑靼也就是鞑靼人的国度。圣路易告诉我们鞑靼人来自鞑靼而且必须被赶回那里。我们还可以想到其他历史插曲，于是大家突然开始体认到中亚诸民族就像费亥（Léo Ferré）笔下的无政府主义者②：人们只有在畏惧他们的时候才正视其存在。早在公元842年，在巴格达，哈里发瓦提克（le calife al-Wathiq）便担心游牧民族准备从《古兰经》所述［防遏］雅朱者与马朱者的长城出来③，而派一支探险队伍前往。这支队伍带回了关于某道现实存在长城的记述，而它乃是定居民族朝向草原构筑长城的其中之一——老实说我们真的不清楚中国万里长城是否只是其所述对象的其中一种可能。更早之前，在5世纪，阿富汗及其北方形成了嚈哒帝国，其贵族阶级可能与阿提拉家族有亲缘关系［图1］。公元484年，萨珊君主卑路斯（Pērōz）出战嚈哒而与其精锐骑兵一同身殉。当人们读到这些战役的同时代人物，也就是亚美尼亚

　　① 译注：此处作者仅试图综述过去帝俄及苏联的战略方针，而非合理化其侵略行为。
　　② 译注：Léo Ferré（1916—1993），法国诗人、歌手、作曲家。
　　③ 译注：原文作 Gog et Magog，《古兰经》作 Ya'jūj wa-Ma'jūj "雅朱者与马朱者"，《旧约》等犹太教、基督教作品一般翻作"歌革与玛各"。

编年史作者法普（Lazare de Pharp）对它们的描写，会感到有如在叙述上帝
之鞭或者蒙古侵略：

> 即使在和平时期，仅仅是一名嚈哒人投来的一瞥，或者提到一名嚈哒
> 人，都令所有人感到恐惧。（当卑路斯进入对方领土，）他的军队迈步迟缓，
> 与其说是开赴沙场的战士，更像被判处决的死囚。

图 1　嚈哒君主 Javukha（约 490 年）© 葛乐耐、奥里（François Ory），2013 年

　　发掘今日土库曼斯坦境内的木鹿（Merv）古城，也就是卑路斯开拔的
起点之后，俄国考古学家们发现了从里海南边山区征召而来的兵士——其于
伊朗军队正如瑞士部队之于文艺复兴时期军队[1]——在这场惨烈战役前夕花
销薪饷的场所：一些铜币遗留在一座设有许多单人小间的建筑物，而铜币乃
是这些军人的故国里某个作坊打造出来的。我们的同事最初认为这座建筑物
是一所基督教修院，后来认定该址乃是不适合推荐给道德人士的温柔乡[2]。
　　这项微观例证至少有益于说明，今日考古学者的任务不仅是为古代作
者传述提供实质材料，也在必要时揭穿真相。中亚考古学较之其他地区的
考古学还很年轻。如果先将伟大的新疆探险搁在一边——其中除了斯坦因
（Aurel Stein）的工作还算得上是运用了考古学发掘方法——中亚考古学在
战前主要形成两个学派。双方直到 1980 年代才充分接触，而如今在田野上

---

　　① 译注：此指文艺复兴时期到处参战的瑞士籍军队。他们具有雇佣兵性质，而现身欧
洲诸国之大小战役。其中为梵蒂冈教廷服役的瑞士近卫队至今犹存。
　　② Loginov, S.D., Nikitin, A., « Sasanian coins of the late 4th – 7th centuries from Merv »,
Mesopotamia, 28, 1993, p. 271—312（尤见该文 274 页）。

已经大为融合了。这两个学派分别是阿富汗考古的法国学派，以及中亚诸共和国考古的苏联学派。

DAFA 为印度学家福歇（Alfred Foucher）于 1922 年创立，在很长一段时间里独占该国发掘。其宗旨一方面是研究为数众多的佛教古迹，一方面是寻觅赓续亚历山大诸希腊王国留下的考古遗迹。对于后者，当时人们除了这些王国的钱币之外仍然毫无所知，而其中一些钱币足以纳入希腊化时代钱币中最精美的标本。如果说前者起初便大有斩获，而且还出版了一系列优秀著作，后者则标志着众多挫败：直到 1964 年艾哈农古城（la ville d'Aï Khanoum）发现为止，唉，这场如此漫长的搜索总是得不到报偿。人们习惯用现代地名称呼该址，而现在大家已经一致同意将其比定为古代的欧克拉提底亚（Eucratidia）城，也就是欧克拉提德（Eucratide，公元前 171—144 年）王的都城，他是巴克特里亚最后几任希腊国王之一 ①。此间 DAFA 想办法把握住为人们带来关于贵霜帝国新知的机会。直到那时，人们基本上把这个与罗马帝国同时代的政体看成佛教寺院的拥护者，但是有两回发掘显示这个帝国有着复杂多端的面貌。1937 年是阿甘（Joseph Hackin）揭开贝格拉姆宝藏（trésor de Bégram）的那一年。人们长期以为那是商贾的隐秘埋藏，目前则认为是筑墙以封的王国宝库。不论如何，这座库藏相当缤纷，间杂着亚历山大时代的玻璃器、印度象牙雕艺还有中国漆器，现在选展于吉美博物馆。继之而来的是 1950 年代施龙姆伯格（Daniel Schlumberger）对苏尔赫·柯塔勒（Surkh Kotal）庙址的发掘。这座遗址的性格为第一件大夏语——在巴克特里亚以希腊文字书写的一种伊朗语言——大型碑文所指明，它显示某种并不属于佛教的官方信仰。起初人们相信那是指一位具有独特神格的王朝火神，而如今人们知道这座建筑乃是一系列神庙中首度被发现者，其供奉神像也在索格底亚那（Sogdiane）出土，并且反映出一种不妨称之为琐罗亚斯德教中亚形式（la variante centrasiatique du zoroastrisme）的宗教信仰 ②。它与伊朗西部形式（la variante ouest-iranienne）相左之处在于浓厚的偶像崇拜成份，而其图像原型借鉴了希腊与印度。坦白说，DAFA 没有料到会在苏尔赫·柯塔勒碰上如此特殊的琐罗亚斯德教，然而精细临摹表明其壁画规模甚至超越了巴米扬大佛的其中一座。这幅画也毁于塔利班的愚昧狂热，但后来画中可

---

① 译注：此处采用作者建议方案之一，即翻译中亚地区时采用西方古典译名，例如索格底亚那（玄奘称窣利地区）、巴克特里亚（地理范围略当大夏、睹货逻等），古代语言等学术专词则采用粟特语、大夏语等名称。

② 译注：此处遵作者指示，翻 zoroastrisme 为琐罗亚斯德教。依作者及魏义天（Étienne de la Vaissière）意见（2014 年 6 月 4 日），古代中国人所谓"祆教"严格来说正是这两位学者认知的中亚变体，它主要以"胡天"等具象化的神像崇拜而为汉人所知——这项看法谨供读者参考。

以辨认出伊朗太阳神密特拉（Mithra）在晓光中乘驭马车翻越兴都库什山巅。

　　DAFA 的考古学家是一小群热心人士，依靠颇为匮乏的资源进行工作，有时还缺少法国当局的大力支持。至于苏联在中亚的考古，比起苏联境内其他地区的考古都更加是一项国家性事业。这意味着一些相当浩大的，使用各式研究法与工具器材的队伍都参与其中。其中一些可谓举足轻重：比如在咸海之南的花剌子模（Khorezm）——古典作者称之为 Chorasmie[①]——其发掘者托尔斯托夫（Sergej Tolstov）组织苏联红军的飞机进行航空拍摄。其照片让他得以做出第一张关于古代水渠网络系统变迁的地图，而这种国家级地图乃是空前性的成就。这场世界考古学史上前所未有的努力具有复杂动机：［首先是］一种百科全书派的通今博古精神（l'esprit encylopédiste）[②]，它鼓舞着方兴未艾的苏联学术界，而使组织出来的那些考古队伍几乎完全是跨学科的。"花剌子模考古学与民族学研究调查队"（Expédition Archéologique et Ethnographique du Khorezm）这个名称本身就是个例子。某种急迫感也涉入其中。这片土地上星散着古代堡垒，尽管只是土坯筑成，却依然屹立不倒，而人们意识到这片历史悠久的地景将因为灌溉系统的重新修建而消失［图 2］。最后，一个很少公开表露但相当迫切的忧虑是为这些民族保存一些其实与伊斯兰无关的历史记忆。中亚的所有地区，从绿洲到沙漠，以至于帕米尔、阿尔泰诸山中最远离人烟的河谷，都受益于这项努力不懈的工作，直到 1970 年代才开始消歇。即使在我们现在这个年代，没有学生能够在不先潜心阅读这些陈年作品的情况下宣称自己专攻这片地区的考古，而人们至今仍然继续从这些作品中提取基本研究材料。当然，在辉煌成功之余，这项史诗般波澜壮阔的科学调查也有其隐晦不明的一面：几乎全以俄文撰成的著作、过分诠释为宗教遗存抑或是施加这方面推测的风气倾向、国外著作的有限涉猎；还有个别学者所遭受的灾难性牵连，导致一些人的研究生涯受创夭折，而许多发掘未曾公诸于世。长期以来，包括我个人在内的西方考古学者，都以为考古学者在苏联是种颇为受到监护的职业，供以遣送一些不屈的知识分子或犹太知识分子（往往身兼两者）栖身其中。这样的错觉在《人与命运——苏维埃时期政治恐怖下牺牲的东方学家传记辞典》（*Hommes et destins. Dictionnaire bibliographique des orientalistes victimes de la répression*

---

　　① 译注：《魏书》、《新唐书》、《大唐西域记》分别称为呼似密、火寻以及货利习弥迦。
　　② 译注：此处指涉启蒙时代以降的思想流派，以狄德罗（Denis Diderot, 1713—1784）等法国学者为代表。

politique dans la période soviétique）一书于圣彼得堡问世之后 [1]，已经不再起作用了。

图 2　花剌子模地区 Gjaur-kala 的前伊斯兰时期古城（公元前 2 至前 1 世纪），摄于 1930 年代　（转载自 Ju. A. Rapoport, E. E. Nerazik, L. M. Levina, *V nizov'jakh Oksa i Jaksarta*, Moskva, 2000, pl. 26）

我方才提到长期压制着中亚考古的隔阂现象。过去只有几位过客片面地化解困境，比如一度任职 DAFA 负责人的俄裔法国考古学家吉尔什曼（Roman Ghirshman）[2]，他出版托尔斯托夫关于花剌子模著作的具体摘要，并且在其巨著《伊朗——帕提亚与萨珊》（*Iran. Parthes et Sassanides*）[3] 中大幅提供苏联的城市考古发掘资料，以利于专家与大众阅读。1965 年双方开始破冰：在那一年，由于阿富汗当局要求，法国与苏联考古学者首次肩并肩地发掘艾哈农遗址，而这主要是出于阿富汗当局对政治情势的考虑。于是主持该次发

---

[1]　Vasil'kov, Ja.V., Sorokina, M.Ju. (éd.), *Ljudi i sud'by. Biobibliograficheskij slovar' vosto-kovedov – zhertv politicheskogo terrora v sovetskij period (1917-1991)*, Saint-Pétersbourg, 2003.（译注：亦即过去法国学者对于俄国同行的若干误解已然冰释，且俄国考古蔚然可观，以往西方人的偏见不再通行了。）

[2]　译注：Roman Ghirshman（1895—1979），乌克兰裔法国考古学家。1931 年任职法国伊朗考古代表团负责人。1941 年因阿甘辞去 DAFA 负责人职务而短暂接手，1943 年去职。

[3]　Paris, Gallimard, coll. « L'Univers des formes », 1962.

掘的贝尔纳（Paul Bernard）让他所有志于此道的青年队员学习俄语，并且鼓励这些人大量使用苏俄考古队的材料来撰写具有深度的博士论文，而我有幸忝为其中一员。在我出差前往苏联境内参加发掘之后不久——到现在这种出差还在不断进行——我得以见证艾哈农遗址的揭开所引发的周遭关注。中亚其他地区保存的古城没有一座比得上它。它是如此希腊，而又如此巴克特里亚。其希腊性格在于文化上的高水平展现：剧院、体育场 ［图 3］与石雕；

图 3　艾哈农的体育馆（最终阶段，公元前 2 世纪中期）© DAFA，1975 年

其巴克特利亚性格则在于各种生产模式与日常生活，或许还反映在宗教地理学上的地望，因为它建筑在妫水（Oxus）——或者说 Ochus——一道支流边，而这条河流（译者按：指妫水）在琐罗亚斯德教传统上乃是"善水"（Bonne Rivière），琐罗亚斯德曾在其水边悟道。不过在最初的热潮过后，艾哈农没有再引起希腊史家多少兴趣，有些人失望地在那里发现了一个"打了折的希腊"[①]，碑铭也几付阙如，犹如荒漠。［幸而］发掘宫殿时找到的一些经济铭文以及一件保存了哲学问答片段的纸草卷残片，也许是亚里士多德失传论文篇章之一，终结了这段乏人问津的悲伤时光[②]。阿多（Pierre Hadot）在其

---

① 译注：原文为 une Grèce au rabais，字面意指因货物质量降低而廉价销售。
② 译注：所谓经济铭文（inscriptions économiques）指陶器墨书希腊文。

法兰西学院专题讨论课堂上用一整年的时间解读这件纸草哲学文献。但这些收获来得太迟，那已经是阿富汗一连串骚动事件的前夕，这些事件迫使人们在盗掘者毁坏这座遗址之前放弃了它①。

这片失落的田野并未令新资料的出现开始停顿，而是收之桑榆。利用经济改革（pérestroïka）之契机②，苏联同行终于得以向外国考古学者提议以合作形式开放发掘现场给他们，这是过去即使在沙皇时代也从来不能想象的事情。1989 年，在法国国家科学研究中心（CNRS）与外交部支持下，我在撒马尔罕建立了法兰西—苏联索格底亚那考古队（la Mission archéologique franco-soviétique de Sogdiane）。两年后乌兹别克斯坦独立，但仍然热心维持这项开放合作，该队乃更名为"法兰西——乌兹别克"索格底亚那考古队。在［体会］阿富汗人民手足般的情谊之后，我们学到如何与乌兹别克人民互相友爱。在那里持续进行的通力合作，尽管是采用同一套工作法并且协调出版，乃是集结了我们在艾哈农的同事、苏联时期的发掘老手、乌兹别克年轻考古学者，以及越来越多来到此地受训的各国学生［而展开］。DAFA 派出的另一支考古队则比我们先踏上塔吉克斯坦，该队目前还在发掘一座上溯到铜石并用时代的重要遗址萨拉子目（Sarazm）。来自法国、欧洲、澳大利亚、日本的队伍，还有现在重新出现的俄国队伍，以同样的跨国合作原则在其他遗址上工作。

之所以赌上撒马尔罕作为我们在中亚田野的第二次机会，乃是基于一项旧有认知的重新发挥，不过它到现在才充分开花结果。这里所说的重新发挥，就是重新从古代与中古早期发现粟特文明，而主要系之于旁吉肯特（Pendjikent）遗址发掘③。该址自战后便立即由艾尔米塔什博物馆进行发掘，至今不辍。索格底亚那乃是古典时代以来对撒马尔罕及布哈拉的称呼，它向南延伸直至阿姆河，也就是古代的妫水（Oxus）。建基于公元 5 世纪的旁吉肯特位于撒马尔罕以东 60 公里，现在塔吉克斯坦境内。它从前便用来与庞贝古城相比，这虽然是考古学上的泛泛比较，如今却为一些允当的类比所支持。那儿也是一座中型城镇，包括城郭外面的周边区域至多能够容纳五、六千人。并且在那里，贵族人口——抑或仅仅是一些富裕居民——比例特殊，一部分是因为旁吉肯特曾在十余年间幸免于阿拉伯人 712 年对撒马尔罕的征服。在此期间，该城欢迎来自首都为数不少的大家族，它们彼此社会

---

① 最新面世的一卷是 Lécuyot, G., Bernard, P., Francfort, H.-P., Lyonnet, B., Martinez-Sève, L., *L'Habitat. Fouilles d'Aï Khanoum IX* (*Mémoires de la DAFA en Afghanistan*, XXXIV), Paris, 2013. 该卷中可以找到该遗址工作的已有成果书目。

② 译注：俄文 перестройка，也就是戈尔巴乔夫 1987 年起推动的一连串改革措施。

③ 译注：承张广达先生指教（2014 年 9 月），马小鹤先生曾考订该地相当于《新唐书》所载钵息德城，见该氏《米国钵息德城考》，《中亚学刊》第 2 辑，北京，中华书局，1987 年。

竞争意识强烈，而热衷于建造丹青涂饰的小型宫殿式宅邸。像庞贝一样，旁吉肯特也是从某种类似于封埋的状态下被发现的，不是为火山灰烬所覆盖，而是在第一代伊斯兰化居民的迅速弃置后，掩埋在颓圮土墙之下。最后，也如同庞贝一样，目前该址约有一半表土被揭开，这为遗迹的诠释打通了关口①。我还应当补充，该发掘先后为现代俄国东方学两位最伟大的人物所主导。首先是别列尼斯基（Aleksandr Belenitskij），他最初是杰出的阿拉伯与波斯专家，在斯大林主义的最后几波震荡中，为了逃离威胁到圣彼得堡东方学派的整肃，他被迫转职到考古学领域。由于其原有学养，他在比对并交互发明图像资料与文学作品方面拥有无与伦比的才能。继承他的是吾友马尔沙克（Boris Marshak），2006 年逝世于发掘现场。凭借田野考古以及形式分析之中最为严格的方法，他延续了这份知识承传。所有中亚考古学家都知道旁吉肯特是研究参考的依归。不过，他也中肯地重新唤起索格底亚那对于 5 至 8 世纪历史的主要贡献，亦即其在穿越亚洲大陆贸易所有阶段发挥出来的组织者角色——从中国到拜占庭，从蒙古草原到喜马拉雅山麓——这样的角色在旁吉肯特无法得到多少线索，因为那里彰显的价值主要是贵族的社交情谊与战士的丰功伟业。如果这部伟大商业史在魏义天（Étienne de la Vaissière）于法兰西学院出版的专著中得以受到决定性的阐明，那大多是基于文字资料：商人书信、汉文通关文书、商队在前往印度途中在印度河上游河谷间留下的石刻题记。

　　奥妙的是，关于粟特文明的各种发现为中亚研究开启了重返印度与中国的新契机，而这两地在上世纪初乃是中亚研究的出发点。在印度北方，正是粟特与巴克特里亚考古领导了人们重新评估所谓"匈人"（Huns）与嚈哒时代的年表，它无论在同时代佛教徒的传世记述，或是在我刚才引述的亚美尼亚编年史料之中都隐晦不明。就长期而言，这实际上是一段在新生成的共同政治场域（le nouvel espace politique commun）内互动特别丰富的时代，而这块场域乃是在［横扫］印度与中亚的马背上形成的②。于是中亚面临新一波城市化，作用于带有防御设施的中型城镇；也缘于此，贵霜帝国内部产生的不同壁画派别迁徙到索格底亚那，在那里孕育出一种既能够描绘琐罗亚斯德教诸神明，也能够描绘伊朗史诗或者来自不同传统的寓言故事的艺术。而在中国北方，1990 年代起一连串 6 世纪末移住（établis à

---

① 译注：原文 ce qui entraîne un effet de seuil dans les possibilités d'interprétation des vestiges 照翻为"这对诠释遗迹的各种可能方式引来临界效应"。其中临界效应指某个变量超过阈值后呈现出新的现象。

② Grenet, F., « Regional interaction in Central Asia and Northwest India in the Kidarite and Hephtalite periods », in Nicolas Sims-Williams (éd.), Indo-Iranian languages and peoples, Oxford, Oxford University Press, 2002.

demeure）粟特商人石雕墓的陆续发现，革新了人们对于这些中亚精英在北周与隋帝国所具地位的认知，还提供了琐罗亚斯德教神话在人们所知范围内关于天堂最详细的景象①。在长年对这些异邦要素保持缄默之后，如今我们的中国同事充分地接纳了它们，并且诉诸索格底亚那专家的专业知识。

人们现在知道许多关于粟特人的事情，关于他们在巴克特里亚与花剌子模的邻居亦然。对于这些人群，人们固然还有许多无知之处，并且在我们整理出来的新信息之中，有一些是彼此冲突的，有些甚且涉及人们以为业已无可置疑的观念。［时间］所限，我仅回顾其中一些既违反既有认知又为我们开创新局的难题（paradoxes）②。

第一个难题在于权力的结构以及王权的定位。与萨珊伊朗同时代的中亚，长年以来被认为有如前者在文化上的某种延伸。今日我们知道这样的观点之中不乏某种真知灼见，不过那主要触及的是权力的象征体系（symbolique du pouvoir）。中亚各邦国君主一一登场，而且很有可能把自己看成与萨珊诸王的平辈（équivalents）③，尤其是伊朗王权开始衰亡以后。公元660年，亦即流亡的末代王中之王于木鹿被刺身亡九年之后，与唐朝缔盟的撒马尔罕王便在其首都一座豪华宅邸内订做或者设计一套把自己描画成太平盛世君主的连环图画。画中，他在新年节庆期间现身接待各方使节，而这正属于萨珊诸王的公众政治职责④。在厅堂南壁，也就是宇宙观之中象征王中之王的方位，这位撒马尔罕王领导前往先祖灵寝的队列［彩版 XVII，图二十四］。尽管如此，人们知道他的王朝一如众多粟特王朝一般短暂，不超过二、三代。在某次政变的激烈活动之中，壁画上若干脸孔被抹去。倭马亚（Omeyyade）征服者发现这个地区为彼此对立的王侯所瓜分，实权则落在若干突厥部落联盟、专政官僚及商人手中，而这些势力自己也分组党派，马尔沙克将其比之于归尔甫派（Guelfs）与吉伯林派（Gibelins）⑤，只不过在当地换成阿拉伯派与中国派。

宗教领域里的难题也很多。人们早已习惯于读到佛教的主要支持来自城市商人阶级。人们甚至可能视情况将这种论断套用到巴克特里亚——佛教尽管未在当地独擅胜场，地位却举足轻重。然而在索格底亚那，也就是这些社

---

① Grenet, F., « Religious diversity among Sogdian merchants in sixth-century China : Zoroastrianism, Buddhism, Manichaeism, and Hinduism », *Comparative Studies of South Asia, Africa and the Middle East*, vol. 27, n° 2, 2007, p. 463-478.

② 译注：通常译为"吊诡"或"悖论"。此处照作者指示翻成较不易引起误解的"难题"。

③ 译注：作者解释此处应理解为"平等、相等、平分"（略如英文 equal），而不是"等同、同一"或"相应、等价"（略如英文 identical、equivalent）。

④ Comparetti, M., la Vaissière, É. de (éd.), *Royal Naurūz in Samarkand. Proceedings of the conference held in Venice on the pre-Islamic paintings at Afrasiab*, Pise/Rome, 2006.

⑤ 译注：中世纪在意大利中北部分别支持教皇与神圣罗马帝国的派别。

会中最商业化的一个，情形却正好相反：佛教的考古学迹象极少，而中国巡
礼僧玄奘在 630 年经过撒马尔罕时提到那里几乎不再有僧徒，最后的那一些
也在自己的寺院里被琐罗亚斯德教狂热份子以用来净化的火炬烧逐①。粟特
佛教徒确实留下丰富文字资料，但就实际证据而言，这些佛教徒只存在于中
国，而他们是在中国就地改宗的。琐罗亚斯德教作为萨珊伊朗的王室宗教与
国教，原则上应该是延续萨珊伊朗的要素之一，可是正如我方才借机提到的，
它在中亚却以相当不同的面貌呈现。其最引人瞩目的原创性乃是留给偶像崇
拜的宽广空间。伊朗只知道创造一种可悲而贫乏的宗教艺术，所有创造力都
投到了体现王朝专制的艺术之中。相反地，"权威"（authentique）不下于
伊朗琐罗亚斯德教的中亚琐罗亚斯德教——倘若"权威"这个词语在宗教史
上有其意义——不论如何［还是］具有其本地原创性②。［尽管］它同伊朗
的琐罗亚斯德教钻研相同文献，并共享若干仪式，该地的琐罗亚斯德教却从
未显现出对于接纳偶像的忌讳。它们起初由希腊移民所提供，接着得自与罗
马帝国的接触，然后来自印度教③。这些神像原型的转化过程远非卑躬屈膝
地模仿盲从，而是被重新加以改造，以适应于人们对伊朗众神赋予的性格，
而且还显然带有一种务求完备的顾虑：或许有朝一日可以证实［粟特］历日
上二十七位神明各具形象④。此中也有纯凭文献创造出来的原创性神明。最
后，也有一些异国要素牵涉到这种伊朗宗教中，不过它们是整合到岁时节庆
里面的：美索不达米亚对伊丝塔（Ishtar）女神的崇拜——在中亚称为娜娜
（Nana）——还有近几年的惊人发现，也就是狄美特（Déméter）信仰与娜
娜信仰在一些季节性庆典上的联结。人们被迫在这个尤里西斯（Éleusis）神
话的移植里重新认识到某种希腊时代馀绪，即使没有一枚希腊时期的巴克特
里亚钱币标有可以比附于他们的神像。

　　粟特宗教另一个与萨珊琐罗亚斯德教的重要差异——坦白说还挺可
爱的——在于后者往往在排斥异己的活动中带有恶意。而粟特宗教除了对
于佛教，并不进行宗教迫害。这大概是因为粟特宗教从未全面获得政府支
持⑤，它总是必须适应其他信仰的存在。其中一些信仰——例如佛教与印度

---

　　① 译注：《大唐大慈恩寺三藏法师传》卷二："五百余里，至飒秣建国。此言康国，
王及百姓不信佛法，以事火为道。有寺两所，迥无僧居，客僧投者，诸胡以火烧逐不许停住。"
　　② 译注：原文带有宗教哲学论辩。即不论所谓"权威性"是否可以直接诉诸信仰之"正
统"，在中亚深具威望的琐罗亚思德教相当具有本地特色。
　　③ Grenet, F., « Iranian gods in Hindu garb : the Zoroastrian pantheon of the Bactrians and
Sogdians, second-eighth centuries », *Bulletin of the Asia Institute*, n° 20, 2010, p. 87-99.
　　④ 译注：据作者及魏义天解说（2014 年 6 月 4 日），中亚琐罗亚斯德教并非将异教诸
神纳入崇拜对象，而是利用这些已经存在的艺术要素来塑造自己所信仰的神明的外在形象。
其观点谨供读者参考。
　　⑤ 译注：原文 des appareils d'État 在此简译"政府"。直译"国家机器"或"各机关部门"。

教——在巴克特里亚早已受益于贵霜政权的眷顾，虽然其钱币几乎只标志琐罗亚斯德教神祇。与伊朗情况相反，没有一位犹太教、基督教或摩尼教殉道圣徒的名字把我们带领到前伊斯兰时期的中亚。这当然并不证明中亚从来没有出现过这些宗教的殉难者，但显然这类迫害事件的重大程度尚不足以写进殉教史。

　　另一个值得稍许盘桓的难题是书写的运用。藉由接踵而至的发现，中亚的古代民族重新开始用自己的话语向我们言说，不再只通过其他民族。几乎在 11 世纪以降便告消亡的粟特语，现在是广为人知——我自己就认识三位能说这种语言的同行，虽然其实他们每个人的发音都相当不同，一位有着英语腔、一位有着日语腔、一位有着俄语腔。至于大夏语（bactrien），往昔它只能征诸若干建筑纪念碑，1991 年开始它重新恢复生气，因为那一年人们为了埋藏军火而重新打开一座石窟，发现某阿富汗山区小国在 4 到 8 世纪间发出的羊皮文书档案，数量不菲①。然而也必须好好承认，这些文书翰墨并没有带给我们所有理当有权盼望的信息。粟特文献固然含有比重可观的文学性写本，然而其主体乃是那些以传道为使命的伟大宗教，也就是佛教、景教与摩尼教，它们的经典在前往中国的路途上翻成粟特语。可是中国人教我们知道，粟特人歌咏于道路并且携带乐器。如果他们吟唱，他们就有诗词，而人们还在寻觅粟特诗歌。旁吉肯特豪族宅邸墙上的带状绘画描写着史诗情节，也有一些以综合方式表现各种格言故事与警世短篇的小巧图画。在所有这些可以比定出来的主题之中，只有一种，也就是英雄鲁斯坦（Rostam）丰功伟业的其中一幕［彩版 XVII，图二十五］，在粟特文献的一件残本中有所发现。粟特文献还含有摩尼教徒时而从伊索寓言、圣经与印度《五卷书》（Panchatantra）激发灵感而写下的各种短篇故事，其中《五卷书》也是拉封丹寓言集之中一部分故事的源头。所有这些要素都在壁画描写的短篇总汇中呼之欲出，或者可以如此推察，然而不论是哪一例故事，人们还不能破解它们［与已知粟特文本的］的直接关联。

　　至于大夏语，其情况更让人沮丧。我曾把最近发现的羊皮文书照片拿给一位中世史学者看，他惊叹："我们在说的是中世纪的公证文书吧！"我回答他："这些就是中世纪的公证文书呀！"②［图 4］我们的中世史学者幸

---

①　Sims-Williams, N., « Nouveaux documents sur l'histoire et la langue de la Bactriane », *Comptes rendus de l'Académie des inscriptions et belles-lettres* [下文简称 *CRAI*], vol. 140, n° 2, 1996, p. 633—654 ; idem, *Bactrian Documents*, 3 vol., Londres, 2007—2012 (*Corpus Inscriptionum Iranicarum*, II.VI). 粟特语文书档案方面参见 Livshits, V.A., *Sogdijskaja èpigrafika Srednej Azii i Semirech'ja*, Saint-Pétersbourg, 2008.

②　译注：chartes 在法国中世史研究用指公文书或者经过公家签章钤印的文书，包括公证契约等。大夏语文献则以当众认证的契约等各式文书为主，多半亦具公证性质。

福地坐拥各种公证文书，可要是中世纪留下来的文献除此无他，他们大概不会那么幸福了。然而这差不多就是巴克特里亚的情况，只有少数私人书信文字属于例外。有些人名仿佛灵光乍现地让人瞥见某种书写文化底蕴。一枚 5 世纪印章留有一位年轻公主的头像，她的名字莎赫扎德（Schéhérazade）[图 5] 是我们在《一千零一夜》莎赫扎德的年代以前惟一知晓的同名者。她是否有趣事想说？人们乐于如此遐想。而要是正经一点，大夏语文书里面出现的另一位主人公名叫普朗琴（Purlangzin），意思是"豹皮人"（l'Homme à la peau de panthère）：这正是我们适才在旁吉肯特见到的英雄鲁斯坦的姓氏，而人们在格鲁吉亚史诗《虎皮骑士》（*Le Chevalier à la peau de tigre*）中又重新见到他[①]。

图 4　大夏语买卖契约（文书 J），公元 518 年；文字源自希腊文　© 辛姆斯·威廉姆斯，1996 年

图 5　Tsiurâzâd，巴克特里亚的莎赫扎德（约 400—430 年）© 辛姆斯·威廉姆斯，2005 年

　　我们要对未来的发现有信心。即使这些文学作品主要通过口耳相传保

---

　　① 分别参见 Sims-Williams, N., *Bactrian Personal Names (Iranisches Personennamenbuch: Mitteliranische Personennamen, 7)*, Vienne, Austrian Academy of Sciences Press, 2010, 438 号及 379 号词条。译注：莎赫扎德即《一千零一夜》中每夜讲故事的王妃，又译山鲁佐德。格鲁吉亚史诗《虎皮骑士》为法文通用译名之一，又名《豹皮骑士》（*Le Chevalier à la peau de panthère*），格鲁吉亚语作 *Vepkhist'q'aosani*，字面义为"披有豹皮者"。

存，将来在断简残篇中发现它们的几率还是不可忽略的，并且也许是以插画写卷的形式，人们推测那是用来当作粟特绘画的题材谱录。但人们不敢奢望在音乐方面也将如此，就算是那些古代乐器已越来越广为人知。

不应讳言^①，这些发现，尤其是那些材质容易损坏的新出文献与绘画，越来越少得自正规发掘，而多半来自古董交易市场，大夏语文书档案的情况便是如此。在阿富汗，虽然 DAFA 于 2002 年重新启动考古工作，考古学者尽职之所得还不如非法盗掘头子的斩获。在前苏联时期的［中亚］共和国里，这种职业并不存在，至少不为我所知。然而考古作为一种职业，它在经济上越来越缺乏吸引力，所以当训练有素的这一代从上个世代接棒时，人们可以想见其间的隐忧。各个新兴共和国之间愈趋强化的边防也妨碍了研究者的个人交流。古迹重修令人忧心忡忡地感到专业性不足，而与此同时，撒马尔罕历史博物馆（Musée d'Histoire de Samarkand）这间不但是考古学，也是民族学收藏最丰富的博物馆之一，却在不清楚是否还会重新开张的情况下关闭了。不过我们自己还有资格向别人说教吗？我们国家图书馆的徽章部（Cabinet des Médailles）在诸多藏品之外，也保管伊朗与中亚的钱币与艺品珍藏。就像我自己所经历的，人们还可以在其中获得重大发现。但它至今已有四年闭门不开，非但迫于财源，看来也可以归咎于跟这批学术宝藏有关的，理当是足够睿智的行政咨询人员。

我们还是转到更积极的征兆上，它们挺能作为其他征兆的补偿。就在我讲话的这一刻，所有相关国家的考古发掘都在重新活跃起来。在新疆这片当局迟迟不开放给外国考古学者的地方，现在他们出现在考古田野现场上了，尤其是在塔克拉玛干南部沙漠化古绿洲上取得了显著成就的一支法国队伍。另一个振奋人心的因素［关联到］公元最初几个世纪的编年史。以前这段历史很是模糊，而现在，在大抵终结了上世纪耗去太多精神的争辩之后，它变得更加可靠。"钱币萃编"（Sylloge nummorum）这项最初由维也纳与巴黎联合发起的国际事业，正在将可行范围内最好的设备投入伊朗与中亚钱币研究。所有时代的陶器也各自受到研究，或即将接受研究，其成果形式为论文或陶片选集图鉴（tessonniers de référence），而这主要受惠于马尔沙克、葛丹（Jean-Claude Gardin）与黎雍（Bertille Lyonne）先后付出的努力。最后，中亚考古迟未运用物理科学的问题也逐渐解除。最近提出了一个令人信服的气候学模式，它把蒙古第一突厥帝国的崩溃联系到 626 年的一场火山爆发^②。而很快会有人向我们提出另一个值得纳入考虑的气候学模式，来为成

---

①　译注：原文双关法国时事，字面意为"不该将脸庞藏在面纱之下"（Il ne faut pas se voiler la face）。

②　Fei, J., Zhou, J., Hou, Y., « Circa A.D. 626 volcanic eruption, climatic cooling, and the collapse of the Eastern Turkic empire », *Climatic Change*, n° 81, 2007, p. 469-475.

吉思汗帝国闪电般的扩张与日后的分裂提出新解。［体质人类学的］脱氧核糖核酸分析也不请自来，它可能在关于新疆的事情上有些咄咄逼人，因为在若干西方研究者之间，这类研究通过展示一些红发干尸——其实它们乃是来自相当不同的时期——而暴露出想要全力将这个地区的过往加以去中国化的意图；与此同时，有些人又衷心相信一些表面上的语言学比较，而把古代龟兹诗人俨然弄成一副凯尔特吟游诗人的样子①。法兰西学院将准备以审思明辨以及开放宽容的态度，与我的学术伙伴们在一起筹划的专题工作坊上迎接创新学说②。

　　如果说好几个以阐明中亚这个概念为宗旨，而以集大成为目标的研究计划差不多在同一个时间冒出来，这应该并非偶然。我参与其间，并且我预料自己在学院最初几年的教学会伴随着进行整合的努力。特别是我将提议介绍一些城市考古发掘的现场情况，从铁器时代——持续到我们这个时代的大型绿洲重镇就是在那个时代兴起的——直到伊斯兰时代初期。至于遭遇了初级城市化以及随后差不多是全面衰退的青铜时代，我将邀我专攻有成的同事们来到我的专题讨论课，这方面我们肯定不缺人。许多大型发掘的成果现在刊布完毕了；有些发掘只是部分得以刊布，而且很可能永远无法克尽全功；还有一些则刚要迈入这个进程。每个遗址各有其学术性格，这关联到它自身拥有的历史，关联到载籍多寡，也关联到不同考古队的方法与前提。看起来，用一份共同问卷把这些个别城市史串联在一起的时刻已经来到：何时以及为何这些城镇得以产生？何时以及为何这些城镇衰亡或者迁徙？一座城镇到另一座城镇之间是否有驿道？显现给考古学家的建筑遗迹布局，是否总是蕴含城市生活主要功能的相关信息？如果举撒马尔罕为例，其答案远远称不上明确：一如普哈特（Hugo Pratt）画册里被提起而永远没有画出来的撒马尔罕③，我们今日所发掘出来的一些蒙元时期以前城镇中心的遗迹，让人感觉到少许虚拟城市的印象。在这个城市里，人们不断着手施工，却很少完工——不管他们想建筑的究竟是什么，假如那不是城墙的话。因为每个接掌政权者总想放上自己的标志，而无视前任的规章。

---

① 译注：反身动词 s'invitent 有"不请自来"及"相邀"二义，此处译作者本意，也就是对西方若干号称"科学"研究的动机及合理性提出质疑。惟关于所谓"吐火罗人"的起源，历来学者众说纷纭，作者意见属于个别研究者观点，不代表出版单位意见。

② 译注：此处专题工作坊（journées d'études）近于研究工作坊（workshop），采用不定期举办的形式。

③ 译注：Hugo Pratt（1927—1995），20 世纪意大利漫画家，其著名冒险漫画 Corto Maltese 系列第 26 集为《撒马尔罕的黄金屋》（1980 年，法文题名 La Maison dorée de Samarkand，意大利文题名 La casa dorata di Samarcanda）。

　　我的专题讨论课的功能之一 [①]，应该是致力于我拟称之为"文献征引的警惕性"（veille documentaire）此一议题。在中亚，善于接纳并运用出乎预料的新知，大概比在其他地区都更加重要。当我回想这十五年来自己的学术生产，我发觉自己的论文至少有四分之一完全超出预定计划之外。当初有谁能够事先在几个月前预见，阿富汗竟然会在历经二十年来的封闭之后，于 2002 年重新开放给考古学研究 [②]？当一幅萨珊浮雕的照相交到我手上——它刻在喀布尔北方一座山壁上，可是这种浮雕以往未曾在伊朗的东边发现过——这让我赶紧停下所有工作来组织一个考古队，惟恐它遭受不虞。人们没想到这是一幅萨珊浮雕，更没想到研究出来的结果，也就是说它是一幅沙普尔一世（Shāpūr I[er]）的浮雕。［画面中］这位罗马人的征服者在芒果树下猎犀牛，而［喀布尔］那里可是既没有犀牛也没有芒果树。［图 6］沙普尔借着选择这些题材（motifs）邀我们往印度的方向看去，而那正是他准备前往攻打的地方 [③]。2006 年又有一次突如其来的类似经验，那时候我收到哈萨克斯坦发现若干碑文的照片。这些照片已经秘密流传了一阵子，［碑文］被推测为希伯来文。我怀疑它们是粟特文而寄给辛姆斯·威廉姆斯（Nicholas Sims-Williams），他立刻作出全部录文而证明了我的想法：这些是这种语文最为古老的文书，是草原前线上军事与屯垦殖民地的通告，它们可以系于 2 世纪或 3 世纪初，而以往人们对于那个时期的粟特人只知道是前往中国途中的成队商旅 [④]。这使我联系碑文所出遗址的发掘者，而将我队关注区域拓展到哈萨克斯坦。最后一个例子也是在 2006 年，我们在花剌子模进行作业的澳大利亚同行们宣称他们发掘的，没有被往昔苏联队伍注意到的 Kazakly-yatkan 遗址，乃是这个王国最初的首都，其时代处于公元前后的二、三百年间。这一判断主要仰仗若干壁画的发现，而他们让我参与其研究 [⑤]。这些壁画所处在的总体构图（contexte）可能是新年节庆景象，它们描绘着可堪比拟于波斯波利斯城（Persepolis）的马队行进，还有一整座长廊的王室成员肖像，可能是王族列位祖先。对于这样的构图，我们在整个伊朗文化圈中只找得到

---

　　① 　译注：该院"专题讨论课"（séminaire）指每周大约二小时的大众讲座后，移师至较小教室进行的进阶课程。

　　② 　Bernard, P., Besenval, R., Marquis, Ph., « Du 'mirage bactrien' aux réalités ar-chéologiques : nouvelles fouilles de la Délégation archéologique française en Afghanistan (DAFA) à Bactres (2004-2005) », *CRAI*, 2006, p. 1175-1248.

　　③ 　Grenet, F., « Découverte d'un relief sassanide dans le Nord de l'Afghanistan », *CRAI*, 2005, p. 115-134.

　　④ 　Grenet, F., Podushkin, A., Sims-Williams, N., « Les premiers monuments de la langue sog-dienne : les inscriptions de Kultobe au Kazakhstan », *CRAI*, 2007, p. 1005-1034.

　　⑤ 　Kidd, F., Betts, A.V.G., « Entre le fleuve et la steppe : nouvelles perspectives sur le Khorezm ancien », *CRAI*, 2010, p. 637-686.

图 6 位于阿富汗 Rag-i Bibi 的萨珊浮雕（约 250—270 年）：沙普尔一世猎犀牛图，摄于 2004 年考察期间。© 葛乐耐、奥里，2004 年

一个可供比较的遗址点，它与之完全同时，地理位置却迥然相对：这样的一座伊朗与希腊列祖列宗廊道群像，只出现在土耳其东部的 Nimrud Dagh 王家陵墓。

确实，在一些田野地工作开张的同时，其他田野则有关闭之虞并且缺乏事先通知。但是所有中亚国家之间的历史性互动，以及方法学上田野、文献与图画之间固不可缺的往复来回，都提供许多反省与重新调整方向的可能性。所有在这个地区工作的研究者，都曾经在其生涯中的某个时刻体认到，这些局限在经验上可以证明比一些［经过学者长期耕耘］生根而过于安逸的［考古田野环境］更具有振奋激励的作用。

我在这次讲演之中，尝试表达人们可以在演说中亚的时候，允许自己在用词上作一项重大省略。你们大概正在等待而还没听到的语词是"丝绸之路"。我绝不是认为这项产品在历史上的角色无足轻重，也无意否定地理学家李希霍芬（Ferdinand von Richthofen）在 1877 年虚拟（forgée）的"丝绸之路"概念，对我们这项学科的发展在考证方面起过可观的启发作用。但今日这个词语历经各式加料调味，有点令人疲乏了。它遮掩了一个现在业已众所周知的事实，就是丝帛对生产它们的中国人来说并不是一种用来赚钱的商品，只是用来支付官员与赏赐外国君主的货币之一，特别是赐给那些游牧威胁势力。是粟特商人在途中将之作为资本来操作，而使其成为一种经济学上的商品 ①。可即使是从这些人的观点来看，丝帛似乎也并非总是被视为他们的活动重心。阅读他们交换的书信以及他们所过边关的记录，这些人完全也可以自诩为麝香之路或檀香之路上的巨贾。不管怎么说，以现代商业规模而言，这些交易量微不足道，各种货物品项也不怎么沉重，其价格则不啻是象征性的定价 ②。纵使长途贸易借着它所能企及的各种接触大为推动了中亚的宗教、文学与艺术文化，我们还是必须破除长途贸易曾经构成经济基础的成见。中亚的经济基础——依不同地区而可以上溯到铜器时代或者铁器时代——乃是掏渠者不断被重新征发的劳力。人们喜欢把这些掏渠人说成水利工程师，因为他们的专业足以与现代技术相媲美。与此关联的是选拔作物以及培育使之适应风土的独到才能，尤其是水果：在粟特商业时期，撒马尔罕的"金桃"在中国已经获得传奇性声誉［彩版 XVIII，图二十六］③，而很晚以后，伟大的莫卧儿君主巴布尔（Bâbur）这位印度征服者在其《回忆录》坦言，当他终于能再次享用一枚人们封在冰块里带给他的喀布尔甜瓜，那天他掉下了眼泪。古植物学现在出来证实这些长年以来只征诸文学与图画的资料。中亚的［经济］本质也在于以各种用途形式出现的坯泥（terre crue），在于陶艺、贵金属工艺、半宝石工艺，而由于建筑石材匮乏，也在于木雕工艺——虽然现在稀罕得多了。还有织毯工艺、帐幔（tenture）工艺，总的来说就是都市舒适生活的艺术，除了一个明显例外是希腊时代与伊斯兰到来之间澡堂设备的消失。其本质还在于定居文化圈与游牧文化圈之间的交换与互补关系，而大家知道它同时也是这个地区的比较特殊的性质。这些关系将一座座绿洲串联起来，有时还串连到个别绿洲的内部。就历史的长时段来说，直到 1220 年蒙古侵略掀起的浩劫以前，这些关系比敌对事件重要得多。正如各地史料所记，蒙古侵略大为耗竭了中亚人口，其程度堪比于在西方应该是影响深远的黑死病。

---

① 译注：此乃从粟特研究角度提醒法国听众，丝路商品不独是丝。帛练等大宗品项在古中国也并不像在西方那样总是高不可攀，而是家家户户可以生产的品项。同时提醒听众"丝绸之路"乃是近代术语，本意并不在于否定李希霍芬的说法。

② 译注：此处指纯由消费者所在社会文化赋予的高度价值，而偏离原产地成本。

③ 译注：《通典·边防典》康国条云："大唐贞观二十一年，其国献黄桃，大如鹅卵，其色如金，亦呼为'金桃'。"

这些研究现在正由众多年轻队伍重新展开，他们每年都提出新资料并实验各种新方法。在推动我所领导的——并且我将继续与我在撒马尔罕等地的合作队员们一起共同领导——研究工作之上，这座由法兰西学院光荣授予我的讲席更将负有招徕、沟通并支持上述研究的职责。

（庆昭蓉（Ching Chao-jung）译，法国 CRCAO 博士后研究员／柏林——勃兰登堡科学院吐鲁番研究所特别研究员／北京大学中国古代史研究中心兼职研究员）

译者后记

2014 年 4 月，我意外接到葛乐耐先生来信委托翻译。其实我从未尝试法文长篇翻译，但先生有教无类，即使对于课堂文献练习往往跟不上进度的我也丝毫不以为忤，这份托付实在义不容辞。

细读才发现这项任务并非易事。小书热情洋溢又默趣横生，而演讲滔滔不绝，全无冷场（视频参见 http://www.college-de-france.fr/site/frantz-grenet/inaugural-lecture-2013-11-07-18h00.htm）。特别是由于时间限制，演说洗练而流畅，法文特有的代词系统亦发挥得淋漓尽致。翻译时为阐明其理念，有时不得不拆解重组一些特别宛转有致的段落。

感谢先生 2014 年 6 月在巴黎当面就若干微言大义予以释疑。讲题本身便是绝妙双关，若刻板翻为"重新瞄准中亚"，非但失其优雅，亦违先生本意。据说英译者也曾感到头疼，于是先生选择"重新聚焦"（refocus）作为英文近义词，从而拟定中译题目。

读者会发现内文旁征博引不在少数，而结尾只有核心书目。作为面向大众的就职讲演，聆听本身就需要足够的文化生活素养。这里尽量在不喧宾夺主的前提下添加译注，它们对于渊博的读者肯定显得多余，但或许能为中法文化交流带来些许贡献。

感激张广达老师、俄国科学院波波娃（Irina F. Popova）教授与北京大学荣新江教授拨冗审订译文，否则这场博古通今的演讲必将成为译者沉重负荷。截至 2014 年 6 月为止，包括法兰西学院历代讲座科目在内的许多重要术语或专名都缺乏固定译法。原则上此处以季羡林等学者编纂之《大唐西域记校注》、联合国文教组织《中亚文明史》中译以及《法国汉学》第十辑《粟特人在中国》为依归，只是其译法亦偶有相左。本译文无意采择区分，惟独需要解释的是，像是"旁吉肯特"这样来自伊朗语的遗址名称，作者希望能尽量采用音韵近于伊朗原语而非俄语化的通用名称。巧妙的是，虽然其通用法语名称在拼法上继承了俄语形式 Pendjikent，其法式发音却近于"庞"、"潘"之间，足以传达伊朗语韵。是以广为人知的"片吉肯特"、"品治肯特"等译法未被先生属意，而采用"旁吉肯特"，相信这样的作法不至妨碍阅读。虽然译文未臻完善，仍谨以此译呈献给各方读者。

译者 2014 年 9 月 30 日于柏林

参考文献

Afghanistan. Les trésors retrouvés. Collections du musée national de Kaboul, Paris, Musée national des Arts asiatiques – Guimet, 2007.

Bendezu-Sarmiento, J. (dir.), *L'archéologie française en Asie centrale. Nouvelles recherches et enjeux socioculturels*, (*Cahiers d'Asie centrale*, n°s 21-22) IFEAC, 2013.

Chuvin, P. (éd.), *Les arts de l'Asie centrale*, Paris, Citadelles & Mazenod, 1999.

Foucher, A., *La vieille route de l'Inde de Bactres à Taxila*, 2 vols., Paris, Les éditions d'art et d'histoire, 1942-1947 (*Mémoires de la DAFA, I*).

Francfort, H.-P. (éd.), *Nomades et sédentaires en Asie centrale. Apports de l'archéologie et de l'ethnologie*, actes du 3e colloque franco-soviétique sur l'archéologie de l'Asie centrale, Alma Ata, Kazakhstan, 17-26 octobre 1987, Paris, éditions du CNRS, 1990.

Gorshenina, S., *Invention de l'Asie centrale. Histoire du concept de la Tartarie à l'Eurasie*, Genève, Libairie Droz, 2014.

Gorshenina, S., Rapin, C., *De Kaboul à Samarcande. Les archéologues en Asie centrale*, 2e éd., Paris, Gallimard, coll. « Découvertes : archéologie », 2007.

Grenet, F., « Maracanda / Samarkand, une métropole pré-mongole. Sources écrites et archéologie », *Annales. Histoire, sciences sociales*, n°s 5-6, 2004, p. 1043-1067 (URL: www.cairn.info/revue-annales-2004-5-page-1043.htm).

Hansen, V., *The Silk Road. A New History*, Oxford, Oxford University Press, 2012.

Hopkirk, P., *Bouddhas et rôdeurs sur la Route de la Soie*, Paris, Arthaud, 1980.

La Vaissière, É. de, *Histoire des marchands sogdiens*, Paris, Collège de France, Institut des hautes études chinoises, coll. « Bibliothèque de l'Institut des hautes études chinoises » (vol. 32), diffusion De Boccard, 2ᵉ éd., 2004.

Litvinskii, B. A., Altman Bromberg, C. (éd.), *The Archaeology and Art of Central Asia. Studies from the Former Soviet Union*, Bloomfield Hills (Mich.), 1996 (*Bulletin of the Asia Institute*, nᵒ 8).

Litvinskij, B.A., *La Civilisation de l'Asie centrale antique*, traduit du russe par Louis Vaysse, Rahden, Leidorf, 1998.

Lyonnet, B., *Prospections archéologiques en Bactriane orientale (1974-1978)*, vol. 2 : *Céramique et peuplement du Chalcolithique à la conquête arabe*, Paris, Éd. Recherche sur les civilisations, 1997.

Marshak, B., *Legends, tales, and fables in the art of Sogdiana*, New York, Bibliotheca Persica, 2002.

Rougemont, G., *Inscriptions grecques d'Iran et d'Asie centrale*, Londres, School of Oriental and African Studies, 2012 (*Corpus Inscriptionum Iranicarum*, II.I).

Shafer, E.H., *The Golden Peaches of Samarkand. A study of T'ang Exotics*, Berkeley, University of California Press, 1963.

Staviskij, B.Ja., *La Bactriane sous les Kushans. Problèmes d'histoire et de culture*, Paris, Maisonneuve, 1986.

图书在版编目（CIP）数据

权力与占卜／《法国汉学》丛书编辑委员会编；陆康，张巍主编.
—北京：中华书局，2016.12
（法国汉学；17）
ISBN 978-7-101-12278-7

Ⅰ.权… Ⅱ.①法…②陆…③张… Ⅲ.汉学研究－法国－文
集 Ⅳ.K207.8-53

中国版本图书馆 CIP 数据核字（2016）第 280516 号

书　　　名	权力与占卜
丛 书 名	法国汉学　第十七辑
编　　　者	《法国汉学》丛书编辑委员会
主　　　编	陆　康　张　巍
责任编辑	孙文颖
出版发行	中华书局
	（北京市丰台区太平桥西里 38 号　100073）
	http://www.zhbc.com.cn
	E-mail：zhbc@zhbc.com.cn
印　　　刷	北京市白帆印务有限公司
版　　　次	2016 年 12 月北京第 1 版
	2016 年 12 月北京第 1 次印刷
规　　　格	开本/710×1000 毫米　1/16
	印张 22¼　插页 12　字数 408 千字
印　　　数	1-2000 册
国际书号	ISBN 978-7-101-12278-7
定　　　价	88.00 元